管道燃驱压缩机组典型故障分析与运维管理技术

刘保侠　主编

石油工业出版社

内 容 提 要

本书系统阐述了压缩机组故障的发生部位及其原因分析、燃驱压缩机组故障分布与统计、燃气轮机故障案例、离心压缩机故障案例、压缩机组远程监测与故障诊断技术、燃驱压缩机组控制系统升级改造技术等内容，并提出了提高压缩机组运行可靠性的相关措施。

本书可供从事天然气管道压缩机组的研究、设计、运行管理以及维护维修从业人员阅读使用，也可作为天然气管道企业生产运行、维护维修等有关专业人员的培训选修教材和参考书。

图书在版编目（CIP）数据

管道燃驱压缩机组典型故障分析与运维管理技术 / 刘保侠主编 . -- 北京：石油工业出版社，2024.9.
ISBN 978-7-5183-6934-8

Ⅰ . U17

中国国家版本馆 CIP 数据核字第 2024MU1700 号

出版发行：石油工业出版社
（北京安定门外安华里 2 区 1 号　100011）
网　　址：www.petropub.com
编辑部：（010）64523757
图书营销中心：（010）64523633

经　　销：全国新华书店
印　　刷：北京中石油彩色印刷有限责任公司

2024 年 9 月第 1 版　2024 年 9 月第 1 次印刷
787×1092 毫米　开本：1/16　印张：19.25
字数：450 千字

定价：120.00 元
（如出现印装质量问题，我社图书营销中心负责调换）
版权所有，翻印必究

《管道燃驱压缩机组典型故障分析与运维管理技术》
——— 编 委 会 ———

主　　编：刘保侠

副 主 编：拜　禾　张　盟　赵洪亮　李　刚

编写人员：刘白杨　刘　超　薛一冰　张衍岗　王　猛

　　　　　杨　阳　王　艳　谷思宇　程万洲　郭举林

　　　　　王世龙　雷狮子　郭　刚　李星星　高晞光

　　　　　袁　博　贾彦杰　高仕玉　江新星

前言

PREFACE

随着我国天然气需求的快速增长,天然气管网已经成为现代能源体系和现代综合交通运输系统的重要组成部分。2019年,国家石油天然气管网集团有限公司成立,中国的天然气管网步入了发展的"快车道",管网规模不断扩大,总体布局深度优化。预计到2025年,全国天然气管网规模将达到 16.3×10^4 km,结构更加优化,储运能力大幅提升。展望2030年,全国天然气管网基础设施将更为完善,普遍服务能力将进一步提高,最终建成广覆盖、多层次的天然气管网,形成安全稳定的储运系统,提供公平开放的公共服务,助力达成碳达峰碳中和目标。

天然气长输管道是国家经济和社会发展的能源安全生命线,压缩机组是天然气管道输送系统的"心脏"。燃气轮机采用天然气作为驱动能源,相比电力驱动系统,燃驱压缩机组具有更高的能量转换效率,可实现更高的压缩比和更低的能耗,被广泛用作压缩机组的驱动设备。燃驱压缩机组具有结构复杂、运行环境要求严苛、高参数和高负荷等特点,如果运维管理不善,在长期服役过程中容易出现疲劳失效、损坏等突发故障,存在现场安全生产隐患,严重影响天然气管网的安全运行与可靠供气。

随着自动化、数字化和智能化技术的快速发展,自动控制、远程监测和智能运维等新技术为管道压缩机组运维技术的提升带来了新机遇。国家管网集团通过建设关键设备智能监测平台,实现了对管道压缩机组的实时监测预警、故障诊断与故障预测,显著提高了机组运维效率,降低了人力成本,为压缩机组运维管理提供了更精准的决策支持。这些先进技术的引入不仅能够提升我国天然气管道压缩机组的运维水平,也符合国家推动智能制造、数字化建设的发展战略。

国家管网集团储运技术公司压缩机组维检修分公司负责国家管网集团的燃气轮机大中修业务及压缩机组远程监测与故障诊断业务,在燃机维修和参与现场机组故障诊断的过程中,积累了五千余个故障案例,总结了丰富的故障分析与处理经验。基于以上背景,编写组编撰本书旨在为读者提供关于燃驱压缩机组运行监测、系统升级改造、故障诊断和运行维护的全面指南,帮助企业提升设备的可靠性、减少故障风险,并最大程度地提高运营效率和经济效益。

全书共分为七章。第一章概述,详细介绍了燃驱压缩机组的分类、结构与原理及辅助系统；第二章为燃驱压缩机组故障分布统计，阐述了压缩机组故障的发生部位及其原因分析；第三章为燃驱压缩机组控制系统升级改造技术，对燃驱压缩机组控制系统的升级改造方案及措施做了详细描述；第四章为压缩机组远程监测与故障诊断技术，详细讲解了基于振动分析的监测诊断方法及常见故障特征，并给出了远程监测诊断系统的建设方案；第五章为燃气轮机故障案例；第六章为离心压缩机本体故障案例；第七章为压缩机组运维提升措施，从发展的角度提出了提高压缩机组运行可靠性的相关举措。本书的编写内容主要基于公司相关压缩机组运维技术资料、监测诊断技术培训资料、现场压缩机组故障案例及相关通用文献资料等。

本书概念清晰，通俗易懂，内容翔实、具体，将理论与生产实际紧密结合。本书主要供广大压缩机组维检修工程专业技术人员、设备监测诊断工程师等人员使用，也可供各高校相关专业作为案例教材使用参考。编写组衷心希望读者通过阅读和学习本书，能够有所启发，提升燃驱压缩机组运维的核心知识和实践技巧，为企业和社会提供持续、高效、稳定的运维服务。

本书第一章由李刚、杨阳、薛一冰等编写，第二章由刘保侠、刘白杨、王猛、杨阳等编写，第三章由拜禾、张盟、薛一冰、王艳等编写，第四章由赵洪亮、李刚、王猛等编写，第五章由刘保侠、李刚、王猛、薛一冰等编写，第六章由刘保侠、刘超、杨阳等编写，第七章由拜禾、张盟、赵洪亮、刘白杨等编写。参与编写人员提供了大量素材和专业资料，在此向他们表示诚挚的感谢。

本书涉及技术领域广泛，由于编者水平有限，书中定有诸多不足，我们诚挚地欢迎读者提供宝贵的反馈意见，以帮助我们进一步修改完善。

目录

- 1 概述 ·· 1
  - 1.1 管道压气站的功用 ·· 1
  - 1.2 压缩机组分类 ·· 1
  - 1.3 管输压缩机组常用燃气轮机及构成 ·· 2
  - 1.4 离心压缩机结构 ·· 17
- 2 燃驱压缩机组故障分布统计 ·· 21
  - 2.1 管道压缩机组故障概述 ·· 21
  - 2.2 燃驱压缩机组故障位置统计 ·· 24
  - 2.3 燃驱压缩机组故障原因统计 ·· 52
- 3 燃气轮机故障案例 ·· 59
  - 3.1 叶片故障案例 ·· 59
  - 3.2 轴承故障案例 ·· 105
  - 3.3 燃机附件故障案例 ·· 121
  - 3.4 可转导叶系统故障案例 ·· 130
  - 3.5 附属仪表故障案例 ·· 141
  - 3.6 箱体通风系统故障案例 ·· 147
  - 3.7 燃料气系统故障案例 ·· 156
- 4 离心压缩机故障案例 ·· 176
  - 4.1 离心压缩机本体故障案例 ·· 176
  - 4.2 润滑油系统故障案例 ·· 192
  - 4.3 控制系统故障案例 ·· 197
  - 4.4 供电系统故障案例 ·· 208
  - 4.5 干气密封系统故障案例 ·· 216
  - 4.6 工艺系统故障案例 ·· 221

5 压缩机组远程监测与故障诊断技术 ········ 237
- 5.1 监测诊断技术概述 ········ 237
- 5.2 机械振动基本知识 ········ 240
- 5.3 转子振动模型 ········ 246
- 5.4 常见振动异常及诊断方法 ········ 254
- 5.5 关键设备智能监测平台 ········ 266

6 燃驱压缩机组控制系统升级改造技术 ········ 274
- 6.1 燃驱压缩机组控制系统升级改造技术 ········ 275
- 6.2 燃驱压缩机组控制系统升级改造流程 ········ 279

7 压缩机组运维提升措施 ········ 284
- 7.1 强化压缩机组故障管理 ········ 284
- 7.2 加强压缩机组自主运维工作 ········ 285
- 7.3 推进全生命周期管理 ········ 286
- 7.4 先进技术推广应用 ········ 291

参考文献 ········ 295

缩略语 ········ 297

1 概　　述

2025年，全国油气管网总里程将达到24.0×10^{4}km，形成"主干互联、区域成网"的全国天然气基础网络。天然气长输管道是我国能源网络的重要组成部分，我国也提出了"合理布局天然气管道及配套设施，基本实现气源多元化、管道网络化、气库配套化、管理自动化、调度统一化"的发展目标。压缩机组是天然气管道的核心设备，管道压缩机组种类和型号较多，主要功能是为天然气输送提供能量，给管道中输送的天然气增压，从而提高管道的输送能力。

1.1 管道压气站的功用

压气站是干线输气管道的主要工艺设施，按压气站在输气管道中的位置可分为首站、中间站和末站。压气站增压除提高输气能力外，通常还具备增加管道储气调峰手段的作用。部分干线压气站和储罐（或地下储库）相连。在用气量低时将管道气压进储气库，而在用气高峰时抽取储气库气送往城市配气系统。此外，压气站通常还具有清管器收发、越站旁通输送、安全放空、管路紧急截断等功能。如果压气站位于干线输气管道与整个供气系统的其他部分的交界处，例如管线的起点和终点、干线与支线的连接点，则还具有计量和调压功能。

压气站主工艺系统指管道所输天然气流经的部分，主要包括压缩机组、净化除尘设备、调压阀、流量计、天然气冷却器、工艺阀门，以及连接这些设施的管线。各系统按工艺流程和各自功能划分为许多区块，如压缩机房、净化除尘区、冷却装置区、调压计量区、消防水池、电气间和仪表控制间等。

1.2 压缩机组分类

长输天然气管道压气站使用的压缩机是天然气输送最核心的设备。压缩机种类繁多，一般分为往复式和离心式两种，需根据增压工况和安装地区的环境条件选择适用机型。压缩机组的选用，需要考虑适用功率、周围环境，以及经济评价等因素，对驱动方式、功率大小和备用方式等进行综合考量。

往复式压缩机驱动方式包括天然气发动机驱动和变频调速电动机驱动，适用于工况不稳定、压力较高或超高、流量较小等工况。往复式压缩机的优点包括：总体热效率较高，能适应广泛的压力变化范围和超宽的流量调节范围；压比较高，适应性强。往复式压缩机的缺点包括：结构复杂，运动和易损部件多；外形尺寸大和重量大，运转有振动且噪声大；需要频繁维护、保养和更换。

离心式压缩机的驱动方式包括变频调速电动机直联或增速齿轮箱驱动、定速电动机+液力耦合装置或行星齿轮装置驱动、燃气轮机直联或增速齿轮箱驱动。离心式压缩机的单机功率较大，效率较高，压比较低，适用于输气量较大、且流量波动幅度不大（变化范围70%~120%）的工况。离心式压缩机的主要优点包括：无往复运动部件，排气压力稳定，转速高、排量大，运行平稳，振动较小，运行管理和维护保养简单；使用期限长，可靠性高，可直接与驱动机联动，便于调节流量。离心式压缩机的缺点包括：压比低，对输气量和压力波动适应范围小；低输量下易发生喘振；热效率低。

往复式压缩机更多地应用于气田内部、储气库管网，以及直径较小的支线管道，单机功率在2500kW以上的往复式压缩机组在国外长输管道的使用较为罕见，我国也仅在早期建成的少数管道中使用过。离心式压缩机更适于输气量大、工况相对稳定的场合，按照目前国内外新建长输天然气管道的高压、大口径、大流量的发展趋势，离心式压缩机将得到更广泛的使用。

1.3 管输压缩机组常用燃气轮机及构成

1.3.1 燃气轮机概述

燃气轮机是以连续流动的气体为工质，将热能转化为机械功的旋转式动力机械，包括压气机、加热工质的设备（如燃烧室）、涡轮机、控制系统和辅助设备等。当燃气轮机启动成功后，压气机连续不断从外界大气吸入空气并增压，被压缩后的空气进入燃烧室与不断喷入燃烧室的燃料进行混合、点火、燃烧，高温高压气体在涡轮中膨胀做功，降压降温的气体经排气装置直接排向大气，或引入余热锅炉回收部分余热后再排入大气。高温高压气体在涡轮中所做的机械功，大约2/3被用来带动压气机，消耗在空气压缩耗功上；剩余的部分功，则通过燃气轮机的输出轴带动外界的各种负载。上述过程就是燃气轮机中将燃料化学能转化为机械功的工作过程。分布式能源系统中应用的主要是功率为20~5000kW的微型及小型燃气轮机，管道燃气轮机主要功率为30MW。

燃气轮机具有功率大、体积小、投资省、运行成本低和寿命周期较长等优点，主要用于发电、交通和工业动力。由于回转运动和机械性往复部件少、机械摩擦部件少、振动小，故与低频、振动多的往复式内燃机相比，节省润滑油和处理噪声比较容易。

燃气轮机的不足之处如下：涡轮机内有高温燃气，需用耐高温材料制造涡轮叶片，生产成本略高；由于受到目前材料和冷却技术的限制，不能选用过高的燃气温度，因此单机热效率不如燃气内燃机高，经济性较差；燃气温度高，对材料有腐蚀作用，会影响涡轮机的使用寿命。

燃气轮机的工作过程被称为简单循环。此外，还有回热循环和复杂循环。燃气轮机的工质来自大气，最后又排至大气，是开式循环；另外，还有工质被封闭循环使用的闭式循环。燃气轮机与其他热机相结合的装置被称为复合循环装置。

燃气初温和压气机的压缩比是影响燃气轮机效率的两个主要因素。提高燃气初温并相应提高压缩比，可使燃气轮机的效率显著提高。

工业用燃气轮机主要应用在石化、油田、冶金等工业部门，用于带动各种泵、压缩机及发电机等，承担注水、注气、天然气集输、原油输送和发电等任务。如苏联生产的地面用燃气轮机，大部分应用在输气管线；美国索拉公司生产的五千多台工业燃气轮机，约有80%用于石油工业。作为驱动动力的工业燃气轮机多为变转速运行，且多采用独立动力涡轮机输出功率的分轴或三轴轴系方案。在石化企业和冶金部门，燃气轮机总能系统采用联合循环和热电并供形式，是重要的节能技术。

按转子数目划分，燃气轮机可分为单轴、双轴和多轴结构。不同轴系形式的燃气轮机的结构、性能和应用范围有所差异。单轴机组适合于恒速运行工况，多用于发电设备。双轴和多轴更适合于驱动变转速负荷机组或作为牵引动力，在管道增压应用中多采用此类燃气轮机，其动力输出轴转速可变，可向压缩机提供一定范围内可调节的转速，以适应不同的工况。

由于燃气轮机驱动压缩机组使用所输送的天然气作为燃料，不受管道所经过的各种外部环境的限制，因此得到了广泛应用，在环境较差、偏远地区占有绝对优势。

燃气轮机主要由空气系统、燃料气系统、启动系统、润滑油系统、清洗系统、箱体通风系统、变几何控制系统、点火系统、火气（消防）系统等组成。离心式压缩机主要包括工艺气系统、后空冷系统、干气密封系统、润滑油系统、仪表风系统、防喘及机组控制系统等。燃气轮机与其所驱动的离心压缩机合称为燃驱压缩机组。

1.3.2 管输压缩机组常用燃气轮机

1.3.2.1 GE 公司 LM2500+SAC 燃气轮机

LM2500+SAC 燃气轮机（GT）主要由燃气发生器（GG）+动力涡轮（PT）组成，主要部件如下：进气过滤器室及进气道、压气机前机匣（CFF）、17级高压压气机（HPC）、压气机后机匣（CRF）、燃烧室部件（SAC）、高压涡轮（HPT）、涡轮中机匣（TMF）、附件齿轮箱、2级高速动力涡轮（PT）、排气蜗壳及烟道、箱体部分及辅助系统。

燃气发生器（GG）由17级高压压气机（HPC）、单环形燃烧室、2级高压涡轮（HPT）、附件齿轮箱、调节装置和附件设备组成。

燃气发生器运行时，空气由压气机进口进入。在压气机中，空气压力最大时能被压缩到进口压力的21.5倍。压气机前7级的进气导叶的角度可以按燃气发生器的转速和进气温度来改变（可调导叶），导叶位置的改变使压气机可在较宽的转速范围内有效地运行，保持一个有效的喘振裕度，导叶位置是由转速传感器和伺服阀来控制的。

压气机的前部由3号滚柱轴承支撑，轴承在压气机前机匣轴（A收油池）。压气机静子安装在压气机机匣上，而转子的后端由4号滚珠轴承和4号滚柱轴承支撑，轴承在压气机后机匣B收油池内。压气机静子由前、后外部两个部分组成，静子上安装有可调导叶和固定导叶。涡轮中机匣具有支撑高压涡轮静子机匣和后端的5号滚柱轴承的功能。

空气由燃气发生器进气道经过压气机前机匣的入口导向器叶片进入高压压气机。压气机的前7级定子叶片为安装角度可调节叶片（VSV），其每级流向下一级的气体进气角度可以调节。压气机的后十级定子叶片为全固定叶片，其每级流向下一级的气体进气角度不变。压气机最后一级出口气体直接进入燃烧室。

该机组燃烧室为环形，燃烧室外机匣前沿圆周方向安装有30个分管型燃烧器。每个燃烧器进入的燃料气与进入燃烧室的空气混合燃烧，掺冷，直接进入高压涡轮，吹动高压涡轮转动。旋转的高压涡轮反过来通过轴驱动高压压气机旋转，以维持自循环运行。

动力涡轮由两级转子、静子和一个涡轮后机匣组成。燃气发生器后法兰直接与动力涡轮进口端法兰连接。燃气发生器排出的低压燃气驱动动力涡轮，旋转的动力涡轮通过输出轴将扭矩经过联轴器传递给离心式压缩机。

1.3.2.2　西门子公司 RB211-24G 燃气轮机

RB211-24G 燃气发生器由 RB211 涡扇航空发动改型而成，在形式上去掉了航机的由前置风扇和低压涡轮构成的低压转子，保留了中压转子和高压转子，并加以改型设计。该燃气发生器是为了给动力涡轮进口提供持续不断的大流量的高温高压燃气。

RB211-24G 燃气发生器在结构上仍然采用航机 RB211 发动机模块化设计的单元体结构形式，主要分成五大单元体：01 号单元体——进气机匣、02 号单元体——中压压气机、03 号单元体——中介机匣、04 号单元体——高压系统、05 号单元体——中压涡轮。除以上五个单元体之外，还把装在燃气发生器上的燃料气管、振动探测装置、润滑油管、热电偶和导线、防喘装置等附属控制系统部分统合为 06 号非单元体。

（1）01 号单元体：进气机匣由前整流罩、进气延伸段、进气机匣、中压压气机前轴承座和可调进气导向叶片等组成。

（2）02 号单元体：中压压气机对吸入燃气发生器的空气首先进行初压缩，并将压缩后的空气经中介机匣单元体送入高压压气机进一步压缩。中压压气机包括一个由转子鼓筒和 7 级叶片组成的转子，以及一个带 6 级静叶的压气机机匣。

（3）03 号单元体：该单元体包括中介机匣、中压压气机后轴、定位轴承、液压启动电动机驱动和内齿轮箱等部分。中介机匣为一环管形机匣，前端固定到中压压气机后端，中介机匣为中压和高压压气机之间的过渡段，为中压和高压压气机定位轴承提供支撑。中介机匣前端装有中压压气机排气导向支板，环形通道内有 10 个空心支板支撑。

（4）04 号单元体：高压系统由高压压气机、燃烧系统和高压涡轮组成。高压压气机将来自中压压气机的空气进一步增压，然后供入燃烧系统。高压压气机是一个 6 级轴流式压气机，由一个转子鼓筒和 6 级转子叶片构成，并由一个单级涡轮驱动。转子鼓筒包括三部分，前面部分包括第 1 级和第 2 级，中间部分是第 3 级，后面部分则为第 4、5、6 级。转子鼓筒的后部与高压涡轮组件的前安装边相配。1 级盘与高压曲线联轴器相连，受高压定位轴承（在 03 单元体中）的支承。高压压气机转子由分开的外机匣组件包住，这个组件支承 5 个级的静子叶片。第 6 级静子即出口导流叶片，是 04 单元体组件整体的一部分。高压压气机机匣包括 6 个相互分离的外机匣组件和 5 个级的耐腐蚀钢制静子叶片，静子叶片的叶根安装到各自独立的对开护板环上。外机匣组件通过螺栓与外叶根固定在一起，外叶根安装在两个相邻机匣之间。前后衬圈装入到外机匣的叶片定位槽中。燃烧段的环形燃烧室包容并支撑在燃烧段内机匣内。通过内机匣将压气机空气导入燃烧室，整个组件包含在一个独立的外机匣内。在燃烧室外机匣的前端和后端制有安装边，分别用来安装中介机匣和中压涡轮机匣。18 个燃料喷嘴的定位衬套用螺栓安装在它们各自的沿机匣圆周分布的安装座上。环形燃烧室包括前火焰筒、后火焰筒和外火焰筒。高压涡轮转子向高压压气机提供驱动扭矩，并通过一根轴连接到压气机上。在轴上装有高压涡轮前空气封严装置的旋转件。连接到涡轮盘后端面上的是后空气封严装置和形成高压滚柱后轴承内座圈的短轴。高压涡轮叶片的叶型有整体的叶冠和封严齿，在圆周形成封严环，防止燃气通过叶端泄漏。叶片根部是枞树形榫头，装在盘的相应部分，通过位于盘和叶根槽中的定位板来固定。

（5）05号单元体：中压涡轮单元体包括中压涡轮转子、中压涡轮机匣和驱动中压压气机的中压涡轮轴。单级中压涡轮是一个动平衡组件，包括有主轴、短轴和安装叶片的涡轮盘。该涡轮外机匣内安装有中压导向器叶片，以及高压和中压滚动轴承座组件，它们通过径向支撑板被固定到机匣上。

RT62动力涡轮是将燃气发生器产生的高温燃气中的能量转化为机械能。RT62动力涡轮有两级，主要由涡轮支撑、轴承罩、转子轴、涡轮叶轮和喷嘴导向叶片、轴承、扩压器、排气罩、传动设备联轴器等组成。

1.3.2.3 Solar公司Titan 130燃气轮机

Titan 130燃气轮机是一个两轴、单循环轴流式燃气轮机，由附属传动齿轮箱、空气进气装置、压气机装置、扩散器和燃烧室、高压燃气涡轮、动力涡轮和排气系统等组成。

附属传动装置是一个整体的变速齿轮箱部分。该附属传动装置装在压气机进口端，在正常工作期间由压气机转子轴驱动，在启动期间由启动器进行驱动。附属传动装置上面装有启动器装置、润滑油泵和其他辅助设备。

空气进气装置包括进气管道，装在压气机组件的前端，它能改变空气由径向流动方向转为轴向流动进入压气机。进气装置上的一个环形开口被一个进气筛网盖住，防止固体异物进入燃气发生器压气机进口。空气进气装置上的前支撑轴承箱装有燃机压气机止推轴承、1号径向支撑轴承等。

压气机机匣包括压气机前机匣和可调静子叶片组件、后机匣和静子叶片。压气机转子包括转子鼓、转子叶片及前后轴。压气机机匣的前部装有六个可调定子叶片装置。可调叶片旋转角度通过装在压气机机匣右侧的一个线性控制电子调节器来调节。

压气机扩散器/燃烧室组件用螺栓连到压气机机匣后法兰和第三级喷嘴组件前端。压气机扩散器是扩散器/燃烧室组件的前部分，包括压气机轴承支座、燃料气总管、燃料喷嘴、润滑油供油管、润滑油排放管和空气溢流管等装置。压气机排出的气体进入扩散器室，然后进入扩散器/燃烧室组件。燃烧室和扩散器在Titan 130中是一个整体，扩散器占据燃烧室的进气侧，燃烧室组件在其后端。

燃气涡轮位于压气机燃烧室后、动力涡轮前，主要包括第一级导向喷嘴、第二级导向喷嘴和两级涡轮转子等组件。第一级涡轮导流盘组件用螺栓固定在燃机轴承支座上的3号轴承端盖上。涡轮导流盘组件由一个前涡轮式喷嘴和活塞环组成。前涡轮式喷嘴同一个空气动力条的叶片形成改变冷却空气的路径。第一级涡轮喷嘴组件由带密封条的喷嘴组、滑动环、传递管和喷嘴支撑环等组成，喷嘴组每组包括两个叶片。传递管安装在每个喷嘴组上，传递冷却空气冷却每个叶片。轮叶是空气内冷却的，使用冷却空气收集和转换冷却技术。叶片后缘附近的一排孔用于冷却膜。喷嘴支撑环把喷嘴组装在一起，支撑环装在涡轮室。

动力涡轮和排气系统由两级动力涡轮转子、动力涡轮轴承腔、第三级喷嘴和第四级喷嘴组件、排气蜗壳等组成。动力涡轮前部由4号轴承支撑，动力涡轮后部由5号轴承支撑，动力涡轮轴向力被推力轴承吸收。第三级喷嘴安装在燃气涡轮和动力涡轮支撑轴承腔之间。涡轮排气蜗壳位于支承动力涡轮轴承的后端，接收动力涡轮组件的轴向废气，并将其转向径向方向，其表面温度高的外部区域都覆盖着一层绝缘的不锈钢毯，以减少散热。

1.3.2.4 中船重工公司 GT25000 燃气轮机

天然气管道使用的 GT25000 燃气轮机为 30MW 级小底架上的燃气轮机，由带底架的燃气发生器和带底架的动力涡轮组成。

燃气发生器由进气装置（包括外整流罩、内整流罩和转接短管）、低压压气机、高压压气机、燃烧室、高压涡轮、低压涡轮和低压涡轮支承环组成。轴流高、低压压气机分别由高、低压涡轮驱动。燃气发生器具有两个运动上相互独立的转子：低压转子和高压转子，在燃气轮机的各种工况下，两个转子具有不同的转速。两级动力涡轮位于低压涡轮后，运动上独立于低压转子和高压转子。输出功率由动力涡轮通过弹性联轴器和弹性轴传递给压缩机组。低压压气机前机匣和燃气轮机底架上装有下传动箱，用于驱动燃气轮机附件。

进气装置用来保证空气平稳地进入低压压气机，由外整流罩、内整流罩和转接短管组成。由内、外整流罩形成的环形通道是燃气轮机通流部分的起点。

低压压气机用于压缩来自大气的空气，并将其输送给高压压气机。低压压气机为轴流式，共九级，每 1 级由转子上的一列动叶和位于其后的装在机匣上的一列静叶组成。为使压气机启动时在给定的工况范围内稳定地工作，在低压压气机设有三列可转导向器，包括进口可转导向器、0 级可转导向器和 1 级可转导向器，它们的叶片由一套共同的转动机构带动，随高压压气机后通流部分空气静压的变化而同步转动。为扩大低压压气机在低工况下的稳定裕度，在第六级后通过放气阀放气。

高压压气机用来压缩从低压压气机来的空气，并把空气送至燃烧室。高压压气机共九级，由过渡段、高压压气机机匣、承力机匣、高压压气机出口导向器、后机匣和高压压气机转子组成。

燃烧室利用持续供给的气体燃料在由高压压气机输送入燃烧室的空气中燃烧，所产生的热量在涡轮前产生相应温度的燃气。燃烧室是回流环管式结构，由外壳、内壳、16 个火焰筒（布置在燃烧室外壳和内壳之间形成的环形空间内，火焰筒头部在高压压气机侧微向上翘起）、2 个点火器、16 个双气路喷嘴（由螺钉通过垫片固定在高压压气机承力机匣上）、第 1 气路总管、第 2 气路总管（这两根总管通过架 1 固定在高压压气机垂直接合面上）、16 根第 1 气路输送管、16 根第 2 气路输送管组成。

高压涡轮为轴流悬臂式涡轮，由高压涡轮导向器和高压涡轮转子组成。高压涡轮用于驱动高压压气机。高压涡轮导向叶片为冷却式双支点单体叶片。叶片上下凸缘采用密封构件 4 进行密封，减少叶片冷却空气泄漏。导向叶片进气边采用气膜冷却，叶片叶身中部和出气边采用涡流矩阵结构进行冷却。冷却空气从下部进入叶片。冷却空气导向装置将冷却空气送入高压涡轮动叶。高压涡轮转子由轮盘与轴颈组成，彼此之间用螺栓连接。带轮盘的轴颈装在高压压气机的后轴颈上，并用螺母拧紧。动叶安装在轮盘的榫槽中，并用扇形件固定。轮盘、轴颈和动叶的突出部分做成迷宫式密封，与配合零件的密封构件配合，防止燃气漏泄。

低压涡轮为轴流式涡轮，由低压涡轮导向器、低压涡轮转子和低压涡轮支承环组成。低压涡轮用于驱动低压压气机。

动力涡轮为轴流式结构，用于驱动耗功设备，为两级涡轮结构，由第 3 级导向器、第

4级导向器、导向器过渡段、动力涡轮转子和动力涡轮支承环组成。动力涡轮通过第3级导向器外机匣前法兰和转接筒前法兰与低压涡轮支承环对接装配，构成燃气轮机整机。

燃气轮机传动箱的用途是在启动、冷吹和工艺盘车时，将启动电动机的扭矩传递给低压压气机转子，并驱动燃气轮机附件。下传动箱安装在低压压气机前机匣上，外置传动箱安装在燃气轮机底架上，外置传动箱将两台启动电动机产生的扭矩经过轴、半联轴节、弹性轴传递给下传动箱。

1.3.3 燃气轮机构成

1.3.3.1 进气过滤系统

进气过滤系统就是要在低的阻力下为燃气发生器提供清洁的空气，若吸入的空气含有颗粒物等杂质，会对燃气轮机的通流部件造成侵蚀、腐蚀和结垢等问题，进而影响燃气轮机的运行寿命、降低运行效率。进气过滤系统主要由气滤室、进气消音器、进气蜗壳等组成。

要保证进入燃气发生器压气机的空气年平均含尘量不超过 $0.3mg/m^3$ 的要求，进入压气机的空气必须进行过滤。空气过滤器装在顶部，并设置在进气消音装置的前面，空气过滤器可以是自闭式、脉冲型或惯性空气过滤器。在空气进入燃气发生器前，空气过滤器对空气进行净化，空气过滤器上装有各种仪表用来探测空气过滤器是否脏了或受到了污染，若空气过滤器变得太脏了以至于不能再有效地发挥作用，则压力变送器就会触发机组控制系统上的警报器。即使在警报器被作动后，空气过滤器还是能清洁空气的，然而，当空气过滤器不再能有效地清洁空气时，压力变送器开关就会使设备停车。

进气消声器装在气滤室的下面，且位于进气室之前。来自气滤室的空气经过消音器而进入进气室。消声器或气流分散装置的作用就是使空气流过一系列消音板来减小所产生的噪声，消音板可在空气进入进气室前隔离并减小空气噪声，以符合对设备的噪声规定。

进气过滤系统的阻力损失对机组性能有明显的影响，一般认为进气损失增加1%，机组出力下降2.2%，热耗增加1.2%，对于轻型（航空改装）燃气轮机，吸入的空气每增加1000Pa的阻力，则导致功率下降1.6%，热耗增加0.7%。

根据机组所在地区的实际情况来考虑进气过滤系统，如寒冷地区要防冰霜，沿海地区要防盐雾，多风沙地区要除沙等。另外进气过滤系统必须考虑消音措施，防止压气机运转时高频噪声的传播扩散。

空气进气过滤系统的目的有两个：

（1）提供燃烧空气至燃气发生器；

（2）提供通风空气到燃气发生器箱体，以冷却燃气发生器和动力涡轮。

进气过滤系统安装有脉冲空气自清洗过滤装置。此系统前端高效过滤滤筒在正常运行时可以用压缩空气按顺序脉冲吹扫进行清洗。这种方式用于特殊的工质制作系统，可延长无停机而清洗或过滤元件长周期的高效过滤。

1.3.3.2 排气系统

燃气轮机的排气系统接受从动力涡轮排出的高温燃气（废气）。这股废气仍有相当高的温度，大概为500℃，且流量相当大。

在简单循环装置中，废气便直接排入大气。为了提高装置效率，利用废气余热，配置余热锅炉，可以不再消耗能量而获得适当参数的蒸汽或热水，用于发电、生活或生产用热水,比如霍尔果斯站安装了两台余热锅炉用于生活用热水及取暖。

排气的压力损失对机组的性能亦有一定影响,但比进气损失的影响要小一些。通常认为排气损失增加1%,功率下降1%,热耗增加0.5%。因此降低排气系统的压力损失仍是一个基本要求,同时亦要考虑消音的适当措施(排气系统消音基本对象是低频)。

燃气轮机的排出物含有正常的燃烧产物,包括氮、氧、二氧化碳和水蒸气等,这些均没有被认为是空气的污染物。然而在排烟中还有少量的污染物,它包括氧化氮、氧化硫、一氧化碳和未燃尽的碳氢化合物、微粒和可见烟,这些都被认为对环境有污染。

氧化氮(NO_x)是指一氧化氮和二氧化氮的总和。NO_x是由在燃烧室中空气中的氧和氮氧化,以及由燃料中的氮的化合物氧化而形成的。NO_x的浓度随燃烧室温度的增加而增加。为增加机组的功率和提高效率,NO_x的排放量为此增大。为此,在大功率机组中抑制NO_x的排放成为环境保护必须注意的课题。抑制NO_x量的措施有:采用混合型喷嘴、注水或水蒸气。

排气系统由动力涡轮排气蜗壳、排气管道和消音器等组成。

排气蜗壳是由发动机制造厂负责生产的,由于排气蜗壳中的气流流动现象十分复杂,至今尚未有一种可靠的理论设计方法,基本依靠空气动力学的实验研究方法,它由扩压器和集气壳组成。

扩压器是主要元件,其作用是将动能尽可能多地恢复成压力能,并使进出口有均匀的流动。通常燃气轮机使用的是轴—径向混合式扩压器。轴向段实现压力恢复和均匀气流,径向实现气流90°转向,为集气蜗壳汇集创造条件。集气蜗壳将扩压器环形面出来的气流汇集到一个或两个方向,将气流排向预定的方向。

排气蜗壳在有限的尺寸内要有良好的气动性能。对排气蜗壳来说,最大的制约是轴向长度和径向宽度。排气管往往成为燃气轮机庞大的尾部,其轴向长度常达燃气轮机全长的三分之一以上,而宽度又比燃气轮机其他部位大一倍以上。

在简单循环中,排气蜗壳出来的废气经排气烟道直接排入大气,要求排出的废气不会再被进气过滤系统采集而吸入。烟气的热辐射不影响其他建筑物。烟道要求足够的尺寸,以减少流动损失。

在有余热锅炉的联合循环中,排气蜗壳出来的气流被引入余热锅炉,要求气流能均匀地进入锅炉内,使炉膛内有均匀的温度场。为了减少流动阻力,不致严重地影响燃气轮机的效率和出力,炉内气流速度亦不得不取得低一些,所以余热锅炉的尺寸往往就搞得很大。气流在进出余热锅炉时,配有扩张段和收缩段,使之能与排气蜗壳与烟囱合理配合。当使用余热锅炉时,由于其中管排的作用,可不再配置消音器,但是最好配置防雨帽。

1.3.3.3 润滑油系统

润滑油系统的作用是将一定压力的润滑油供给做相对运动的零件工作表面之间,以形成液体摩擦,减少摩擦阻力,减轻机件的磨损,并冷却摩擦零件、清洗摩擦表面,缓和冲击,分散应力,辅助密封。润滑油分为矿物油和合成油。

1.3.3.3.1 主滑油系统(矿物油系统)

矿物油是原油由提炼而成,其原料是石油经过常压蒸馏下来的塔底油。简单来说,就是提炼石油剩下的废油残渣,再经过添加化学成分而成。矿物油具有一定的润滑性能,但耐用性一般。

离心式压缩机和动力涡轮使用的润滑油是矿物油，同时若需要的话，也为驱动燃气发生器的液压马达提供液压油。矿物油系统经润滑油分配总管向动力涡轮和压缩机各工作点提供压力和温度都符合要求的矿物油，以润滑及冷却各工作点的轴承和齿轮。润滑油的作用就是把压缩机和动力涡轮轴承产生的大量热带走，同时也为其提供润滑。它也是推力从止推环向轴承和轴承支承结构传递的中介。

润滑油系统包含的主要部件有：

（1）两个主润滑油泵，其中一个由电动机来驱动，另一个可以由电动机驱动，也可以由动力涡轮所带动的辅助驱动装置来驱动，其功能是保证润滑油在润滑系统中循环流动，并在任何转速下都能以足够高的压力供应足够量的润滑油。

（2）应急油泵，在万一失去两个主泵的情况下，还应有一设备能为涡轮盘端部的径向轴承提供应急润滑油冷却。这可以是一个由直流电动机驱动的油泵，也可以是高架油箱。

（3）润滑油箱。

（4）润滑油加热器，并带有相关的控制阀门，以提供合适的滑油温度控制。

（5）润滑油冷却器，润滑油温度过高会导致其黏度大幅度下降，不利于在摩擦表面形成油膜，而且加速润滑油老化变质。润滑油冷却器的作用是防止润滑油温度过高。

（6）润滑油过滤器，用来滤除润滑油中的金属磨屑、机械杂质和润滑油氧化物，减少磨损，防止润滑油油路堵塞。

（7）油气分离器，抽回的润滑油或油气都含有高浓度的空气，因此需要对油气进行分离。

（8）就地仪表盘，对系统进行恰当地控制和监控，且用来安装所需的各种仪表、压力开关、阀和变送器。

1.3.3.3.2 合成油系统

合成油，顾名思义是100%合成的机油，是由化学单体经由化学反应而成的聚合物，具有抗老化、抗磨损、抗发泡乳化、清洁、无设备腐蚀、黏度稳定性好等多项优点，品质高且耐用性强，价格上也高于矿物油。燃气发生器使用的润滑油是合成油，燃气发生器的润滑油系统为其前、中、后轴承，齿轮箱和垂直传动轴的轴承提供润滑油，并为可调导叶作动筒提供液压油，保证燃气发生器的正常运行和调节控制。

润滑油系统是由设备控制盘的PLC来控制的，正常工作程序是，在启动机接通之前，主润滑油泵就要启动，并对系统进行测试。即：让润滑油旁通燃气发生器，并把润滑油引回油箱，直到润滑油压力得到核实为止。随着启动机带转燃气发生器，只允许最少量的润滑油进入发动机，直到点火后，润滑油量随着转速的升高而增加，在润滑的同时，帮助带走燃气发生器轴承腔内因做功的增加而产生的热量。

如果由于某些原因，润滑油的压力不能保持，并当出现润滑油压力低警报时，PLC控制系统将会自动启动备用润滑油泵，同时关闭主润滑油泵。若润滑油压力继续下降，则燃气发生器就将被迫停车。

燃气发生器的合成油油箱是单元式结构，其大多数部件都装在油箱内部或外面。润滑油箱部件包括润滑油温度控制装置、油箱液位计和加热器等。装在外部的其他部件还有油气分离器，以及向燃气发生器供油的连接管路，油气分离器用来把从燃气发生器抽回的热润滑油中的空气去掉。合成油系统是否有单独的油泵，不同型号厂家的设计有所不同，

LM2500+SAC燃气发生器的油泵在燃气发生器的附件齿轮箱上，RB211-24G燃气发生器在合成油油箱上有两套供油回油泵。

低压润滑油用来润滑燃气发生器，润滑油从油箱中出来，在允许进入燃气发生器前，首先必须将润滑油加热或冷却到合适的工作温度，然后再经过双联过滤器过滤，去除杂质。在供油管路通常有一释压阀或调压阀，将供油压力限制在合适的范围内。RB211-24G燃气发生器上的流量控制阀是决定供往燃气发生器所需润滑油量的主要部件。控制软件利用发动机的转速来确定燃气发生器所需的润滑油流量，而GE的LM2500+SAC燃气发生器通过附件齿轮箱上的润滑油泵控制润滑油流量。

回油系统是通过油泵从燃气发生器前、中、后三个轴承腔中抽回合成油。当润滑油从燃气发生器轴承腔抽回时，要流过装在回油管路上的磁屑检测器。悬浮在润滑油中的金属颗粒被磁屑检测器磁头吸附。另外，随润滑油一起抽回来的空气，将通过油气分离器进行分离。另外，合成油还用作燃气发生器的液压油。在燃气发生器启动时，通过液压马达拖转燃气发生器转子；在燃气发生器变工况工作过程中，通过控制作动筒伸张改变进口导向叶片的角度位置，来控制进入压气机的空气流量。

1.3.3.4 燃料气系统

燃料气系统由燃料气辅助系统及进入燃烧室前的控制调节系统两部分组成。第一部分对燃料气进行净化、调温；第二部分为燃料气流量调节装置、燃料总管和燃料喷嘴。

燃料气系统是为了在燃气轮机启动和运行的各种工况下，向燃气轮机供应满足燃烧室燃烧要求的燃料气流量，并且可以根据操作人员指令或在保护系统动作时，及时而快速地关断燃料供应，保证燃气轮机的安全。为了适应燃气轮机对气源的压力及品质的要求，在天然气进入燃气轮机之前，必须进行杂质的过滤和压力的稳定调节。同时为了保证燃气的温度超过工况状态下的露点温度，防止凝析液出现，燃气进入燃烧室前需加热到一定的温度。

燃气轮机燃料气系统应具有如下功能：保证供给燃气轮机燃烧室的天然气的清洁度；保证向点火器供给所需温度、压力和流量的天然气；保证在机组正常停机和紧急停机时，快速切断燃料供给；保证机组的运行要求，可及时调节供给燃烧室的天然气流量。

燃气轮机的燃料气系统主要是由流量测量装置、过滤分离器、电加热器、燃料气自动隔离阀、燃料气放空阀、压力调节阀、排污阀，以及其他各类电磁阀等设备组成。整个系统可以看成是由计量系统、过滤系统、调压系统、加热系统组成，相应的燃气轮机的燃料气系统的燃料气的走向示意图如图1.3.1所示。

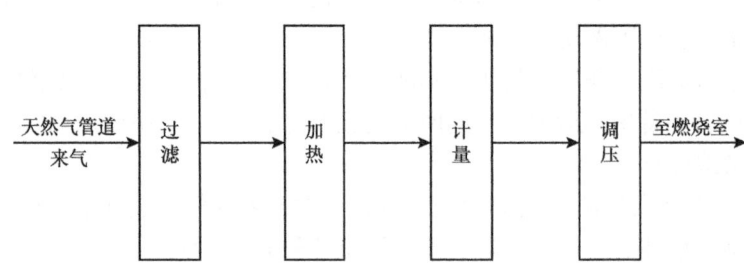

图1.3.1 燃料气系统的走向示意图

（1）过滤系统包括旋风分离器、过滤分离器、排污系统，以及相应的管道阀门，其主要作用是对燃料气进行过滤、净化，从而保证供给燃气轮机燃烧室的天然气的清洁度。经过计量之后的燃料气进入过滤系统，首先进入旋风分离器，除去直径较大的固体颗粒和液滴，然后进入过滤分离器除去直径更小的固体颗粒和液滴，此外，分离器、排污系统可在设备液位较高时进行排液。

（2）加热系统主要包括电加热器设备，它的功能是将燃料气在进入到燃烧室之前加热到一定的温度，实现对燃料气温度的控制。

（3）计量系统包括流量计、温度、压力测量仪表，它的主要作用是测量在管道中实际输送状态下的燃料气流量。

（4）调压系统包括燃料气调压阀、压力安全阀、切断阀，以及相应的管道和阀门，它的主要功能是调节燃气的进口压力，以满足燃气轮机对燃料气压力的调节和控制要求，实现对燃料气压力的控制。

燃料气系统的组成示意图如图1.3.2所示。

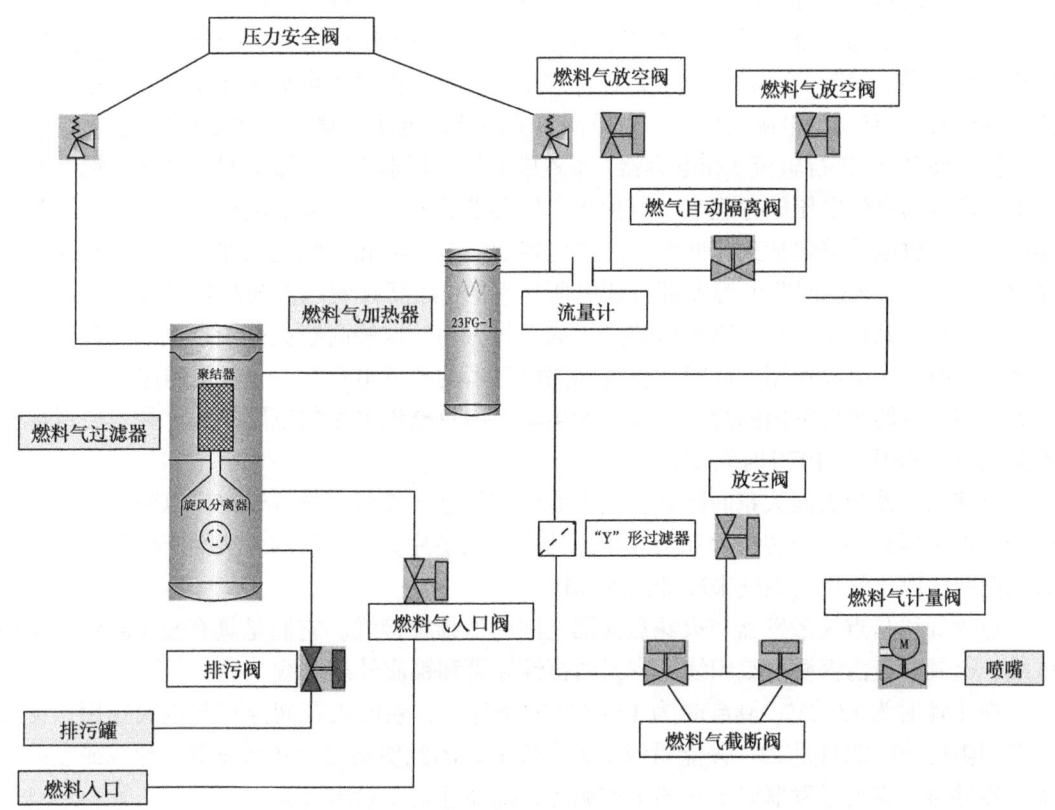

图1.3.2 燃料气系统的组成图

1.3.3.5 启动系统

启动系统一般分为气动（空气或天然气）和液压启动器。启动器带动燃气发生器转动和盘车，并带动燃气发生器点火后达到一定速度。

LM2500+ 和 RB211-24G 燃气发生器启动器常用液压启动器，Solar 燃气发生器通常使用气动启动器。西气东输管线的 LM2500+ 和 RB211-24G 燃气轮机的液压启动器的供油方式有两种：一种是罗尔斯罗伊斯公司（RR公司，其燃机业务被西门子公司收购）机组的液压启动器，利用燃气发生器滑油系统的滑油；另一种是通用电气公司（GE公司）机组的液压启动器，利用动力涡轮和压缩机的滑油供油系统。液压启动器由一个液力变矩器组成，它带有一个摇板控制活塞冲程的机构。启动器装有一超转离合器，防止当液压油供应压力和流量降低至零时，由燃气发生器来拖动旋转。Solar 燃气发生器常用气动启动器。气动启动器由一个气动涡轮启动器构成，它可使用空气或天然气。只要选用一个适合用于空气启动系统的启动器调节阀。启动器经齿轮箱来拖动燃气发生器的转子。双转子燃气发生器只拖动高压压气机转子。来启动发动机。启动器亦可用在清洗时来拖动发动机，启动器调节阀允许或中断流体进入启动器，并调整流体介质的流量到合适的压力和流量。

1.3.3.6 点火系统

当燃气轮机启动时，启动器将燃气发生器拖转到一定转速，触发点火系统产生一连串的高能量火花，由此火花引燃在燃烧室中的燃料——空气混合物，产生高温燃气。

点火激发器是电容放电式，一般安装于燃气发生器中下部，并固定在吸收冲击和振动的专用支座上。激发器由输入、整流、放电和输出等电路组成。输入电路有一个滤波器，防止射频干扰（RFI，在激发器内发生的）的反馈和防止输入电磁影响（EMI，外部发生器），此外，还有一个电源变压器，以升高整流电路的电压。整流（全波）电路包括二极管（对高压交流电流进行整流）和电容器（布置成电压倍压器形式）振荡回路电容器把整流电路中所产生的直流电压储存起来，直到所产生要求的电压，在放电电路中达到火花间隙击穿点为止。放电回路包括火花间隙、高频电容器、电阻器和高频变压器。当火花间隙被击穿时，电流（由振荡回路电容器部分放电所产生的）经高频变压器与高频电容器一起，产生一系列存在共振条件和在输出电路产生的高频振荡。这些高频振荡使点火器火花塞的槽形火花间隙产生电离作用。此时，振荡回路电容器的总放电存在一个低电阻路，产生的高能火花用来点燃燃烧室内的燃气。火花发生率是由总整流电路的电阻来确定的。后者控制着充电线路的阻容（RC）时间常数。

火花点火器为表面火花间隙式，它们有内部的空气冷却和通气通路，以防止内部通路积碳。点火器有一个安装法兰和与之相连的密封铜垫片。在头部的外表面有槽洞，在里面有轴向孔，以压气机的抽气来冷却内外电极。

点火导线是点火激发器与火花点火器之间的低损耗接线。它们是具有金属屏蔽的同轴电缆，金属屏蔽由铜质内编织线、密封的挠性导管和镍质外编织线组成。

在干燥时为 8500V、潮湿时为 15000V 的条件下，表面火花间隙将起电离作用，穿过火花间隙的放电能量是 2J。该能量级是致命性的，因此切勿与火花激发器、导线或点火器输出端接触。点火激发器以不断的工作循环，间断性地发射出火花。

1.3.3.7 变几何控制系统

在燃气发生器启停机和运转过程中，为防止因压气机喘振致使燃气发生器遭受破坏，目前可应用多转子技术、级间放气技术或可调进口导向叶片调节来进行防喘控制，其中，调节可调进口导向叶片可使进入压气机的空气流速和转速具有良好的匹配关系，因此可调进口导向叶片的主要作用是优化压气机性能、防止压气机喘振、提高发动机的启动性能。由于可调进口导向叶片在高流速、负荷重的条件下工作，所以燃气发生器对可调进口导向叶片的控制要求非常苛刻。

变几何控制系统在 RB211-24G、LM2500+、Titan 130 等型号燃气轮机上都有应用。RB211-24G 燃气轮机使用 VIGV（入口导向叶片）进行控制，LM2500+ 燃气轮机上使用 VSV（可调静子叶片）进行控制，Solar 燃气轮机使用可调导叶系统进行控制。变几何控制系统一般包括液压泵、RVDT/LVDT（线性可变差动变压器）和伺服阀装置。

1.3.3.7.1　RB211-24G 的变几何控制系统

RB211-24G 的可调进口导向叶片控制系统主要由 34 片可调导向进气叶片、同步环、作动筒、可变差动传感器（RVDT）、莫格阀及润滑油管路构成。可调进口导向叶片的液压系统由莫格阀控制，而莫格阀是由燃气发生器控制系统（ECS）进行控制管理。莫格阀的工作原理是控制作动筒液压油流回油箱的溢流量，以改变作动筒活塞两侧液压油的压力差，促使作动筒运动。实际上，莫格阀接收来自 ECS 的控制信号，然后按比例变化液压油的溢流量，由此控制可调进口导向叶片作动筒的伸缩位置。作动筒通过连杆连接到同步环上，而同步环则连接了所有进气导向叶片的操纵臂。可调进口导向叶片控制系统通过 RVDT 测量作动筒的位置，作为可调进口导向叶片的角度反馈信号。

可调进口导向叶片的角度由无量纲转速参数控制［其中，NL 为燃气发生器中压压气机转速信号，T1 为压气机进气温度的开氏（K）温度值］。

设计可调进口导向叶片的主要目的是调节压气机的空气流量，因此燃气发生器在运行过程中，可调进口导向叶片的状态点必须在上下限之间的区域内，如超出限定区域，则会有发生喘振的危险。燃气发生器压气机可调进口导向叶片的旋转角由 ECS 内的可调进口导向叶片闭环控制系统控制，该系统使用可调进口导向叶片的角位置作为反馈。可调进口导向叶片由电液系统驱动，其中来自 ECS 的位置命令被转换为由伺服放大器产生并发送给莫格阀的驱动信号。同时，可调进口导向叶片位置反馈信号由双绕组 RVDT（旋转变量差分变压器）进行测量和输出，通过信号处理模块，将 4~20mA 信号发送到 ECS。控制角度设定值与实际角度反馈值的偏差信号用 PID（比例、积分、微分）运算法则处理之后，输出控制电流控制伺服阀，进而控制作动筒的位置及可调进口导向叶片角度。

1.3.3.7.2　LM2500+ 的变几何控制系统

入口导流叶片（IGV）和可变定子叶片（VSV）的位置由控制系统向伺服阀的电流输入量确定。可变定子叶片是压气机定子（HPCS）的主要部分，由入口导流叶片、2 个可变定子叶片制动器和转矩轴、传动环和用于每个可变定子叶片级的不可调节联动装置构成。

入口导流叶片装置位于压气机（HPC）的前部，并且与可变定子叶片机械地连接起来。它允许在部分能量的情况下进行流动调节，从而增加发动机功率。控制装置设计用于线性可变差动变压器（LVDT）的激发和信号调节，并且用于控制入口导流叶片和可变定子叶片的位置。借助于对经过伺服阀的入口导流叶片启动器位置进行闭合循环调度。

1.3.3.7.3　Solar 燃气轮机的可调导叶系统

Solar 燃气轮机压气机的前六级装有可调导向叶片。这种设计使得压气机的中压级和高压级在空气动力学上能够相互匹配。叶片位置的变化改变进入压气机转控气的有效体积，叶片的角度决定了压缩特性。改变可调导叶的位置，新的中压级临界状态形成，维持一个气流的平衡和启动过程中的压气机特性。叶片位置的变化，使进入压气机的有效空气体积与启动期间直接进入燃烧室的体积相匹配。

可调导叶系统使用如下控制：修正燃气发生器转速低于 75% 时，叶片在最小位置（闭合）；修正燃气发生器转速高于 92% 时，叶片在开的位置；当速度在两者之间时，叶片的位置与可调导叶相匹配。

电子线性伺服调节器决定可调导叶和定子叶片的位置。PLC 模块输出一个 4~20mA 模拟量，控制可调导叶电子线性伺服作动筒，调节可调导叶与燃气发生器转速相匹配。导叶控制作动筒将持续移动叶片，直到从导叶反馈的位置信号与程序给定的设定值一致。

导叶调节作动筒安装在空气进气室后垂直 2 点钟的位置。调节器由固定在空气进气室的调节电动机支架支撑，并在它的行程移动时允许电动机轴向移动。作动筒轴端贴着叶片调节器的臂，臂驱动螺丝扣组件。叶片调节器臂的后端由安装在压气机机匣的叶片调节器臂支架紧固。

1.3.3.7.4　GT25000 燃气轮机进口可转导向器

转动机构使进口导向器、0 级和第 1 级导向器的叶片按照与高压压气机后的空气静压关系的给定规律同步转动，可以保证燃气轮机在启动时和在给定工况下工作时，压气机能稳定工作。叶片转动的同步性是由叶片与共同的转动机构的运动学连接来保证的。

转动机构由装在具有双排滚珠轴承的两个支承上的轴、联动环和螺旋松紧器组成。联动环由拉杆与进口导向器转动叶片，以及 0 级和 1 级的转动叶片相连。

叶片的角度位置由布置在前机匣上和压气机可转（导向器）壳体上的刻度盘的指针来确定。

转动机构的起始和最终位置，由与叶片摇臂相连的顶杆的动作信号发生器在燃气轮机遥控控制台上发出灯光信号来指示。

当高压压气机后的空气压力提高时，叶片开始转动，且在压力达到一定值时停止转动。在此压力区间，刻度盘上的指针处于边缘指示点之间的过渡位置。

向轴内旋入或从轴里旋出螺旋牵引杆，可以同时调节所有三级叶片的转角范围，也可以单独调节每级叶片的转角范围。

改变螺旋松紧器的长度，即向需要的方向单独改变每级叶片的规定转角范围。改变螺旋松紧器的长度，同时改变所有三级叶片的转角范围。

为提高工作的可靠性，对于装置的所有联动环，在每个环上的两个径向对称点上施加力，同时借助主气动作动筒和辅气动作动筒，驱动两个对称安装的可转机构。

主气动作动筒设有内置式控制元件，辅气动作动筒则无控制元件。

主气动作动筒由控制缸、控制活塞、弹簧、管接头、动力缸、动力活塞和复位弹簧组成。

来自高压压气机出口通流部分的空气，经由净化和冷却组件通向管接头中。

1.3.3.8　箱体通风系统

燃气轮机装在一个公共基板的箱体内，不仅为现场施工提供便利安装条件，还能在运行过程中起到消音、抗气候干扰等保护。箱体虽然具有较多优越性，但也出现一些问题，如发热量散发不出去，箱体内温度会很高；漏泄的油、气具有一定的火灾隐患等。为此在采用箱体的同时，必须配有通风系统。

箱体通风是用较低温的空气来置换箱体内的热空气，达到降温和消除隐患的目的。通风系统要求是：气流能不受阻地通过机组的热部件，不应出现大的滞流和逆流，充分地通过对流将辐射热带走，使得箱体内的通风能以尽量少的空气，取得较高的通风效果。

1.3.3.9 清洗系统

燃气轮机所吸入的空气虽然已经过过滤处理，但也总是避免不了仍有一些细的粉尘随空气一起进入燃气发生器压气机，这些细的粉尘会在压气机叶片表面上附着、积聚，在工作一段时间以后，叶片表面上会出现结垢现象。叶片结垢会使流通面积减少，吸入的空气量亦会减少，涡轮发出的有用功率降低。为了使压气机的性能得到恢复，采取清洗的方法将叶片表面上的积垢清除掉。

清洗系统先向叶片表面喷注清洗剂，使积垢溶解、松散掉落，再随清洗水排出机外。

管道用燃压机组的清洗系统是针对压气机的清洗，不包括涡轮清洗系统。因为两者的积垢性质不一样，因此必须采用不同的方法清洗。而涡轮的清洗仅在以原油为燃料时才必需配置。而用于压气机清洗的方法都是湿式，以水为主要工质，配加相应的清洗剂，所以通常称为水清洗系统。

1.3.3.10 控制系统

机组控制系统通常以就地控制柜的形式安装在机组主橇上或机组主橇附近，由机组供应商成套提供。

机组控制系统主要由过程控制单元、操作员工作站、数据通信接口等构成，通常过程控制单元采用可编程序逻辑控制器（PLC），作为人机界面的操作员工作站采用带触摸屏的计算机。因此，机组控制系统实际上是一套以 PLC 为控制核心，用于机组逻辑顺序控制、PID 控制、实时数据处理、报警停机保护和联网通信的自动控制系统，可完成单台机组及其辅助系统（空冷器系统、仪表气系统等）的控制。机组控制系统自成体系，独立于站控系统（SCS）以外。

机组控制系统能自动、连续地监视和控制压缩机组及其辅助系统的运行，保证人身安全和设备安全。具体来说，该系统至少满足以下性能：根据命令或条件，按预定程序自动完成机组的启动、加载、卸载和停机/紧急停机等操作；在所有工况下，执行对机组的保护；在系统故障或误操作的情况下，避免不安全的因素发生；在触摸屏上显示各种工艺变量及其他有关参数；提供声光报警；与 SCS 交换信息；接受 SCS 的操作命令。

机组控制系统可实现多种操作方式选择，各种操作控制方式之间的切换无扰动且，不会导致不安全的因素发生。因此，机组控制系统可实现以下操作方式：就地（LOCAL）人工或自动控制、远程（REMOTE）自动控制（SCS 或调度控制中心操作模式）、停机（OFF）。操作方式由安装在机组控制系统上的 LOCAL/REMOTE/OFF 选择开关确定。就地控制方式优先于远程控制方式。处于停机模式时，不能启动机组，但各种变量/参数仍处于机组控制系统的监视之下。在就地控制时，机组控制系统不接受 SCS 或调度控制中心的命令，但各种变量/参数仍处于 SCS 或调度控制中心的监视之下。

ESD（紧急停机）控制命令优先于任何操作方式。无论 ESD 命令从何处下达及机组控制系统处于何种操作方式，ESD 控制命令均能被立即按预定的顺序执行。所有 ESD 系统的动作将发出闭锁信号，使机组在未接到人工复位的命令前不能再次启动。ESD 系统和各种保护系统均设计为故障安全型。

机组控制系统全自动地完成对机组及其辅助系统和相关联部分的监控，比如：启动/停机顺序控制（包括各个阀门的顺序控制）、负荷控制、动力源控制（如电源等）、速度控制及保护停机、机组机械状态监测及保护停机、紧急停机（ESD）、辅助系统控制及保护、超温、过压控制及保护停机。

ControlLogix 是 Rockwell 公司在 1998 年推出 AB 系列的模块化 PLC，是目前世界上最具有竞争力的控制系统之一。目前管道上 RR、Solar 压缩机组等均使用的是 Rockwell 公司生产的 ControlLogix 控制系统，这套控制系统也广泛应用于管道站场工艺控制、ESD 保护控制等各个控制单元上，是一套使用率较高的控制系统。

GE 压缩机组所使用的控制系统，是 GE 公司专门为其燃气轮机开发的 MARK VIe 控制系统。从 1968 年采用电子管技术的 SPEEDTRONIC MARK Ⅰ，经过 1973 年 MARK Ⅱ、1976 年 MARK Ⅲ、1982 年 MARK Ⅳ、1991 年 MARK Ⅴ、1999 年 MARK Ⅵ，发展到了现在正在使用的 MARK VIe 控制系统。

ControlLogix 系统是 Rockwell 自动化有限公司（Allen-Bradley 艾伦布拉德利有限公司）继传统可编程控制器 PLC2、PLC5/SLC500 之后推出的第三代工业控制产品。它是高度模块化结构的、可灵活地进行任意组合和扩充的高性能控制平台。通过背板总线强大的网关功能完成信息层、控制层和设备层三个开放式的通信平台之间的自由转换，并兼容 DH+、RI/O、DH485 串口等传统通信网络。该控制系统基本结构包括控制器、I/O、通信网络、可视硬件及编程系统。

1.3.3.11 消防系统

消防系统主要用来探测泄漏的燃气和防火。消防控制系统为火焰、过热、烟雾（滑油雾）和泄漏的可燃气体提供保护。消防控制系统一般包括 CO_2 灭火罐、UV 火焰探测器、火焰探测器、热量探测器、可燃气体探测器等设备和仪表。UV 火焰探测器、热量探测器和燃气探测器安装在封闭空间和通风管道中。通过连接到专用的装在机组控制机柜中的消防和燃气控制和监视面板，这些传感器自动报警，关闭进出口的百叶窗，并释放 CO_2 灭火剂。

紫外线火焰探测器感受火焰发射出的 UV 辐射，当探测到 UV 辐射，系统迅速做出反应，并释放 CO_2 灭火剂。一旦探测到 UV 辐射，系统开始停机，通风系统的调节风门关闭 CO_2，并且关闭通风扇。

当温度到达很高的水平时，过热探测器给 UCP 发信号，放出 CO_2 灭火剂。一旦探测到高的热量，系统开始停机，通风系统的调节风门关闭 CO_2，并且关闭通风扇。

可燃气体传感器探测出现的氢气和碳氢化合物的浓度。这些气体可能易燃、易爆、并且有毒。传感器专门校定以探测天然气和蒸汽，根据探测气体的浓度，系统激活报警并且/或停机。在探测到高浓度的气体时，排风扇打开。

消防控制系统能自动或人工启动。自动传感器装在 GG/动力涡轮和辅助封闭室，并且使用紫外线（火焰感测）探测器和热（火和常规过热感测）探测器。两个手动按钮装在 GG/动力涡轮封闭室门的外面。在 CO_2 制动器上也装有人工释放端。任何一个传感器探测到非正常的情况或人工启动，均能执行自动停机程序。

消防和燃气控制面板也监测这些传感器，并监测它们的电路是否有故障。

1.3.3.12 仪表风系统

仪表风系统的作用就是当需要时，为进气系统、排气系统、清洗系统、主滑油系统和动力涡轮等提供压缩空气。进气系统利用仪表风对脉冲式自清空气过滤器进行自清扫；清洗系统利用辅助空气仪表风来增压装满溶剂的清洗槽，并为清洗液提供动力；主滑油系统利用干空气作为轴端封严的密封气等。

1.4 离心压缩机结构

离心式压缩机属于透平式压缩机的一种,具有处理气量大、运转可靠、结构紧凑等特点,广泛应用于管道压气站。离心压缩机是利用叶轮和气体的相互作用,提高气体的压力和动能,并利用相继的扩压器等部件使气流减速,将动能转变为压力能的设备。

压缩机主要由定子(机壳、隔板、密封、平衡盘密封、端盖等)、转子(轴、叶轮、隔套、平衡盘、轴套、半联轴器等)及支撑轴承、推力轴承、轴端密封等组成。

1.4.1 机壳

机壳用锻钢做成,机壳在两端垂直剖分,用卡环将两侧的端盖和机壳紧固在一起。机壳端面精加工以保证密封性,端盖装在机壳里,通过特殊扇形(剪环)定位,安装方式为插入到机壳内表面上加工出的一个合适的槽中,由在四个象限加工的垫圈锁定。端面上铣密封槽,密封槽内安装"O"形胶圈和加强环,具有良好的密封性。

1.4.2 隔板

隔板的作用是把压缩机每一级隔开,将各级叶轮分隔成连续性流道,隔板相邻的面构成扩压器通道,来自叶轮的气体通过扩压器把一部分动能转换为压力能。隔板的内侧是迴流室,气体通过迴流室返回到下一级叶轮的入口。迴流室内侧有一组导流叶片,可使气体均匀地进到下一级叶轮入口。

隔板从水平中分面分为上、下两半。隔板和隔板之间靠止口配合径向定位,各级隔板靠隔板束把合螺栓依次紧密地连在一起。

1.4.3 转子

转子是压缩机的关键组件,它通过旋转对气体介质做功,使气体获得压力能和速度能,以满足生产工艺要求。压缩机的转子包括主轴、叶轮、轴套、轴螺母、隔套、平衡盘和推力盘等。

(1)主轴:主要作用是传递功率,主轴应有一定的刚度和强度。

(2)叶轮:叶轮是压缩机对介质做功的唯一元件,承担介质输送和增压的任务。叶轮按结构特点可分为开式叶轮、半开式叶轮、闭式叶轮。其中,开式叶轮与半开式叶轮的结构较简单,气体流动损失较大,效率较低,故离心式压缩机通常采用闭式、后弯型叶轮。叶轮与轴之间有过盈,热装在轴上。叶轮上的叶片铣在轮盘上,再把轮盖焊到叶片上。根据 API 617 的规定,叶轮做超速试验。

(3)隔套:隔套热装在轴上,它们把叶轮固定在适当的位置上,而且能保护没装叶轮部分的轴,使轴避免与气体相接触,且起导流作用。

(4)轴螺母:主要是起轴向固定作用。如轴向固定叶轮、轴端密封等。

(5)平衡盘:由于在叶轮的轮盖和轮盘上有气体产生的压差,压缩机转子受到朝向叶轮入口端的轴向推力的作用。这种推力一般是由平衡盘来抵消的,压缩机平衡盘装在最后一级叶轮相邻的轴端上。在设计时使残余的推力作用在止推轴承上,这就保证了转子在轴向不会有大的串动。

（6）推力盘：叶轮一开始旋转，就受到指向吸入侧的力，这主要是因为轮盖和轮盘上作用的压力不同造成推力不等。作用在叶轮上的轴向推力，将轴和叶轮沿轴向推移。一般压缩机的总推力指向压缩机进口，为了平衡这一推力，安装了平衡盘和推力轴承，平衡盘平衡后的残余推力，通过推力盘作用在推力轴承上。推力盘采用锻钢制造而成。

1.4.4　支撑轴承

压缩机的支撑轴承根据需要选用可倾瓦轴承。这种滑动轴承是由油站供油强制润滑，轴承装在机器两端端盖外侧的轴承箱内，检查轴承时不必拆卸压缩机壳体。

在轴承箱进油孔前管路中有流量调节器，根据运转时轴承温度的高低，来调整节流圈的孔径，或者通过调节流量调节器阀开度控制进入轴承的油量。润滑油进入轴承进行润滑，并带走产生的热量。

可倾瓦轴承有五个轴承瓦块，等距地安装在轴承体的槽内，用特制的定位螺钉定位，瓦块可绕其支点摆动，以保证运转时处于最佳位置。

瓦块内表面浇铸一层巴氏合金，由锻钢制造的轴承体在水平中分面分为上、下两半，用销钉定位螺钉固紧，为防止轴承体转动，在上轴承体的上方有防转销钉。

1.4.5　止推轴承

止推轴承采用金斯伯雷型止推轴承。止推轴承的作用是承受压缩机没有完全抵消的残余的轴向推力，以及承受膜片联轴器产生的轴向推力。根据需要，止推轴承装在支撑轴承外侧的轴承箱内。

金斯伯雷止推轴承是双面止推的，轴承体水平剖分为上、下两半，有两组止推元件，每组一般有6块止推块（特殊系列要多一些），置于旋转式推力盘两侧。推力瓦块工作表面浇铸一层巴氏合金，等距离地装到固定环的槽内，推力瓦块能绕其支点倾斜，使推力瓦块均匀地承受挠曲旋转轴上变化的轴向推力。

止推轴承的轴向位置由调整垫调整，调整垫的厚度在装配时加工。

1.4.6　迷宫密封

级间密封：压缩机级间密封采用迷宫密封，在压缩机各级叶轮进口圈外缘和隔板轴孔处，都装有迷宫密封，以减少各级气体回流。迷宫密封多采用PEEK材质和铝材质，可以很好地避免损坏轴套和叶轮。

为避免由于热膨胀而使密封变形，发生抱轴事故，一般将密封体做成带有"L"形卡台。密封齿为梳齿状，密封体外环上半部分用沉头螺钉固定在上隔板上，但不固定死。外环下半部分自由装在下隔板上。

平衡盘密封：压缩机平衡盘上装有迷宫密封，这是为了尽量减少平衡盘两边的气体泄漏，其作用是减少末级出口和压缩机平衡气腔间的气体泄漏，其结构与级间密封类似。

1.4.7　干气密封

干气密封是用于离心压缩机的一种新型密封，干气密封系统向压缩机两端的封严机构提供过滤后的密封缓冲气体，以防工艺气体从设备逸出，它是流体通过动环和静环的径向接合面上的唯一通路实现密封。密封表面被研磨得非常光滑，转动的硬质合金环在其旋转的平面上加工出一系列螺旋槽。随着旋转，流体被泵入螺旋槽的根部，在此环形面形成密封的屏障，此密封屏障阻止流动，并增高压力，使动环和静环表面之间形成 5μm 左右的气膜厚度，此结果使得两个表面保持分离而不接触。这本身又导致了长寿命，在工作面没有磨损的可靠密封。

干气密封系统最早于 20 世纪 70 年代中期由美国的约翰克兰密封公司研制开发，工业应用表明，干气密封是一种新型的非接触轴封，与其他密封相比，干气密封具有泄漏量少、摩擦损失少、寿命长、能耗低、操作简单可靠、维修量低、被密封的流体不受油污染的特点。此外，干气密封可以实现密封介质的零逸出，从而避免对环境和工艺产品的污染。采用干气密封，密封稳定性和可靠性明显提高，对工艺气体无污染，密封辅助系统大大简化，运行维护费用显著下降。

干气密封利用流体动压效应，使旋转的两个密封端面之间不接触，而被密封介质泄漏量很少，从而实现了既可以密封气体，又能进行干运转操作。

干气密封动环端面开有气体槽，气体槽深度仅有几微米，端面间必须有洁净的气体，以保证在两个端面之间形成一个稳定的气膜，使密封端面完全分离。气膜厚度一般为几微米，这个稳定的气膜可以使密封端面间保持一定的密封间隙，间隙太大，密封效果差，而间隙太小会使密封面发生接触，产生的摩擦热能使密封面烧坏而失效。气体介质通过密封间隙时，靠节流和阻塞的作用而被减压，从而实现气体介质的密封。几微米的密封间隙会使气体的泄漏率保持最小，动环密封面分为外区域和内区域，气体进入密封间隙的外区域有空气动压槽，这些槽压缩进来的气体，密封间隙内的压力增加，将形成一个不被破坏的稳定气膜，稳定的气膜是由密封墙的节流效应和所开动压槽的泵效应得到的，密封面的内区域是平面，靠它的节流效应限制了泄漏量。干气密封的弹簧力很小，主要是为了当密封不受压时，确保密封面的闭合。

1.4.8 工艺气系统

工艺气系统主要涉及压缩机的进口工艺管线和出口工艺管线两大部分，安装有进口阀、出口阀、热旁通阀、防喘阀、空冷器旁通阀和后空冷器等设备。

工艺气系统的目的是让离心压缩机正常地对工艺气进行压缩，并使工艺气系统出口的工艺气达到燃气轮机的进气要求。因此，除了对压缩机有工作要求外，还需要加入以上这些阀门和后空冷器。

由于离心压缩机为回转式旋转机械，在工况偏离设计工况时，可能发生喘振。管道离心压缩机的喘振会严重影响机组的正常运行，甚至造成机组和管线上设备的损坏。为了防止喘振的发生，机组配置了专门设计的防喘振监测防护系统，通过控制防喘阀的开度来避免喘振的发生。而热旁通阀则负责在机组紧急停机时迅速平衡压缩机组进出口压力，防止喘振的发生。

离心压缩机压缩工艺气后，工艺气温度升高。当压缩机组出口温度较低、符合干线输送要求的时候，则打开空冷器旁通阀，使气体不通过空冷器直接进入下游管线；当压缩机组出口温度较高、不符合干线输送要求的时候，则关闭空冷器旁通阀，使得工艺气通过空冷器降温后再输往下游管线。

　　工艺气系统主要由管路和阀门组成，工艺气通过入口阀进入压缩机进行压缩，压缩机排气视温度高低进入空冷器或空冷器旁通阀，之后通过出口阀进入下游管线。发生喘振时，防喘阀动作将压缩机出口管线的工艺气送回进气管线，紧急停机时热旁通阀迅速打开，平衡压缩机进出口压力。另外，充压加载阀组用于对机组工艺气系统充压，放空阀组用于在需要时对机组工艺气系统泄压。

2 燃驱压缩机组故障分布统计

压缩机组是输气站场的关键设备，在生产运行中起着重要作用，安全环保风险程度高，专业化维修要求高。压缩机组故障统计与分析是设备完整性管理工作的重要一环，及时准确地掌握压缩机组健康状况，积累机组运行历史数据，总结探索失效规律，可降低站场运行风险，为设备维检修工作提供数据支撑，提高设备运行可靠性与经济性。

2.1 管道压缩机组故障概述

随着长输管道里程的不断增加，管道压缩机组的装机数量与运行时间也随之逐年增加，主要安装历史如下：

（1）1986年，国内第一座压气站中沧线濮阳压气站建成，共投用2套离心式压缩机组；

（2）1999—2000年，陕京一线投产6套往复式压缩机组和6套离心压缩机组；

（3）2004—2006年，西一线、涩宁兰线建成投产，受西部地区电网条件限制，两条管线均使用燃驱离心式压缩机组，包括19套RR机组、27套GE机组、13套索拉机组；

（4）2009—2016年，西二线、陕京二线、陕京三线、川气东送工程建成，共投用138套压缩机组，电驱离心式压缩机组占比逐年增加；

（5）2016年起，陆续投产了西三线、中缅线、中贵线、陕京四线、中俄东线等天然气干线管道，随着国内设备制造技术水平的不断发展，新装机组中国产大功率电驱机组成为主力；

（6）第一套国产燃驱机组于2017年安装于西三线烟墩站，截至2023年上半年，长输管道共有7套国产燃驱机组运行；

（7）2019年，陕京一线榆林站5套往复机组申请退役。2019年以来，又陆续投产了39台压缩机。

由于离心机组具有效率高、结构简单、维护费用低、利用率高等特点，且其在体积流量大、压力低的情况下运行性能更佳，更适合作为长输管道的增压设备，因此近年来选择的新设备均为离心式，长输管道离心机组占压缩机组总数量的90.5%，来自8个压缩机生产厂家，其中通用公司（GE）和沈鼓装机占比较多；往复机组39套，占压缩机组总数量的9.5%，主要用于储气库注气及部分支线，往复式压缩机组在用厂家有6个，装机数量最多的为中国石化第三机械厂，目前仅一些老管道保留有往复式压缩机组，并将逐步退出使用，管道压缩机组制造商分布情况如图2.1.1和图2.1.2所示。

从驱动机制造商来看，燃气轮机占压缩机驱动机总数量的35.4%，通用公司（GE）和西门子（原RR）燃机集中使用在西气东输一、二、三线和陕京三线，索拉压缩机组共有4个机型，主要使用在涩宁兰线、兰银线、忠武线、陕京一线、永唐秦线等5条支线上，另有7套中船重工703所国产燃驱机组；电动机驱动占压缩机组驱动机总数量的61.7%，共来自10个制造厂商；内燃机占比2.7%，用在鄯乌线等老管道和储气库，管道压缩机组驱动机制造商分布情况如图2.1.3至图2.1.5所示。

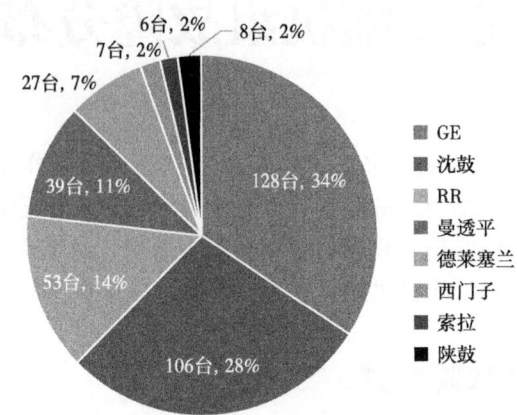

图 2.1.1 管道离心压缩机制造商占比

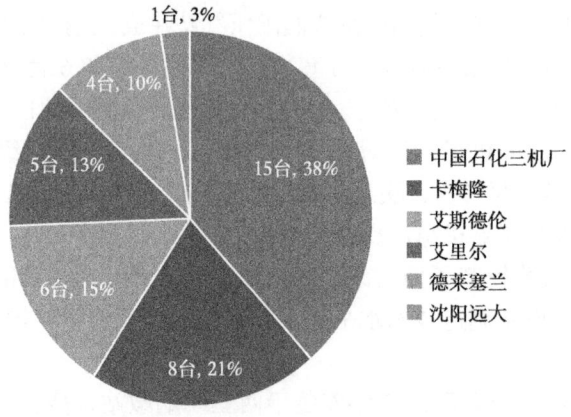

图 2.1.2 管道往复压缩机制造商分布

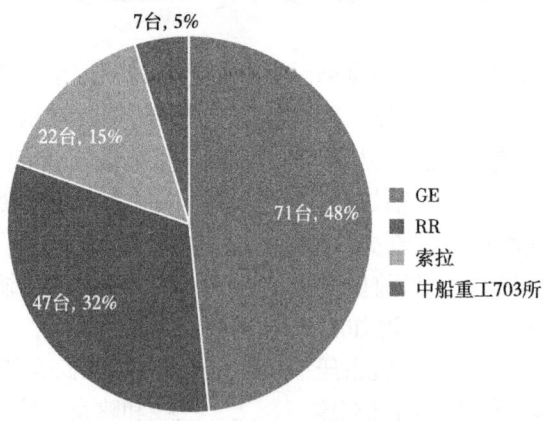

图 2.1.3 燃气轮机制造商分布

2 燃驱压缩机组故障分布统计

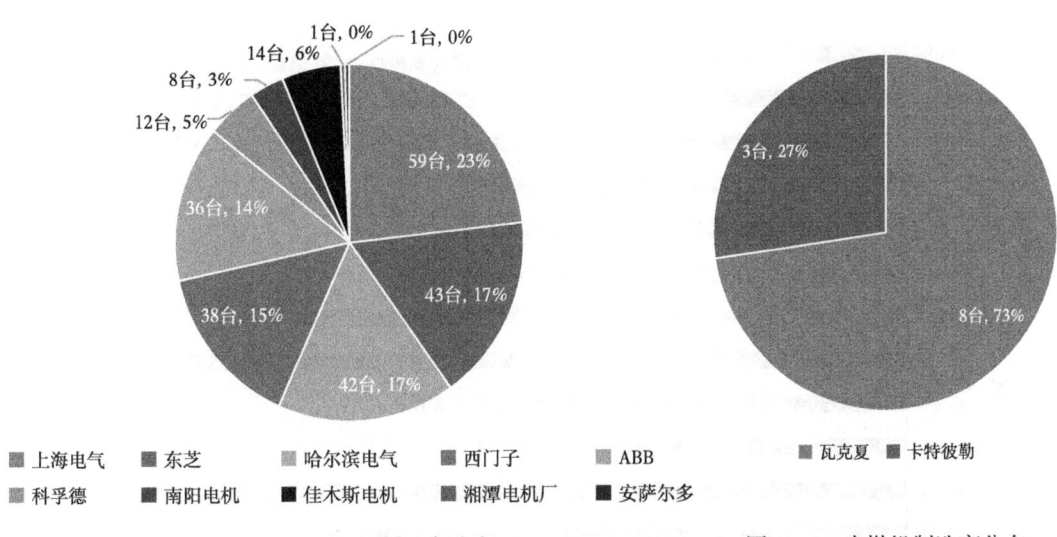

图 2.1.4 电动机制造商分布　　　　图 2.1.5 内燃机制造商分布

管道压缩机组自投产以来的年度运行时间和年度故障停机次数如图 2.1.6 和图 2.1.7 所示。截至 2023 年 6 月，共记录了离心机组故障停机 4240 次，其中燃驱机组故障停机 2443 次，占离心机组故障停机总数的 58%。燃驱机组故障多发生在早期阶段（2014 年以前），在积累了足够的运行管理经验后，燃驱机组故障停机次数逐年减少，表现出较高的运行可靠性。

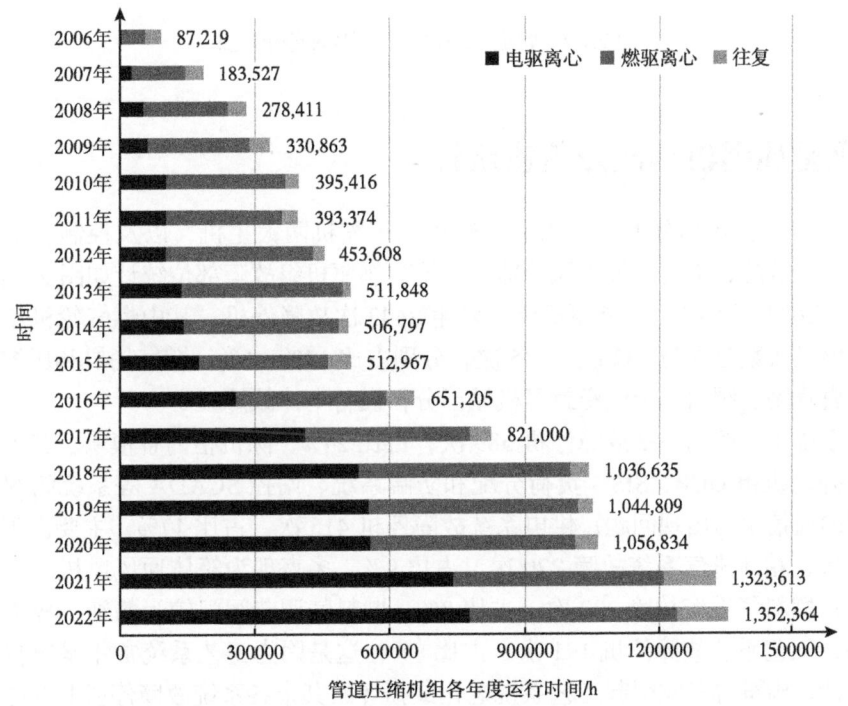

图 2.1.6 管道压缩机组年度运行时间

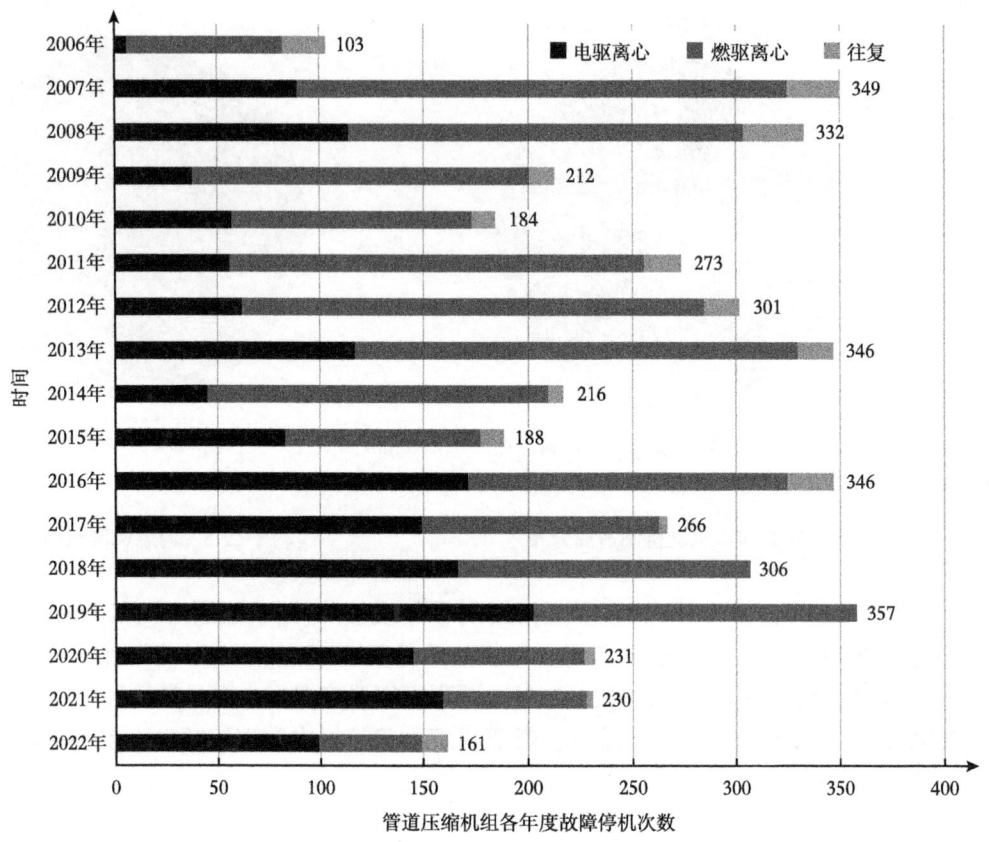

图 2.1.7 管道压缩机组年度故障停机次数

2.2 燃驱压缩机组故障位置统计

燃驱机组在设备划分上可分为燃气轮机和压缩机两大主机，以及控制、供电、润滑油、燃料气、消防、工艺、仪表风等辅助系统。燃驱机组故障部位统计如图 2.2.1 所示。

2006—2023 年上半年，燃驱机组共发生 2443 次故障停机，其中燃气轮机压缩机两大主机故障停机次数分别为 337 次、135 次，分别占比 14%、6%。燃气轮机和压缩机故障多发生在附属管路、阀门、干气密封等机械部分，设备本体故障较少。

辅助系统中，控制系统故障停机 589 次，占比 24%，除机柜内各模块、盘架等易发生硬件故障外，机组 UCP、SIS、负荷分配和防喘系统、站控 SCADA 等系统的程序软件及相互之间的通信也易出现问题；供电系统故障停机 415 次，占比 17%，主要由于外电中断或波动导致；箱体进气系统故障 220 次，占比 9%，多表现为箱体通风风机故障、防冰系统故障等；燃料气系统故障 200 次，占比 8%，燃料气调节阀门较为精细，故障率相较普通阀门高；工艺系统故障停机 191 次，占比 8%，这是因为工艺系统常年暴露在外部环境中，受风沙、雨淋等影响引起工艺系统老化或损坏；其余各系统故障停机共 356 次，占比 15%。

2 燃驱压缩机组故障分布统计

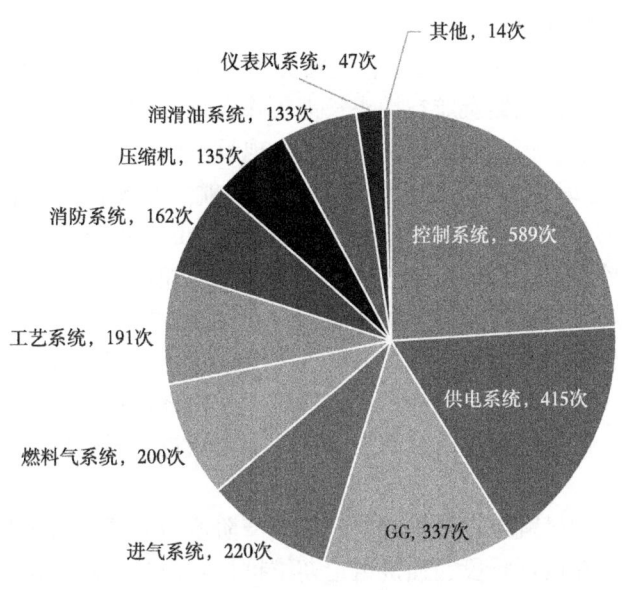

图 2.2.1 燃驱机组故障部位统计

2.2.1 燃气轮机系统故障

长输管道使用的大型离心式压缩机需由大功率驱动系统来拖转，在缺乏电力供应的戈壁荒漠地区，燃气轮机是驱动机的最佳选择。截至2023年上半年，长输天然气管道压气站共安装有147套燃驱机组，共涉及4个厂家：通用电气（GE）、罗尔斯罗伊斯（RR）、索拉、中船重工703所（按照乌克兰GT25000燃机图纸制造）。

2006年至2023年上半年，共记录燃气轮机系统故障停机337次，其中传感器故障202次，可变导叶系统故障59次，燃气轮机附属管路及阀门故障34次，燃气发生器或动力涡轮故障25次，启动系统故障17次，燃气轮机系统故障部位统计如图2.2.2所示。

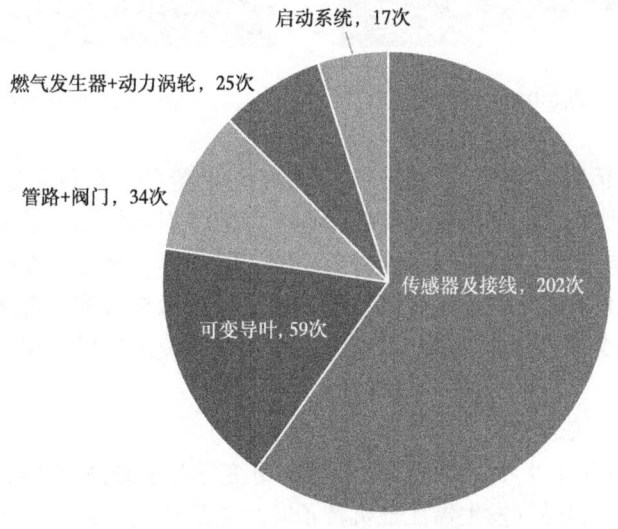

图 2.2.2 燃气轮机系统故障部位统计

2.2.1.1 传感器及接线故障

2006年至2023年上半年，共记录燃气轮机系统传感器及接线问题202次。

燃气发生器的相关传感器及航空插头长期工作在振动的环境中，线缆接头部位受机组振动影响较大，会导致传感器的接线及连接件出现触点松动、虚接、脱焊的现象，图2.2.3为速度传感器电缆绝缘皮磨损，图2.2.4为损坏的航空插头。GG各参数深度参与机组ECS程序计算，信号跳变或丢失可能造成严重影响，2018年曾发生过因触点虚接导致T_3温度跳变触发燃料控制保护，机组转速迅速下降引起压缩机喘振停机的事件。近年来，在日常维保中推进对燃机航插线缆的加固整改，参照标准化图纸加工支架，航插线缆集中捆扎，按照标准化支架对航插探头、尾线使用抱卡加固，预防航插和尾线机组运行中晃动、磨损、拉拽等问题，造成机组控制信号丢失停机；在检修作业结束后，及时恢复航插线缆的固定，防止燃机本体管路和航插线缆搭接、磨损，通过一系列措施的推行，近年来此类故障次数有所下降。

针对线路虚接、信号跳变及干扰问题，在投产阶段应对传感器安装质量、电缆铺设质量等进行严格控制，在运行阶段加强机组定期维护保养质量，对仪表回路接线、屏蔽、接地等环节予以检查，及早发现问题。

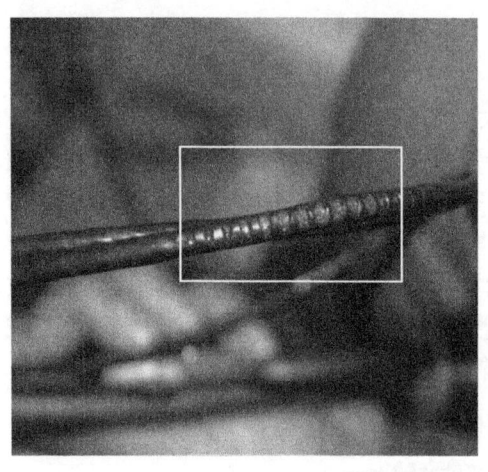
图2.2.3　速度传感器电缆绝缘皮磨损

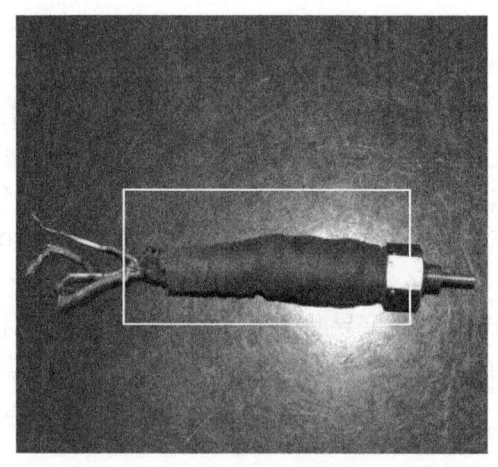
图2.2.4　损坏的航空插头

燃气轮机结构精密、紧凑，大部分站场燃机滑油管路、空气管路、传感器线缆均存在不同程度的搭接现象，传感器线缆屏蔽层磨损可能会引起振动、温度等信号的跳变，触发控制系统保护停机，而管路磨损可能引起漏油、漏气等。因此，在机组维护保养时，应重视机组管路搭接磨损、跑冒滴漏健康体检工作，检查探头线缆、管路与其他部件搭接情况，采取添加卡子或保护套等措施，增大管路间隙以避免出现搭接现象，防止因相互间摩擦造成磨损的发生。

2.2.1.2　可变导叶系统故障

2006年至2023年上半年，共记录燃气轮机可变导叶系统故障59次。

可变导叶系统控制燃气发生器压气机转子叶片为最佳气流迎角，使压气机在不发生喘振的前提下保持高效率运转。

GE 燃气发生器的可变导叶系统由进口导流叶片（IGV）和 0~6 级可调角度导叶组成。叶片位置由变几何控制装置调节，变几何控制装置由安装在附件齿轮箱上的 VSV 伺服阀和带有线性可调差动传感器（LVDT）的导叶传动装置构成。导叶由两根扭转轴驱动，扭转轴前端由液压作动筒定位。RR 燃气发生器进气机匣后部装有一个单级 34 个可调导向叶片（VIGV），通过伺服阀控制的液压作动筒调节叶片的角度，每个叶片的操纵组件与作动环相连，通过作动环同时调整所有叶片的角度，操纵杆的位置由一个旋转可变差动传感器（RVDT）测定。

可调导叶卡涩会影响控制器的指令计算，如引起压气机喘振，将会给 GG 带来较大破坏，因此需合理制定压气机水洗周期，对进气滤芯合理选型，避免灰尘在叶片根部聚集，导叶根部灰尘聚集引起卡涩如图 2.2.5 所示。差动传感器故障可能造成控制器输出指令跳变，伺服阀或控制器本身故障也可能引起喘振，随着机组运行时间的增加，应注意关注此类设备的运行状态，如老化应及时更换，MOOG 控制器稳压器烧黑如图 2.2.6 所示。

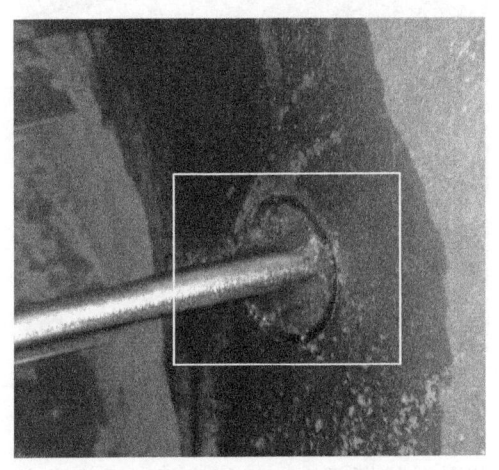 

图 2.2.5　导叶根部灰尘聚集引起卡涩　　　　图 2.2.6　MOOG 控制器稳压器老化烧黑

对于 VSV 扭矩轴关节轴承磨损、作动筒活塞杆异常脱扣、VSV 泵机封损坏、漏油等机械问题，在日常巡检或机组维护保养时，需重点检查 VSV 摇臂是否变形，检查 VSV 摇臂角度是否超出手册范围，观察 VSV 扭矩轴及作动连杆轴承磨损状况，根据手册要求及时更换磨损轴承；定期维护保养时应遵守规程，操作时应注意避免在轴承处涂抹润滑脂、防咬剂等，涂抹润滑脂等起到的润滑作用有限，且易沾染灰尘、砂砾，可能进一步加剧轴承磨损；可在连杆处增加固定组件，以减少连杆和 VSV 扭力轴轴向的晃动，防止轴承磨损的进一步发展。检查 VSV/VIGV/IGV 可转拉环、拉杆、扭矩臂、轴承的卡滞和磨损情况（前轴承不超过 1mm、后轴承不超过 2mm、用轴向位移量不超过 5mm），加强 VSV 前后支撑轴承、拉环间隙测量和角度测量，及时处理扭矩增大问题。对于 RR 燃机，严格检查燃机下部 MOOG 液压控制阀是否存在颗粒物卡滞、阀芯磨损，造成精度偏差问题。严禁作业过程中踩踏燃机和可转导叶。

对可变导叶系统的其他维护包括：每周检查可转导叶命令和反馈偏差、电流、阻值数据和趋势，每季度对VSV、VIGV校验检查，更新曲线。重点完成GE机组VSV命令航插线缆、液压作动筒反馈线缆标准化加固，及时处理屏蔽电缆的破损和航插松动的问题。按照运维手册标准测量伺服阀阻值、电流和扭矩，确定其在手册标准范围内。上传VSV阻值和PSVO包诊断报警监控，及时分析和处理可转导叶模块诊断报警信息。

2.2.1.3 燃机附属管路及阀门

2006年至2023年上半年，共记录燃机附属管路及阀门故障34次。

燃机附属管路故障21次，其中RR燃机IP7级波纹管损坏17次，IP7级波纹管损坏如图2.2.7所示，IP7级波纹管改造如图2.2.8所示。IP7级引气软管从中压第七级压气机处引气，向动力涡轮提供密封气，机组暖机前由仪表风供气，差压保持在18~25mm水柱，加载后由燃机IP7供气，差压保持在180~200mm水柱。IP7级波纹管故障在2006—2007年发生较多，波纹管结构改造及安装位置调整后，此类故障数量减少。日常运维过程中，应检查IP7引气软管内部是否破损、封严气供气路单向阀是否失效。

 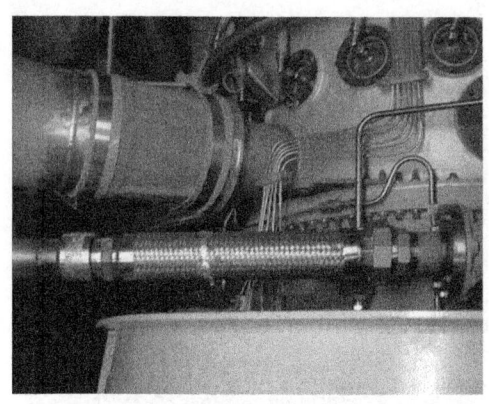

图2.2.7　IP7级波纹管损坏　　　　　　图2.2.8　IP7级波纹管改造

燃机附属阀门故障13次，多发生在RR燃机的戴维斯阀上，机组维保时，应注意检查RR燃机戴维斯阀是否卡滞，RR机组每次故障停机未执行冷拖，打开戴维斯阀冷却后轴承部位后，为防止油蒸气进入戴维斯阀影响下次正常打开，及时更换戴维斯阀，对拆卸后戴维斯阀清洗备用。

2.2.1.4 燃气发生器和动力涡轮本体故障

2006年至2023年上半年，共记录燃气发生器和动力涡轮本体故障34次。其中，中船重工703所发生10次，占比40%；GE发生6次，占比24%；RR和索拉分别发生5次和4次，占比20%和16%。

中船重工703所的PGT25+国产燃机于2016年首次投入运行，初期存在较多问题，包括滑油消耗量大、低压压气机就地放气管路不合理造成箱体温度高、油冷器冷却效果差、油气分离器处理能力弱、火气系统故障、点火器线击穿、振动信号频繁跳变等。2020—2021年，发生了3次燃机振动跳变导致的停机，后期经攻关研究，通过实验数据否定了厂家关于42板卡可以过滤低频干扰信号的观点，目前通过改型支架、自主增加冷却仪表风等措施，燃机振动跳变问题已予以解决。

GE 燃气发生器转子第 13、15、16 级叶片由于设计原因，易发生卷边、破口、断裂等机械故障，针对此情况，GE 公司发布技术通告，通过 12~14 级叶片修剪尾部翼端、16 级叶片更换构型和材质等办法，逐步解决了这些问题。2022 年，某站 2 台索拉燃机在临近 3×10^4 h 返厂大修时先后发生热端故障（图 2.2.9 和图 2.2.10），经第三方研究判定，高压涡轮叶片断口处有明显的疲劳断裂特征，索拉公司认为叶片断裂与热腐蚀存在相关性，该站索拉燃机热端叶片未配置防腐隔热涂层，进气过滤器过滤等级为 F7，在高污染的运行环境中过滤效果不佳。此次故障后，返厂维修选装了配置保护性涂层的单晶镍合金 Y83 制造的第一级涡轮叶片，以强化燃机应对复杂环境的能力，此外换装了 F9 级别的进气过滤器滤芯，有效消解周边空气环境对燃机的不良影响。

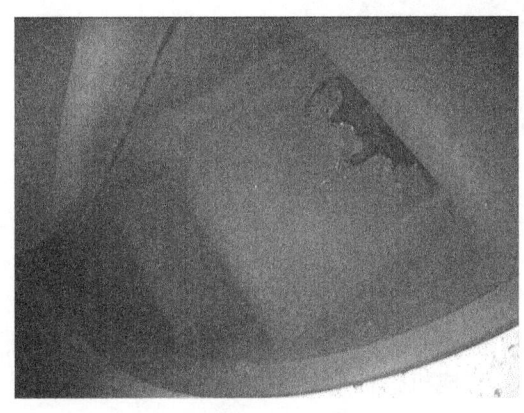 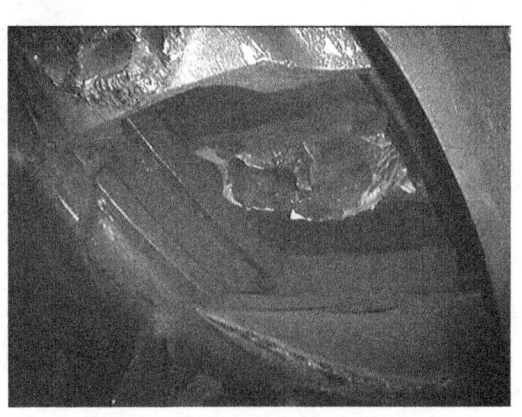

图 2.2.9　高压涡轮一级导叶损坏　　　　图 2.2.10　高压涡轮一级动叶损坏

其他燃机本体故障包括合成油过滤器出口单向阀"O"形圈破裂、传动齿轮箱损坏、RR 燃机燃料气喷嘴盖脱落致使高压一级涡轮损坏等，均需将 GG 下发返厂维修，造成了机组较长时间内不备用。在同类机型开展故障隐患排查的同时，应发挥机组状态监测与诊断系统的作用，在机械故障早期采取针对性预防措施，避免对燃机造成更大的伤害。

另外，在返厂维修的 GE 燃气发生器中发现多起 4B 轴承旋转油气封严损坏现象，原因是其边壁较薄，运行中受到轴承腔内的热应力和上游空气孔之间的密封空气扰动双重作用的影响，封严边产生疲劳性裂纹，高速旋转过程中裂纹进一步扩大导致断裂。GE 提出的服务通告承认了该封严在制造和设计过程中存在缺陷，改型后的新零件封严增加了壁厚，提高零件强度，减少裂纹产生的可能。目前运行的 LM2500+ 燃气发生器部分未改型 4B 旋转空气封严都存在裂纹断裂的风险，运行时需要注意机组振动值的变化情况，机组保养时孔探增加检查项目，仔细检查该封严是否有损坏情况。

2.2.2　压缩机

2006 年至 2023 年上半年，共记录压缩机故障停机 135 次，其中传感器及接线故障停机 64 次，干气密封系统故障停机 45 次，压缩机进口滤网统计 19 次，压缩机本体、联轴器故障停机 7 次，压缩机故障部位统计如图 2.2.11 所示。

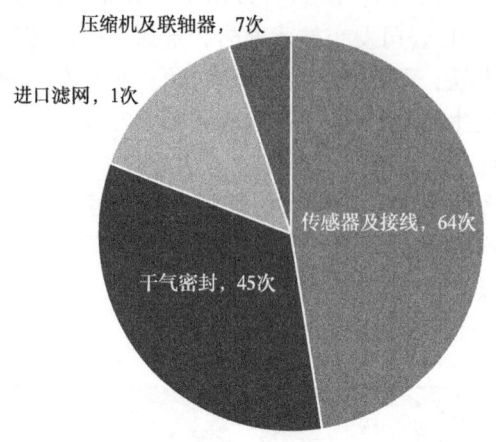

图 2.2.11　压缩机故障部位统计

2.2.2.1　压缩机本体、联轴器、齿轮箱

压缩机本体和联轴器齿轮箱等发生的故障较少，但此类机械故障维修时间长，影响机组可用率指标，且如果发生密封损坏等故障，可能造成天然气泄漏等严重问题，影响运行安全性。

2011年，三台压缩机连续出现叶轮损坏，研究发现，其原因为机组安装时未进行喘振性能测试，使压缩机操作系统流量计算有误，造成机组长期工作在阻塞区，低压比、大流量的工况，使得压缩机内部流动出现严重的分离现象，二次流高频激发了叶片和盖盘的固有频率，共振导致叶轮破坏。后续加强了压缩机组安装调试期管理，确保完成各测试工作，并核查在役机组安装测试记录，再未发生此类严重机械故障。

西二线多台 TMEIC+曼透平压缩机组，多次因外电波动导致压缩机喘振，喘振造成驱动端及非驱动端密封圈多处破裂损坏，导致端盖漏气，形成了较大的安全隐患（图 2.2.12 和图 2.2.13）。

图 2.2.12　密封圈破损导致端盖漏气

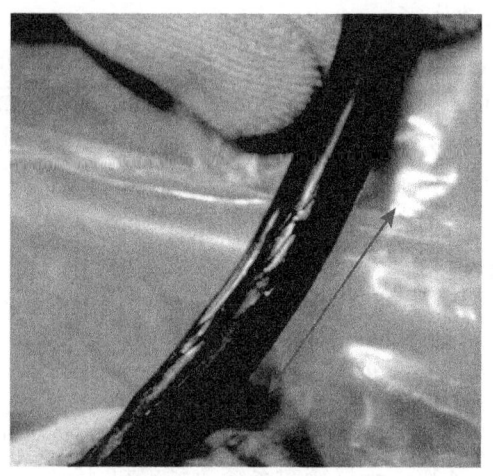

图 2.2.13　破损的密封圈

研究表明，正常情况下，输入电压骤降导致变频器过流时，变频器关闭门级停止输出，压缩机组因机械损耗自由降速，此过程中变频器发送故障信号给压缩机控制系统，机组会立即通过防喘振阀本体上的快开电磁阀全开防喘阀，有效保护机组不进入喘振工况。在越过电压波动时间段后，变频器启动重试功能，将压缩机转速提升至波动前设定转速。但排查发现，该变频器控制程序中，该故障信号延时2.2s后才发给压缩机控制系统，导致防喘阀无法及时打开，造成机组喘振。通过变频器程序修改，成功保证了防喘阀开启速度，喘振问题得以解决。

GE某型压缩机由于设计问题，压缩机腔体内隔板差压过高，背压腔处的螺栓在极端情况下会断裂进入压缩机。某压气站在投产测试时，曾发生因螺栓断裂导致压缩机叶轮出现不同程度的损坏(图2.2.14和图2.2.15)。通过对该型压缩机入口导流隔板进行改造，采取端盖上车槽减少密封腔直径、加装四氟密封圈、设置泄压孔、提高紧固螺栓强度、修改控制逻辑等措施，使入口隔板与端盖间不再存在背压空腔，消除了潜在风险。

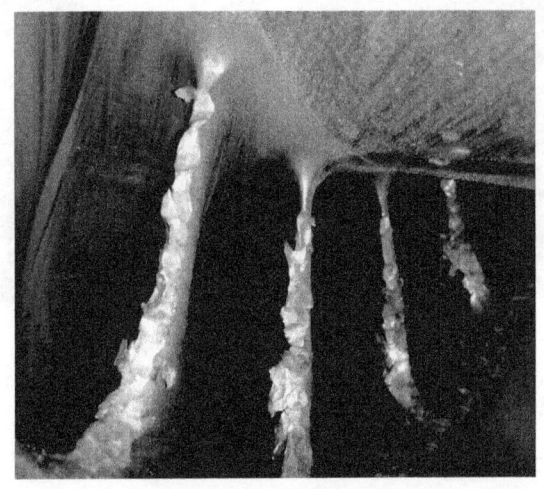

图2.2.14　叶轮损坏情况

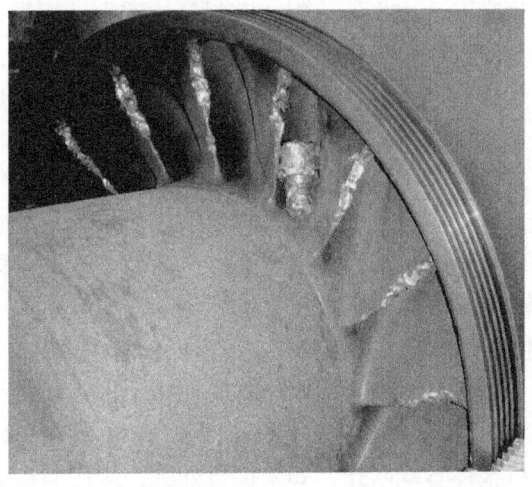

图2.2.15　螺栓卡在叶轮处

此外还发生过机组联轴器护罩密封磨损（图 2.2.16）导致护罩漏油甚至油雾气窜出、压缩机轴承瓦块损伤导致振动高跳机、压缩机机芯变形导致级间密封磨损、压缩机 IGV 螺栓固定锁环脱落等问题。机组如因装配导致对中不佳、松动，或者因异物或脱落导致转子平衡不良，均会造成机组振动高，高振动可能引起密封磨损，严重时会伤害轴承、叶片等部件，因此运行时应重点关注机组振动数值，同时应注意润滑油消耗量，并根据润滑油定期检测结果判断滑油质量。

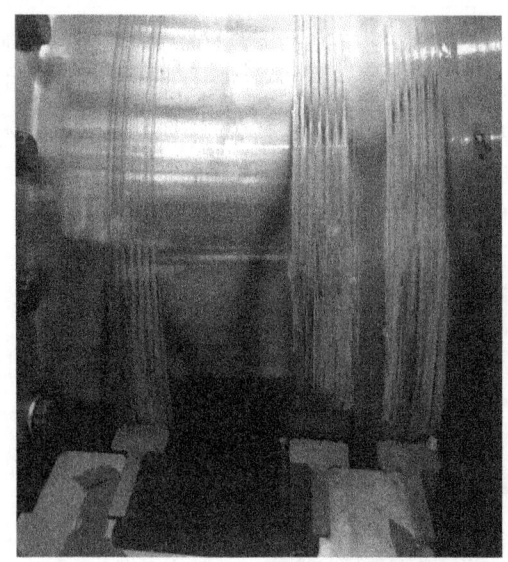 

图 2.2.16　联轴器保护罩密封磨损

2.2.2.2　干气密封系统

2006 年至 2023 年上半年，共记录干气密封系统故障 45 次，干气密封系统损伤原因主要有：

（1）密封气温度低导致液体析出。黏度大的液态物质存在于动静环之间，在高转速下会与动静环端面摩擦产生高温造成损坏，因此密封气体需保持干燥；电加热器故障或加热温度偏低，经过调压阀节流温度会降低，密封气温度可能低于露点，出现凝析液体，并随密封气进入干气密封装置，使之失效；寒冷天气导致天然气中的轻烃组分和水分析出，造成管路冰堵，也会导致干气密封差压低报警停机。

（2）过滤系统失效，导致干气密封受污染。干气密封动环端面气体槽的深度仅有几微米，端面间必须保证有洁净的气体，以在两个端面间形成稳定气膜，使密封端面完全分离，因此干气密封对气质的要求较高，对过滤器的过滤精度要求也较高。

（3）机组振动高或轴向窜动大，导致干气密封动静环接触磨损。

（4）仪表风系统提供的隔离气（二级密封空气）供气不正常，油雾污染密封。

（5）检修不当造成干气密封污染。检修时需要拆卸干气密封管线，而管线如果保护不好、安装不当，也会造成干气密封污染，导致损伤。在检修时应对拆卸下的管线进行封头，安装前应用氮气进行整体管线吹扫，如果接口处脏，应用酒精清洗后再安装。

（6）机组多次紧急泄压停机造成密封圈损坏。执行紧急放空程序会使压缩机内天然气压力迅速下降，有可能使进入干气密封"O"形密封环内的天然气快速膨胀，导致"O"形圈损坏（"O"形圈材质为聚合材料）。

2005—2007年，西一线发生多次液态烃析出导致的干气密封损坏，经专项研究后发现，干气密封系统设备布置过于分散，管路过长易引起热损耗，部分管道过窄且短距离内过多弯道引起压降。针对此问题进行改造，将分散的设备改为集成处理橇，并增设双联过滤器，通过温度控制器保证加热器出口处密封气温度超过露点20℃，保证了干气密封可靠性。Jone Crane干气密封处理橇如图2.2.17所示，国产干气密封处理橇如图2.2.18所示。

图2.2.17　Jone Crane干气密封处理橇

图2.2.18　国产干气密封处理橇

2013年，某机组两级干气密封失效，天然气经由矿物油管线反串回矿物油箱，导致天然气和矿物油混合、矿物油箱充爆及其他风险。干气密封解体发现，二级密封破裂，磨损产生的高温熔融物堵塞一级放空口，导致一级密封失效后相应监控失效。此次故障发生后，该站展开分析干气密封系统存在的风险，并进行了针对性改造：增加变压吸附制氮设备（NGS）产生连续稳定的氮气，用氮气作为二级密封和隔离密封气源，增加二级放空气体的监测仪表，并对矿物油箱增加安全卸放装置，防止异常状态下的超压。改造后的干气密封系统安全性得以提升，保障了压缩机组的安全可靠运行。

为保障干气密封运行可靠性，应加强机组运行监控，主要监视干气密封系统差压、一次放空量、二次放空量的变化情况，重点监视一次放空量，当出现一次放空量在短期内持续快速升高或极不稳定的情况时，在确认差压表、流量计、放空调压阀、放空管线孔板等正常的情况下，可考虑干气密封已发生失效，及时拆开检查并视情更换。注意密封隔离气的供气是否正常，隔离气需油泵停止后30min左右才能停止，防止残存油雾污染密封。如果只是停机不检修带压备用时，主密封气不能中断，为防止机组内压力持续上升，可打开机组入口平衡阀进行压力平衡。

加强对密封气和隔离气气质的监测，适时增加过滤器滤芯更换和管线设备排污次数，注意加强干气密封处理装置（GCU）的维护保养质量，重点做好前置过滤器、加热器、干气密封隔离空气等的巡检，日常应加强对空压机的排污，加强对空压机出口水漏点的监控，防止因节流导致凝析水进入干气密封。

2.2.2.3 进口滤网

2006年至2023年上半年，共记录压缩机进口滤网故障停机19次，压缩机进口过滤器滤网可滤除管线中的固体颗粒，防止杂质进入压缩机腔体，对叶片造成打击或磨损。进口滤网问题引起停机多由两种原因引起：一是滤网差压高引起跳机；二是滤网破损冲击叶轮引起振动高停机。

按照设计，进口滤网属投产初期临时加装，用来防止站内管道残留焊渣、未清理净的杂质等对叶轮造成冲击。投产初期，站场工艺管路中残留杂质滞留于入口滤网处，压缩机进口滤网差压上涨较快，严重情况下会引起滤网变形破损，因此需要定期清理。压缩机组投产前，要做好工艺管线吹扫工作，提高站内管道的清洁程度，除保障压缩机进口滤网不堵塞外，还可有效保证燃料气系统、干气密封系统滤芯的使用效率。压缩机进口滤网目数过高也会导致差压高，在投产初期如遇到工艺管道足够清洁但依然出现滤网差压高报警的情况，应考虑滤网过滤精度是否合适。

滤网破损易发生在投产初期和长时间运行后。在投产初期，部分压缩机滤网结构强度不足，且流通面积过小，投产中出现焊缝开裂、滤网破损（图2.2.19）、滤芯吸瘪（图2.2.20）、压差高频繁跳机等故障，对此进行进口滤网改造，更换增强骨架筋板强度的滤网，改造后的进口滤网强度合格，再未发生破损。在机组长时间运行后，滤网破损多因金属疲劳导致，滤网破损后，碎片可能吸入叶轮引起次生故障，因此对于已运行较长时间的压气站，可考虑拆除滤网。

图2.2.19 环向固定筋焊接位置滤网破裂

图2.2.20 滤网吸瘪

压缩机进口滤网在设计阶段最好采用成熟应用及验证的结构型式，骨架筋板厚度、支撑筋板厚度均满足相应要求，结构强度满足运行工况需要。一旦发生滤网破损，应对压缩机本体进行严格检查，确认转子部件有无损伤，避免压缩机带病运行。

2.2.3 控制系统

2006年至2023年上半年，共记录机组控制系统故障停机589次，其中信号回路问题197次，控制器模块故障165次，程序问题或CUP故障120次，通信故障65次，振动系统故障 38 次，防喘和负荷分配故障 4 次。控制系统故障部位统计如图 2.2.21 所示。

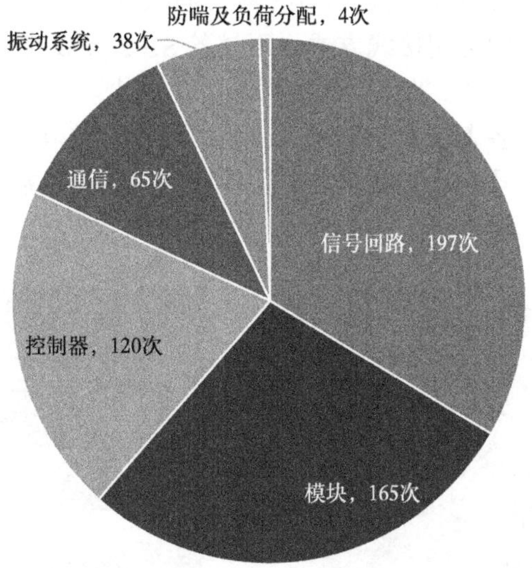

图 2.2.21 控制系统故障部位统计

目前各压气站 RR、索拉、沈鼓压缩机组等均使用 Rockwell 公司生产的 ControlLogix 控制系统，该型号控制系统也广泛应用于管道站场工艺控制、ESD 保护控制等各个控制单元上，使用率较高。该系统运行可靠稳定，系统拥有足够的开放性和灵活性，通用性较强，易于解读和操作，便于现场生产的日常应用和维护。

GE 压缩机组所使用的控制系统，是 GE 公司专为其燃气轮机开发的 MARK VIe，经过多年的发展和升级换代，MARK VIe 控制系统功能配备全面，包括编程、诊断、趋势分析、报警、历史数据等各项功能，并具有极强的可扩展性、容错、综合诊断、远程 I/O、在线模块修复等特点，可将故障识别到具体的点，降低了平均修复时间。同时，MARK VIe 系统可以灵活配置，从现场一次仪表到系统电源、输入输出 I/O 包、交换机、控制器，都可以使用各种冗余组合。

管道压缩机组还应用了其他型号的控制系统，比如部分负荷分配使用 GE fanuc 控制系统、部分机组保护控制系统使用的是 HIMA 安全控制系统、国产压缩机组负荷分配使用 CCC 系统、部分压缩机控制使用 GE90-70 系统、压缩机组振动保护系统使用 Bently 公司的 BN3500（部分站场使用 BN3300）等。

2.2.3.1 信号回路问题

2006 年至 2023 年上半年，共记录信号回路问题导致机组停机 197 次，是控制系统故障停机中占比最高的故障原因。各回路按照物理位置分布可进一步划分为：ESD 回路问题 89 次、机柜侧信号回路次 71 次、现场侧信号回路 37 次。

ESD 回路故障多是由 ESD 按钮误报警导致，ESD 系统的仪表回路以往都采用励磁回路（正常情况下回路带 24V 电压）的设计方式，以满足 ESD 功能"故障安全"的设计要求。当回路因故障断开时，触发站场 ESD，消除回路断开，技术人员无法及时发现，导致出现异常情况时，存在 ESD 功能失效的重大风险。但此种接线方式导致 ESD 误触发情况时有发生，在保证站场安全的前提下，同时提高可用性，近年来经查阅并深入研究国家相关标准，得出结论：ESD按钮采用带诊断回路常开接线方式，同样也满足"故障安全"的设计理念，同时可以进一步提升ESD功能的可靠性，消除ESD按钮故障隐患。近年来，管道沿线各站场陆续将站场采用常闭接线方式、不具备SIL2等级的ESD按钮，更换为常开带诊断的SIL2及以上ESD按钮，非计划停机次数逐渐减少。

机柜侧信号回路故障多表现为安全栅、浪涌、保险、继电器、柜内端子板等硬件故障及线缆虚接等，现场侧信号回路故障多发生在现场接线箱接线端子处。电源线氧化腐蚀如图2.2.22所示，继电器氧化如图2.2.23所示。

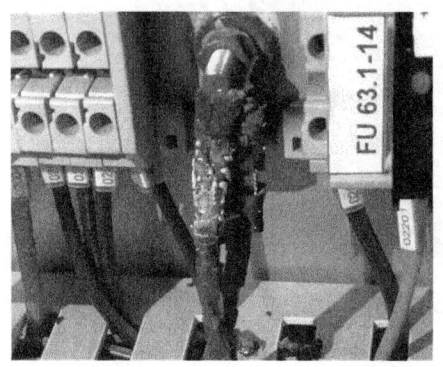 

图2.2.22　24VDC电源线氧化腐蚀　　　　　　图2.2.23　继电器氧化

为避免的控制系统信号回路问题造成机组停机，在机组日常运行过程中应注意以下几点：一是在机组维护保养工作中，应做好仪表本体安全检查、定期检定等维护保养工作，要定期细致排查控制系统信号线接头的紧固情况，做好ESD系统回路测试、现场仪表信号传输AI通道检查等工作；二是在日常巡检过程中，重点检查各控制柜、交换机工作状态、机架模块指示灯是否正常，发现故障及时处理并复位；三是注意对电缆屏蔽层接地严格把关，接线应按照相关规范实施，对于控制电缆，每个仪表缆使用单独屏蔽，加上电缆共用屏蔽层双保护，减少信号干扰可能性；四是对疑难故障开展专项研究，例如早期GE机组CF记忆卡频繁失效，研究后将CF卡硬件从Sandisk牌更换为Delkin牌，并尽量减少下载程序次数，解决了该问题。

2.2.3.2　控制器I/O模块

2006年至2023年上半年，共记录控制器I/O模块故障165次。随着机组运行时间的不断枳累，控制系统硬件陆续达到使用寿命，建议系统开展控制系统I/O模块定标工作。收集I/O模块基础信息数据，结合零部件故障信息、厂家通报、技术规格，综合考虑产品性能、故障率、原厂配件支持、硬件和软件兼容性等因素，并结合Q/GGW 0151—2021《油气管道监控系统设备判废条件》行标，制定本单位机组控制系统各部件维保周期和使用年限，开展控制系统周期性维修、更新等工作，降低由于元器件老化导致的机组运行异常风险，实现设备设施风险预防性管控。

历史上曾出现过现场控制柜温度过高问题，这在西二线部分机组上尤为明显，例如2012年7—8月份，西二线部分压气站相继出现机组1号控制机柜内模块温度高而导致机组故障停机的现象。西二线与西一线相比增加了现场控制柜，该控制柜接收现场的信号，通过光纤通信传输到控制室的控制柜中，但是现场控制柜没有相关的降温设备，在运行中控制设备不能很好地散热，造成控制系统硬件运行不稳定。这类问题多次发生后，采取了相关的降温措施，比如引用仪表风对现场控制柜进行冷却、给控制柜加装降温室并安装空调等，2013 年后再未发生过此类故障。

2.2.3.3 程序与软件问题

2006 年至 2023 年上半年，共记录控制器软件问题引起故障停机 120 次，其中 65 次发生在 GE 机组上。GE 机组投产早期，多次发生 I/O 包数据不稳定、控制器离线等问题，GE 控制系统的 I/O 自诊断报警通过硬件极限检查来创建，并通过编程软件 ToolboxST 进行浏览。系统会以帧频进行原始输入检查，每种 I/O 包都可以根据在操作上限和下限附近设定的等级进行硬件极限检查，如超限会设置并产生信号触发进程警报。在数据采集过程中，如果某输入连续的几个帧与表决值不符，指定控制器会触发这些诊断警报，如果连续的几个帧均一致，诊断信息就会被清除。如果瞬时产生了大量的进程报警数据包，TCP 缓冲窗口将立即被错误标签占满，导致缓冲溢出，从而产生通信故障。为了更好解决 GE 机组控制系统存在的隐性问题，对控制软件进行了升级和 TripLog 功能组态，同时对控制系统 IONet 网络拓扑进行优化，将原有级联模式改为环网模式，实现 IONet 冗余功能，经实际使用，占 GE 机组报警总数 90% 的诊断报警不再出现，机组运行稳定性得到保障。

其余软件故障多是由程序错误导致，其中一部分是初始逻辑在编辑之初就出现了错误，在运行中这些问题得以暴露。另一部分是站场进行工艺改造后，部分程序未能得到有效更新，如科孚德变频器更换为能科品牌后，变频器与压缩机控制程序间的配合不够完善，有待进一步优化。针对此类问题，如有技术条件，可对压缩机控制系统程序进行摸排，对不妥、不完善之处进行优化改进，当发现程序问题或参数设置问题后，应及时发布技术通告，对相同配置的压气站统一安排修改，减少设备隐患，提高控制系统可靠性。

2.2.3.4 振动系统问题

振动保护系统对压缩机组的安全平稳运行起到至关重要的作用，如振动高报警为真信号，通常预示着机组本体发生了较为严重的故障，但实际运行过程中，振动高报往往是假信号。误报会导致不必要的机组停机，信号错误或干扰频发也会影响故障诊断工作人员的分析。

管道压缩机组振动系统统一使用 Bently Nevada 公司的 BN3500 振动监测系统（部分使用 BN3300），BN3500 系统架构图如图 2.2.24 所示。随着监测系统设备的长时间运行，3500 框架及其板卡等硬件可能出现故障，为及时发现该仪表故障，避免故障停机，建议压缩机组定期保养时对 3500 板卡进行自检，对存在隐患的板卡及早进行更换。

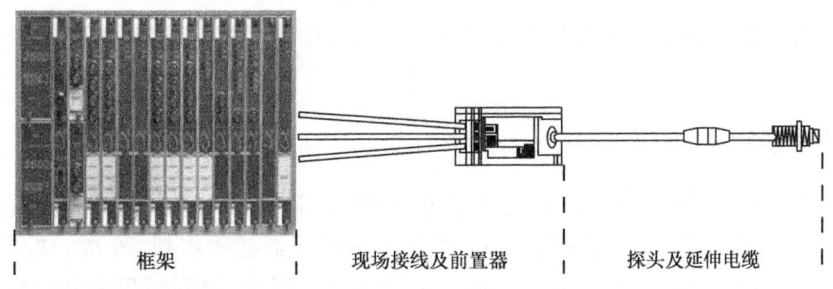

图 2.2.24　BN3500 系统架构图

振动信号接线松动及信号干扰可表现为三种特征：一是振幅出现无规则跳变；二是振动信号的频谱中存在稳定的50Hz成分；三是振动信号的频谱中存在丰富的低频成分。由于接线松动及信号干扰将直接导致振动信号的异常波动，造成故障停机，所以在现场运维的过程中，机组进行维护保养时，应及早发现、及时处理此类问题。可通过振动探头间隙电压检查、信号线接头紧固检查、线缆对地电阻值的测量、振动历史趋势检查、振动频谱检查五种方式初步判断是否存在接线松动或信号干扰，以便进行进一步处理。

BN推荐探头间隙电压为 -11.5~$-8.5V$，机组进行大中修或其他需要调整轴瓦的保养后，务必调整探头与轴瓦距离，保证其直流电压在 $-10V$ 左右，使其保持在良好工作区间。信号线接入电缆尺寸：无压接头（线鼻子）为 0.2~$1.5mm^2$（16 to 24 AWG）；有压接头为 0.25~$0.75mm^2$（18 to 23 AWG）；导体长度为10mm（0.4in）。振动监测系统信号屏蔽线要求单端接地，屏蔽线统一接在BN3500模块处，现场接线箱不可接地，以免形成多点接地造成电流干扰，屏蔽线缆对地电阻值要求小于 1Ω。另外需注意探头、延伸电缆及前置器分5m系统和10m系统，三个元件的系统应完全匹配，现场更换任一元件时，注意元件编号，以免错配导致信号反馈错误。

2.2.3.5 防喘和负荷分配系统问题

由防喘和负荷分配系统问题导致的停机次数较少，主要是因为大部分站场并没有启用负荷分配功能。为提升管道智能调控水平，全面提升在役机组运行管理，从2019年起，由调控中心牵头开展了压缩机组联合负荷分配试运工作，目标是管道沿线全部压缩机组均可由调控中心下发启停命令和设定压力参数，通过机组自动转速调节功能及多台机组运行情况下的负荷分配功能，实现压缩机组全自动化控制功能。

全面远控工作推行后，尚有部分站场因为负荷分配逻辑问题、设备本体缺陷等原因未能实现远控。针对联合负荷分配远控测试存在的问题，逐步采取以下措施改进：

（1）对使用等流量和等负荷百分比两种控制策略的站场，考虑修改控制策略。对使用等喘振裕度控制策略的站场，考虑优化控制逻辑程序，使机组负荷平衡，并能发挥最大出力（达到不小于90%的负荷率）。

（2）控制参数达不到要求的站场，考虑优化控制逻辑或重新进行PID整定，使控制参数优化。

（3）建立机组故障停机情况下的保护机制，当单台机组跳机或退网时，其他运行机组升速速率有限制保护，以消除因单机故障造成的其他运行机组的停机风险。

（4）当机组关键参数达到报警限值时，能发出报警提示（详细参数报警或系统综合报警）给SCADA系统，为中心调度操作提供有效参考。

（5）针对设备本体缺陷或老化等硬件因素引起无法满足远控要求的问题，尽快完成整改或更换。

2.2.4 供电系统

2006年至2023年上半年，共记录供电系统故障停机415次，其中外电导致停机371次（其中36次是发电机故障导致）、变压器和断路器故障停机16次、配电柜故障停机15次、不间断电源故障停机9次、电缆故障4次。供电系统故障部位统计如图2.2.25所示。

2 燃驱压缩机组故障分布统计

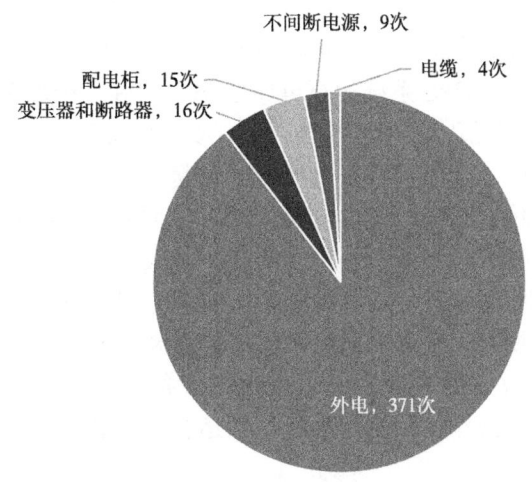

图 2.2.25 供电系统故障部位统计

2.2.4.1 外电

2006 年至 2023 年上半年，共记录外电因素导致压缩机组停机 371 次，占燃驱机组供电系统故障停机的 89.4%。外电问题主要类型有两种，分别为电气参数波动和电力中断，电气参数波动又包括电压波动、浪涌冲击、谐波、三相不平衡、功率因数过低、缺相运行等。电能质量不佳可能导致电气设备过热，功率损耗增加，振动和噪声加大，加速绝缘老化，使用寿命缩短，甚至发生故障或烧毁。

外电因素引起燃驱机组故障停机的具体影响如下：燃驱机组主动力为燃气，主要由油泵、箱体风机、仪表风空压机、燃料气加热器等设备的控制回路接触器低电压释放或低压变频器保护等辅助系统故障导致机组停车。

为了减少因外电波动造成压缩机故障停机，各管道企业进行了积极探索，创新思路，多措并举，进行技术攻关，深入挖掘相关应对措施。一是做好气象预警和风险研判，加强与供电公司的沟通协调，探讨完善应对方案，深入了解供电部门线路覆冰的应急处置措施，以及电网应急供电资源、线路覆冰等故障处置资源，建立联动机制，保障站场供电可靠性；二是实施外电线路改造工程和变电所老化设备治理项目等工作，增强供电稳定性；三是通过增加辅助系统供电母线电压监控、关键辅机采用 UMD 供电等方式对机组进行抗晃电改造；四是加强外电线路巡检，对外电线路进行安全隐患排查工作，明确外电运维工作内容、岗位职责、工作界面、业务流程，细化外电线路春、秋季检查要求，严把春季检查质量验收关口等。

2.2.4.2 UPS（UMD）不间断电源

UPS 设备利用电池等直流系统作为后备能量，市电中断后，能瞬时将存储的电能通过逆变器向负载不间断供电，UPS 通常对电源进线电压过高或过低都能起到一定保护作用。UPS 设备主要给压气站场的控制系统、通信、火气、关键阀门、应急照明、周界入侵等提供稳定不间断的电力供应。

通常情况下，UPS 设备运行较为稳定，故障率低。但近年来随着运行时间的增加，UPS 设备的主机和蓄电池均存在超期使用的问题，部分站场 UPS 设备由于老化出现了铅酸蓄电池破裂漏液、逆变器故障、整流器烧毁、主机通信丢失、旁路功能失效等故障。

从以下几方面着手加强设备管理，尽量避免因 UPS 故障引起压缩机组停机：

（1）从技术上加强监控 UPS 系统运行健康状态。UPS 系统增配电池巡检仪系统，监控电池端电压并设置预警阈值，集中监视运行模式要求将 UPS 主机关键报警（主要有：交流输入电压低、风扇故障、逆变器故障、整流器故障、逆变器输出电压变化过大、逆变器 / 旁路不同期、直流低电压、直流过电压、蓄电池回路）信息上传站控 SCADA 系统，触发 UPS 综合报警。

（2）从管理制度上通过明确责任人保证工作质量。制定符合现场实际的 UPS 维保方案，严格规定 UPS 巡检要求，确保定期维保和日常巡检工作。

（3）增强 UPS 故障应急处置能力。结合现场设备和工艺流程实际情况，切实提高 UPS 设备应急处置卡的可操作性和实用性，加强运行人员相关培训，保证对 UPS 系统突发故障的应急处置能力。

（4）从备件管理上保障硬件可靠性。梳理 UPS 设备使用寿命台账，对于主机内易损件如风扇、电解电容和可控硅等元器件做好统计定期更换，明确 UPS 蓄电池正常使用寿命年限，定期更换电池，从硬件上提高设备可靠性。

2.2.5　箱体及进气系统

2006 年至 2023 年上半年，共记录箱体及进气系统故障 220 次，其中箱体通风风机、挡板等故障 131 次，占箱体系统故障停机次数的 60% 左右，防冰系统、进气过滤系统和阀门各故障分别停机 40 次、28 次、21 次。箱体及进气系统故障部位统计如图 2.2.26 所示。

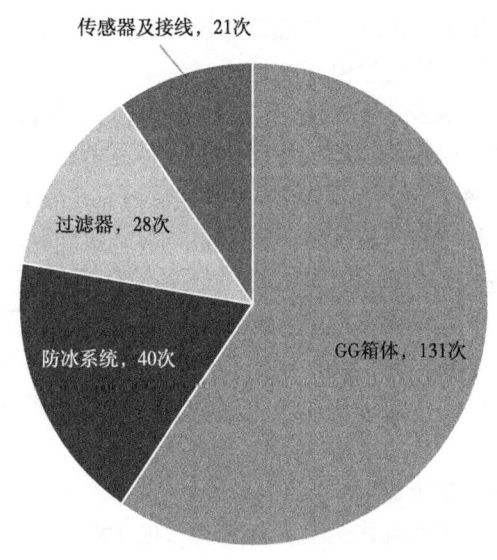

图 2.2.26　箱体及进气系统故障部位统计

2.2.5.1　GG 箱体通风风机、挡板故障

2006 年至 2023 年上半年，共记录 GG 箱体通风风机、挡板等故障停机 131 次，包括 RR 机组 11 次、索拉机组 19 次、GE 机组 101 次。

2011年，针对解决 GE 机箱通风故障这一共性问题，将风机全速、半速切换温度改为 -15℃，并要求各压气站根据运行经验，在极端天气采取必要措施强制机箱通风电机满速运行。执行该措施后，箱体通风问题明显减少，2012年后，箱体通风故障逐年降低并趋于平稳。历年箱体通风系统故障停机次数统计见表 2.2.1。

表 2.2.1　2006—2022 年 GG 箱体通风系统故障停机次数

年度	2006	2007	2008	2009	2010	2011	2012	2013	2014
箱体通风系统故障停机次数	2	14	20	13	15	14	13	8	7
年度	2015	2016	2017	2018	2019	2020	2021	2022	
箱体通风系统故障停机次数	6	3	4	4	4	1	1	1	

2.2.5.2　防冰系统故障

2006 年至 2023 年上半年，共记录防冰系统故障停机 35 次，主要由防冰仪表风管路冰堵、防冰管线卡箍脆性断裂、防冰控制阀故障、防冰系统控制程序不完善等原因造成，另 GE 燃机 9 级密封气管路和防冰管线法兰损坏共 5 次，引起箱体温度高而停机。

防冰系统为防止进气在燃气发生器进口处结冰，当大气温度和湿度达到一定程度时，防冰控制阀打开，从压气机出口引气至进口滤芯后，掺混到进气流中以加热进气流。机组进气结冰的温度和湿度条件如图 2.2.27 所示，GE 机组与 RR 机组防冰系统采用了不同的控制方式。对 GE 机组防冰系统，当环境温度低于 4.4℃、空气湿度大于所对应上限时，防冰阀打开。为保证机组整体效率，防冰阀缓缓调节其开度，使进气保持在高于设定值 0.5℃ 的温度值上，整个过程在 15min 内完成，若超出 15min 则机组停机，给出相应报警信息，GE 机组防冰系统稳定性较差，客观影响了机组的整体稳定性。RR 机组防冰系统由环境温度参数来控制，环境温度低于 5℃ 时，不论机组运行与否，防冰控制阀全部打开，当机组运行时，来自高压三级压气机的高温高压气体抽气就会回流，RR 防冰系统控制简单，由其引起的故障停机少，但节能效果略逊。

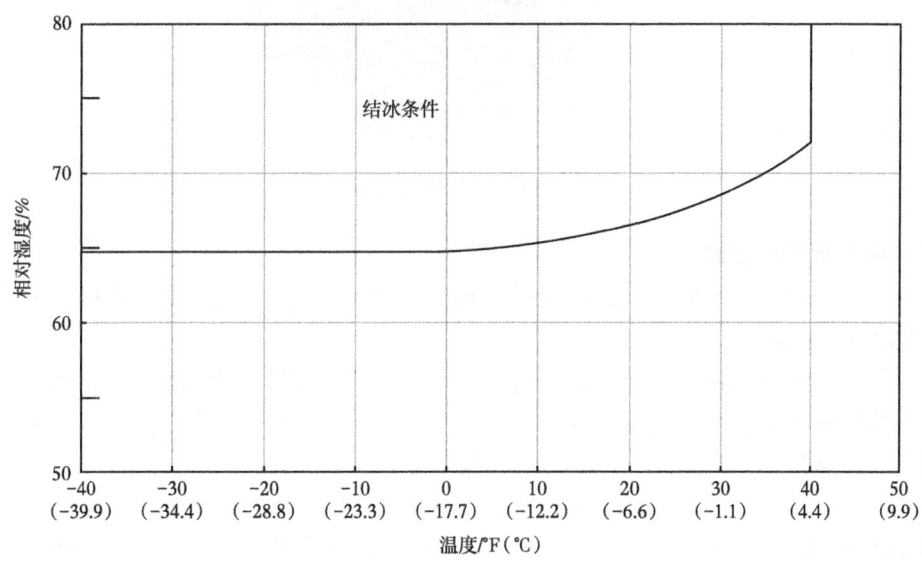

图 2.2.27　机组进气结冰的温度和湿度条件

针对管道燃驱机组防冰系统存在的问题，在实际应用中采用了节能型进气防冰装置，利用高压压气机抽气加热进气，具有节能、控制简化、可靠性提高、防霜等特点。防冰系统改造后，故障次数逐年减少，2014年后仅故障6次。

2.2.5.3 进气过滤系统故障

2006年至2023年上半年，共记录进气过滤系统故障停机28次，均由大雾或大风环境因素造成，高湿度引起滤芯堵塞，进气量减少导致GG箱体差压低报警停机，严重时甚至出现滤芯变形的情况。进气过滤系统的作用是过滤外界空气中的沙尘，保护压气机叶片。在滤芯选型时，应考虑潮湿天气下过滤器运行的技术问题，并要求各压气站按照操作规程及时更换进气过滤器，在特殊天气时加强监视差压的变化，检查滤芯外形，定时反吹，提前储备滤芯备件，发现异常及时处理。

2.2.6 燃料气系统

2006年至2023年上半年，共记录燃料气系统故障停机200次，其中燃调阀及控制器故障停机86次、传感器及接线故障停机53次、燃料气截断阀等其他阀门故障33次、过滤器故障14次、加热器故障10次、燃料气质量导致停机4次。燃料气系统故障部位统计如图2.2.28所示。

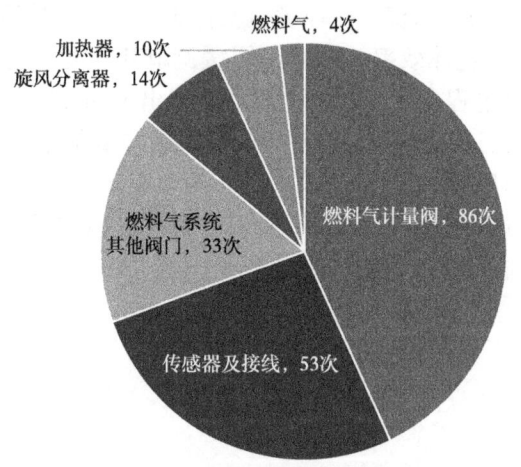

图2.2.28 燃料气系统故障部位统计

2.2.6.1 燃调阀及控制器

2006年至2023年上半年，共记录燃调阀及控制器故障停机86次，占燃料气系统总故障停机次数的43%。

燃料气计量调节阀是燃驱压缩机组燃气发生器的关键部件，要求压力高、流量大、线性好、响应快和可靠性高，这也就要求了燃调阀无论在阀体的机械部分还是在驱动器控制部分均需精密制造，相应地，阀门故障率也较高。

燃料气计量调节阀的控制器（驱动器）采用全电式执行机构，带有内置电子阀位控制器，由24VDC电动机驱动，根据来自上位机的阀开度指令控制，采用软件调整，准确定位球形燃料计量元件，露出与流量呈正比的有效面积，完成对计量阀节流口开度的控制，进而实现对燃气发生器转速的控制。

燃料气计量调节阀最常见的故障为阀门卡涩，导致驱动报警或阀位反馈故障报警，对此，需定期检查燃调阀，查看阀中是否有阻塞物；定期清洁清洗燃调阀，强化并规范燃调阀保养作业。清洗作业时应注意以下几点：

（1）阀芯与阀座分开时，需将阀芯与阀座垫至同一高度，避免阀杆变形影响阀门准确开度，阀芯及阀座如图2.2.29和图2.2.30所示；

（2）清理阀腔，注意不能损伤阀芯与阀腔的密封面；

（3）清理阀芯表面，取出通往平衡腔室的过滤器进行清洁；

（4）重点清理平衡腔室，如果平衡腔室内部杂质过多，有可能造成阀门卡涩和开度不到位，平衡腔室清理时，注意浸泡后手动上下活动阀芯与平衡腔室，使阀芯与平衡腔室间充分浸泡，达到清洗目的。

图2.2.29　EMV阀阀芯　　　　　　　　图2.2.30　EMV阀阀座

建议使用化学溶剂清洁（清洗或刷洗）阀，不建议采用高压清洗，清洁计量元件和阀体内部时，勿使用尖锐物体，避免刮伤计量元件导致阀精度下降。使用溶剂或水清洁阀时，确保关闭或盖好外壳上的所有维修孔（电气盖、导管入口）。

此外还应定期检查额定压力，确认驱动器的线尺寸、长度和电源是否有问题，电源供电线容量是否正常。从历史数据分析，运行超过25000h的燃调阀发生卡涩概率很大，建议有计划地更换老旧燃调阀。对于因夏季燃调阀控制箱温度高导致控制器超温卡死引起停机的情况，要重视此类问题及诱发因素，对旋风制冷器逐一调整测试，将其调整至最佳工作状态，实现制冷效果最大化，对导热硅脂涂覆不合格或质量不过关的重新进行清理涂覆。

2.2.6.2　过滤器和加热器

2006年至2023年上半年，共记录过滤器和加热器故障停机24次。

燃料气气质要求十分高，如果燃料气内固体杂质超标，会对燃料系统控制阀造成摩擦侵蚀，影响燃调阀寿命。如燃料气含有液态烃，将导致天然气单位发热值相应增加，燃气轮机空燃比（Air Fuel Ratio）等燃烧控制参数相对固定（按合同气质设计），如果发生大的偏离，可能造成启动失败，液烃可能在缓流区形成积炭，对燃机气流通道（燃烧室、喷嘴、涡轮）造成零部件的污染、过度腐蚀、局部过热烧蚀等。

GE 燃料气系统设置了可自动排污的旋风分离装置，RR 安装有筒状除液器用以分离燃料中的液滴，两型燃机除液装置后均有过滤器，且设置加热器以保证燃料气温度高于露点。

运行初期，GE 机组燃料过滤器液位检测故障报警导致停机频繁，其原因是燃料气中含液态烃类物质，过滤器内气流速度高引起气液混相，而三只液位变送器中任意两只检测不一致，就会出现报警停机，特别是在液体排放过程中，如果控制不好，容易因液面波动导致液位检测故障。

一方面，机组运行时要与上游进行协调和沟通，加强气质的跟踪和监视，尽力保证气质满足设计要求；另一方面，结合现场实际情况，对燃料分离器的排污系统进行适当改造。GE 机组运行时要注意观察分离器液位，防止液位高高报联锁停机，特别冬季气温较低时，要防止排污管线冻堵。在环境温度较低或长时间停机后，燃料气管线中可能有液体积存，启动点火前一定要排放干净。

2.2.7 工艺系统

2006 年至 2023 年上半年，共记录工艺系统故障停机 191 次，其中电控、仪表及接线故障停机 102 次、阀门及管路等硬件故障停机 51 次、RMG 调压橇故障停机 19 次、工艺气气量波动导致停机 8 次、工艺气冷却器故障 8 次、其他故障 3 次。工艺系统故障部位统计如图 2.2.31 所示。

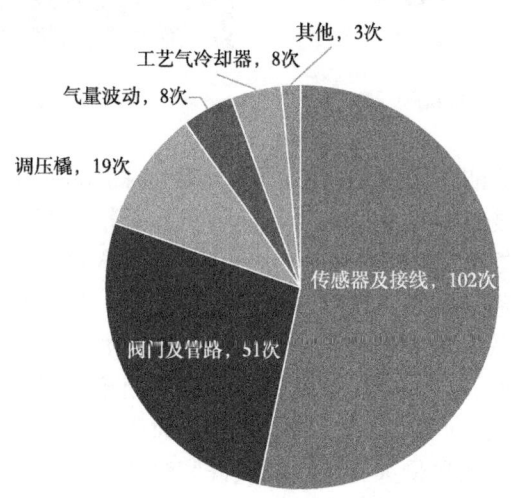

图 2.2.31　工艺系统故障部位统计

2.2.7.1　阀门

工艺管线进出口阀、防喘阀、旁通阀等大型阀门部分存在内漏超标等情况，此问题虽不会引起压缩机组故障停机，但影响了站内工艺区的设备安全与运行安全。例如对于某型号止回阀，因其整流罩结构原因导致气流不稳，而浮动阀瓣结构不能长期适应不稳定的气流，其结构缺陷导致阀门失效。设备管理单位应定期排查阀门缺陷及隐患情况，及时进行消缺，保证设备整体完整性。

引起停机的阀门故障包括执行机构故障、膜片疲劳失效、"O"形圈断裂等，阀门故障如图 2.2.32 和图 2.2.33 所示。阀门失效会造成压缩机组故障停机，甚至造成设备损坏，例如防喘阀故障导致机组喘振，可能会引起压缩机本体损坏等次生故障。

图 2.2.32　阀门锈蚀、膜片卡箍断裂　　　　图 2.2.33　阀座密封磨平

为减少阀门机械故障，可采取以下措施：

（1）滤除管道天然气杂质，保证天然气质量，避免因杂质卡涩阀芯造成阀芯损坏，阀门关闭不严；

（2）日常巡检用可燃气体检测仪检查工艺阀门各连接接头部位是否存在外漏情况；

（3）对处于常开位的工艺阀门（气液联动阀除外），定期执行手动关 2~5° 操作，防止长时间阀门不动造成阀门阀座与阀芯抱死；

（4）编制机械专业维检修图解手册，严格按照程序文件和操作规程要求组织开展春秋检工艺阀门维护作业；

（5）严格作业过程安全管控，按流程操作票进行流程切换，按维检修作业卡标准化执行工艺阀门维保作业，如发生紧急情况，按应急处置卡进行现场处置。

2.2.7.2　调压橇

2006 年至 2023 年上半年，共记录调压橇故障停机 19 次，多数是由调压阀故障引起，包括调压阀膜片损坏、弹簧断裂、冰堵等，调压橇故障如图 2.2.34 和图 2.2.35 所示。

调压橇由过滤器、流量计、加热器和调压设备等部分组成，调压橇故障将直接影响燃驱机组的燃料气供应，影响压气站场正常生产运行。调压部分由安全切断阀、监控调压阀和工作调压阀构成。

为保障调压橇正常工作，应做好以下工作：

（1）严格按照操作规程设置各调压阀参数，避免因错误操作导致主膜片的损坏。皮膜破坏性试验表明，皮膜破损时前后压差约为 3MPa，不按正确的方法操作，会导致皮膜前后压差超过其最大承受值。当调压橇需要放空时，应先放空工作调压阀下游的管段，再放空安全截断阀上游的管段，避免因调压阀主膜片反向受压导致破损；

图 2.2.34 调压阀弹簧断裂

图 2.2.35 调压阀阀腔堵塞

（2）如果气质水露点不达标或杂质较多，通过控制阀节流，温度骤然下降成冰堵现象。如果发生冰堵，不可强加外力使控制阀运动，以免损坏阀芯，简单的方法是用热水浇开，切换至备用路或利用调压橇前的节流设施进行小幅度节流降压后再进行调压；

（3）定期对过滤器进行排污，检查调压橇过滤器滤芯和指挥器过滤器滤芯差压，差压表读数达到 50kPa 时，须及时更换滤芯，保证进入调压阀的气体足够清洁，减少气体中的杂质对膜片和阀芯的腐蚀，提高膜片和阀芯的寿命；

（4）加强每日巡检，巡检时查看运行支路的监控调压阀指挥器进口引压管是否有结霜现象，检查电加热器、电伴热带工作是否正常，避免调压阀内的死气和指挥器内控制气路的冻堵，检查备用支路电加热设施是否关闭，避免干烧；

（5）做好调压橇关键备件的储备。储备充足的 RMG512 主膜片、指挥器 RMG650 膜片，以及一定数量的 RMG512、RMG650 备件包。

2.2.7.3 电控单元及仪表

2006 年至 2023 年上半年，共记录电控单元及仪表故障停机 102 次。

当机组运行时，由振动原因造成阀位反馈指示器机械杆和阀位检测开关相对位置发生微小变化，可能会造成二者之间的磁感应效应减弱或瞬间消失，控制系统检测不到阀位全关信号，导致阀位错误报警，截至 2023 年上半年，共发生 27 次的阀位反馈错误导致的故障停机。

通过对阀门阀位反馈机构的观察研究，发现当开阀或关阀时，阀位检测开关检测到阀位反馈指示器机械杆上的小磁铁的磁场，阀位检测开关内部的常开触点吸合，将位置信息反馈至控制系统，阀位反馈装置结构图如图 2.2.36 所示。

针对工艺气自动放空阀、加载阀等阀位易丢失阀门进行阀位重新固定，将阀位固定薄片更换为稳固性更强的角铁。可在阀位检测指示器机械杆上方加装一块大小适宜、极性相反的永久磁铁薄片（图 2.2.37），能够加强机械杆与阀位置感应开关之间的磁性效应，避免由振动和其他物理因素造成的磁感应效应减弱或瞬间消失的现象。值得注意的是，2019年某机组放空阀上安装的永磁铁因管线振动而脱落，吸附在接线端子上，导致阀位反馈异常，为避免此类故障再次发生，改造过程中务必注意对永磁铁进行固定。

2 燃驱压缩机组故障分布统计

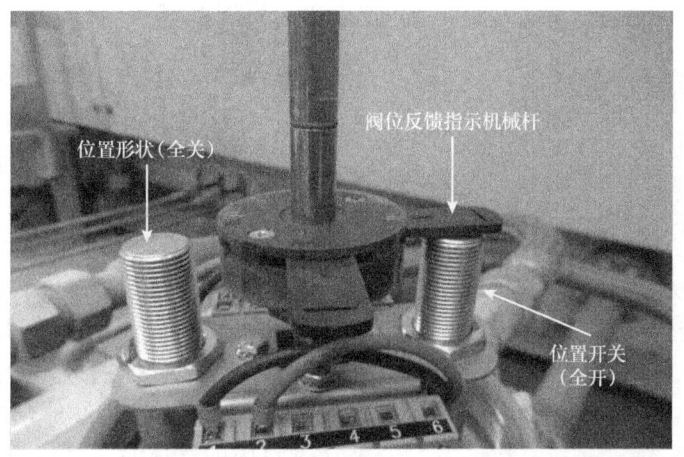

图 2.2.36　阀位反馈装置结构图

此外，还可在控制程序中优化逻辑，对部分阀门的位置错误 trip 信号增加延时触发功能，防止因阀位反馈闪断导致停机。

图 2.2.37　阀位检测上增加磁铁

对于进出口阀等大型截断阀，为防止其误关断导致机组故障停机，可采取如下措施：

（1）应加强电控单元的电池电压监控，每次巡检需查看电控单元的电池电压，如低于 11V，需及时处理；

（2）每月对阀门压力模块针形阀进行排污、吹扫；

（3）掌握气液联动阀原理与性能，熟悉操作方法与规程，避免误操作；

（4）对电控单元及附属压力模块进行检修时，对风险充分辨识和评价，并对风险进行有效的消减和控制；

（5）加强线路截断阀误关断和进出站阀关闭导致输气中断突发事件应急演练，提高阀门误关断情况下的应急处置能力。

47

2.2.8 消防系统

2006年至2023年上半年，共记录消防系统故障停机162次，其中传感器及接线故障停机144次、系统软硬件故障停机18次。消防系统故障统计部位如图2.2.38所示。

2.2.8.1 可燃气体探头

可燃气体探测器由多色LED指示灯、防雨防尘罩、光学镜面、"O"形圈等部分组成，其工作原理是可燃气体通过防尘防雨罩扩散至内部测量室，测量室使用红外（IR）光源照明，红外穿过室内的气体时，气体将吸收某些红外波长，而不吸收其他红外波长，红外吸收量由可燃气体浓度确定，微处理器通过衰减的红外光强调计算可燃气体浓度，并将该值转换为

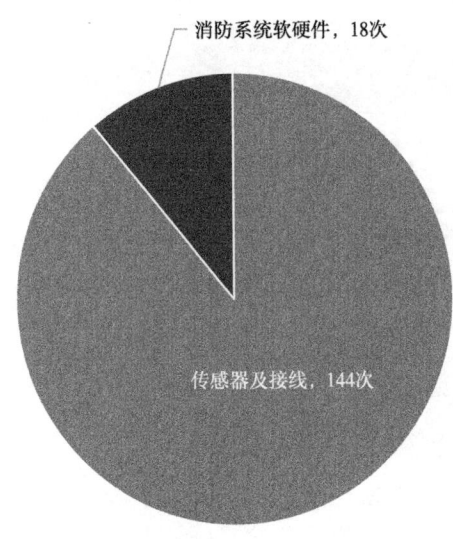

图2.2.38 消防系统故障统计部位图

4~20mA电流输出。

西一线机组刚投产时，多次出现SIL2系统可燃气体探头报警停机，初期认为是GE FANUS系统与UCP间通信故障或系统程序存在问题，在反复检查PLC系统或重新下装控制程序后，该故障依然频繁发生。研究发现，燃机进气滤处迪创PIR9400型可燃气体探头对风沙大雾阴雨天气敏感。在对进气滤芯进行反吹时，在该检测探头容易集灰尘导致误报警；在刮风或浮尘天气，尘土和其他漂浮物附在探头外表面，容易引起检测探头检测到错误信号，产生报警。后续运行中，通过以下措施使该类故障发生频率有所降低：

（1）发生可燃气探头故障报警时，做到及时复位；

（2）巡检时加强机组可燃气体探头的外观检查，在机组控制界面实时关注探头模拟信号值的变化情况；

（3）2000h例行维护时，增加检查清洁探头光源镜片、反射镜片等维护工作；

（4）在反吹滤芯后和恶劣天气之后，及时安排探头清洁；

（5）进气滤处探头统一安装100目的金属防尘滤网，延长探头脏污的时间周期。

不同型号燃驱机组入口可燃气体探头报警逻辑不同，GE机组为三选二报警逻辑，RR机组为四选一报警逻辑，因此RR机组对可燃气体探头的可靠性要求更高。针对入口可燃气检测器信号跳变故障频发，以西二线某站为试点，增加了100ms延时保护，并改造可燃探头为独立供电，大幅消减了信号干扰跳变故障。

2.2.8.2 火焰探测器

RR机组火焰检测系统由3~4个迪创X3301的多光谱红外（IR）火焰探测器组成，该感光式火焰探测器响应火焰辐射光谱中波长较长的红外辐射，对于起火速度快且无烟遮蔽的明火火灾反应尤为灵敏，其探测波段选取在4.35μm附近的红外辐射，分布于机组GG箱体进气端左上、左下、右上、右下四个方位。火焰探测器中的Oi板是火焰探测器中的聚光金属板，对于西一线早期投产的RR机组，由于安装空间问题，部分火焰探测器在设计之初存在Oi板朝下安装的情况，如图2.2.39所示。如Oi板与观察孔之间堆积灰尘、水

气等污染物，会影响火焰探测器正常运行，影响消防系统正常监测。针对 GG 进气端左上端及左下段 GG 滑油泵旁火焰探测器安装位置狭小的情况，设计加工了底座支架，对探测器安装位置进行了重新调整，改变火焰探测器 Oi 板安装朝向，避免了该安全隐患，如图 2.2.40 所示。

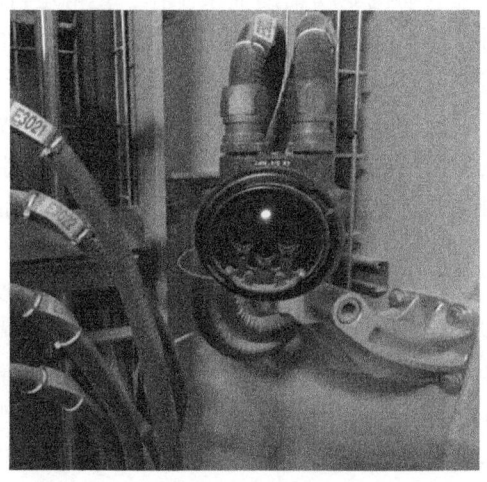

图 2.2.39　火焰探测器 Oi 板初始安装位置　　　图 2.2.40　调整后的 Oi 板

GE 机组使用的迪创 X2200 紫外线火焰探测器为单镜头，可能会受到射线检测的干扰，曾发生过厂房内射线检测触发箱体火焰探测器报警停机的事件，经试验验证，确认在火焰探头安装位置 10m 内进行射线探伤均会引起探头误报，建议加强事故事件学习，制订作业计划时应结合机组运行情况进行合理安排，作业前全方位辨识风险，并采取有效措施进行预防。

西一、西二线机组的火焰探测器使用年限较长，已达设备使用寿命，存在故障可能性。三镜头火焰探头比单镜头误报的可能性更低，因此沿管线对各站的火焰探测器进行分批次更换时，考虑选用可靠性更高的 3IR 型号，并推进火焰探测器双回路改造。

日常工作中，应定期检查清洁探头光源镜片、Oi 板，定期检查火焰探头安装固定螺栓是否有松动、锈蚀；加强对厂房动火作业的风险研判，将箱体火焰探头纳入重点分析对象，严禁射线检测作业时朝向燃机箱体等关键部位。

2.2.9　润滑油系统

燃气轮机、压缩机是叶轮高速旋转的动力机械，轴承、传动装置及其附属设备均离不开润滑油的作用，润滑油系统为主机设备轴承、透平辅助齿轮箱提供数量充足、温度和压力适当、清洁的润滑油，以减少摩擦磨损。润滑油站主要由油箱、油泵及驱动机、油冷却器、油过滤器、加热器、油雾分离器、监测仪表及连接管路组成。

2006 年至 2023 年上半年，共记录润滑油系统故障停机 133 次，其中传感器及接线故障 42 次、油冷系统故障 28 次、润滑油泵及电动机故障停机 18 次、管路阀门及过滤器故障 19 次、油雾分离器故障停机 11 次、润滑油控制器故障 10 次、润滑油箱及加热器故障 5 次。

滑油系统故障部位统计如图2.2.41所示。

2.2.9.1 润滑油泵及驱动电动机

在各厂家压缩机组中，GE合成油系统和矿物油系统在机组启停机及保压阶段，由交流电动机驱动辅助油泵工作，正常运行时，两套油系统分别由GG附件齿轮箱驱动的主合成油泵和由与压缩机本体相连的轴头泵带动；其余厂家主辅油泵均安装在滑油站上，由变频调速驱动电动机驱动；紧急油泵（或称事故油泵）电动机使用110V直流电驱动，保证在交流电失效时投入使用。

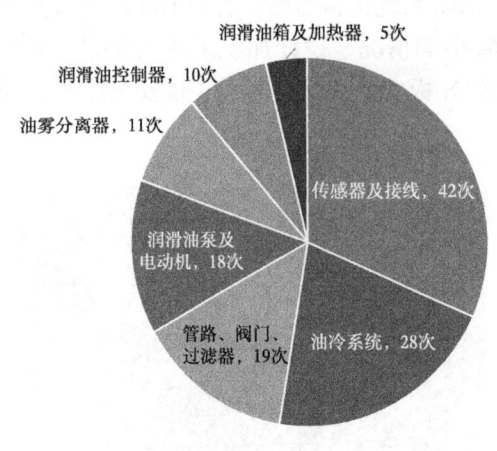

图2.2.41 滑油系统故障部位统计

油泵与电动机本体故障率不高，共故障停机18次，基本为变频器模块故障、电缆破损、变频器通信故障等。但也发生过因主矿物油泵滚珠轴承损伤导致泵侧靠背轮与轴承压盖直接接触，摩擦产生高温造成收油槽内积油冒烟，引起火焰探测器报警全站放空的严重事件。因此日常巡检过程中应多留意滑油泵振动情况，观察是否有噪声变大等异常情况，对于运行时间较长的滑油泵，如有异常，应及时拆检或预防性更换。

2.2.9.2 滑油冷却系统

润滑油冷却系统安装于压缩机厂房外一个独立的橇上，润滑油被由变频电动机带动的风扇冷却后，经管道到达滑油系统的温度控制阀入口，经温控阀分配后再进入轴承系统，将润滑油温度控制在合适范围内，确保主机轴承安全工作。

润滑油冷却系统故障导致停机28次，表现为电动机过载、电动机绕组故障等。由于油冷风扇处于室外环境中，应注意风沙等对其的影响。日常巡检时注意有无异常噪声，定期清除冷却器上的灰尘，维护保养时关注风扇轴承磨损情况，防止由风扇卡涩造成电动机过载；定期测试振动开关触点接触情况；对风扇电机注脂维护到位；如风机皮带发现老化、断裂、松动，要做到及时更换。

部分压气站报警列表中，油冷风扇电动机停止运行未设置声光报警，导致运行人员无法及时发现风机故障，最终因润滑油温度高保护停机。压气站应对机组非停机类综合报警进行梳理，细化报警级别，避免关键报警无法触发声光报警的情况；加强员工技能培训工作，面对异常情况，准确分析可能造成的各种影响，及时做好经验分享，提高员工整体的运维水平。

2.2.9.3 润滑油管路、过滤器等硬件

为满足轴承对润滑油的洁净度的要求，需设置过滤装置以防止杂质破坏油膜、划伤轴瓦等安全事故发生。润滑油系统中的固体微粒主要是矿物油、合成油分解后的产物，或者外部进入的污染物，或者来自油路系统管线内壁、油泵等部件磨损产生的铁屑杂质。杂质随着润滑油的循环流通滤网处时，会附着于过滤网上，使得滤网的流通面积减小，截流作用导致润滑系统油量不足，随着杂质在滤网上的积累，滤芯前后压差不断增加，累积压差达一定值后，需对滤芯进行清理或更换。

探索润滑油系统合理的维护策略，控制维修工作量，根据备件使用情况等数据分析滤

芯等部件的可靠性随时间的变化趋势，科学设定更换滤芯的压差警戒值。对于燃气发生器合成油系统回路，关注磁屑检测器报警情况，防止杂质进入滚动轴承腔，造成不必要的返厂维修。

对于管路或接口漏油的情况，机组运行时巡检应仔细观察，并关注润滑油消耗量；任何时候不得踩踏润滑油、液压油等系统管路或对其施加过度负载；维护保养时，紧固螺栓不应超过规定扭矩；对于燃机润滑油管路，应避免其与空气管路、探头线缆搭接，可采取添加卡子或保护套等措施增大管路间隙，防止磨损漏油。

2.2.9.4 油雾分离器

在油烟排到大气之前，通过油雾分离器将其中的润滑油分离出来流回到油箱中，减少润滑油消耗，防止造成环境污染，满足环境和安全法规限制的要求。

GE机组矿物油油雾分离器风机常因振动高导致风机与电动机联轴器弹性柱销损坏，甚至出现振动变形导致风机叶轮与壳体出现剐蹭，引起电动机过载，导致机组停机等情况。各压气站在完善机组附属设备维护保养细则时，应加强对油雾分离器风机对中情况的检查。

沈鼓压缩机组普遍存在轴承轻微渗油的情况，这与干气密封隔离气泄漏量过高有关，也与油雾分离器效率低导致的润滑油箱负压不足有一定关系。油箱负压不足会造成机组各轴承回油不畅，从而引起漏油，轴承温度也会因为油循环工况变差而升高，从而带来更严重的问题。为提高国产机组油雾分离效率，压气站要检查叶轮旋向、出口止回阀是否卡涩、出口隔离阀开度、风机外壳密封情况。如因玻璃纤维吸油饱和致风机入口阻力过大影响风机负压，可考虑在保证达到环保要求的前提下，将滤网内侧玻璃纤维更换为4~6层100目不锈钢布。

2.2.10 仪表风系统

2006年至2023年上半年，共记录仪表风系统故障停机47次，其中空压机和干燥塔故障31次、阀门及管路故障14次、控制和仪表故障2次。仪表风系统故障部位统计如图2.2.42所示。

仪表风系统是燃驱机组的重要辅助系统之一，为压缩机组提供稳定、清洁和干燥的压缩空气，用于提供各类气动阀门的动力源、机组三级密封空气、机组进气滤芯反吹空气、厂房通风自洁式空气过滤器滤芯反吹空气等。

压缩空气的质量对气动阀门等影响很大，如果压缩空气含水或灰尘、气质不合格，对检测点造成

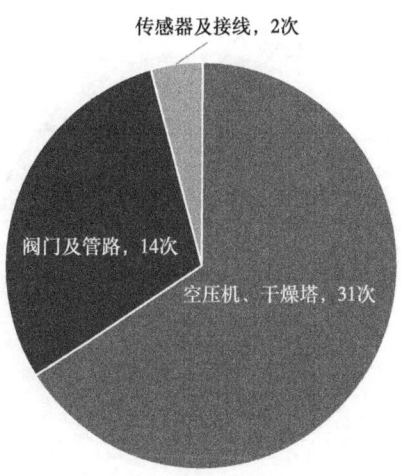

图 2.2.42 仪表风系统故障部位统计

污染，将直接影响检测的稳定性和准确性，甚至可能引起控制器的电子元器件功能不稳定，导致故障停机。仪表风问题还可能引起气动阀门、防喘阀的执行机构故障，如皮膜损坏等。2006—2007年，由于设计不到位，空压机到压缩机组前的仪表风管线未使用不锈钢管，导致RR机组非正常停机后戴维斯阀多次堵塞，不能正常启机。因此，要高度重视压缩空气质量，确保压缩空气干燥洁净。

仪表风系统包括空压机、干燥塔、储气罐和管路、阀门等附属设施。每天均应对空压机和储气罐等至少排污两次以上，发现排污量较大时，要加密排污频次，并及时查找原因，及时检查更换滤芯。进入水露点相对高的时期前（秋冬季），应进行空压机保养，更换气滤、干燥剂等消耗器材；每次切换空压机前，先对停用空压机储罐底部的排污阀进行排污，由于长时间的停用，导致凝结水汽在储罐底部聚集，直接启动机器将导致大量凝结水进入干燥塔，粉化干燥剂并从消音口排出，导致干燥效果不理想，直接影响空气质量。

为确保空压机的运行正常，可采取如下措施：

（1）维护中检查散热片是否有灰尘、夏季空压机室内环境温度是否过高，如果室内温度超过40℃，宜在空气压缩机房内安装空调，降低温度，防止发生高温故障；

（2）检查空压机内部是否有腐蚀迹象，应对腐蚀表面进行清洁，涂上润滑脂；

（3）及时更换堵塞的过滤器滤芯，从而规避超温故障；

（4）如使用喷油螺杆空压机，其性能在很大程度上与螺杆机油的好坏有关，润滑油禁止不同品牌混合使用、超期使用，否则会降低闪点，工作不稳定造成高温停机引起油品自燃；

（5）机组电流量大，检查其电压是否过低、接线插头是否松动、有无发热烧焦气味、机组压力是否超过定额压力；

（6）机组排气压力超过定额压力，检查传感器有无故障、是否正常运行、压力开关设置是否太高、继电器控制机组压力表和压力开关是否故障。

2.3 燃驱压缩机组故障原因统计

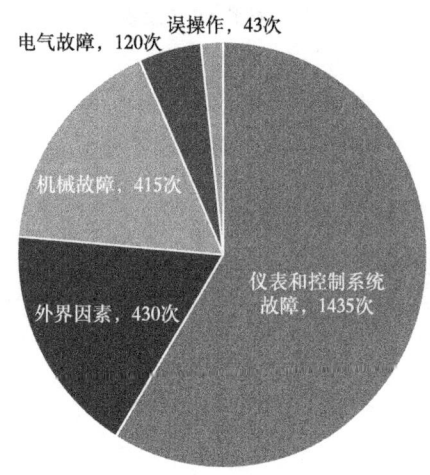

图 2.3.1 燃驱压缩机组故障原因统计

2006年至2023年上半年燃驱机组2443次故障停机中，仪表和控制系统故障导致停机1435次，占比约59%；外界因素导致停机430次，占比约18%；机械故障导致停机415次，占比约17%；电气故障导致停机120次，占比约5%；误操作等人为因素导致停机43次，占比约2%。燃驱压缩机组故障原因统计如图2.3.1所示。

2.3.1 控制系统及仪表故障

2006年至2023年上半年，共记录控制系统及仪表故障停机1435次。

表2.3.1是历年燃驱机组控制系统及仪表故障次数及所占比例统计，从表2.3.1中可看出，控制系统引起的故障是造成压缩机组停机的首要因素，压缩机组是高温、高压、高转速条件下运行的复杂精密设备，其控制系统是一个多输入多输出、复杂的时变动态系统，控制对象具有多变量、非线性的特点，且机组工作时会带来振动、磨损、腐蚀、冲击等干扰，因此对控制方法及控制模式要求严格。控制对象的多样性导致其系统硬件复杂繁多，任何一个部件或模块的损坏都有可能导致故障，甚至停机。

2 燃驱压缩机组故障分布统计

通过分析表 2.3.1 中数据，由于西一线投产初期压缩机组各设备处于磨合期且人员运行经验不足，导致机械、电气故障及外界因素引起的停机发生频率较高，因此 2006 年控制系统故障占总停机比例较低，仅为 31% 左右；2010—2013 年，西二线机组陆续投产，调试阶段由接线、探头、通信等问题引发的控制系统故障增加，导致占比达 60% 以上；其余年份占比均在 50% 以上。统计数据表明，燃驱机组控制系统故障引起的停机次数多，较为严重地影响了压缩机组的正常运行。

表 2.3.1 历年燃驱机组控制系统故障次数及所占比例统计

年度	2006	2007	2008	2009	2010	2011	2012	2013	2014
总停机次数/次	77	235	186	162	116	199	222	212	164
控制系统停机次数/次	24	137	101	92	74	124	148	129	86
控制系统故障占总故障比例/%	31.2	58.3	54.3	56.8	63.8	62.3	66.7	60.8	52.4
年度	2015	2016	2017	2018	2019	2020	2021	2022	2023
总停机次数/次	94	153	113	140	155	81	70	50	14
控制系统停机次数/次	52	94	74	94	92	46	32	29	7
控制系统故障占总故障比例/%	55.3	61.4	65.5	67.1	59.4	56.8	45.7	58.0	50.0

控制系统故障主要表现在通信网络卡死，控制系统电源故障或不稳导致单个数据和总线数据丢失，CPU、交换机或 I/O 包离线导致批量数据无规律闪断，控制系统部件、端子板、I/O 卡件故障或通道损坏引发错误跳机信号等。

探头、传感器和信号传输接线故障主要表现在机组安装的施工质量存在不足，现场 UCP、接线箱、航空插头接线等受到振动影响而损坏，用于信号传输的导线破损、松脱虚接或接地不合格，可燃气体探头易受外界恶劣天气的影响（如风沙雨雪等），箱体火焰探头易受干扰。此外，传感器间隙变化和零点漂移，以及外界干扰导致信号异常波动等也是控制仪表类故障的重要原因。

常见控制系统故障及其原因如下：

（1）可燃气体探头、振动探头、液位计、压变故障等仪表问题。此类问题的发生主要是因为西一线机组投产时间已达到十余年，各类监控设备逐渐达到使用寿命，运行中时常会出现故障、误报、数据漂移等问题，极大地影响了机组运行的稳定性与安全性。以可燃气体探测器为例，RR 机组共安装 12 只可燃气体探测器，其中进气滤芯下方 8 只、箱体排气道 4 只，探测器建议使用周期为 8 至 10 年，由于探测器老化，以及受到风沙环境的影响，十多年来发生多次探头故障引起停机的事件。为避免该情况，要及时对仪表监控设备进行维护保养，包括本体安全检查、定期检定等，在探头出现故障或误报时，及时对其在线热更换。

（2）假信号、线路虚接、线路干扰等误报警问题。机组振动、温度、压力探头多设置在高振动、高温的环境中，机组高速运行时的振动易导致探头及其连接件出现松动脱焊，高压柜中的接线由于开关闭合和断开的频繁冲击而出现松动，现场接线箱内的端子随着机组长时间运行出现绝缘老化、接线松动、模块虚接等。为预防此类故障，应在机组运行期间加强巡检；机组定期维护保养时，重点检查探头的紧固状况，确保端子完好、压片压紧、线路无破损，并做好每个回路的测试工作；保证供电回路电压与电流的稳定；对于振动保护系统，除做振动探头间隙电压检查、信号线接头紧固检查、振动历史趋势检查等项目外，增加线缆对地电阻值的测量。

（3）机柜盘架、I/O模块、电源模块、继电器、安全栅故障等硬件模块问题。此类故障易于排查并解决，模块失效时更换速度快，对生产运行影响较小。为防止此类故障发生，关键要制定控制柜温度控制及防尘设施运行维护规范，提高控制系统运行环境要求，运行时应保证现场及机柜间的温度、湿度等，使各模块工作在环境要求范围内。对于PLC电源模块，应按行业标准对其定期更换。

压缩机机组控制系统需要的备品备件数量和种类较多，包括现场仪表、探头、系统模块、各种接线端子、安全栅、电源模块等。因此做好备品备件的管理，保证备品备件质量，做到及时供给，才能缩短机组故障的处理时间。建立详细的备件管理台账，包括备件总体的库存、消耗，以及单台机组备件更换的数据，及时跟踪和更新，确保库存备件能够满足计划与应急需要。对各部件损坏率进行统计，并对各部件损坏后的可能后果进行分析评估，采取针对性的措施，保证现场各机组的持续稳定运行。

依据目前使用的压缩机组控制系统的功能和特点，针对在运行过程中出现的问题，持续优化控制程序（包括信号处理优化、停车保护逻辑优化、报警优化等）。例如通过对现有压缩机控制系统、仪表和电气接线、探头、接地、信号干扰等故障的分析，可研究采取针对性的程序优化、信号过滤、接线方式优化等措施，降低因控制故障和仪表故障引起的压缩机停机次数。

2.3.2　机械类故障

2006年至2023年上半年，共记录机械故障导致的停机415次，机械故障主要表现如下：

（1）干气密封故障，齿轮箱、液压泵、燃机叶片、轴承、转子等本体部件故障；

（2）油雾分离风机软连接破损、阀门膜片损坏和机组静密封点渗漏等，导致油箱负压无法建立、阀门无法调节、油压无法达到设定值，甚至引发大量泄漏，进而导致机组停机；

（3）计量阀卡阻、管线搭接磨损、GG附属管线破裂等原因导致机组失效停机。

机械故障的特点是维修周期长，影响生产运行，故障按时间阶段可以分为投产初期和稳定运行期两类。

投产初期的故障停机多由施工质量及气质问题导致，西一线所输天然气为塔里木气田来气，气体杂质多导致干气密封系统频繁损坏；施工质量问题也使投产初期多次发生波纹管破裂、戴维斯阀卡死等故障，此类问题随着运行经验的积累提升逐渐减少，西一线后期及西二、西三线机组的干气密封均加装了预处理橇，未再出现因气质问题引起的干气密封损坏。

压稳定运行期，压缩机进口阀、出口阀、放空阀阀位故障导致停机，多因限位开关不合适、线路虚接、接线断裂引起。西气东输干线西段多大风及沙尘天气，暴露在外部的穿线管易在大风条件下晃动，线缆与穿线管摩擦造成绝缘皮破损，可采取措施对穿线管进行固定，避免其晃动引起的摩擦。RMG调压阀、防喘阀的膜片老化失效也是常见故障，可在夏季输气量低、生产任务不重的时候，定期检查并更换老化的膜片。

针对压缩机组本体的机械故障，故障排查及解决时间长，严重影响设备可用率，降低运行安全性与经济性。因此，有必要对压缩机组的运行状态进行全面监测，使机械故障及其发展趋势能够被及时发现。目前，管道压缩机组均已安装振动监测诊断系统，通过关键设备智能监测诊断平台，发挥集团专家优势，将有效提升管道压缩机组的管理水平。

此外，应重视通过燃驱机组孔探作业进行检查，严防孔作业不规范、内容缺失、无缺陷评价再运行、无审核和问题长期测量分析技术和管理问题，防止机组本体孔探不及时损伤扩大事件，孔探预防性检查是燃机和涡轮核心设备的最后一道防线，严格执行小修、中修、大修水洗和全面孔探检查工作，重点检查燃烧室喷嘴、高压力涡轮的烧蚀、裂纹、变形、积碳、积垢、油污、温度场偏差65°以上故障和异常部位，严格编审孔探作业报告，整改孔探堵头锈死、过扭矩、滑丝无法拆卸、叶片污垢和油污缺陷，发现问题及时记录并测量评价。GE燃机严格执行每季度10~16级压气机叶片和机匣孔探检查，重点检查10级叶片，重点部位：叶根凸缘和榫槽安装面、叶顶是否有剐蹭、叶中缺口和裂纹。国产燃机结合前期返厂维修案例，严格执行每季度孔探作业检查，重点部位：压气机叶片、燃烧室、高压涡轮涂层脱落部位。RR燃机燃料气喷嘴、GE燃机点火电嘴、孔探口堵丝拆卸和回装，严禁使用蛮力和特殊工具，使用孔探仪观察配合安装，防止旋流座、电嘴固圈挤压变形、堵丝过扭矩损伤问题。重视燃机碎屑检测检查，发现回油碎屑后，未确认碎屑来源和风险评估前，严禁启动机组。表2.3.2列出了近年来发生的一些机组本体机械故障。

表2.3.2 典型机械故障统计

序号	故障情况	处理方式	故障出现日期
1	4K孔探发现压气机12级有55个叶片严重缺角	返厂维修	2007年12月
2	4K作业孔探发现GG压气机第11级有1个叶片出气边损伤	现场更换该叶片	2008年3月
3	压缩机止推轴承推力盘损坏	现场更换了推力盘、推力轴承及干气密封	2008年7月
4	非驱动端干气密封损坏	用备件进行更换	2009年4月
5	GG中间轴承损坏	返厂维修	2009年4月
6	GG第16级压气机叶片大量断裂	返厂维修	2009年5月
7	主润滑油泵驱动齿轮键槽严重磨损	压缩机解体拆卸机芯，进行修复	2009年5月
8	转子第三级叶轮严重损坏	定子和转子返厂维修更换	2009年8月
9	转子第二级叶轮严重损坏	定子和转子返厂维修更换	2011年1月
10	转子第三级叶轮严重损坏	定子和转子返厂维修更换	2011年1月
11	异物卡在叶轮的叶片之间造成叶片损坏	更换转子并返厂维修	2011年1月
12	机组燃气透平一级静叶严重烧蚀	返厂维修	2010年1月
13	机组燃气透平一级静叶严重烧蚀至断裂	返厂维修	2011年3月
14	燃气发生器入口齿轮箱IGB损坏	返厂维修	2011年3月
15	燃料气喷嘴脱落	返厂维修	2011年6月

续表

序号	故障情况	处理方式	故障出现日期
16	燃烧室喷嘴环焊脱掉落，打断高压涡轮叶片	返厂维修	2012年6月
17	B池进油喷嘴被残留断裂的"O"形圈堵塞	返厂维修	2012年6月
18	燃气发生器压气机5~16级叶片损伤	返厂维修	2012年7月
19	燃料气喷嘴脱落	返厂维修	2012年11月
20	燃气发生器压气机2~13级叶片损伤	返厂维修	2013年9月
21	燃气发生器压气机13~16级叶片损伤	返厂维修	2014年5月
22	4B轴承封严损坏	返厂维修	2016年4月
23	4B轴承封严损坏	返厂维修	2017年8月
24	GG转速探头故障	返厂维修	2017年7月
25	GG轴承故障引发转速探头损坏2次	返厂维修2次	2018年11月
26	压气机10~16级叶片打坏，高压涡轮一级喷嘴和动叶损坏	返厂维修	2018年4月
27	某站2台索拉燃机热端部件分别损坏	返厂维修	2022年5月、10月
28	国产燃机高压压气机后轴套疲劳断裂	返厂维修	2022年7月

对于其他机械类故障，在日常巡检中早发现早处理漏油、漏气等情况，可有效避免故障停机。对于机械类故障还可采取以下防控措施：

（1）排查机组引压管线、供回油管线、仪表线缆、软连接之间是否有搭接、摩擦、晃动、存在应力等隐患。针对高温环境，使用1mm厚耐高温铝箔纸可靠缠绕包扎后，固定在金属架构上，如图2.3.2所示。对存在应力的管线充分释放应力。

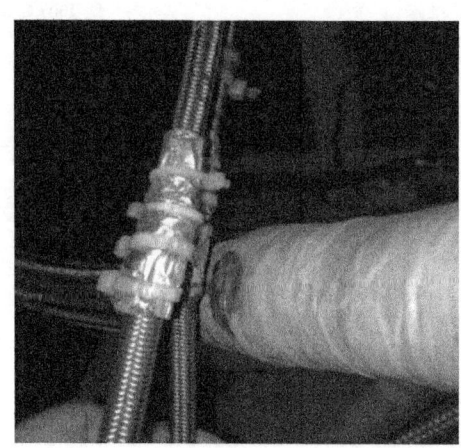

图2.3.2　处理管线搭接

（2）对油冷器、空冷器、冷却水塔、厂房通风机等皮带重点检查，发现老化、断裂及时更换，对电动机轴承注脂维护到位。

（3）在压缩机维护保养时，对润滑油过滤器、仪表风过滤器、主密封气过滤器、隔离气过滤器、油雾分离器等滤芯进行检查，视情更换。

（4）加强对各类风机皮带、过滤器滤芯备件的储备，满足现场需求。

除维护保养等技术措施外，还可考虑推动设备管理措施的持续改进，从设计、建造到运营的全生命周期各个阶段考虑，建立全面的规范与程序，保证标准化运营、标准化管理。

2.3.3 电气类故障

2006年至2023年上半年，共记录电气故障导致停机120次，其中供电系统故障停机68次，占电气故障导致燃驱机组停机总次数的57%，主要为电缆接地故障、UPS故障、变压器故障等。因此，要加强对各电气设备的检查和测试，UPS电池定期充放电，日常注意观察环境温湿度及是否有异常报警；电缆头放电事故有较高安全隐患，建议机组定期保养及电气高压春秋检维护保养作业时，对各电缆桥架及电缆头进行详细检查，及时更换老化的绝缘头，同时做好屏蔽层绝缘测试，局部增加保护垫层，确保运行电缆不因外力受损。

其余各子系统故障均体现在风机和小型变频器上，如箱体风机、润滑油泵电动机和变频器、冷却风扇电动机等，如发现此类小型设备有异常，应及时修理或更换，避免引发故障停机。保养时彻底清理电气元器件内部灰尘，查看大电流部位电缆头是否存在发热、变色及插接深度不够等问题，深入排查与治理机组附属电气设备存在的缺陷，确保电气设备整体处于健康水平。

西一线投产逾十年，站控及压缩机组UPS主机、整流器、逆变器、蓄电池、断路器保护单元、MCC柜内空开、接触器等电气设备和元件多次出现老化失效情况，且部分电气设备由于年代久远，制造厂家已停产或升级，无法购买备件。针对此问题，投产较早的管线陆续了开展UPS等电气设备的更新改造，对故障频发或老化失效的电气元件进行预防性更换。

2.3.4 外界因素故障

2006年至2023年上半年，共记录外界因素导致机组停机230次。除投产初期气质不佳引起的故障停机，以及少数因雷雨、大风、大雾、高温天气引起的停机外，历月因外电失电、闪断和波动导致停机334次，占外界因素导致停机总数的77.9%。外电波动及中断会影响燃驱机组的润滑油泵电动机等，导致燃驱机组停机，因此，机组稳定运行对外电供电质量要求较高。外电问题引起故障停机影响了压缩机组可用率，增加了管输天然气调控难度。此外，机组转速频繁波动还可能引起设备损坏等次生故障，如压缩机组因外电波动导致停机的过程中发生喘振，致使压缩机端盖密封圈损坏。

西气东输干线燃驱压气站的绝大部分站场远离城市，新疆和甘肃段基本处于沙漠或戈壁中。在建设初期，机组用电基本采用供电质量较差的农电供电，时常会发生电压波动甚至停电。尤其在雷雨季节，由于上级变电所防雷击措施较差，雷击会造成继电保护装置动作，使电源断路器跳闸停电。经过近几年的升级改造，压气站的供电质量不断得到提升，基本改造成稳定的双回路工业用电，外电引起的停机也逐渐减少，改造后要保证可靠稳定的供电质量，需要提高电气设备的检修和巡检质量。

外电导致机组停机时，可将原因分清电压暂降、电力中断、雷击保护等，其次分清电网所辖设备、自有专用线路、站内电气设备，以便有针对性开展改进措施。

电力中断问题若涉及自有专用线路，应加强自身线路维护，受雷电影响大的场站线路研究更好的防雷技术改造。电力中断或波动问题若涉及供电局，要加强与供电局的协调，要求其提高供电质量，减少电压暂降；如省内各压气站外电停机次数均较高，可与电网省公司营销部门统一沟通协商；必要时更改线路提高负荷等级，提高供电质量；协调线路具备重合闸功能；两条回路申请备自动功能或分列运行方式；两路电源供电质量有差异时，协调供电质量高的线路为主供电源，必要时新增一路电源。新建压气站时，选择第三方机构对待建供电电源的电能质量进行调研，与供电局细化供电质量约定。

调研普查各站，并重点检测典型站场供电质量情况，研究协调从供电源头解决供电质量问题；调研相关设备厂家，探讨在重点场站变电所侧增加动态电压稳压器等的可行性；试用加装有备自投功能的无扰动切换装置，通过并联切换功能实现正常运行时双馈线备用电源的可靠切换，保证不间断的供电。

3 燃气轮机故障案例

在天然气管道发展早期,由于电网因素限制,所采用的压缩机组多为燃驱,经过十余年运行经验总结与技术探索,培养出一批技术水平较高的专业工程师,积累了燃气轮机及其辅助系统故障处理的丰富经验。本章汇编了燃气轮机叶片损伤(包括压气机叶片损伤与涡轮叶片损伤)、轴承封严损坏、可变导叶系统常见故障、燃料气调节阀故障、箱体通风逻辑缺陷等典型故障案例。

3.1 叶片故障案例

3.1.1 GE 燃气发生器压气机叶片故障

3.1.1.1 故障描述

某台 GE 燃气轮机进行 4K 保养时,开展了孔探检查,孔探中发现压气机 13~16 级动叶出现不同程度损伤,如图 3.1.1—图 3.1.8 所示。其中,13 级动叶损伤严重,1 片叶片叶尖横向整体断裂,9 个叶片叶尖出现掉角现象;14~16 级动叶片则因为 13 级叶片掉块击打导致不同程序损伤,相邻的 14 级动叶损伤最为严重,共有 13 片叶片出现明显的叶片撕裂现象,5 个叶片撕裂程度严重;14 级静叶探孔口处有一叶片出现卷边情况,16 级静叶探孔口处有一叶片发现裂纹。详细情况如下:

(1)13 级转子动叶:叶片损伤严重,1 片叶尖横向断裂,9 片叶尖边角断裂,2 处叶尖边角卷边(图 3.1.1—图 3.1.3)。

图 3.1.1 13 级动叶横向断裂

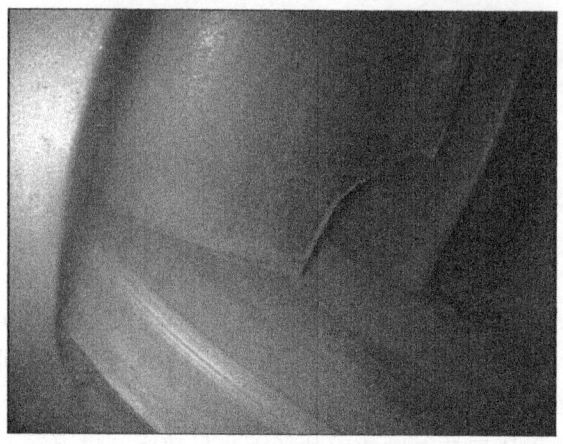

图 3.1.2　13 级动叶叶角断裂

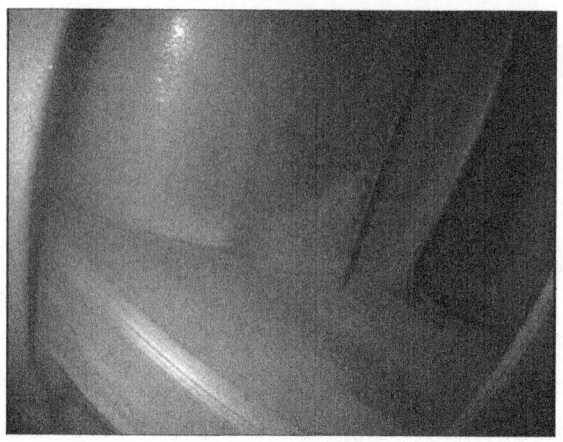

图 3.1.3　13 级动叶卷边

（2）14 级转子动叶：13 片叶片边缘存在裂痕，其中 5 片裂痕较为严重；孔探口边缘 1 处静叶存在卷边（图 3.1.4—图 3.1.6）。

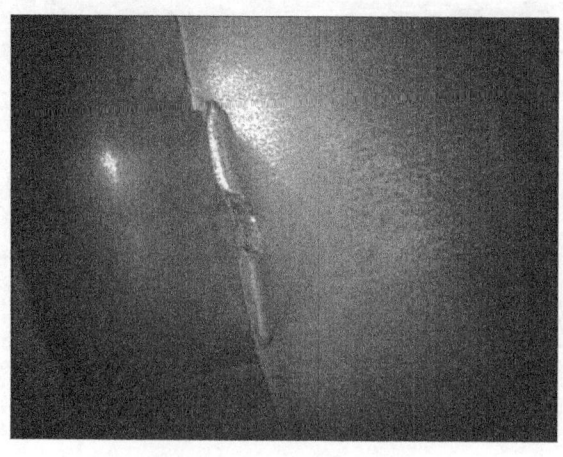

图 3.1.4　14 级叶边缘裂痕

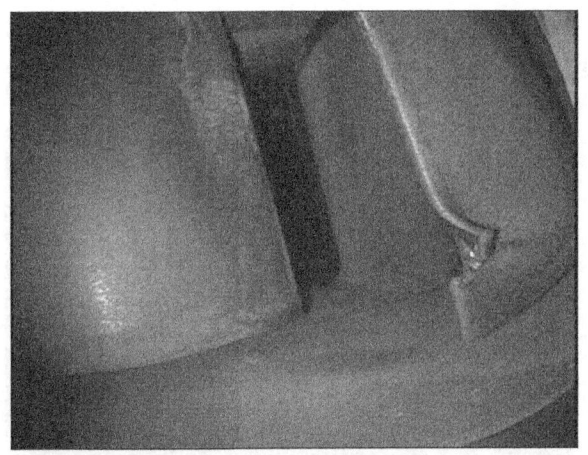

图 3.1.5　14 级导叶卷边（1）

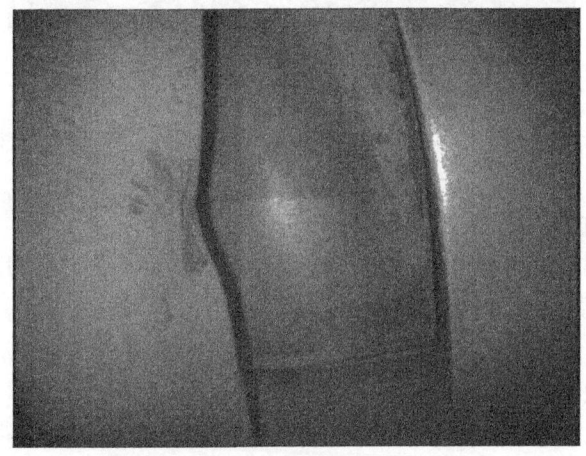

图 3.1.6　14 级导叶卷边（2）

（3）15 级转子动叶：4 片叶片边缘存在裂痕及裂纹，10 片叶面存在刮伤（图 3.1.7）。

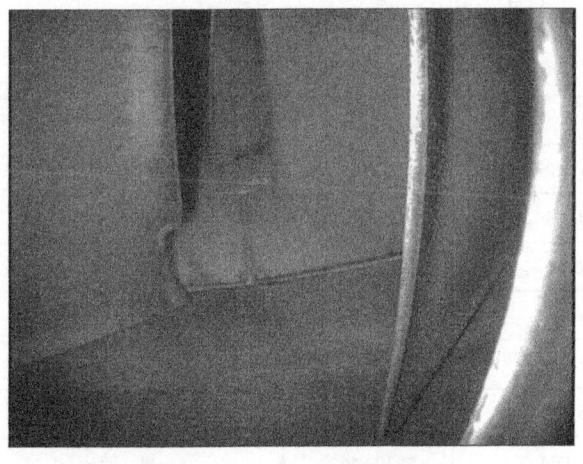

图 3.1.7　15 级导叶卷边

（4）16级转子动叶：8片叶片叶边缘存在裂痕及裂纹，4片叶面存在刮伤；孔探口边缘1处静叶存在裂痕（图3.1.8）。

图3.1.8　16级导叶刮伤

（5）对1~12级叶片进行孔探，未发现异常，对11~16级叶片叶根进行复查，未发现叶根掉块情况。

3.1.1.2　故障处理过程及原因分析

（1）通过分析机组运行参数，机组运行过程中未发现振动参数明显异常现象，GG机匣振动18VGG测点数值基本保持在30μm左右。

（2）通过GG进气通道检查，未发现带入异物迹象，且1~12级动叶状态完好，排除入口异物带入导致缺陷出现的可能性。

（3）通过本次孔探检查，压气机13级一动叶叶片有明显的叶尖整体横向断裂的情况，断口为锯齿状，可以排除异物击打导致断裂的可能性，初步判断为叶片与机匣内壁刮擦所致。通过查看机组运行历史记录，在该机组前一次完成孔探检查后的8次启停机操作中，未发生停机后冷却不充分再次启机的情况，可以排除由此导致刮擦的可能性。该机组（641-211）启停机记录表见表3.1.1。

表3.1.1　该机组（641-211）启停机记录表

序号	日期	时间	操作记录	冷机时间
1	2015.12.21	13：01	启机，转速>0	17d
2	2016.1.5	18：15	停机，转速<300r/min	
3	2016.1.6	5：27	启机，转速>0	11h
4	2016.1.6	12：02	停机，转速<300r/min	
5	2016.1.6	17：55	启机，转速>0	5h、53min
6	2016.1.23	12：05	停机，转速<300r/min	
7	2016.1.24	10：46	启机，转速>0	22h、40min

续表

序号	日期	时间	操作记录	冷机时间
8	2016.1.24	11：54	停机，转速 <300r/min	
9	2016.1.26	14：42	启机，转速 >0	2d、2h、48min
10	2016.1.27	15：00	停机，转速 <300r/min	
11	2016.2.5	18：43	启机，转速 >0	9d、5h、43min
12	2016.2.16	12：40	停机，转速 <300r/min	
13	2016.3.3	16：21	启机，转速 >0	16d、3h、41min
14	2016.3.22	17：25	停机，转速 <300r/min	
15	2016.3.23	20：25	启机，转速 >0	1d、3h
16	2016.3.31	12：46	停机，转速 <300r/min	

（4）对于 GE 公司相关技术通报，仅在 2015 年 8 月 31 日的 SB-0272 技术通报中对 15 级动叶圆周间隙提出了改进建议，并未提及 13~15 级动叶叶尖与机匣内壁间隙相关问题。查询 GE 公司 2015 年年会技术材料，在年会报告中对 LM2500 系列 GG 存在 13 级动叶因叶尖间隙过小，可能导致工厂试车完成后的机组运行中出现叶片刮擦断裂的情况，明确提出了前缘切削 0.005in、后缘切削 0.01in、增加叶尖间隙的技术要求。针对该缺陷，GE 公司未提供相应的技术通报，且 2015 年年报也未正式向客户提交。采取每 3 个月强制孔探检查、返厂维修 GG 调整叶尖与机匣内壁间隙等应对措施，但无法从根源上杜绝现有 GG 可能发生叶片损伤的潜在隐患。

通过检查、分析，初步判定该机组 GG 叶片损伤是由于 13 级叶片叶尖间隙过小，造成叶片与筒体刮擦，导致 13 级叶片 1 片叶片叶尖横向断裂、9 片叶片叶角断裂，叶片掉块进一步导致 14~16 级动叶及静叶损伤。

3.1.1.3 改进措施及建议

（1）对本案例中的燃气发生器立即返厂解体检查，更换 13~15 级损伤的动叶，更换 16 级动叶为最新改进材料及叶型的产品；对相应的静叶进行检查，视情予以更换；按照 GE 公司通报，对 13~15 级叶片叶尖间隙进行调整。

（2）对返厂维修的 GG，严格按照 GE 公司通报做好 16 级动叶更换和 13~15 级叶片叶尖间隙调整工作。

（3）机组运行继续严格执行停机后冷却时间控制要求和每 3 个月强制孔探要求，及早发现隐患。

（4）督促 GE 公司开展故障分析和风险评价，确定故障责任，开展商务索赔工作。

（5）督促 GE 公司提交 LM2500 系列机组整改方案，进一步完善操作运行手册。

3.1.2 GE 燃气发生器压气机叶片损伤故障

3.1.2.1 故障描述

某 GE 燃驱机组在现场进行维护保养时，孔探检查发现燃气发生器高压压气机 10~16

级叶片出现不同程度的损伤，无法继续运行，需要返厂进行排故处理。

3.1.2.2 故障处理过程及原因分析

经返厂后进一步分解，发现该机组高压压气机部分损伤严重（图3.1.9），主要问题如下：

图 3.1.9　叶片损伤情况

（1）高压压气机部分的10级、11级转子叶片各有一片叶片断裂；

（2）10~16级转子叶片均有不同程度损伤；

（3）9~16级静子叶片均有不同程度损伤；

（4）高压涡轮一级、二级导向器叶片，涡轮转子叶片有外来物击伤的痕迹。

将10级断裂的叶片送实验室进行分析后，认为该叶片失效模式为疲劳断裂。裂纹源区位于叶片与盘毂接触的缘板区，未见夹杂物及机械损伤等异常（图3.1.10）。叶片与盘毂接触面的两侧缘板磨损比其他区域严重；叶片断口源区的氧元素含量比附近扩展区的高。这两点表明叶片和盘毂之间可能存在接触不良。

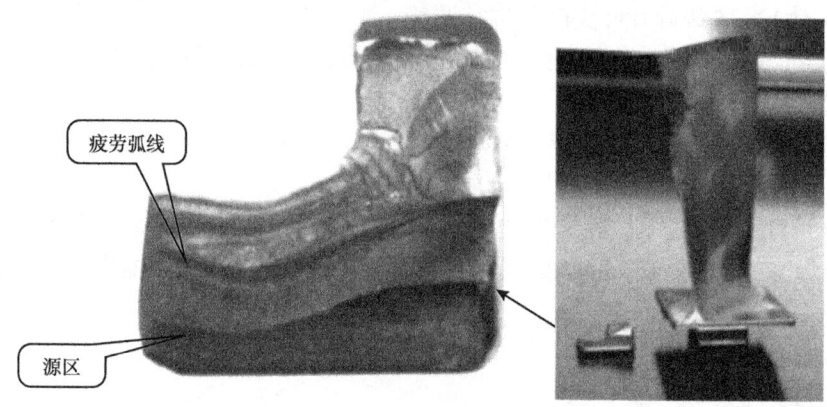

图 3.1.10　断裂叶片裂纹源区

因此，判定叶片疲劳断裂可能与叶片和盘毂之间的接触不良有关，还与叶片安装时位置不正确有直接关系。

3.1.2.3 改进措施及建议

由于该故障与机组本身的设计和安装有关系，已经将相应的问题情况反馈给设备原制造商，从源头上查找和解决该问题。

同时从机组的故障情况来看，振动的突然变化与压气机叶片断裂失效有着直接的关系。建议机组在振动突然发生变化时，尤其是振动突然升高的情况，应对产生振动的原因进行分析，对机组的状况进行检查，必要时停机进行孔探检查，尤其是对压气机部分的孔探检查，以免对机组造成更大的损伤。

3.1.3 GE燃驱机组叶片损坏造成启机不成功

3.1.3.1 故障描述

2009年2月12日，某站GE压缩机组出现故障，无法启机连续时间长达162h，经多方维修处理，使机组得以成功启动；5月9日，对压缩机组进行4K保养，在孔探时发现压气机第16级中的45个叶片发生了不同程度的损坏，叶片损坏缺失面积最大达1/2以上；6月27日，计划停机后再次无法启机，经过两天的处理，于6月29日排除故障成功启机。

3.1.3.2 故障处理过程及原因分析

2009年2月，该机组停机是由于供电局35kV电网停电，站场在12日对压缩机组进行了正常停机，期间对压缩机组进行了维护保养工作。因站场主变输出电压420V偏高，导致空压机经常出现电动机电压重故障报警，站场工作人员将电压调整至400V。恢复供电以后，机组频繁出现启机失败，机组不能成功启动的主要原因为：(1)液压启动失败：905由GG不能达到盘车速度2000r/min，启机程序失败。(2)点火升速后GG未能达到自持转速。启动程序失败点示意图如图3.1.11所示。

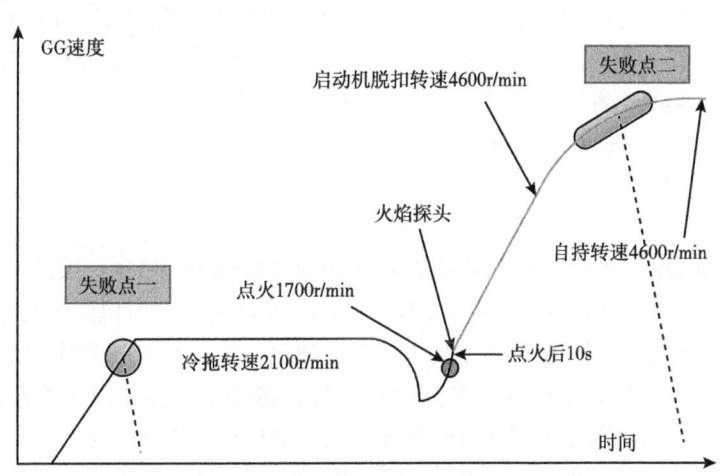

图3.1.11 启动程序失败点示意图

机组在点火之后的自持过程中，GG未在规定的时间内达到启动器脱扣转速，从而发出启动中断命令，机组停机。机组点火后，燃料阀的开度最多能够上升到18%。燃料气系统参数与控制图如图 3.1.12 所示，从燃料气控制系统的角度综合分析此次停机事件，可以归结为以下五大影响因素。

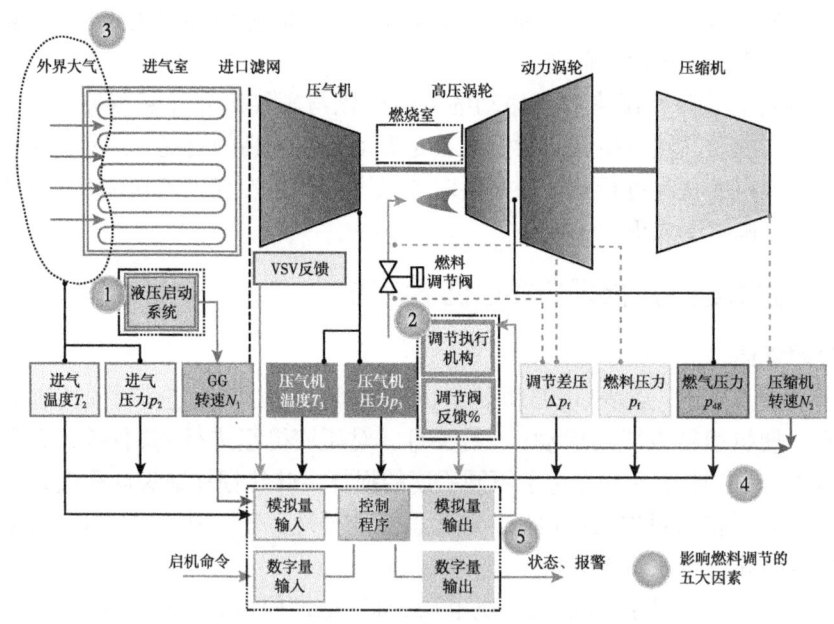

图 3.1.12　燃料气系统参数与控制图

3.1.3.2.1　影响因素

（1）液压启动系统。

①供油压力和回油压力。

2009 年 2 月 12 日停机后前两次启机，点火成功到 GG 转速 5700r/min 之后，机组出现 GG 未在规定的时间内达到自持转速而发出启动中断命令，机组停机。在随后的几次机组启动过程中，拖动最高速度停留在 1950r/min 左右（图 3.1.12 失败点 1），都因 GG 不能达到机组正常盘车速度（2000r/min）而导致机组启动失败。供油压力（35.5MPa）和回油压力（2.4MPa）均正常。

②电动机电压。

对液压系统的控制系统、相关油路管线和回油控制阀 PCV351、供油控制阀 XY321 等进行了仔细的检查和调节，在 2009 年 2 月 13 日至 15 日期间，对机组进行校验盘车 20 次，其中只有 3 次成功盘车（非连续成功），GE 工程师也对液压回路进行测试，并对机组控制系统进行了检查，均未发现原因所在。2 月 16 日，将变压器挡位设置恢复到 12 日停机前的状态，测量现场启动电动机 8CR-1A 进线电压，电压由之前的 386V 上升至 398V，启机后机组液压启动橇可以顺利拖动到盘车速度 2000r/min，但是在机组转速提升至 5300r/min 附近时，会出现故障现象 2（图 3.1.12 失败点 2），机组启机失败。

（2）燃料气系统。

①燃料调节阀出口压力。

该参数在点火后保持稳定，基本维持在 2.3MPa，不存在问题。

②燃料调节阀前后差压。

通过分析调节阀的相关参数曲线，该差压越低，则燃料调节系统会相对更加灵敏，在故障排查过程中，曾将工艺区供给压力由 3.2MPa 调整至 3.6MPa，之后按照 GE 公司建议，将其重新降至 3.2MPa，但问题仍未得到解决。

③燃料阀实际开度。

在控制柜对 FCV331 阀进行强制开、关，观察现场燃料阀开度和控制盘反馈信号均正常，证明此阀完好。

（3）仪表信号反馈。

维修队配合 GE 现场工程师围绕影响燃料气阀开度的几个参数仪表进行校验：

① VSV 开度反馈；

② GG 进口压力 p_2（PIT467）；

③ GG 压气机出口压力 p_3（PIT455）A/B；

④燃料气供给压力 PIT228；

⑤燃料气调节压力 PIT229；

⑥动力涡轮入口压力 p_{48}（PIT451）。

校验过程中未发现仪表自身和反馈回路存在问题。

（4）控制程序。

为尽快启动压缩机组，根据以往经验分析、判断，故障很可能是控制程序存在缺陷所致，或许通过重新下装 Mark VIe 控制程序就能够解决此故障。

①下载备份程序。2009 年 2 月 17 日，经过现场技术人员协商，尝试重新下装控制程序。先对机组目前程序进行备份，然后再进行新程序（GE 调试工程师离开时留下的程序）下载安装。GG 不能在规定时间内达到启动器的脱扣转速的报警问题消除，但是新报警出现，即当转速升速到动力透平低速转动时，机组出现报警信息为：GG STRCUFLT——P. compr. suct. DP not low at req.PT speed trip（压气机入口过滤器差压超高），机组屡次启动失败。

②恢复原程序。把控制程序再恢复到下装前的控制程序，再次启机，又出现程序下载安装前的启机状态：GG STRCUFLT—GG fail to reach starter cut-out speed（燃气发生器达到启动器脱扣速度超时）。对于此报警信息尚存在疑问：脱扣速度为 4700r/min，而实际机组在超过 4700r/min 十几秒以后已达到 5300r/min 才停机。

程序下载安装前后机组转速等参数曲线如图 3.1.13 和图 3.1.14 所示。

（5）进气系统。

该季节气候条件无异常，观察进气压力 p_2、温度 T_2 均属于正常范围。

对比分析压气机出口压力 p_3 偏低、温度 T_3 偏高，检查发现压气机叶片较脏，于是去掉 GG 进口临时滤网后，决定对 GG 进行一次清洗，2 月 19 日下午 2:50 再次开机，p_3 比清洗前提高了约 2kPa，启机成功。在稳定运行一晚上后，第二天再进行一次试验，2 月 20 日上午，对机组再进行一次试启动成功。至此，该压缩机组的故障基本得到解决。

在水洗后，连续数次启机均正常，因此初步认为是因为压气机叶片较脏，压气机效率下降，使得 p_3 压力偏低，导致机组无法正常启机。但对电压造成无法达到盘车速度的问题存在疑问。

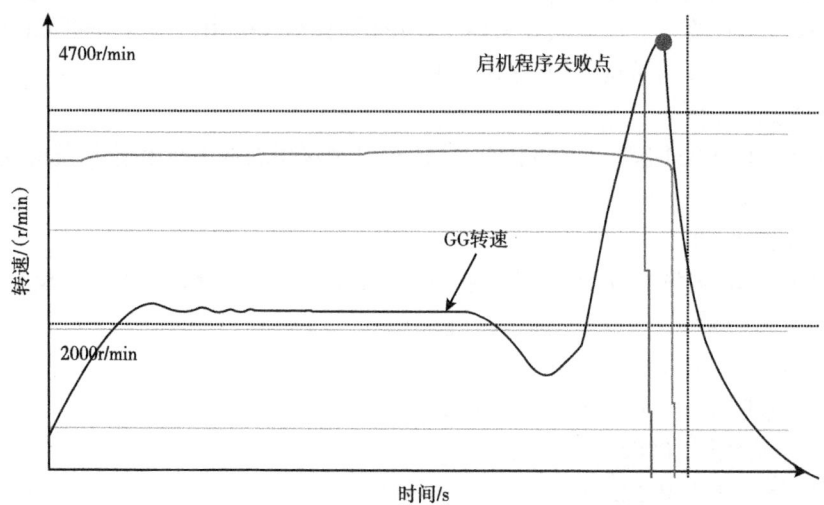

图 3.1.13 下载备份程序后机组转速的参数曲线

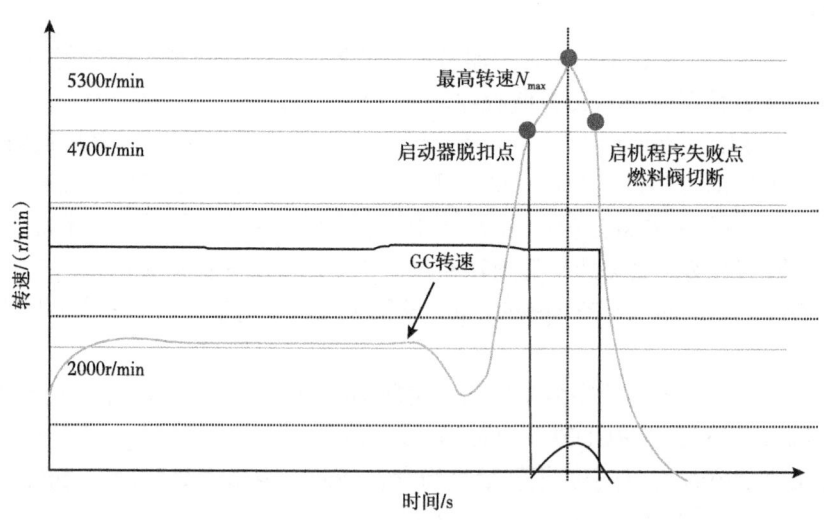

图 3.1.14 恢复程序后机组转速的参数曲线

3.1.3.2.2 孔探检查

2009 年 5 月 9 日,对该机组进行 4K 保养,上午对压气机进行了清洗和烘干,中午开始孔探作业,进行至 5 月 10 日,孔探结束。孔探发现 GG 的 0~15 级叶片均无明显损伤,但是 16 级叶轮中的 45 个叶片发生了不同程度的损坏,叶片损坏缺失面积最大达 1/2 以上,最大缺角线长度达到了 12.35mm,损坏程度已经超过 GE 叶片损坏极限,叶片损坏的类型有撕裂、叶尖卷曲、裂纹等,损坏的叶片测量照片如图 3.1.15 所示。此位孔探发现的叶片损坏与 2 月上旬该机组不能正常启机的现象相符,16 级叶片直接影响 p_3 压力的大小。更换 GG 后数次启机均正常。

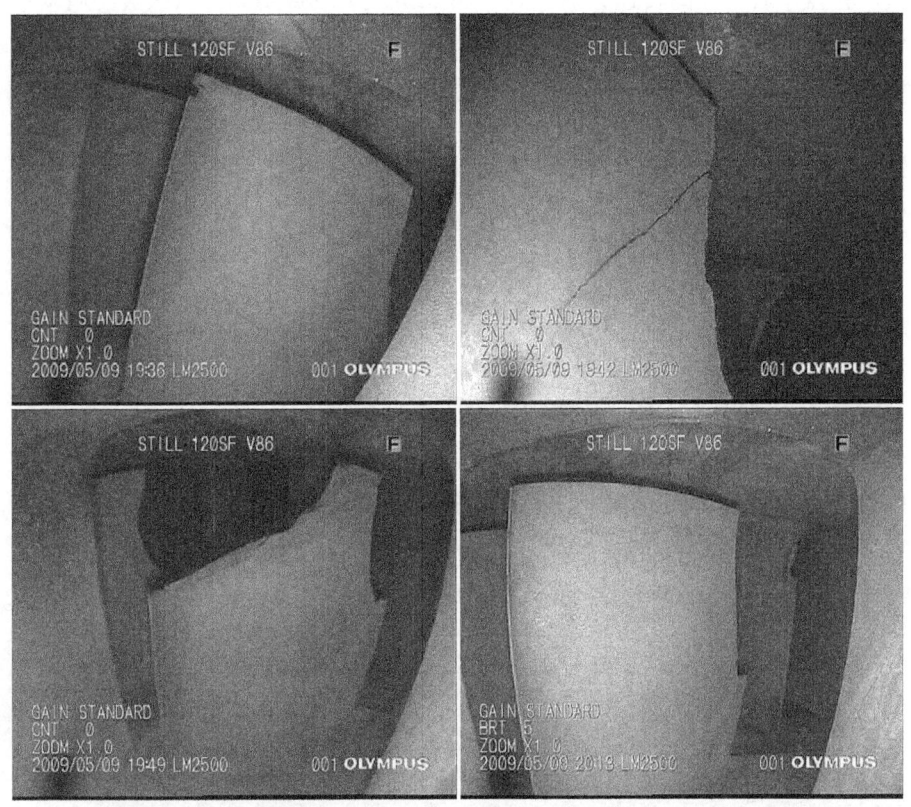

图 3.1.15　16 级叶轮损坏叶片测量照片

3.1.3.2.3　故障再现

2009 年 6 月 27 日，因 35kV 外电停电检修，该机组计划停机。当天晚上 18∶30 重新启机，但未能成功，随后 GE 工程师和站内人员一起检查排除故障，直到 22∶30 仍不能正常启机，期间拖转测试 3 次，都因为 90s 内液压启动器不能达到预定转速而失败，与 2 月故障现象类似。

6 月 28 日下午 17∶04，用 1# 液压启动机启动机组，启动机转速只能达到 1920r/min，启机失败。17∶45 用 1# 液压启动机进行校验盘车，启动机转速只能达到 1720r/min，盘车失败。调节回油压力调节阀 PCV-351，测试并提高斜盘控制器控制电流（由 600mA 提高到 620mA），21∶13 再用 1# 液压启动机进行校验盘车，启动机转速显示达到 1900r/min 时，启机失败。21∶20 使用 2# 液压启动机进行校验盘车，启动机转速更低，只能达到 1700r/min，工作未取得明显进展。

6 月 29 日开展工作如下：

（1）检查、对比两台启动机斜盘控制模块参数设定，未发现异常。

（2）检查液压启动系统控制电磁阀 XV321-1 和 XV321-2，均正常。打开液压启动油路，发现供油管路接头密封胶圈损坏严重，现场测量密封圈尺寸并更换。

（3）检查启动机软启动器参数设定，并搜集其他站场参数进行对比，对参数进行适当调整，并进行测试。

两次校验盘车后，最高转速分别达到 2030r/min 和 1980r/min，虽然液压启动系统漏油问题已经得到解决，但先后两次盘车失败，由此判断液压电动机明显出力不足。更换电动机后启机成功，至此问题得到彻底解决。

3.1.3.3 改进措施及建议

该机组启机失败的主要原因是液压电动机出力不足。改进措施及建议如下：

（1）加强与电网部门的联系，确保外电电压稳定；

（2）定期开展燃气发生器水洗、孔探压气机叶片，确保叶片清洁；

（3）加强液压启动系统相关部件的密封性检查（如压力泄放阀 VR91-2）和滤芯清洗，保证液压油供油流量。

3.1.4 GE 燃驱机组叶片损坏造成振动高紧急停机

3.1.4.1 故障描述

2019 年 5 月 13 日，某机组燃机振动高高报，随后机组降速期间火焰检测失败，从而造成机组紧急停机。报警截图如图 3.1.16 所示。

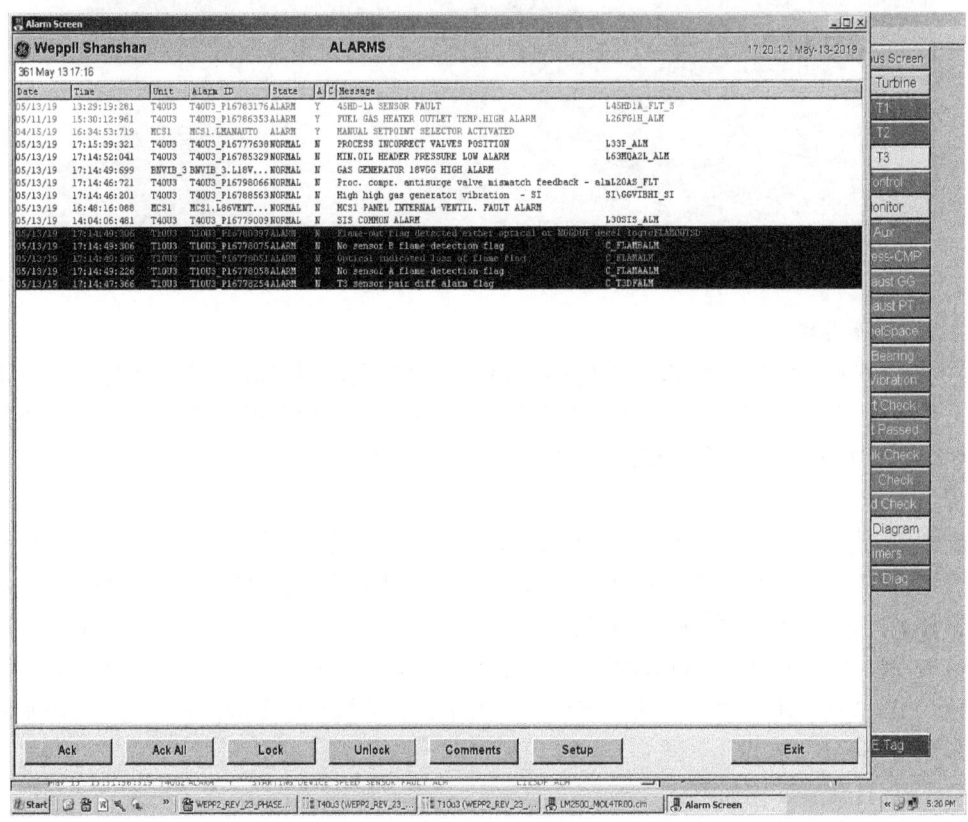

图 3.1.16 机组燃机振动高高报警截图

3.1.4.2 故障处理过程及原因分析

机组于 2019 年 5 月 13 日 18：01 故障停机，技术人员调取机组历史数据进行参数分析，初步判断机组停机前存在参数波动，燃机振动高高报警停机，但未分析出机组运行波动原因。

2019年5月14日准备迎接检查，15：00左右技术人员再次调取机组历史数据进行参数分析，并组织站内人员进行讨论，仍未分析出振动产生的原因；随后技术人员对信号回路进行排查，包括对18VGG及18VPT振动探头、控制回路、Bently控制模块进行了详细排查，均未发现异常。

2019年5月15日，10：00左右开始对机组进行全面检查，重点检查燃机外观，包括燃机V字吊臂及其轴承、进气室入口滤网及进口导向叶片、VSV各关节轴承、燃机各附属管路等，未发现异常。

2019年5月16日开始孔探，当天19：30左右孔探至第9机时发现叶片损伤，20：53左右汇报公司生产运行处，21：30左右完成全级孔探检查，并完成孔探报告。

对照机组报警截屏信息，现场作业人员对机组运行趋势进行了调取分析。

机组停机参数曲线如图3.1.18所示，机组停机前振动曲线如图3.1.18所示，图3.1.17中VSV反馈值、PS3机组跳机前NPT运行转速5936r/min，NGG运行转速为9700r/min左右，T48排气温度为837℃，18VGG振动值在30~40μm之间，停机时振动瞬间，振动值达到188μm（高高报警值179μm）。

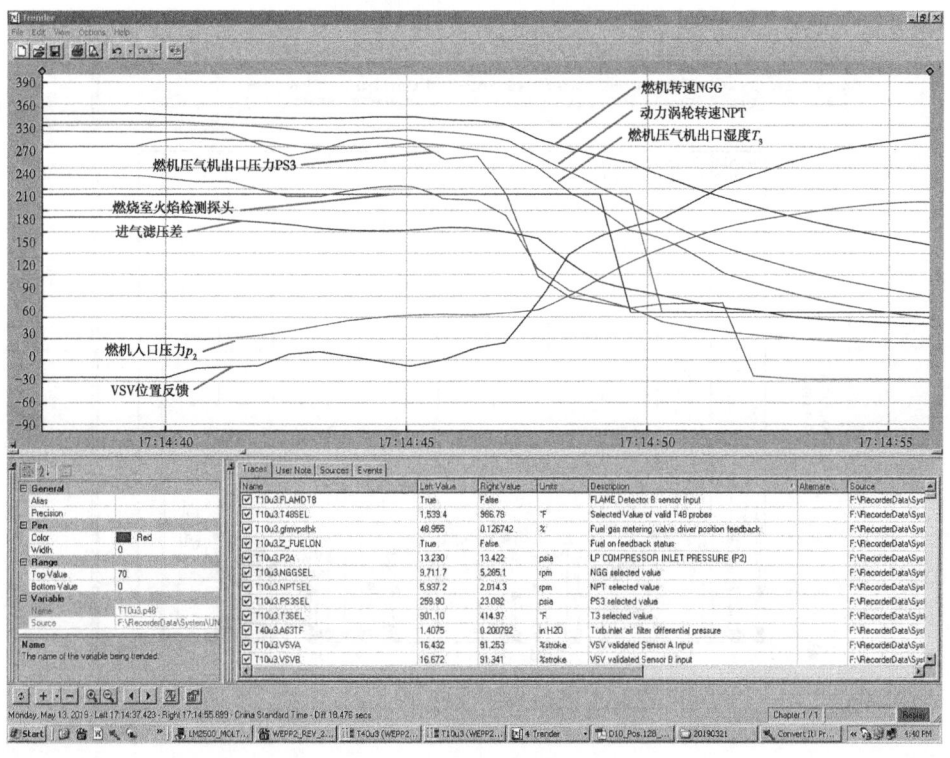

图3.1.17 机组停机参数曲线

机组2017年9月至2019年5月的振动趋势如图3.1.19所示，从图3.1.20可以看出，在2017年8月完成GE3#机组25K保养后，直至5月13日故障停机前，GE3#机组燃机振动18VGG均保持在20~30μm之间，运行较好。

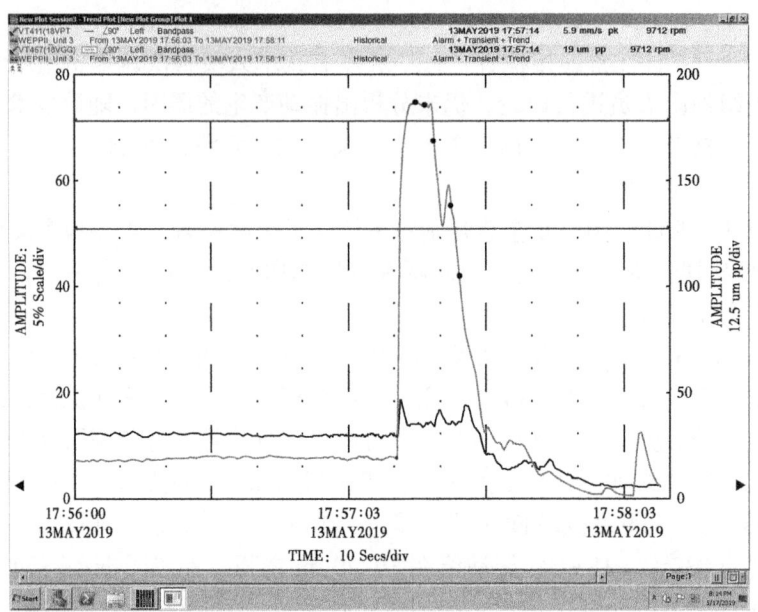

图 3.1.18　机组停机前振动趋势

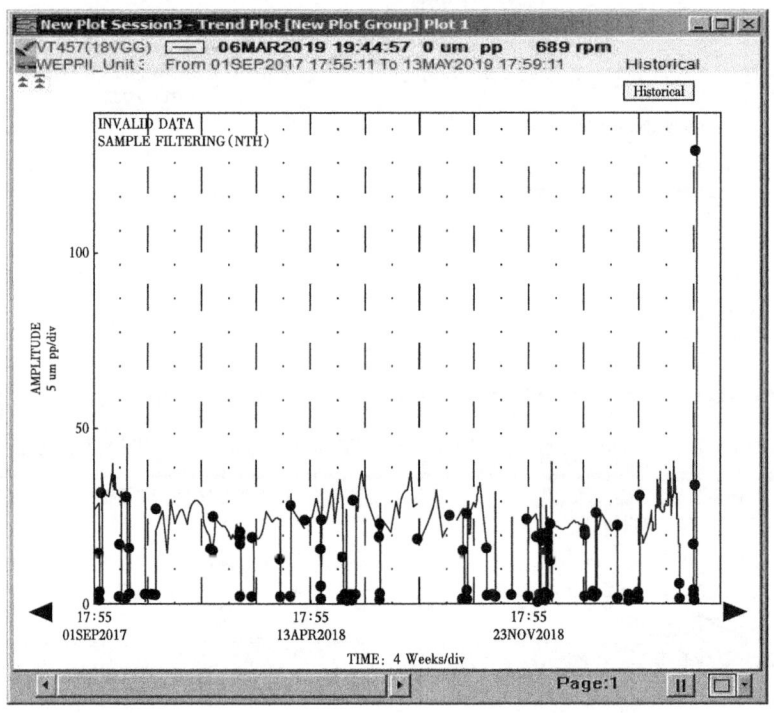

图 3.1.19　机组 2017 年 9 月至 2019 年 5 月振动趋势

3.1.4.2.1　信号回路及燃机外部检查

（1）信号回路检查：故障停机后，作业区对 18VGG 振动探头、18VPT 振动探头、仪表回路、控制模块进行了详细排查，均未发现异常。

（2）燃机外部检查：现场检查燃机 V 字吊臂及其轴承，未发现明显磨损；现场检查 VSV 各关节轴承，未发现异常；调取机组运行期间 VSV 位置反馈历史参数，未发现异常，信号回路及燃机外部检查如图 3.1.20 所示。

图 3.1.20 信号回路及燃机外部检查

3.1.4.2.2 孔探检查

2019 年 5 月 15 日，在确认外部信号控制回路、机械部件正常的情况下，作业区对机组进行全面孔探检查。在手动盘车过程中，现场发现燃机内部存有异响，孔探详细结果见表 3.1.2 机组孔探照片如图 3.1.21 所示。

表 3.1.2 机组燃机叶片孔探结果

序号	位置	损伤情况	备注
1	0~7 级动叶	叶片完整，未见明显缺陷	
2	8 级动叶	两处物体打击白点	
3	9 级动叶	四个叶片存在微小缺口	
4	10 级动叶	66 个叶片全部存有严重缺口，且从目前孔探照片看，两个锁块完好紧固，至少有 4 个完整叶片缺失	静子机匣上有明显的剐蹭痕迹
5	11 级动叶	76 个叶片全部有明显缺口	
6	12 级动叶	76 个叶片全部有明显缺口	
7	13 级动叶	76 个叶片全部有明显缺口	11 级至 16 级动叶叶片损伤较 10 级有所减轻
8	15 级动叶	76 个叶片全部有明显缺口	
9	16 级动叶	76 个叶片全部有明显缺口	
10	燃烧室	内部存在熔融物	
11	高压涡轮	一级叶片存在部分损坏，高温涂层脱落严重，叶片上粘有金属熔融物；二级叶片未发现明显缺损	
12	动力涡轮	未见明显缺损，但存在熔融物，需要拆卸燃机后详细排查	

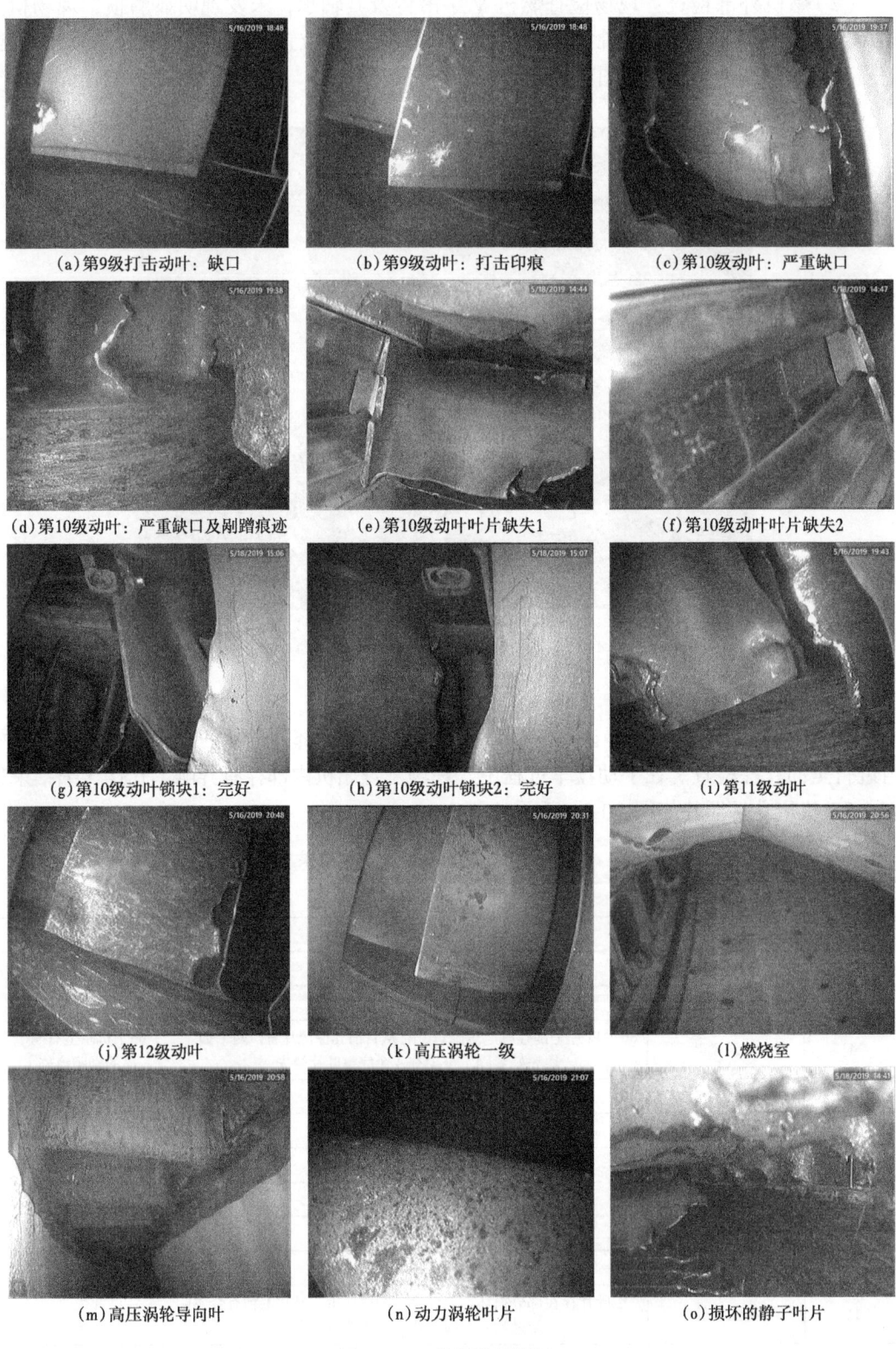

图 3.1.21 机组孔探照片

现场人员对进气滤芯、进气室进行了详细检查，进气滤芯未见异常，进气室未见异物，进气滤网完整无缺损（图3.1.22）。

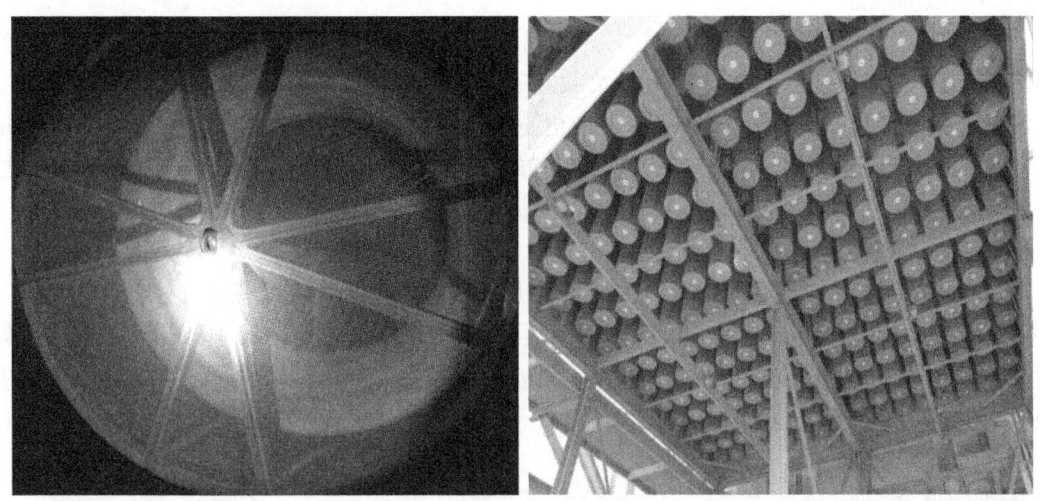

图 3.1.22　进气系统排查

结合孔探、进气室及进气过滤器检查，可排除异物进入燃机造成叶片损坏的可能。

System1显示GG振动开始突变的时间点为17∶57∶14（北京时间18∶00∶34），此时振动为19μm，转速为9712r/min，高高报警时间为17∶57∶16（北京时间18∶00∶36），振动为178μm，转速为9593r/min，振动最高时间为17∶57∶17至17∶57∶21（北京时间18∶00∶37至18∶00∶41），振动值为186~188μm，转速降速9497~9234r/min。按照两者时间对齐基准，则GG振动突变时Toolbox对应时间为17∶14∶39（北京时间18∶00∶35），发生振动高高报警时间为17∶14∶41（北京时间18∶00∶37），振动最高时间为17∶14∶42至17∶14∶47（北京时间18∶00∶38至18∶00∶43），且在system1与Toolbox上对比振动开始升高过程中，转速变化趋势在上述时间点基本一致。通过Toolbox趋势分析，燃气发生器运行参数突变的时间点为17∶14∶40（北京时间18∶00∶36），而振动突变的时间点为17∶14∶39（北京时间18∶00∶35），说明燃机先振动，导致燃机运行参数变化。

从HMI报警记录表中可以看出，触发燃机振动高高报降至怠速命令的时间为17∶14∶46（北京时间18∶00∶42，BN3500中42卡设定GG高高报延时4s输出到HIMA安全系统），与发生振动高高报警时间为17∶14∶41（北京时间18∶00∶37）基本一致。初步判定原因为压气机第10级4片动叶整体脱落，导致压气机9级叶片轻微受损，10~16级及高压涡轮1级喷嘴、动叶严重损坏。

3.1.4.3　改进措施及建议

（1）配合专业人员对接失效原因及后续维修工作。

（2）对本案例中的燃气发生器立即返厂解体检查，更换损伤的动叶；对相应的静叶进行检查，视情予以更换。

（3）机组运行继续严格执行停机后冷却时间控制要求和每3个月强制孔探要求，及时发现隐患。

3.1.5　RR 燃气发生器高压涡轮叶片故障

3.1.5.1　故障描述

某 RB211-24G 型燃机启机过程中，发现压气机前、中、后机匣振值变化较大，且前机匣振动 39GGI 高报警，在达到最小负载转速时，振值仍然明显偏高，为排查故障现象，上报调度后手动停机处理，停机过程中前机匣振动再次达到高报警值。在对监控数据分析后，对机组进行孔探检查，发现高压涡轮动静叶严重损伤，中压涡轮存在一定明显异物击打损伤。经进一步排查，确认一只燃料气喷嘴压盖脱落，但高低压压气机完好无异常。

3.1.5.2　故障处理过程及原因分析

检查机组运行参数历史趋势，2016 年 9 月 21 日 2# 机组启机过程中，燃气发生器前、中、后机匣振动明显偏高且波动幅度过大，且燃气轮机排气温度分布中，6 点钟方向温度显示明显与平均值存在较大偏差。9 月 21 日启机过程振动变化趋势如图 3.1.23 所示，9 月 21 日手动停机振动变化趋势如图 3.1.24 所示。

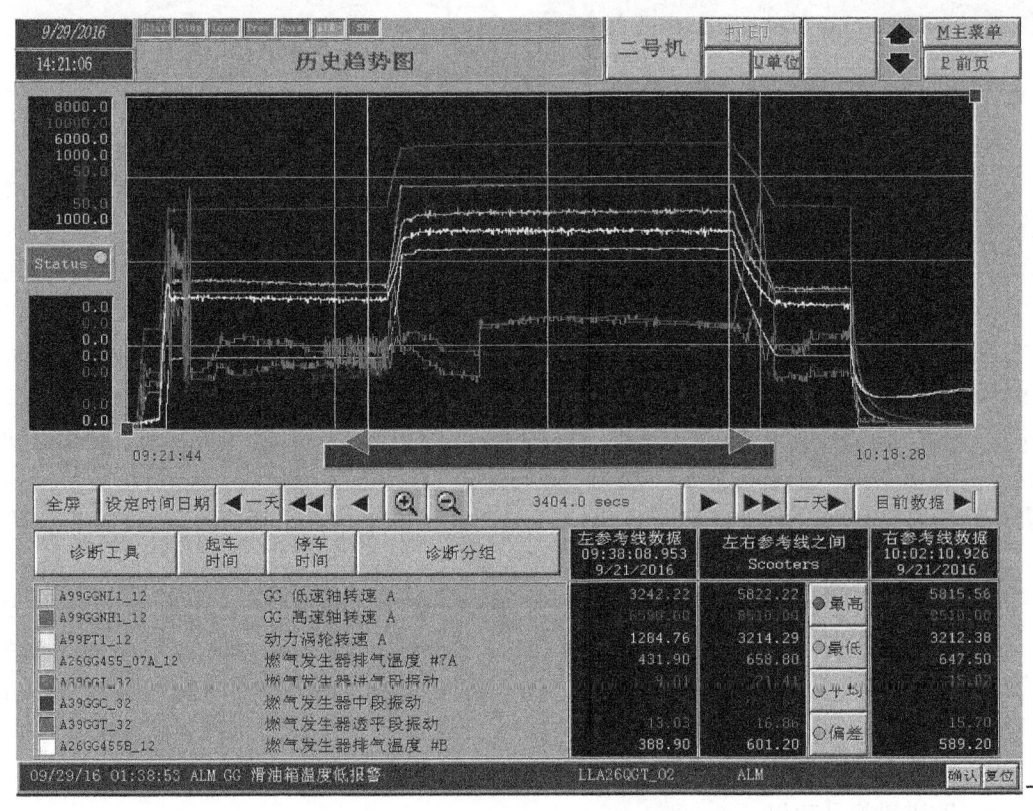

图 3.1.23　9 月 21 日启机过程振动变化趋势

进一步检查机组运行数据趋势，发现 2016 年 8 月 20 日机组正常运行中，燃气发生器机匣振动存在大幅突升现象。0∶27∶32 时，燃气发生器后机匣振动 39GGT 突然由 6.98mm/s 上涨至 26.45mm/s，达到报警值（报警值为 25mm/s）高报警，同时，前、中机匣振动小幅度突涨。8 月 20 日机匣振动突涨趋势图如图 3.1.25 所示。

3 燃气轮机故障案例

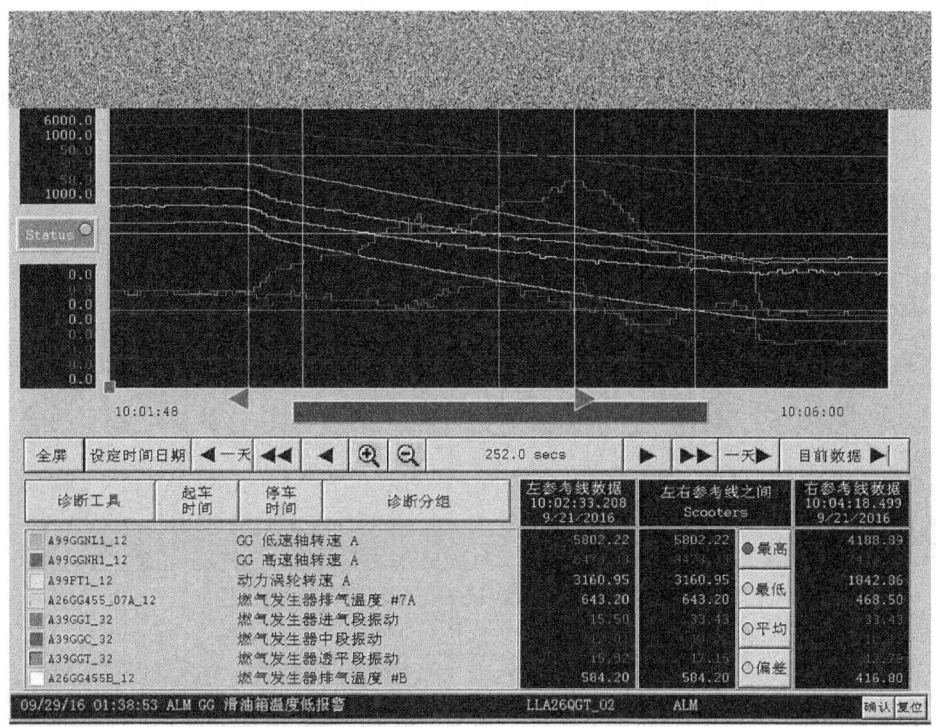

图 3.1.24　9 月 21 日手动停机振动变化趋势

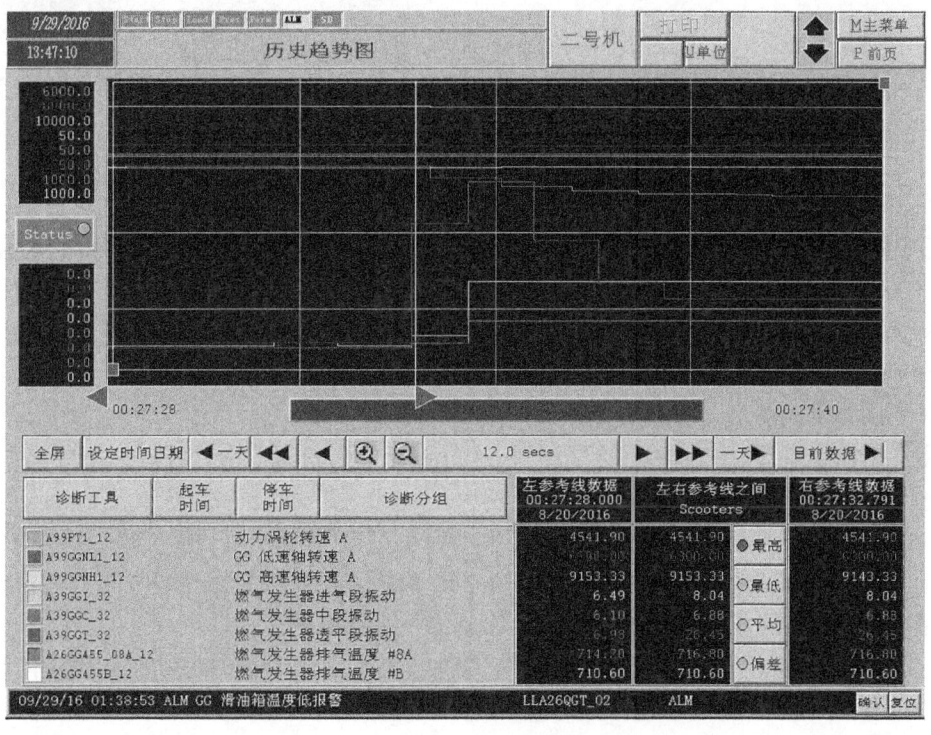

图 3.1.25　8 月 20 日机匣振动突涨趋势图

0：27：33，燃气发生器后机匣振动39GGT再次由26.45mm/s突涨至33.23mm/s，同时，前、中机匣振动出现较大幅度上涨，分别由8.04mm/s、6.88mm/s上涨至17.05mm/s、10.46mm/s。0：27：36，前、中、后机匣振动值趋于稳定，分别稳定在17.05mm/s、10.46mm/s、14.15mm/s。8月20日机匣振动突涨至趋于稳定趋势图如图3.1.26所示。

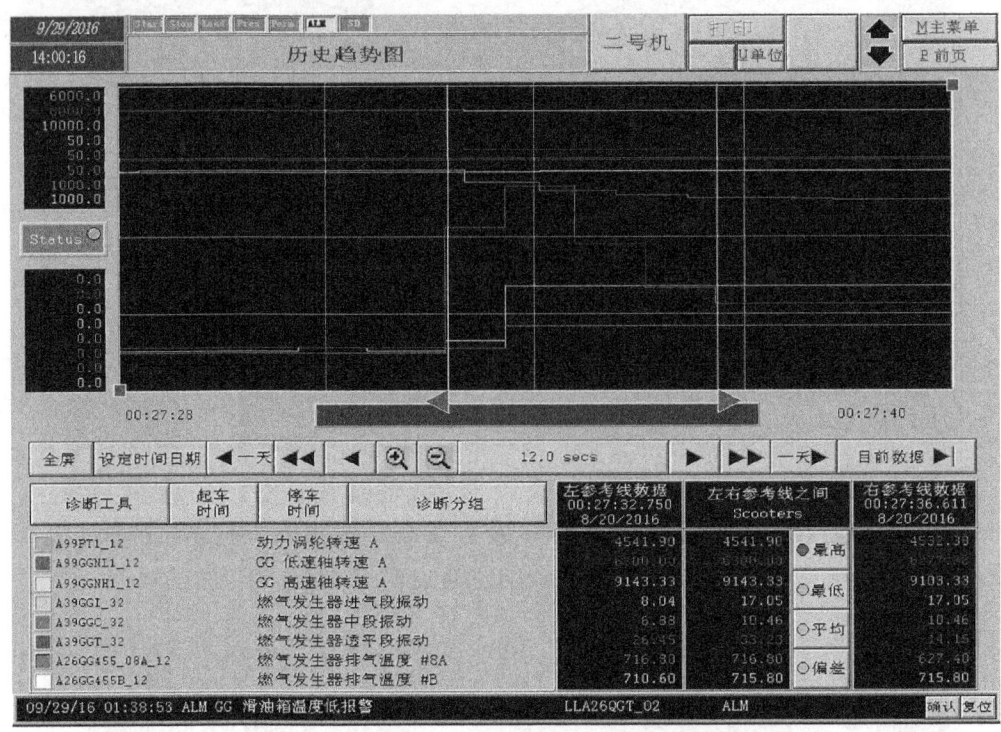

图3.1.26　8月20日机匣振动突涨至趋于稳定趋势图

由图3.1.25和图3.1.26中可以看出，在2016年8月20日机组正常运行中，GG后机匣振动39VGGT突然出现大幅突涨并达到高报警值，前、中机匣振动初期变化幅度明显要小。在4s时间内，后机匣振动由最高值33.23mm/s突降至14.15mm/s，但前、中机匣振动则持续上涨并趋于稳定，说明故障源首先来源于后机匣，对应部位在高压涡轮。

2016年8月20日振动突升后，未采取进一步措施，机组保持运行状态，直至8月22日按照北调要求，手动正常停机。

由图3.1.23和图3.1.24中可以看出，9月21日正常启机过程中，在点火向怠速升速时，GG前、中、后机匣振动均有较大上涨，其中，前机匣振动达到高报警值。加载至最小负载后，振值下降并趋于较高的稳定值，在手动停机过程中，振值再次出现大幅波动，前机匣振动值39GGI最高达到33.43mm/s。因为机组启机及加载中机匣振动异常，运行人员判断设备可能存在异常失效，遂请示北调后手动停机进行系统排查。

9月21日至9月26日在调拨孔探仪过程中，运行人员全面对振动监测仪表回路、压气机外部安装状态等进行检查，并对轴承进行检查，未发现异常。9月27日孔探检查压气机，未发现异常迹象，遂编制详细报告报送生产运行处及生产技术服务中心寻求技术支持。在对振动数据进行分析后，建议站场立即开展燃烧室及高、中压涡轮的孔探检查。具体孔探结果如图 3.1.27 所示。

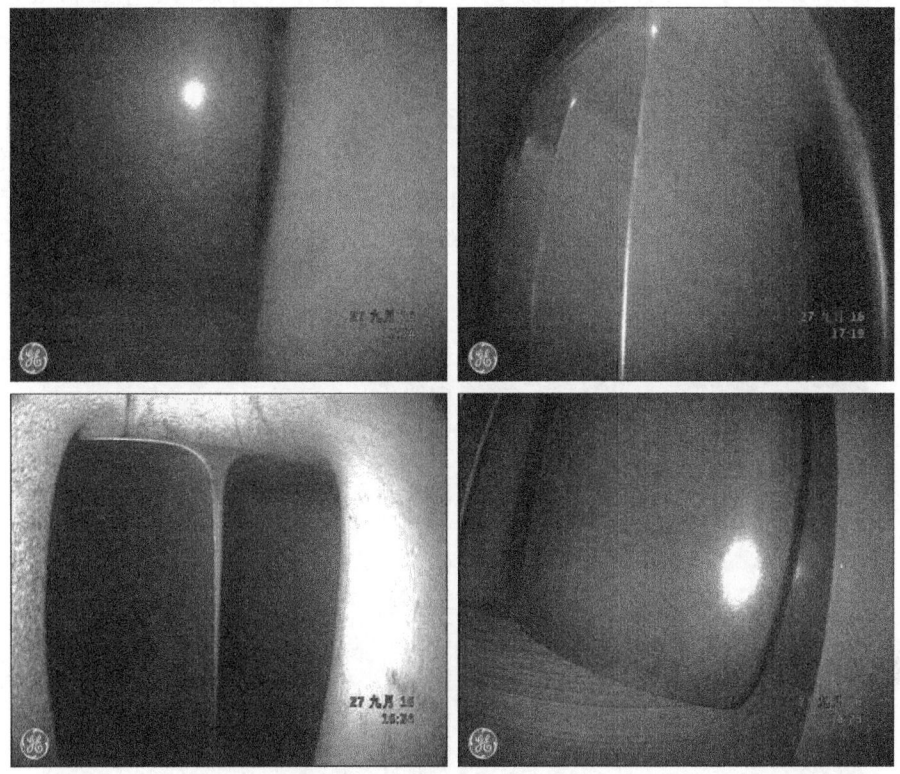

图 3.1.27　压气机孔探检查结果

9月28日，站场对燃气发生器高、中压涡轮进行孔探检查时，发现高压涡轮一级动叶、静叶严重损伤、掉块，二级动静叶有明显击打损伤痕迹。

9月28日现场完成燃料气喷嘴的标记和拆检，经拆检，发现6点钟方向标记10#的燃料气喷嘴压盖脱落，该燃料气喷嘴序列号为 K05-3395，初步判断，这是导致后续高、中压涡轮动静叶片严重击打损伤的主要原因。喷嘴检查情况如图 3.1.28 所示。

图 3.1.28　10# 燃料气喷嘴压盖脱落及位置示意图

经进一步系统排查，判断故障起始时间为2016年8月20日0∶27，原因为10#燃料气喷嘴压盖在机组运行中突然脱落并带入后续高、中压涡轮，导致高、中压涡轮动静叶片严重损伤，燃气发生器不具备再次运行条件，现场采取隔离措施予以隔离，并紧急协调在修备件。

通过9月29日现场对动力涡轮的孔探检查及PT排气通道的检查，发现排气通道底部存在部分金属熔融物，判断来源于损伤的高、中压涡轮动静叶片部件。但动力涡轮一级、二级动叶无明显异常，一级动叶、静叶部分叶片存在轻微击打痕迹，但未伤及叶片母材，二级动静叶排风面目视检查未发现异常，判断动力涡轮无明显异常，具备继续运行条件。详细如图3.1.29—图3.1.35所示。

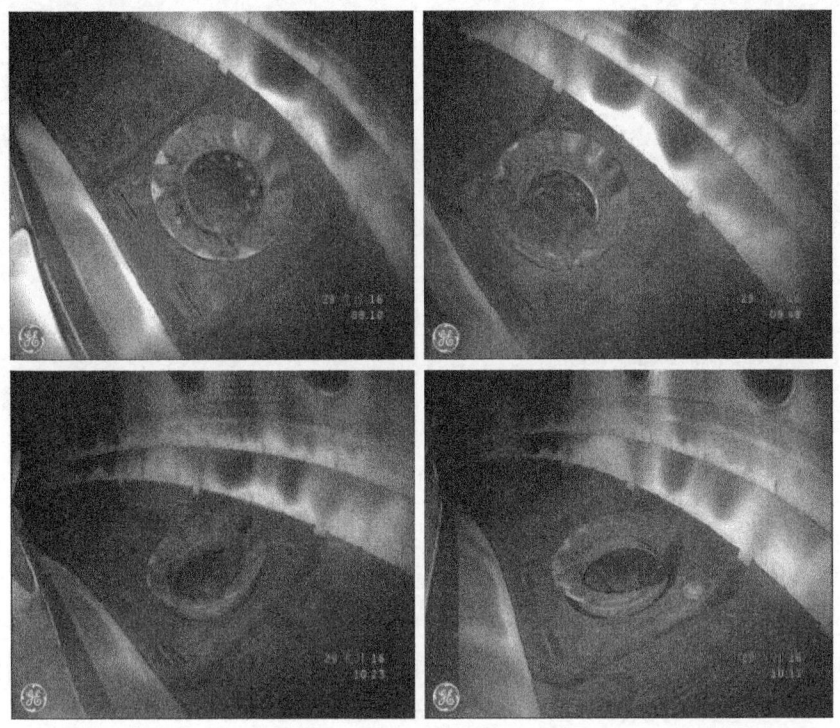

图3.1.29　燃烧室喷嘴部位

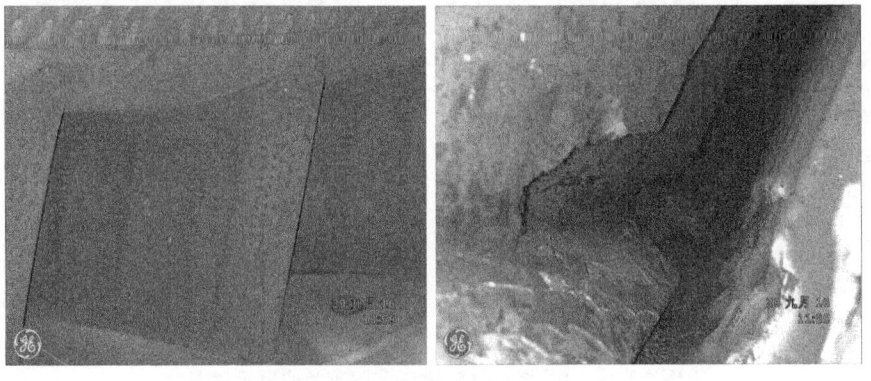

图3.1.30　高压涡轮静叶损伤

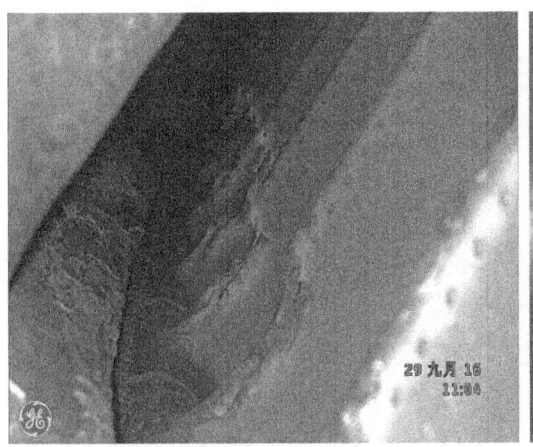 

图 3.1.31 高压涡轮动叶损伤

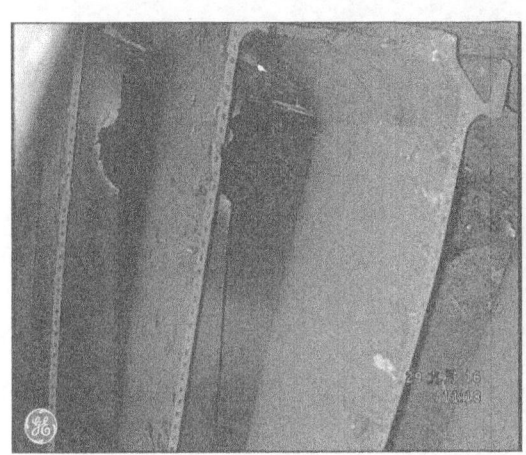 

图 3.1.32 中压涡轮动叶及静叶损伤

图 3.1.33 中压涡轮蜂窝密封损伤

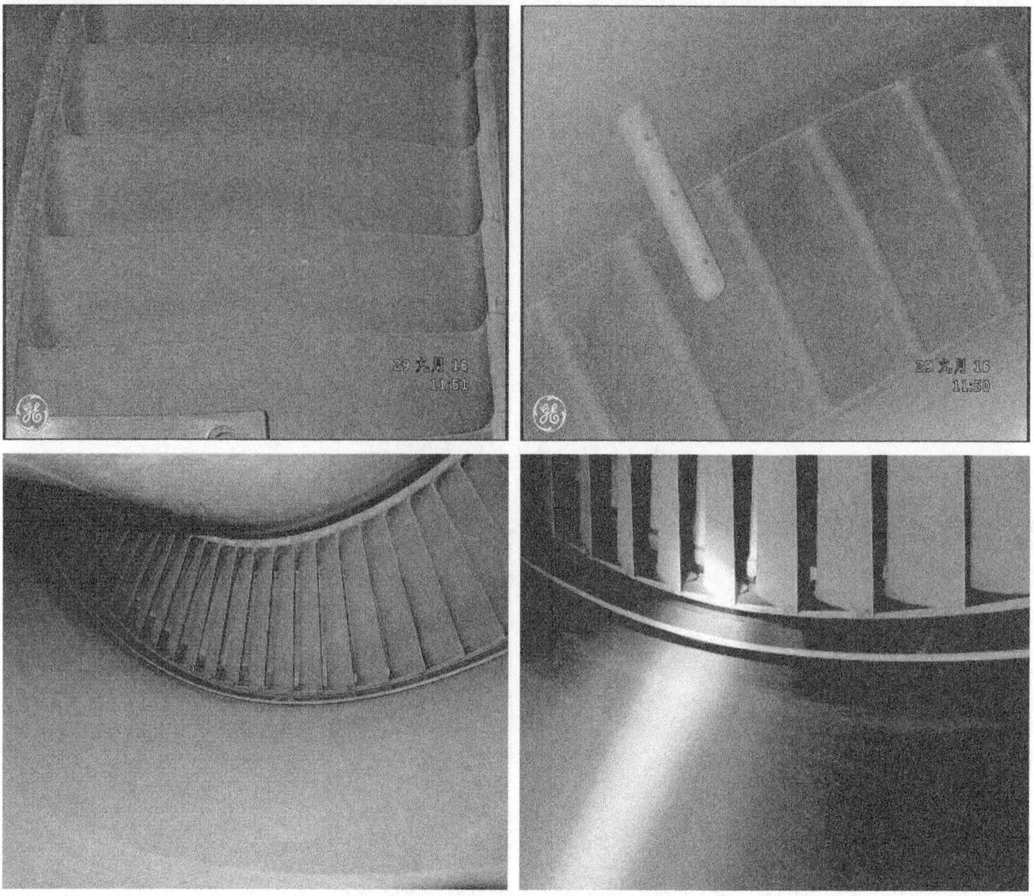

图 3.1.34 动力涡轮情况

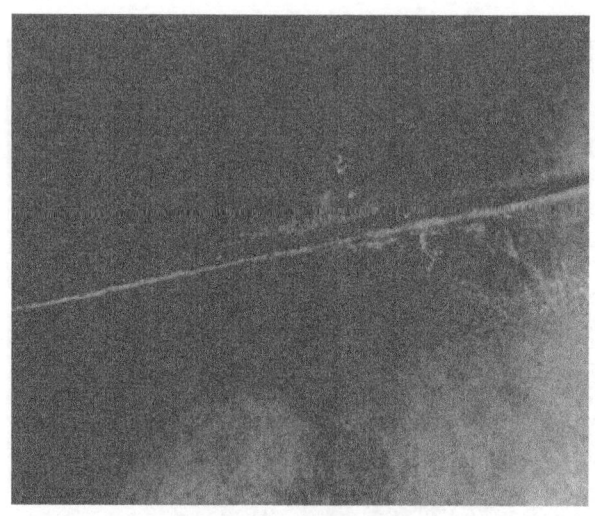

图 3.1.35 动力涡轮排气蜗壳底部金属熔融物

排查该燃气发生器燃料气喷嘴系列号的详细信息见表3.1.3。

表3.1.3 机组燃料气喷嘴序列号检查统计表

GG序列号	585	
序号	喷嘴序列号	备注
1	K05-3392	目视正常
2	K05-3389	目视正常
3	K05-3398	目视正常
4	K05-3399	目视正常
5	K05-3388	目视正常
6	K05-3397	目视正常
7	K05-3416	目视正常
8	K05-3506	目视正常
9	K05-3385	目视正常
10	K05-3395	喷嘴端盖脱落，GG向PT看五点半方向（ALF）
11	K05-3396	目视正常
12	K05-3595	目视正常
13	K05-3391	目视正常
14	K05-3387	目视正常
15	K05-3394	目视正常
16	K05-3393	目视正常
17	K05-3390	目视正常
18	K05-3381	目视正常

注：检查日期：2016年9月29日。

对比以往同型号燃驱机组燃料气喷嘴序列号及西门子书面答复，确认非西门子明确存在风险的K08、K09系列序列号备件。

对该台机组全部喷嘴拆检进行目视检查，其他喷嘴未发现存在明显积碳、过度烧蚀等现象，如图3.1.36所示，且燃烧室内表面未发现色变异常现象，如图3.1.37所示。

图 3.1.36 缺陷喷嘴两侧相邻喷嘴外观

核查该燃气发生器 2013 年返厂维修工厂报告，燃烧室及旋流器未发现异常现象。

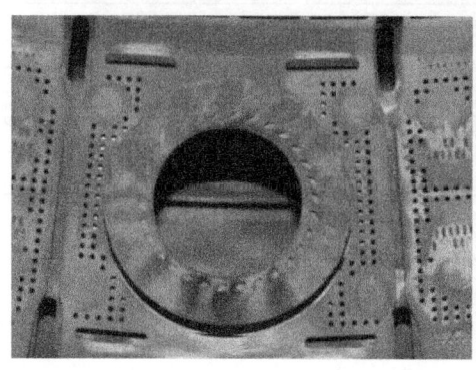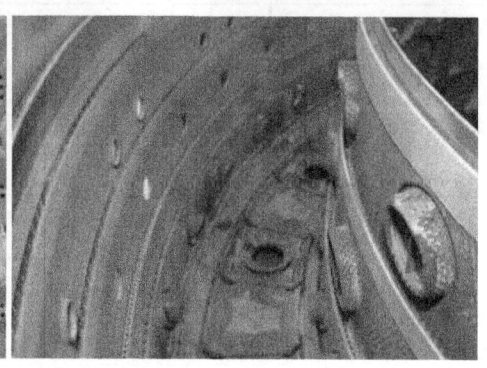

图 3.1.37 585#GG 工厂检修燃烧室检查情况

核查 2014 年 11 月 15 该机组 50K 检修后启机测试记录，确认现场更换燃气发生器后，正常启机加载后，燃气发生器前、中、后机匣振动正常，排气温度分布无异常现象，如图 3.1.38 所示。

3 燃气轮机故障案例

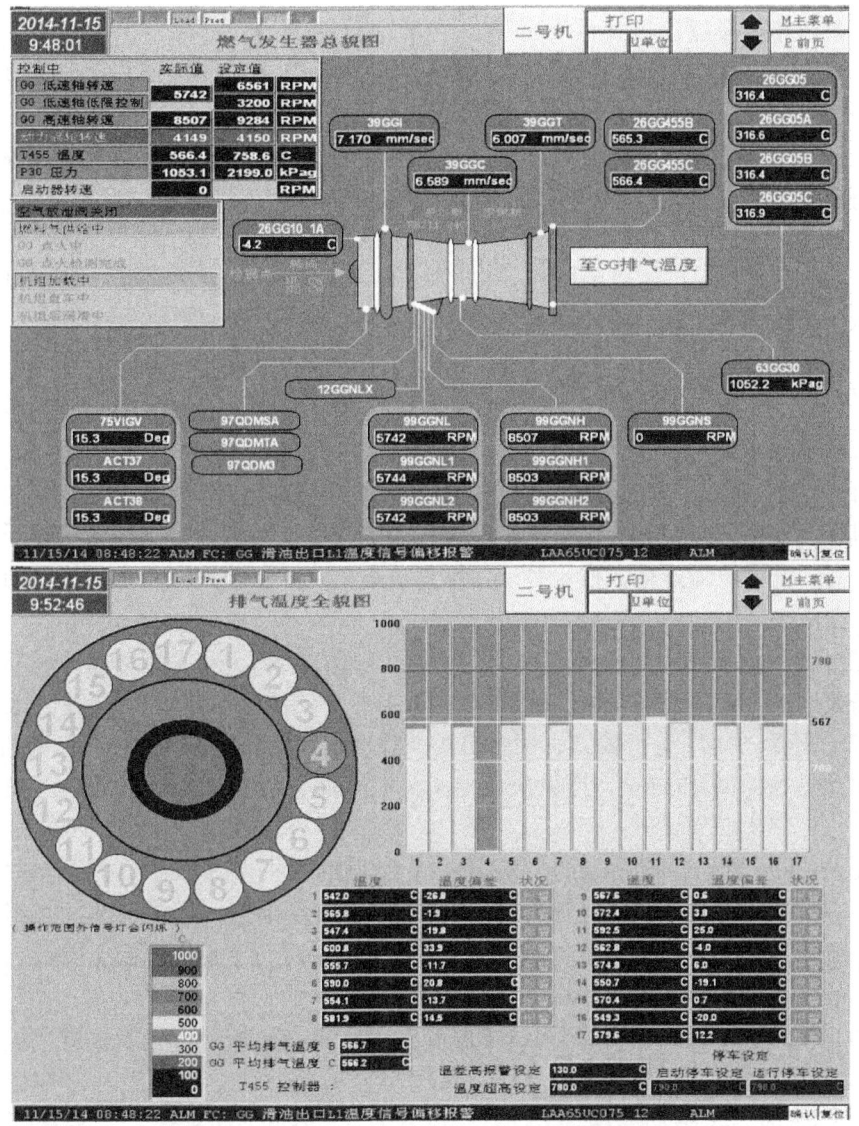

图 3.1.38　检修更换为 585#GG 后启机测试截屏记录

从本次故障再次发生来看，存在前期 OEM 供货商排查漏项的可能性。同时，本次燃料气喷嘴序列号以 K05 开头，需要对系列及相关联的排查范围进一步细化和拓展。本次故障再次发生的原因：

（1）导致高、中压涡轮动静叶片损伤的原因。

该机组 585 的燃气发生器 6 点钟方向 10# 燃料气喷嘴压盖在机组正常运行中突然脱落，随高温高压气流带入后续热通道，这是导致高压涡轮动静叶严重损伤的主要原因。脱落喷嘴压盖与损伤高压涡轮部件的冲击则是导致中压涡轮动静叶片损伤的主要原因。

（2）燃料气喷嘴压盖脱落的原因。

从喷嘴压盖脱落情况来看，压盖焊接工艺及焊接质量可能存在一定缺陷，导致返厂维修后较短运行时间内出现喷嘴压盖异常脱落现象。

3.1.5.3 改进措施及建议

（1）与OEM厂家交流后确认，该故障发生的原因是压盖焊接工艺及焊接质量存在缺陷，对序列号为KO91465—KO91511批次的喷嘴进行检查更换。

（2）在日常巡检、故障排查时，加强对机组各振动值的监控及关键参数检查，与历史趋势进行比较，尽早发现异常状态，做到预防性维护，力争做到及早发现机组质量缺陷，降低经济损失。

（3）加强对设备出厂质量的监控，现场验收、监督过程中要特别关注关键设备、关键部件本体质量检查验收和安装质量监督。

3.1.6 Solar燃气发生器静叶故障

3.1.6.1 故障描述

2011年3月12日，某压气站对站内两台索拉燃气轮机进行内窥镜检查时，发现两台燃气轮机燃气透平一级静叶分别有3个叶片发生烧蚀甚至断裂，$2^\#$燃气轮机较严重。发现问题后，立即开展故障排查，初步判定机组无法运行，并初步判断发生此现象的原因为燃料气内存在液态烃。

该型号燃气轮机采用的是美国Solar公司生产的Taurus（金牛星）70，离心式压缩机采用的是德国MAN TURBO公司生产的RV040/02。机组投产后，单机交替运行。2011年1月10日，开始"2+0"运行模式，两台机组并联运行直至2011年3月12日停机检修。$1^\#$机组总累计运行时间15336h，点火次数185次；$2^\#$机组总累计运行时间16604h，点火次数286次。

2010年3—4月份，该站场两台机组进行12000h维护保养，在维护保养过程中，对机组内部进行了全面的内窥镜检查，机组内部各部件形状完整，状态正常。机组燃料气过滤器滤芯清洁，未见明显液态物质存在，对燃料气滤芯进行了例行更换。

3.1.6.2 故障处理过程及原因分析

2010年12月30日，Solar公司技术服务工程师对该站场两台机组进行常规检查，在Solar公司出具的技术服务报告中，机组一切正常。根据报告显示，当时$1^\#$机组在燃气透平转速为93%时，T_5平均温度为687℃，其中TC1、TC4、TC9三个T_5温度探头温度超过为700℃，最高值为712℃。Solar公司未提出任何异议。

2011年3月9日，该站$1^\#$燃气轮机T_5温度平均值为697℃，其中最高的两个探头TC4为720℃、TC7为721℃；$2^\#$燃气轮机T_5温度平均值为689℃，其中最高的两个探头TC6为721℃、TC7为737℃。

2011年3月10日上午，决定先对单个温度探头较高的$2^\#$机组进行检查，以确定造成T_5温度偏高的原因。

2011年3月11日，先后对该站场$2^\#$机组和$1^\#$机组进行停机检查。检查结果：$1^\#$和$2^\#$燃气轮机燃气透平一级静叶均有3个叶片出现不同程度的烧蚀现象，$2^\#$机组稍严重，有的叶片已断裂。

2011年3月17日开展进一步的检查，其主要内容是：

（1）对两台机组进行全面、系统的内窥镜检查；

（2）检查燃烧室空气进气过滤器；

（3）检查燃烧室空气进气蜗壳；

（4）检查燃料气过滤器。

2011年3月22日，Solar公司提交了现场情况总结报告，报告对现场检查的现象进行了简要的总结，并针对问题出现的原因进行了分析，报告指出此问题发生的根本原因为燃料气气质偏离机组所要求的标准。

3.1.6.2.1 检查结果

两台机组燃气透平一级静叶6~7点钟方向（即发动机底部）均有3个静叶烧蚀严重，2#机组情况较为严重，有的静叶已经断裂。具体检查结果如图3.1.39—图3.1.42所示。

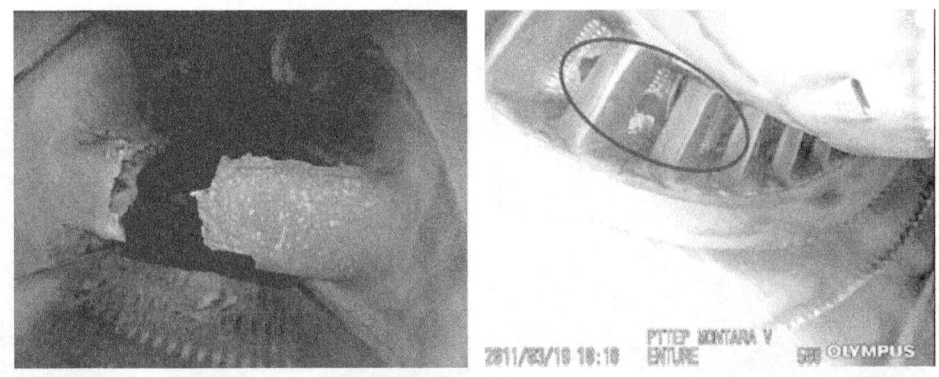

图3.1.39 发动机第一级动叶（燃气发生器叶片）全部过热烧蚀

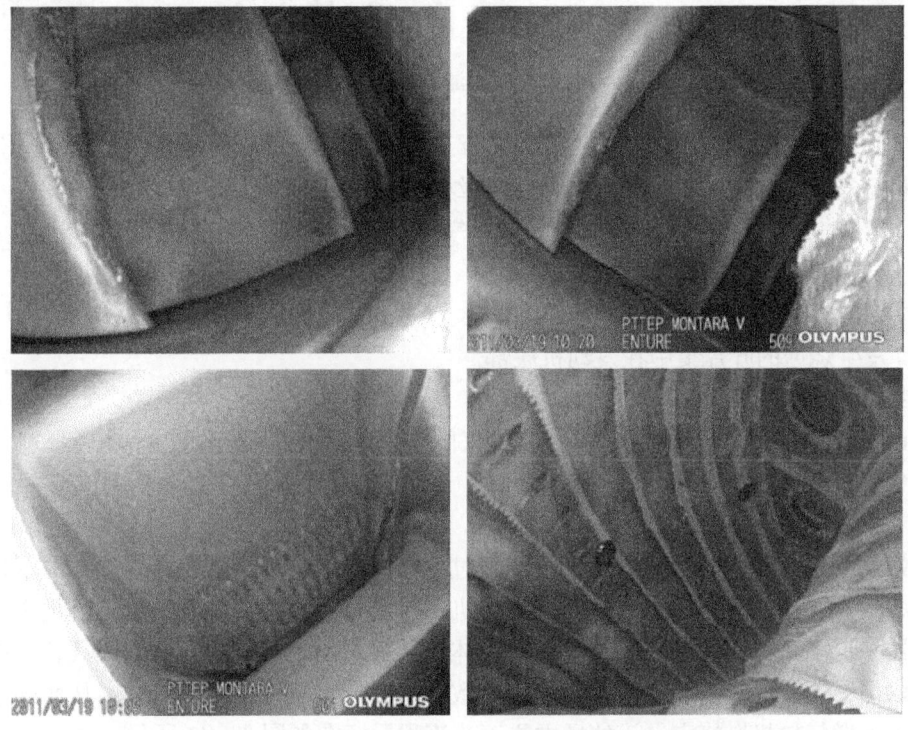

图3.1.40 发动机其他部位叶片、燃烧室等状态基本正常

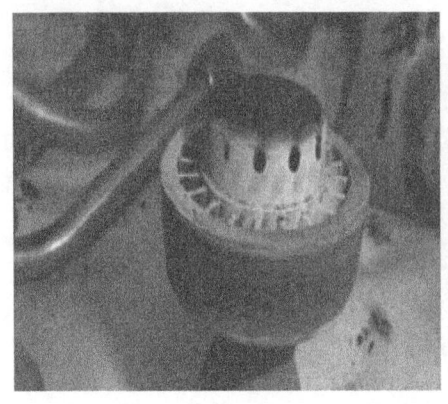 

图 3.1.41　燃料气喷嘴结焦严重

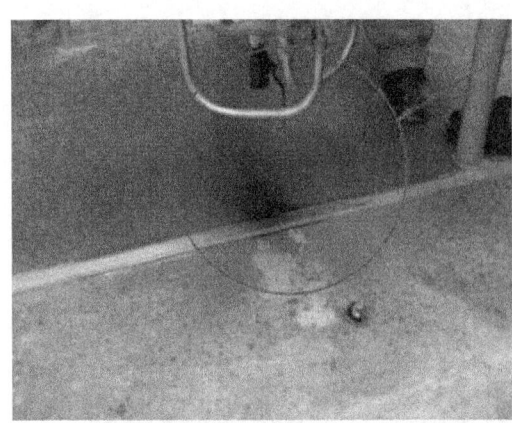 

图 3.1.42　燃料气过滤器内排出少量液体

基于以上现象，Solar 公司通过分析认为，造成该问题的主要原因是燃料气组分偏离燃气轮机运行规范要求。Solar 公司认为，此结论基于以下原因：

（1）燃料气温度长期在 10℃ 以下，燃料气温度低，增加了液态烃析出的可能性；

（2）燃料气过滤器排出少量液体；

（3）燃料气喷嘴结焦严重；

（4）发生烧蚀的叶片集中在发动机底部。

3.1.6.2.2　初步分析

Solar 公司的总结报告中所列举的燃料气问题基本属实，基于此，站场就燃料气问题进行了分析：

（1）复线气体进站后的净化措施不到位。

该站场老线的工艺流程中，气田来气经过旋风分离器、聚结器、卧式过滤器三道净化程序，燃料气还通过调压橇上过滤器和进燃机前过滤器；而复线场站的工艺流程中只有卧式过滤器一道净化，因此存在气体内存在液体物质的可能。从流程上看，燃气轮机燃料气由老线取出，但是可能由于复线压力高，导致部分复线天然气反窜至老线，从而导致复线天然气进入燃气轮机燃烧室。该站场主要工艺流程示意图如图 3.1.43 所示。

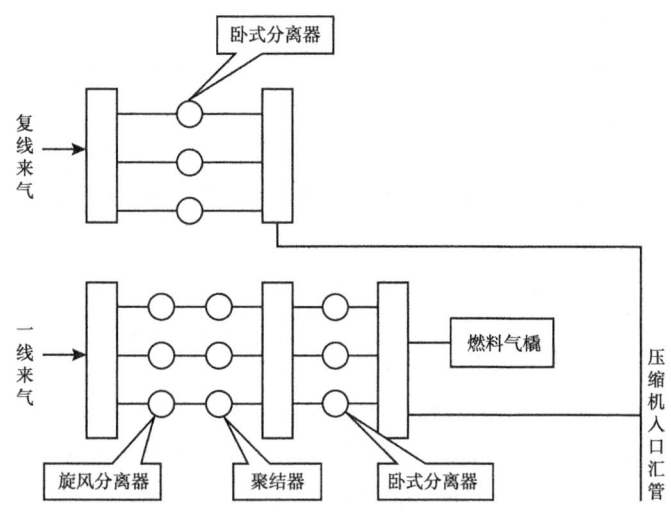

图 3.1.43　站场主要工艺流程示意图

（2）该站场距气田距离太短，造成气田输出天然气气质对站场影响敏感。

该站场距气田气体处理厂的距离不足 300m，气体在管道内流动的距离过短，无法对气质形成一定的净化和缓冲作用。2007 年 8 月 18 日，曾发生过气田在切换气井过程中大量液态水涌入站场，造成站场燃气轮机干气密封的损坏。后来为避免类似事件发生，站场于 2008 年对一线工艺流程进行了改造，在旋风分离器后增加了聚结器，以过滤天然气中存在的液态物质，改造后除液效果明显，再未发生过大量水进入场站现象。复线建成后，由于工艺流程中缺少重点除液的净化装置，距气田距离短这一问题又成为影响机组正常运行的因素。

（3）"2+0" 运行模式导致燃料气流量增大，加热器未进行改造，燃料气温度降低，增加了燃料气中凝析油析出的可能性。

从 2011 年 1 月 10 日开始，站场采用 "2+0" 模式运行，两台机组并联运行，燃料气流量加倍，燃气轮机燃料气加热器并未改造。根据历史数据记录，单台机组运行期间，加热后燃料气温度为 14~20℃；两台机组运行期间，燃料气温度为 6~10℃。从燃料气过滤器排出的液体情况、燃料气喷嘴结焦、燃烧室内部清洁程度等方面判断，该因素可能会对机组的运行有一定影响。

（4）站场将燃料气过滤器排出的液体送检化验，化验结果显示，燃料气过滤器排出的液体成分为 C_8—C_{18}，此分析结果证明燃料气中重烃组分的存在。

（5）机组本身可能存在缺陷。

①机组保护机制存在缺陷或叶片材料存在缺陷。为了保护燃气轮机燃烧室及透平叶片，需要控制燃烧室的温度，由于燃烧室的温度能达到 1400℃ 以上，目前没有温度探头能够长时间在如此高温下工作，因此燃气轮机普遍测量动力透平的入口温度（温度），通过控制 T_5 温度来控制燃烧室温度，从而起到保护燃烧室及透平叶片的作用。

在 Solar 燃气轮机的控制系统里，取 12 个 T_5 温度的平均值作为控制温度，该平均值超过 760℃ 报警停机，单个 T_5 探头温度超过 982℃ 时会停机，单个 T_5 温度要是超出平均值 111℃ 也会停机。

根据机组的控制逻辑，在 T_5 温度未超过 760℃、单个 T_5 探头温度不超标之前，燃烧室及发动机内部部件的涂层和材料应该能够承受所处的温度，而不应出现损坏。该站场两台机组自 2011 年 1 月 10 日以来均处于低负荷运行，各种参数均在控制范围内，且本次事件的发生并非机组本身出现报警停机后才发现问题，而是在发现 T_5 温度逐渐提高的现象后，及时主动停机进行检查发现存在问题，在此之前，机组控制系统并未发出报警或停机保护。据此判断，在机组未发生任何报警之前出现叶片烧蚀现象，说明叶片材质或机组的保护逻辑存在缺陷。

②根据机组的大修周期，叶片的设计使用寿命应该在 30000h 以上，该站场 1# 运行了 15336h，2# 机组运行了 16604h，在这个阶段，两台机组同时出现了叶片烧毁的问题。据此判断，该机组叶片耐热涂层可能存在缺陷。

③该站场两台金牛星 70 机组自投产运行以来，发生的故障停机频次明显多于其他三站的大力神 130 机组和河口站的金牛星 60 机组。在本次检查过程中，燃气轮机燃烧室进气风道未设计人孔，无法进行进气道的检查，机组设计存在缺陷。

3.1.6.3 改进措施及建议

2011 年 3 月份，该站场索拉燃气轮机出现环形燃烧室热电偶监测温度差异大停机，后检查发现燃气透平一级静叶严重烧蚀至断裂。对于此类故障，建议应引起高度重视，其他机组的检修报告反映出，燃烧室存在局部烧蚀现象，对于环形燃烧室出现温度差异大的情况，应分析每一个热电偶监测温度变化的历史趋势，并辅佐孔探检查分析原因，避免由喷嘴局部堵塞或烧蚀导致燃烧火苗偏向，进而引起燃烧室局部烧蚀故障发生，降低燃烧效率和缩短燃机寿命。建议高度重视燃气轮机环形燃烧室热电偶监测温度差异大引起的停机，应查明原因，采取措施避免燃气轮机燃烧室局部烧蚀现场的发生。

3.1.7 Solar 燃机多处叶片损坏

3.1.7.1 故障描述

2022 年 6 月 25 日 15：18 分，某站索拉燃机报 "FL_T5_TC_High"（单个 T_5 热电偶温高）、"FL_T5_Inst_HH"（T_5 即时温度高）报警，机组故障停机，同时伴随出现燃气轮机 2#、3#、4#、5# 轴承振动高报警。

3.1.7.2 故障处理过程及原因分析

3.1.7.2.1 停机相关主要参数历史趋势

（1）T_5 温度历史趋势。

此索拉机组共有 12 个 T_5 热电偶，T_5 热电偶安装在燃气透平和动力透平之间。单个 T_5 探头的温度超过 927℃ 时，机组报 "单个 T_5 热电偶温高"；当 T_5 平均温度超过设定点 677℃，机组报 "即时温度高" 报警。分析机组故障 TRILOG 文件，发现多个 T_5 热电偶温度超过 1000℃，部分温度值为 -17.8℃，温度值异常，如图 3.1.44 所示。

（2）机组燃气机轴承振动历史趋势。

索拉机组燃气机共有 1#、2#、3#、4#、5# 共 5 个径向轴承，其中轴承报警参数设置为高报 63.5μm，高高停机报警 101.6μm。分析机组故障 TRILOG 文件，机组 2#、3#、4#、5# 振动高，超过高高停机值，如图 3.1.45 所示。

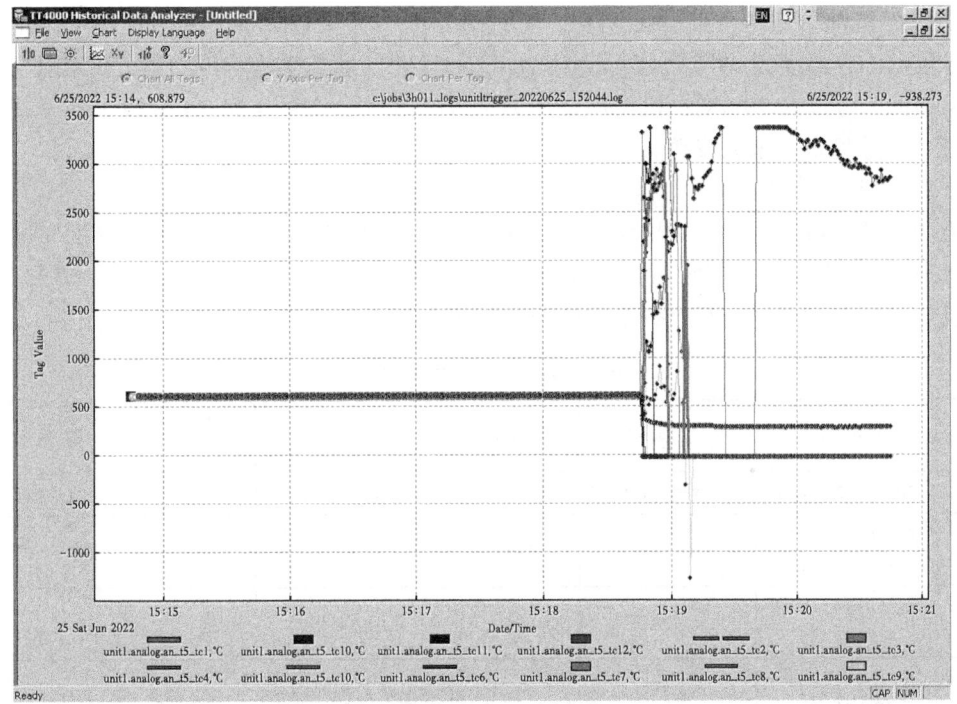

图 3.1.44 T_5 温度趋势

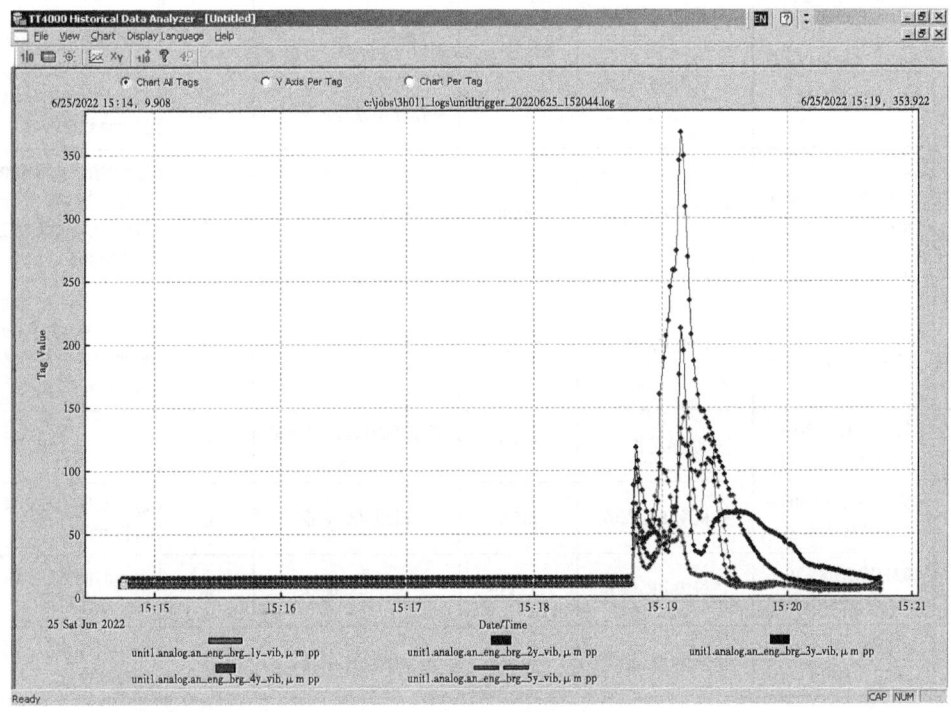

图 3.1.45 轴承振动趋势

(3)机组工艺参数。

机组停机前未进行负荷分配调整,工艺进站压力为4.41MPa,温度为28℃;出站压力为5.97MPa,温度为49℃。分析机组TRILOG文件,机组转速为97.1%,机组进口压力为4.40MPa,温度为29.8℃;机组出口压力为6.00MPa,温度为54.9℃。以上显示机组停机前工艺参数稳定,未见波动。

3.1.7.2.2 机组保养情况

自2017年忠县站增压工程投产以来,1#机组共实施6次保养,其中包括4次4K保养、2次8K保养,保养严格按照相关规程执行,最近一次8K保养于2022年5月30日完成,当时孔探显示叶片情况良好。机组维检记录见表3.1.4。

表3.1.4 各类维检项目记录

序号	起止日期	项目名称	运行时间	工作内容	是否提交报告	备注
1	2017/9/17/15:10	点火测试完成时间		1#机组点火测试		
2	2017/9/29/10:54—9/30/10:54	24h测试	24h	1#机组24h机械性能测试	是	
3	2017/9/30/11:05—9/30/11:35	防喘测试	30min	1#机组防喘测试	是	
4	2017/9/30/21:08—10/3/21:08	24h测试	72h	1#机组72h稳定性测试	是	
5	2017/10/11/8:30—10/11/18:30	孔探作业		1#机组孔探检查	是	
6	2018/11/06/8:00—11/12/18:30	1#机组4K保养	3607h	机组4K保养(由索拉厂家完成保养维护/孔探作业由索拉厂完成)	是	保养时间未到4000h,一年一次4K保养(运行时间未包括泰安运行7333h)
7	2019/10/21/8:30—2019/10/25/11:27	1#机组4K保养	4458h	机组4K保养	是	保养时间未到4000h,一年一次4K保养(运行时间未包括泰安运行7333h)
8	2020/11/5/8:30—2020/11/13/18:00	1#机组4K保养	6871h	机组4K保养	是	保养时间未到4000h,一年一次4K保养(运行时间未包括泰安运行7333h)
9	2021/4/8/8:30—2021/4/30/18:00	机组换芯作业	7722h	对1#机组进行机芯更换作业	是	
10	2021/7/26/8:30—2021/7/31/18:00	1#机组8K保养	9677h	机组8K保养	是	运行时间未包括泰安运行7333h
11	2021/10/25/8:30—2021/10/28/18:00	1#机组4K保养	11233h	机组4K保养	是	运行时间未包括泰安运行7333h
12	2022/5/26/8:30—2022/5/30/18:00	1#机组8K保养	16113h	机组8K保养	是	运行时间未包括泰安运行7333h

3.1.7.2.3 排查过程

(1)检查1#机组UCP柜内T_5热电偶回路接线,以及I/O模块ZF0074和ZF0075,发现 ZF0074 和 ZF0075 模块报多路红灯闪烁，状态异常。现场更换新的模块备件，红灯闪烁未消除，排除机组模块异常情况。

现场打开 1# 机组箱体内 T_5 热电偶接线箱，对箱内接线逐一排查，接线均紧固无虚接。在热电偶接线箱测试 T_5 探头电阻，抽取四组探头测量阻值，其中一组阻值为零，另外三组阻值无穷大，阻值均异常。现场测试两组备件 T_5 热电偶电阻值，测得数值均为 13Ω 左右。

通过上述排查，发现现场多处 T_5 热电偶故障，结合机组停机时出现燃机轴承振动高报警信息，初步判断机械故障的可能性较高，随即组织开展进气过滤系统和燃料气系统全面排查，同时组织孔探检查燃机内部情况。

（2）机组燃料气系统检查。

对机组燃气管路滤芯进行检查，该滤芯在机组 8K 保养（2022 年 5 月 26 日）时进行更换，滤芯干净无污物，过滤桶干燥无积液。咨询了解上游净化厂最近未开展作业，没有对现场机组运行造成影响。分析忠县站气体组分数据表，甲烷等组分数值基本稳定，未见波动现象，天然气干热值、湿热值基本稳定正常。

（3）机组进气过滤系统检查。

对机组 80 个进气滤芯进行拆卸检查，滤芯紧固、干净，且内部无破损。拆卸进气蜗壳检查孔，检查进气室无污物、破损等异常情况。

（4）孔探检查情况。

2022 年 6 月 26 日，对 1# 机组进行全面孔探检查，检查情况如下：

①拆卸机组火花塞，进行检查良好无异常。

②拆卸机组 12 个 T_5 热电偶探头，检查探头尖端均受损故障，如图 3.1.46 所示。

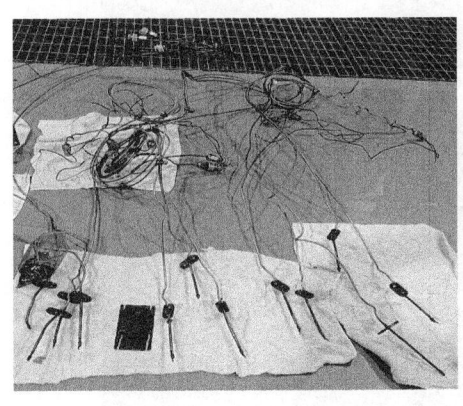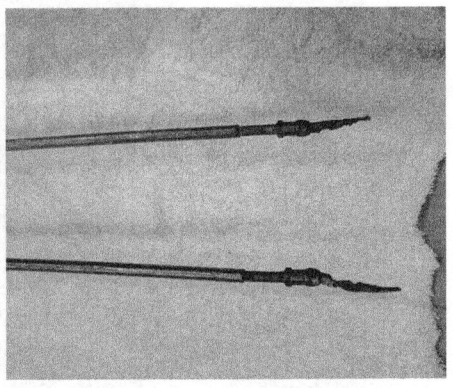

图 3.1.46　热电偶损伤

③拆卸压气机专用孔探测试口，孔探检查压气机 0~14 级叶片未发现异常情况，如图 3.1.47 所示。

④拆卸燃料喷嘴检查，燃料喷嘴未发现异常情况。

⑤孔探检测两级燃气透平、两级动力透平、排气蜗壳等，均出现断裂、穿孔或变形等受损情况，发现燃气透平入口导叶、两级燃气透平、两级动力透平均出现大范围损毁，且在排气蜗壳处发现大量金属固体颗粒，如图 3.1.48 所示。

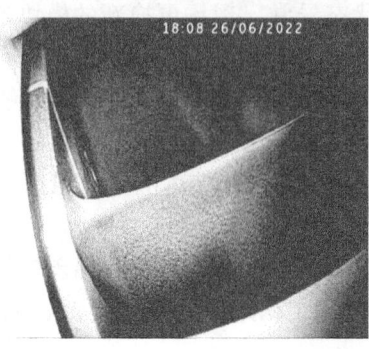
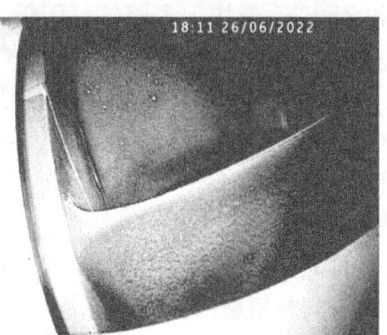

图 3.1.47　压气机叶片孔探照片

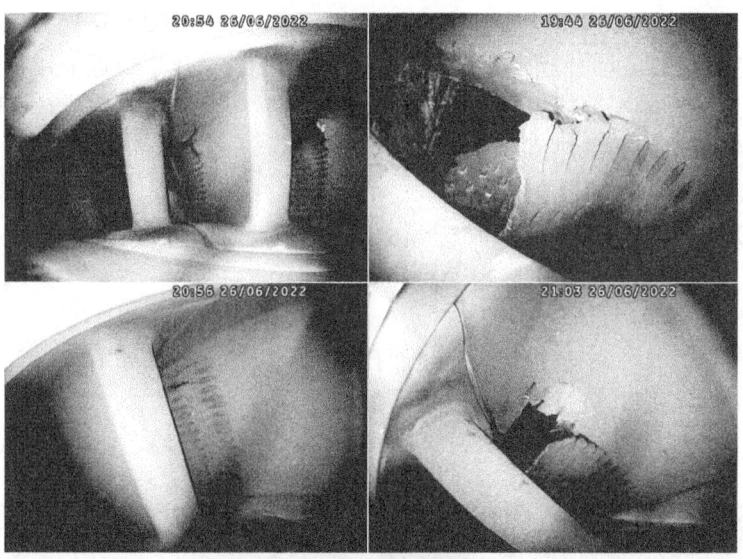

(a) 燃气透平第一级喷嘴

(b) 燃气透平第一级动叶

图 3.1.48　燃气透平、动力透平和排气蜗壳内部孔探照片

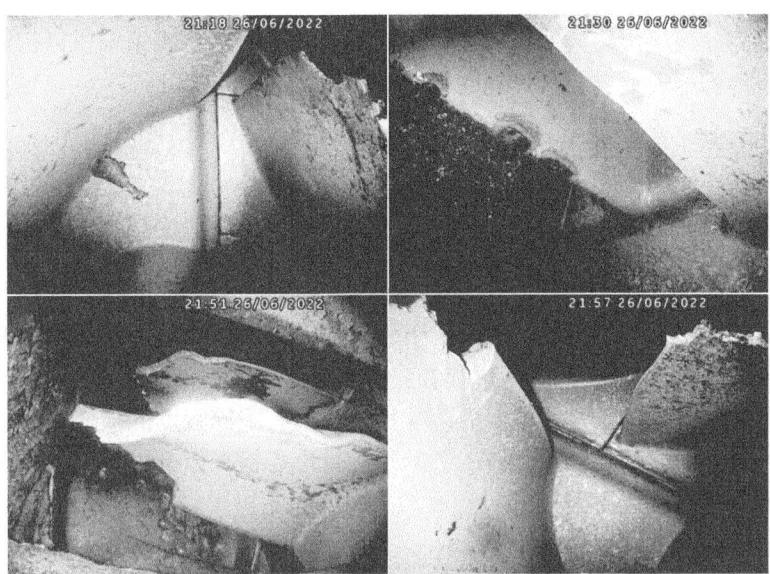

(c) 燃气透平第二级动叶

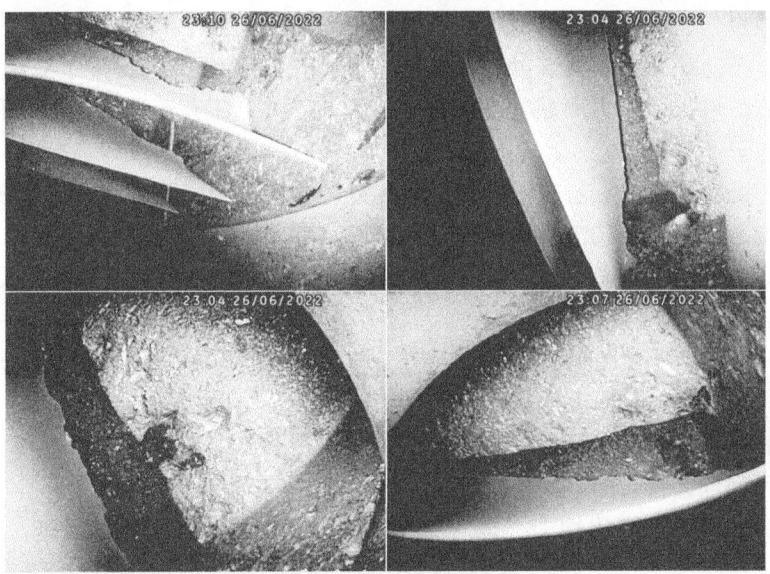

(d) 动力透平两级动叶

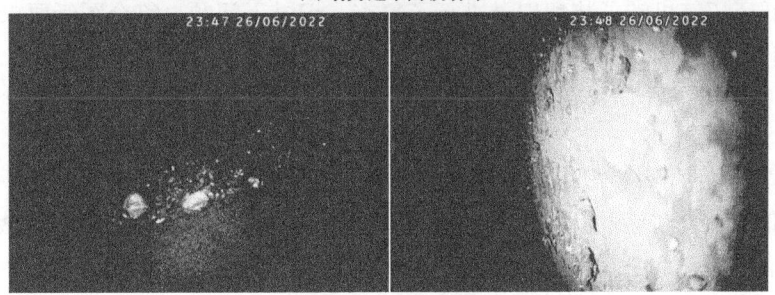

(e) 排气蜗壳内部残留物

图 3.1.48 燃气透平、动力透平和排气蜗壳内部孔探照片（续）

3.1.7.3 改进措施及建议

对于此故障,建议返厂大修。未来一段时间将依靠另一台机组单机运行,结合实际情况,针对另一台机组失效、双机失能的极端情况制定应对措施。

3.1.8 703所燃气发生器低压压气机叶片故障

3.1.8.1 故障描述

国产首台燃驱压缩机组GT25000由中国船舶重工集团公司第七〇三研究所(简称703所)设计,哈汽生产,于2014年10月装配到压气站,累计运行3577h后,在2018年3月15日启机过程中(0.7工况)出现低压压气机振动停机,拆解后发现低压压气机转子0级动叶叶身及榫头相对完好,排气边存在打伤变形,1级轮盘及1级动叶损坏严重,1~3级动叶叶身基本从叶根处断裂,4~8级动叶片叶身均有不同程度的损伤,可以确认1级盘及1级动叶为首先损坏部位,因此对1级叶片进行重点检查分析。

3.1.8.2 故障处理过程及原因分析

3.1.8.2.1 工艺复检

(1)对1级轮盘加工、焊接成0~2级轮毂工艺进行复查,按图纸要求安排了机械性能试验、超声波探伤、酸洗、低倍检查,工艺流程满足图纸和技术文件要求且没有漏项。

(2)对1级动叶加工及特殊处理工艺进行复查,按图纸要求安排了酸洗、荧光探伤、疲劳强度检查、叶根齿承力面贴合度检查、镀银、喷丸,工艺流程满足图纸和技术文件要求且没有漏项。

(3)对1级动叶装配工艺进行复查,叶片在轮盘榫槽中安装后,按图纸要求检查叶片的圆周和径向游隙等,工艺流程满足图纸和技术文件要求且没有漏项。

(4)对1级止动环工艺进行复查,工艺流程满足图纸和技术文件要求且没有漏项。

3.1.8.2.2 生产制造质量复查

(1)对1级轮盘理化性能、超声波探伤、加工记录(不含倒圆记录)、荧光探伤、喷丸原始材料进行了复查,记录无问题,符合图纸要求。

(2)对1级动叶理化性能、加工记录(不含倒圆记录)、荧光探伤、喷丸、镀银进行了复查,记录无问题,符合图纸要求。

(3)对1级止动环理化性能、加工记录(不含倒圆记录)进行了复查,记录无问题,符合图纸要求。

(4)对低压压气机转子装配记录进行了复查,记录无问题,符合图纸要求。

3.1.8.2.3 断口分析

通过对事故1级叶片及轮盘宏观检查、首断件分析、裂纹源形貌分析,可得出如下结论:

(1)6#、22#叶片都为微振磨蚀引起的高周疲劳断裂,裂纹源都为多源,存在平行于裂纹面的其他裂纹,二者的断裂位置和裂纹发展情况类似,是由共性原因造成。

(2)轮槽对应9#叶片(两侧)、19#叶片(两侧)、22#叶片的榫槽破坏初始阶段为疲劳开裂,裂纹源位于止动环与轮盘接触面上,裂纹由微振磨蚀引起,18#榫槽大部分断口为瞬断断口,为叶片在受外来物打击时冲击开裂。

(3)断口分析表明,6#叶片首先断裂,断裂的6#叶片打击导致其他叶片断裂。

（4）6#和22#一级动叶、一级盘9#（两侧）、18#、19#（两侧）、22#榫槽裂纹源处扫描电镜下均未发现明显的材料冶金缺陷。

3.1.8.2.4 止动环倒角对事故产生影响及端面磨痕分析

（1）止动环设计功能。

设计叶片止动环是为了防止叶片轴向移动，它不具备减振功能。1级整圈叶片实体模型如图3.1.49所示，1级叶片计算模型如图3.1.50所示，1级叶片止动环模型如图3.1.51所示。

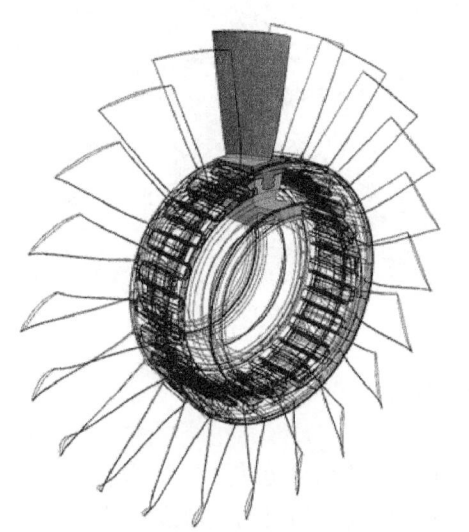

图3.1.49　1级整圈叶片实体模型

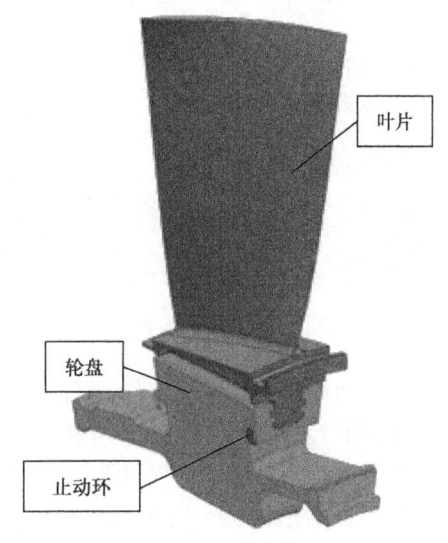

图3.1.50　1级叶片计算模型

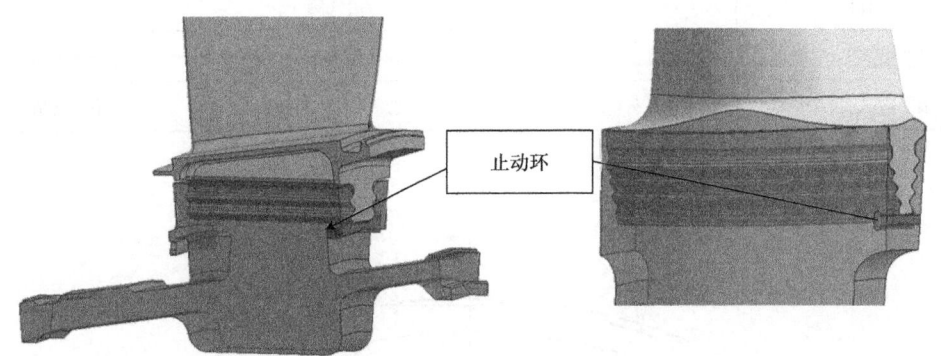

图3.1.51　1级叶片止动环模型

（2）止动环对叶片强度与振动的影响。

经对止动环在三种状态下（无止动环、止动环有倒角、止动环无倒角）的有限元分析得出，三种状态下叶片和榫槽的应力几乎无影响，对叶片频率和共振转速的影响不足1%。

经分析，叶片断裂及榫槽断裂都是由微动磨损引起，微动的来源即为事故的原因，703所认为止动环无倒角是导致微动的原因，但有限元分析表明无止动环、止动环有倒角、止动环无倒角三种状态下对叶片频率基本无影响，因此止动环加工质量的差异不会引发微动。

（3）叶片榫头和转子（轮盘）榫槽裂纹产生过程。

如图 3.1.52 所示，裂纹起源及扩展存在共性，振动是两者产生断裂的主要原因。失效叶片及轮盘的首断件为 6# 叶片，叶片裂纹起始于榫齿与榫槽接触平面，接触平面因振动产生微动磨损。从图 3.1.53 可以看出，裂纹起始位置和止动环没有直接接触，可以确认榫齿的裂纹和止动环没有直接关系。

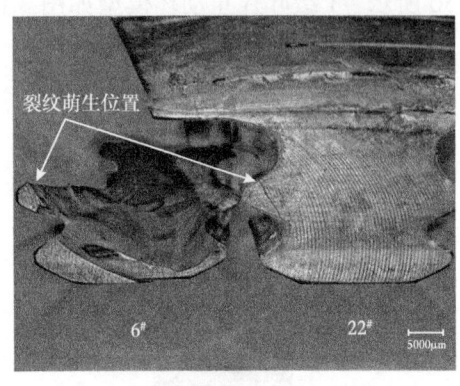 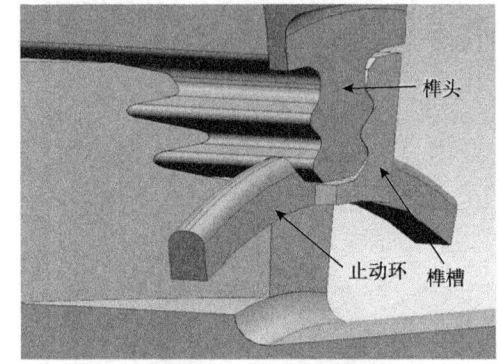

图 3.1.52　6#、22# 出气边端面对比图　　　　图 3.1.53　叶片装配图

（4）止动环进气侧、出气侧端面磨痕产生过程复原。

① 1 级止动环压痕的相关尺寸测量。

1 级止动环压痕的相关尺寸测量如图 3.1.54 所示，测量结果见表 3.1.5。从图 3.1.54 中测量结果可以看出，1 级止动环两侧压痕高度不一致，进气侧相对出气侧高度较高。

表 3.1.5　1 级止动环压痕的相关尺寸测量结果

项目	进气侧	出气侧	备注
压痕平均深度 D_1/mm	0.0532	0.0329	取平均值
压痕平均深度 H/mm	4.7	4.1	取平均值

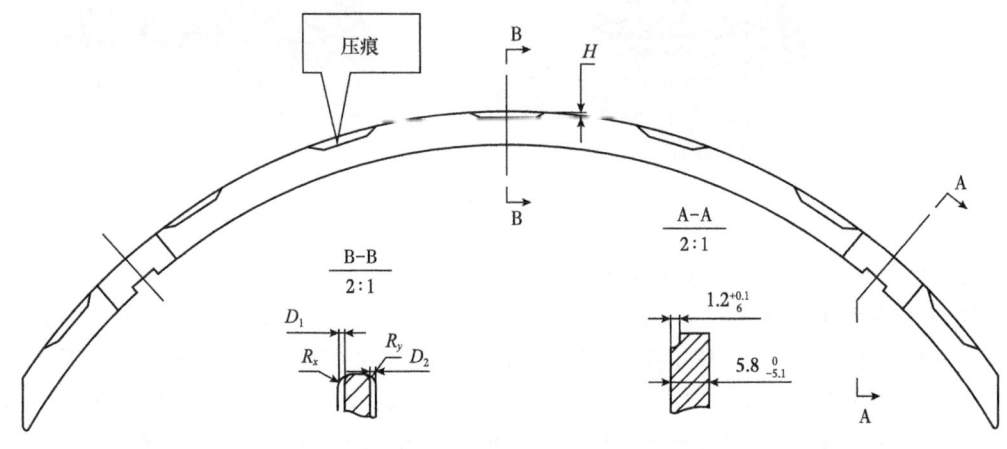

图 3.1.54　1 级止动环压痕的相关尺寸测量

②压痕产生的原因分析。

止动环、轮盘和叶片的装配关系如图 3.1.55 所示，工作时叶片的受力方向朝向进气侧方向，叶片向进气侧方向窜动，工作时止动环出气侧与叶片接触，进气侧与轮盘接触（与叶片有间隙）。

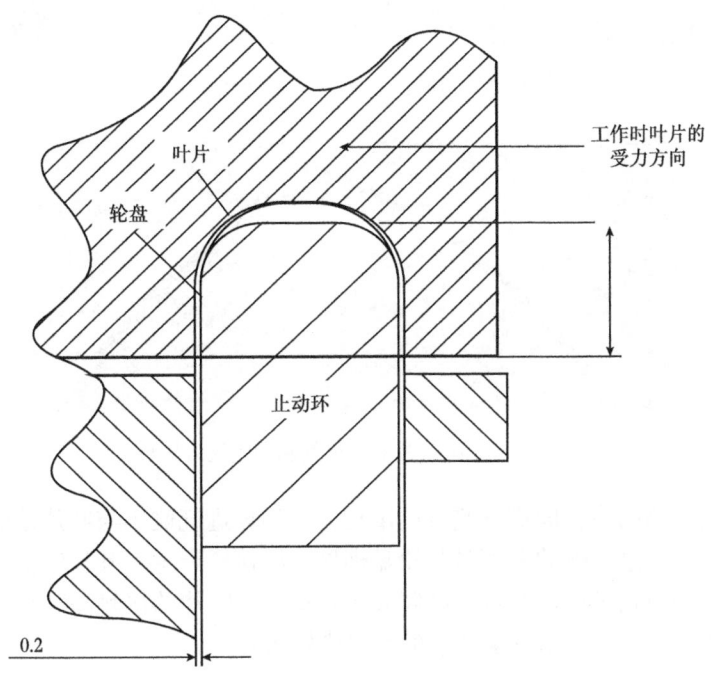

图 3.1.55　止动环、轮盘和叶片的装配关系

从叶片榫齿与止动环接触部分的变形和断裂情况来看，在机组发生故障时，首断叶片断裂后，叶身部分打击其他叶片，致使叶片受到强烈的向进气侧的冲击力，使榫齿与止动环接触部分发生变形和断裂。

同时冲击力使止动环相应位置（出气侧）产生压痕，6# 叶片为首断叶片，未受到冲击，进出气侧的压痕轻微。8#、9#、18#、19# 等叶片对应榫槽位置由于受力过程中轮盘榫齿受损，叶根松动，应力释放，止动环压痕比较轻微（与进口机组情况类似）。图 3.1.56、图 3.1.57、图 3.1.58 可以看出 6#、18#、19# 叶片对应处压痕较轻微。

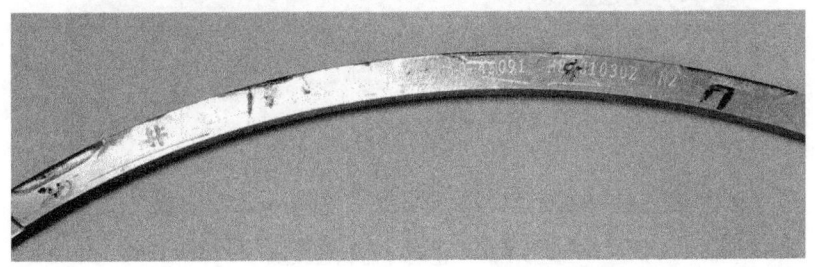

图 3.1.56　18#、19# 叶片对应出气侧压痕

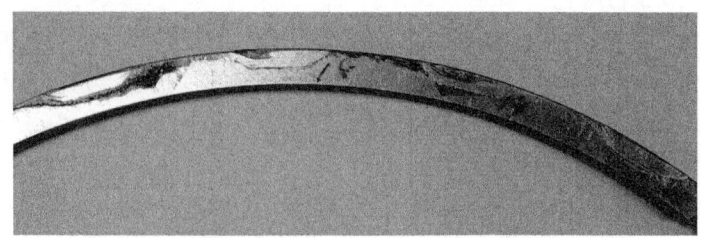

图 3.1.57　18#、19# 叶片对应进气侧压痕

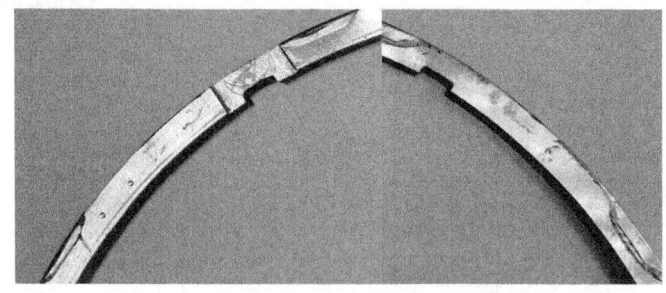

图 3.1.58　6# 叶片对应出气侧和进气侧压痕

叶片受向进气侧的力，向进气侧方向窜动，止动环进气侧不与叶片接触，与轮盘的榫槽接触，因此止动环进气侧的压痕是与轮盘榫槽边缘挤压产生。叶片叶根端部与榫槽底部存在间隙，止动环与轮盘榫槽的接触高度大于止动环与叶片的接触高度（图 3.1.59），与止动环进气侧的压痕高度大于出气侧高度的情况刚好吻合。

图 3.1.59　止动环与轮盘接触

止动环进气侧压痕中间部位对应着榫槽，为非接触面，压痕外部与轮盘接触。从压痕中间部位轻微向进气侧凸起，压痕向外侧延展（图3.1.60）的情况来看，压痕应为止动环受向进气侧的冲击时与轮盘榫槽边缘挤压产生。

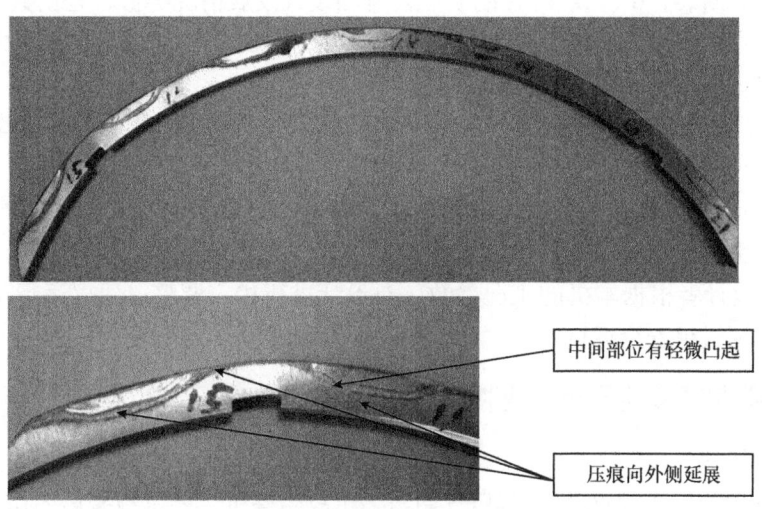

图 3.1.60 止动环接触进气侧压痕

叶片断裂后，断裂部分打击其他叶片，使叶片受到强烈的向进气侧方向的冲击力，带动叶片榫根冲击止动环出气侧，使止动环出气侧产生压痕，同时使止动环进气侧与轮盘榫槽边缘挤压，使止动环进气侧产生压痕，止动环上产生的是压痕而非磨痕。

（5）叶片失效原因。

①早期叶片频率一般考核到 $K=6$，但目前国内外汽轮机行业各大公司常考核到 $K=8$ 或10。通过叶片有限元频率分析结果，可以看到断裂叶片二阶 $K=7$（6965r/min）和三阶 $K=9$（6672r/min）共振转速与运行转速（6321~6902r/min）避开率过小，共振引起叶片榫齿与榫槽微振磨蚀，叶片振动带动止动环，引起止动环与榫槽之间的异常摩擦，从而引起榫槽裂纹。

②据了解，本机与前期机组相比，运行转速、不同转速的运行时间等工况参数发生变化，如果不进行相应设计调整，机组可能会因为频率和疲劳等问题无法长期安全运行。

叶片动频率有限元计算边界对比，其中哈汽计算频率采用全尺寸装配模型，选取循环对称模型，叶片与轮槽、止动环相互设置接触，叶片没有位移约束。703所计算频率单独取叶片模型，直接在叶根接触面上设置位移约束。

根据哈汽以往的分析经验，703所这种约束方法与叶片实际工作状态不一致，计算得到的叶片频率会比实际状态高，尤其是高阶振动。造成这种差别的原因是：叶片不同振动模态下，X、Y、Z 方向的振动参与系数是不同的，703所的约束方法会造成叶片在 X 轴的约束加强，频率升高。

网格划分是有限元分析中最重要的一个环节，网格质量的好坏往往会影响最后的分析结果。目前网格单元划分主要有四面体和六面体两种。哈汽采用六面体网格，703所采用四面体网格。在求解计算精度方面，四面体网格比六面体网格稍差，尤其是在计算强度时，结构的边缘和尖角处应力很容易引起单元奇异。

3.1.8.3 改进措施及建议

（1）断口分析表明：一级动叶和轮盘未发现材料冶金缺陷，6#叶片由于微振磨蚀引起的高周疲劳首先断裂，6#、22#叶片的断裂位置和裂纹发展情况类似，是由共性原因造成。

（2）哈汽公司对燃压机组倒角的认识程度不够，对倒角的加工存在只是去除毛刺、锐边倒钝的情况。

（3）有限元分析和叶片止动环设计原理确认其尺寸变化很难影响叶片频率，叶片失效与止动环倒圆尺寸无直接关系。

（4）有限元分析表明：叶片二阶 $K=7$ 和三阶 $K=9$ 共振，这是叶片微振磨蚀的主要原因。叶片共振引起止动环与榫槽异常摩擦，导致榫槽的微振磨蚀。

（5）建议设计者根据本机的工况参数，对设计进行相应调整，建议运行工况转速避开共振区，以保证机组安全运行。

3.1.9　703 所燃气发生器叶片划痕造成壳振报警

3.1.9.1　故障描述

2022 年 5 月 7 日 2 时 50 分，某压气站压缩机故障停机，停机报警截图信息如图 3.1.61 所示。

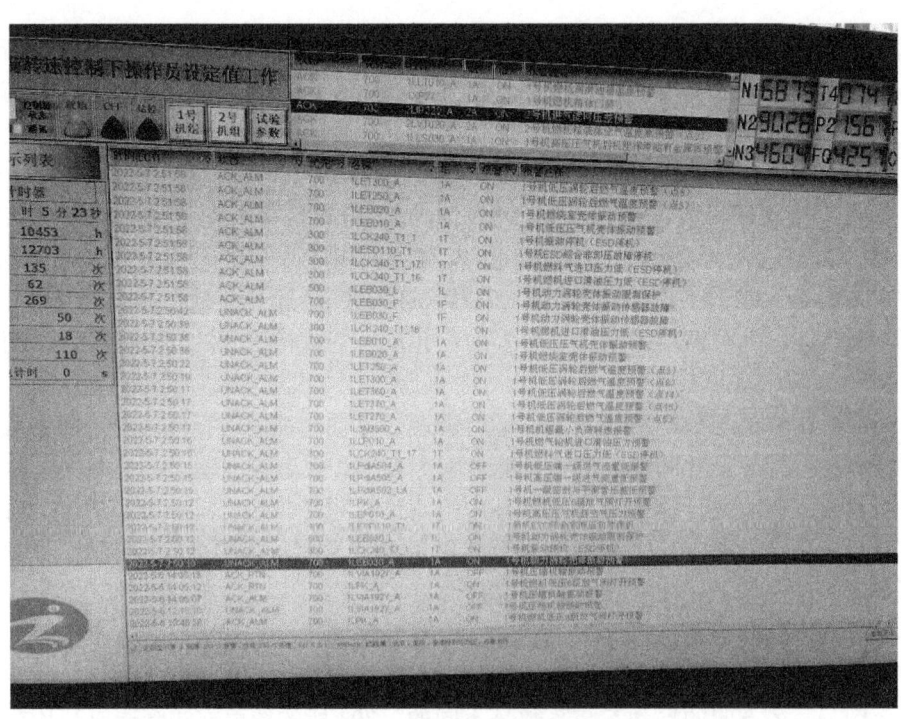

图 3.1.61　机组 UCP 报警页面

压气站压缩机停机故障现象为：2022 年 5 月 7 日 2 时 50 分 16 秒，SCADA 上位机触发警报：1#压缩机燃气轮机出现带压故障停机信号；UCS 系统上位机 2 时 50 分 10 秒显示触发"1 号机动力涡轮壳体振动预警""1 号机动力涡轮壳体振动限制保护""1 号机综合非卸压故障停机"报警。

此燃机为中船重工 703 研究所生产的 CGT25-D，压缩机为沈阳鼓风机生产的 PCL803 机型，功率为 21875kW，燃驱压缩机组投产时间为 2016 年 8 月，上次维护保养时间为 2021 年 9 月 22 日，维保级别为压缩机组 Ia 级维护保养，机组总运行时间为 15765h，总启动次数为 134。

3.1.9.2 故障处理过程及原因分析

经查询，UCS 系统上位机于 2 时 50 分 10 秒动力涡轮壳体振动探头 EB030 振动值达到 4.28mm/s，2 时 50 分 14 秒动力涡轮壳体振动探头 EB030 振动值达到 23.2mm/s，超过停机值 22mm/s，确认为动力涡轮壳体振动探头 EB030 高高报警导致机组停机。

根据历史趋势图分析，机组停机过程中还出现了三次振动高的情况：第一次为 2 时 50 分 28 秒，低压压气机壳体振动 EB010 振动值达到了 10.74mm/s、燃烧室壳体振动 EB020 振动值达到了 13.27mm/s、动力涡轮壳体振动 EB030 振动值达到了 13.76mm/s，压缩机驱动端轴振动 VIA192X 振动值达到了 14.68μm；第二次为 2 时 51 分 49 秒，低压压气机壳体振动 EB010 振动值达到了 17.98mm/s、燃烧室壳体振动 EB020 振动值达到了 35.06mm/s、动力涡轮壳体振动 EB030 振动值达到了 33.43mm/s，压缩机驱动端轴振动 VIA192X 振动值达到了 36.82μm，压缩机非驱动端轴振动 VIA191X 振动值达到了 11.87μm，压缩机非驱动端轴振动 VIA191Y 振动值达到了 12.45μm；第三次为 2 时 52 分 04 秒，动力涡轮壳体振动 EB030 振动值达到了 16.12mm/s，压缩机驱动端轴振动 VIA192X 振动值达到了 16.33μm。停机前燃气轮机供油压力 LP010 及压缩机供油压力 PISA353 在停机前无波动，燃气发生器几个支撑轴回油温度与动力涡轮支撑轴回油温度 LT060 在停机前无波动。UCS 系统历史趋势图如图 3.1.62 所示。

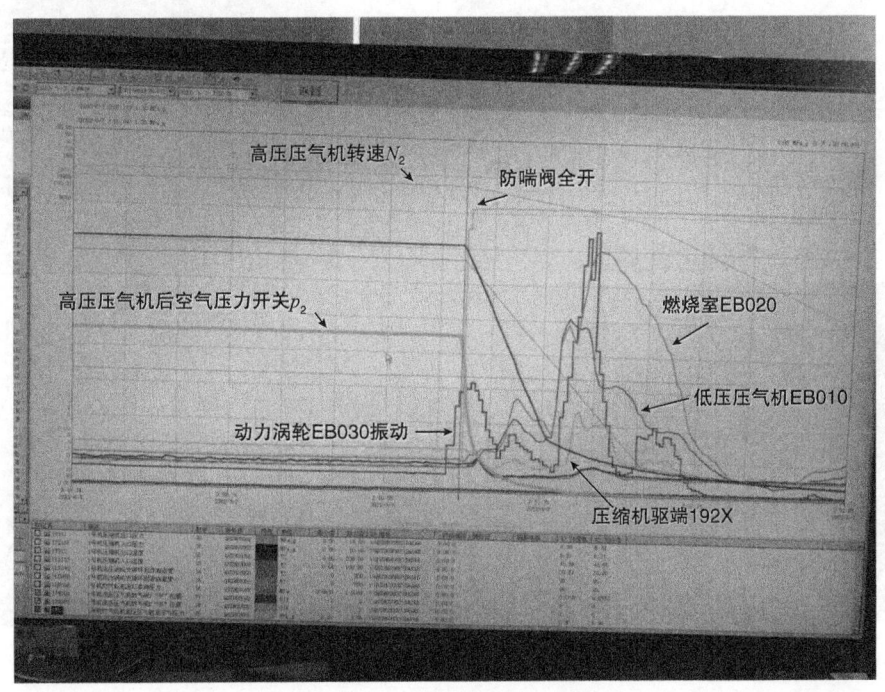

图 3.1.62　UCS 系统历史趋势图

现场对 EB030 接线回路进行检查与绝缘测试，未发现异常。用皮锤敲击振动探头 EB030，上位机数值显示与现场敲击力度相对应，未发现异常。初步判断振动探头 EB030 本体及接线回路均无异常。现场人员按照厂家指导意见，对 1# 燃机进行全面孔探检查，发现高压压气机第 9 级叶片顶部存在刮痕凹坑（图 3.1.63），第 9 级共 84 个叶片，共有 70 多个叶片存在异常，其他高压压气机叶片正常。

图 3.1.63　高压压气机第 9 级叶片顶部存在刮痕凹坑

孔探检查低压压气机、高压涡轮、低压涡轮和动力涡轮叶片，未发现异常，高压涡轮与低压压气机孔探照片如图 3.1.64 所示。

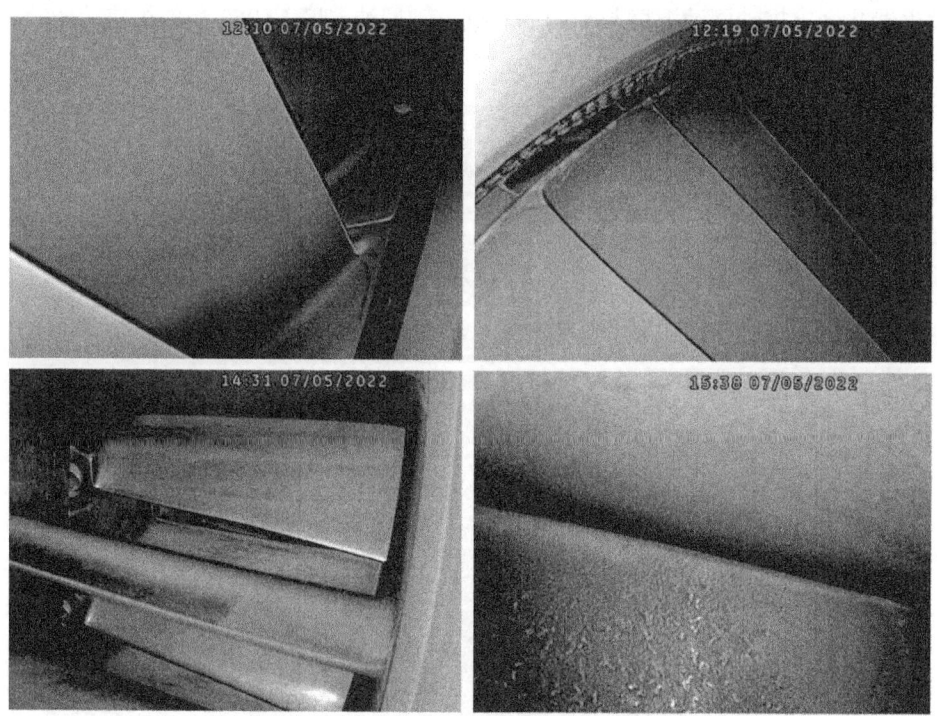

图 3.1.64　高压涡轮与低压压气机孔探照片

检查高压压气机回油管路，发现其被杂质遮挡，后经检测单位检测分析，确定杂质主要成分是油焦质，如图 3.1.65 所示。

检查高压压气机后机匣排滑油金属屑检测器 LS030，发现存在少量弱磁性金属屑，如图 3.1.66。

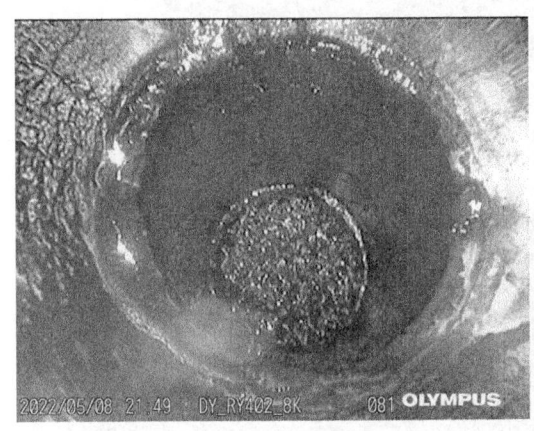 

图 3.1.65　高压压气机回油管路杂质　　图 3.1.66　金属屑检测器吸附弱磁性金属屑

对燃机进行多次手动盘车检查，发现高压压气机手动盘车无法盘动，经滑油润滑轴承后，在力矩达到 60N·m 时可盘动。继续长时间润滑盘车，力矩逐渐下降，但最大力矩仍达到 40N·m。经过厂家技术人员研究讨论决定，对燃机进行冷吹测试，尝试两次高压压气机均未转动。

2022 年 5 月 15 日，经厂家、压缩机管理部综合研判，故障原因判定为 1# 燃机轴承机械相关部件异常，需要返厂检查维修。

3.1.9.3　改进措施及建议

（1）本案例中的燃气发生器立即返厂解体检查，更换损伤的动叶。对相应的静叶进行检查，视情予以更换。

（2）机组运行继续严格执行停机后冷却时间控制要求和每 3 个月强制孔探要求，及早发现隐患。

（3）督促设备厂家开展故障分析和风险评价，确定故障责任，开展商务索赔工作。

3.2　轴承故障案例

3.2.1　燃气发生器旋转油气封严故障

3.2.1.1　故障描述

2019 年 3 月，某压气站 GE 燃气发生器进行 4K 保养孔探检查时，发现存在 4B 旋转油气封严损坏的情况。经进一步检查，确定该燃气发生器的 4B 旋转油气封严均发生了失效断裂，同时还发现 4R 封严处有螺钉脱落，认为该情况比较严重，影响到正常机组运行安全，需维修处理（图 3.2.1）。

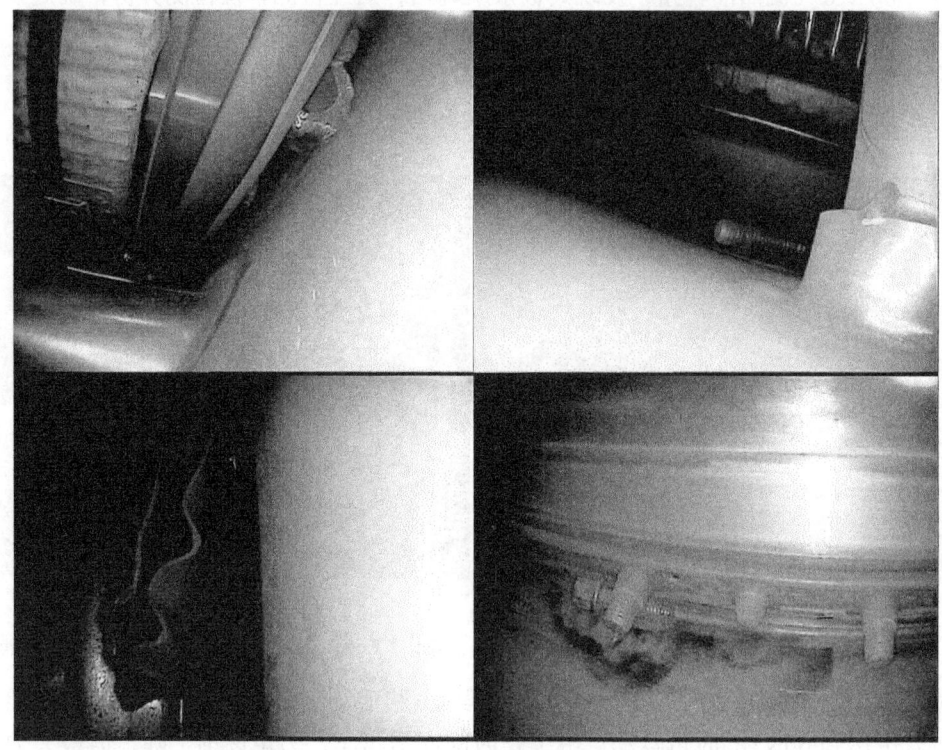

图 3.2.1　现场孔探封严断裂的情况及发现脱落的螺栓

3.2.1.2　故障处理过程及原因分析

在分解时发现了 4B 旋转油气封严断裂，并发现 4R 封严的热盖板螺钉脱落和热盖板等零件损坏（图 3.2.2），以及旋转油封严安装方向错误等问题（图 3.2.3）。

图 3.2.2　现场分解封严断裂的情况

图 3.2.3　滑油封严安装错误的情况

由于该封严的安装方向错误,在分解后发现压气机后轴有多处磨损和划痕(图 3.2.4)。根据检查情况,该处由于划痕的情况,深度已经达到 0.013mm,宽度超过了 0.25mm,超出了可用标准的范围,如果继续使用,将导致压气机振动超标、轴不对中、轴承磨损等情况,存在一定安全风险,所以需要对该后轴进行分解和维修处理。

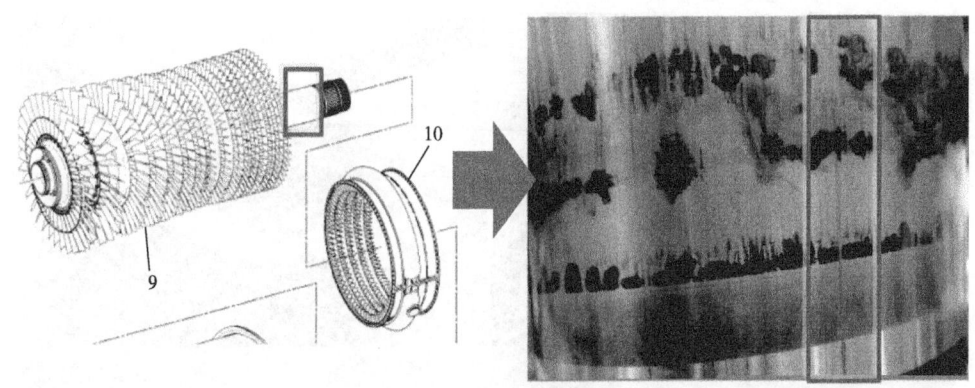

图 3.2.4　后轴磨损的情况

(1) 4B 旋转油气封严断裂的情况。

4B 旋转油气封严断裂的情况已经在维修和运行的机组中出现多次。经过对损坏的零件进行分析,该封严损坏的根本原因在于 4B 轴承旋转油气封严的封严边壁较薄。在运行中,受到轴承腔内的热应力和上游空气孔之间的密封空气扰动双重作用的影响,封严边产生了疲劳性的裂纹,在高速旋转过程,裂纹进一步扩大导致断裂。

GE 提出的服务通告承认了该封严在制造和设计过程中存在缺陷,未考虑到热应力和空气扰动的原因,新零件封严增加了壁厚,提高零件强度,减少裂纹产生的可能。

（2）4R 滑油封严方向安装错误的情况。

与 GE 公司进行沟通后，得知该机组上次中修在 GE 的维修工厂进行，并且未对该处进行维修和更换，所以 4R 滑油封严方向安装错误的情况应为新机组安装时安装错误造成。由于安装错误导致封严的内部气流波动，使得固定的热盖板不断振动和磨损，最终造成固定的螺栓与螺孔磨损后脱落。

3.2.1.3 改进措施及建议

目前在中修检查过程中或者现场运行孔探检查时，4B 轴承旋转油气封严发生损坏的情况的发生次数多达 13 起。自 2017 年维修发现问题后，GE 公司认为是设计存在缺陷，需要进行更新。

由于目前运行 LM2500+SAC 机组大部分（目前已经更换了 13 台，还有 55 台未更换）都存在 4B 旋转空气封严裂纹断裂的风险，所以需要现场运行时注意机组振动值，在 4K、8K 维修保养孔探检查时，仔细检查该处封严是否有损坏情况，及早做出判断。返厂维修时发现的损伤执行改型 227，更换新改型的封严会大大减少失效发生的可能性。

3.2.2 燃气发生器 B 收油池螺栓脱落故障

3.2.2.1 故障描述

2017 年 8 月 3 日，某压气站对 GE 机组进行 8K 保养，检查电子碎屑检测器时，在 B 收油池碎屑检测器 QE162 下游滤网处发现一螺栓。B 油池所对应位置为 4# 轴承，测量螺栓尺寸，其长度约为 20mm，外径约为 4.8mm，如图 3.2.5 所示。发现此螺栓后，查看 QE162 历史数据，未发现报警信号。

图 3.2.5 磁性检测器内螺栓

3.2.2.2 故障处理过程及原因分析

（1）对现场进行检查，在QE162上游到燃机滑油出口均为卡套连接，没有此螺栓部件。而在燃机滑油入口，因有滑油喷嘴，如此尺寸的螺栓不能进入B油池内部，因此可以排除外部零件进入滑油管线。

（2）检查QE162报警历史趋势，发现并没有出现报警，究其原因，应是螺栓尺寸过大，未接触磁性检测器询问检测原件。只有碎屑接触到底部检测原件，导致其电阻变化时上位机才会出现报警。此螺栓尺寸过大，未能对检测器电阻值造成影响。

（3）查看CRF图纸，并结合解体燃机的情况，发现在燃机内部B油池处，4#轴承与其锁环处存在螺栓，但轴承上为双六角螺栓，与所发现的螺栓型号不一致。核对此轴承锁环固定螺栓备件，其尺寸与现场发现的螺栓长度一致，均为直径4.75mm，长度20mm，牙距为1in32牙，由此判断脱落螺栓为轴承锁环固定螺栓。

（4）孔探检查。

查看CRF图纸，对B油池进行孔探检查，只能拆卸管线进行检查，但均看不到轴承锁环固定螺栓，孔探时线缆仅能到达4R轴承位置，检测不到4B轴承处。因此，通过孔探不能确认轴承锁环固定螺栓是否脱落。

（5）查看机组运行历史趋势。

检查机组2017年6、7月份部分运行趋势，未发现机组合成润滑油压力、温度出现异常。7月30日启机时GE2#机组B收油池碎屑探测器QE162、B收油池回油温度TGBB、供油压力PLUB和回油压力PSCV历史数据，各项参数均无异常。检查18VGG历史趋势，同样未发现异常。

（6）检查磁性检测器记录。

磁性检测器检查有两种情况：其一，按规程要求，在4K、8K保养时需要检查；其二，在磁性检测器出现报警时进行检查。前面已经说到磁性检测器并未出现报警，查看周期性检修记录，在2015年8月10日，站场对GE2#机组进行4K保养，检查回油泵碎屑检测器，无异常。

因此，QE162出现螺栓，应是4#轴承锁环固定螺栓松动，在运行期间脱落，随滑油进入磁性检测器，具体脱落时间无法判断。

3.2.2.3 改进措施及建议

其他同型号机组出现类似故障可参考本案例处理方式，结合孔探作业对4#轴承通过供油管线进行孔探检查，确保其完好性。

3.2.3 燃气发生器压气机空心轴滑油渗入故障

3.2.3.1 故障描述

某GE燃气发生器于2012年12月3日完成安装，2014年4月30日进行了燃气发生器水洗作业，5月3日，对燃机进行孔探，未发现转子及叶片存在异常情况。5月8日进行启机测试，13：35：55：649点火成功，13：37：43因GG振动高高报警触发紧急停机，13：37：44：759熄火。

3.2.3.1.1 孔探检查

对GG压气机0级至16级叶片孔探，发现压气机第5~13级动叶叶尖与机匣内壁、第 2~6 级静叶叶尖与轮盘之间有较明显磨损。

（1）压气机第 2~13 级动叶叶尖与机匣内壁均有明显磨损，其中第 12~13 级动叶叶尖与机匣内壁磨损较为严重，第 5 级动叶叶尖磨损切削掉块现象更为明显，如图 3.2.6 所示。各级动叶叶片的进气边、排气边及叶片表面无明显外物击打痕迹，如图 3.2.7 所示。

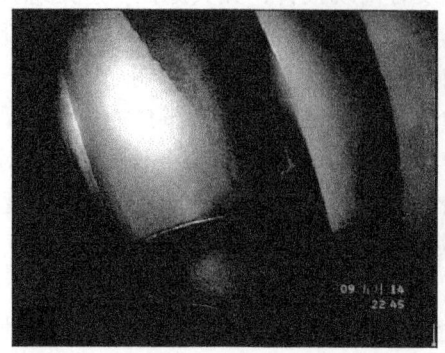 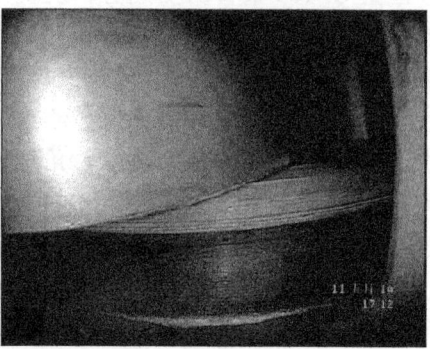

图 3.2.6　第 5、12 级动叶与机匣内壁磨损照片

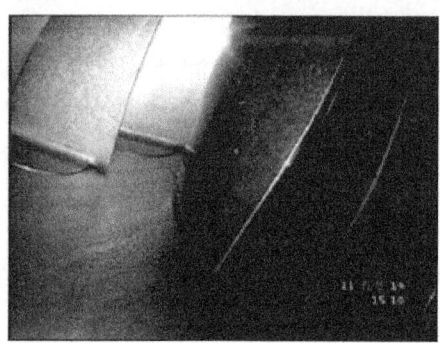 

图 3.2.7　第 2 级动叶排气边和第 4 级动叶排气边

（2）压气机第 2~6 级可调静叶叶顶与轮盘有较为明显的磨损痕迹，且第 2 级静叶前端有密封软材料脱落（图 3.2.8），查阅图纸资料，分析发现此材料为静叶叶冠内径处的软质密封材料，安装于静叶叶冠内径处，此部件出现在 IGV、0、1、2 级静叶叶冠处，主要与转子上的梳齿密封相配合起密封作用。

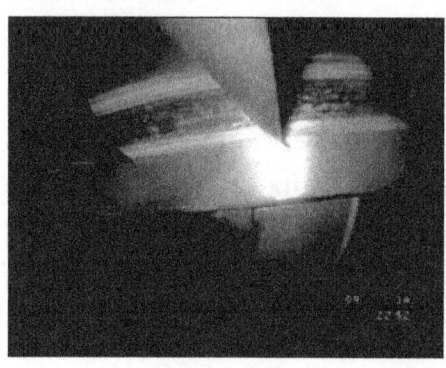 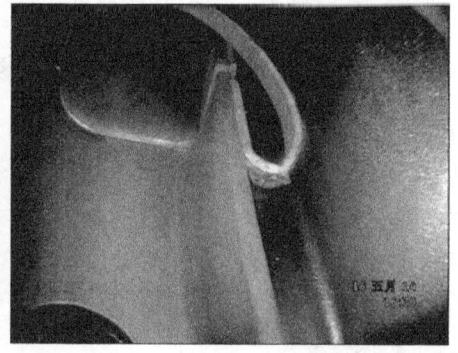

图 3.2.8　5 级静叶与轮毂磨损照片及裸露的静叶叶冠密封软材料

3.2.3.1.2 Bently 振动趋势

从振动趋势来看，在 GG 拖转到盘车转速时，振值一直稳定，在离合器脱扣前，振动趋势与转速变化对应基本正常，但在离合器脱扣后，GG 转速突降 250r/min，且振动值瞬间达到高高联锁值，并保持 2s，但未发出停机指令，随后振动下降，在 13∶47∶06 再次达到高高联锁值，并保持 19s 后联锁停机动作，GG 停机。

进一步核查 ESD 控制逻辑，确认 GE 燃驱机组振动及超速保护停机联锁均在 HIMA 中存在 15s 延时，在 Bently 组态中有 4s 延时，总计 19s 延时。从振动保护逻辑看，存在延时设置不当问题。

根据西二线 GE 燃机 MarkVIe 控制逻辑，对于机组正常运行状态，当 18VGG 高高报警且维持 4s 以上（Bently 延时 4s），Bently 分别向 HIMA 及 MarkVIe 发出高高报警信号，MarkVIe 在接到高高报警信号后，延时 0.4s 发出机组步进到怠速的指令。但在启机至怠速期间，则将通过 Bently-HIMA 最终触发跳机指令，期间共有 19s 延时。

3.2.3.1.3 拆卸 IGB 后目视检查情况

拆卸 IGB 后，发现 IGB 花键轴与 GG 花键孔配合的密封用"O"形圈损伤，"O"形圈硬化无弹性，且存在橡胶碎屑（图 3.2.9）。随后发现空心轴内部褶皱处有油痕，盘动 GG 转子，能够看到润滑油在空心轴内流动的现象（图 3.2.10）。

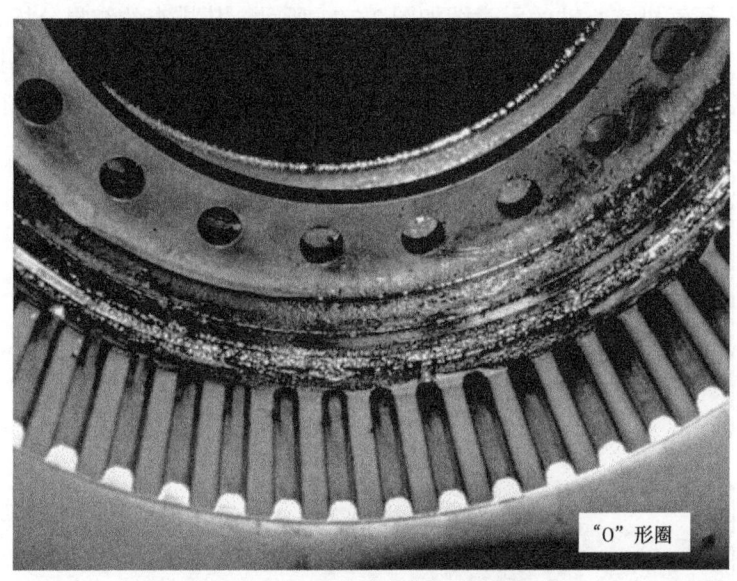

图 3.2.9 拆卸 IGB 后 GG 轴端花键内孔

3.2.3.2 故障处理过程及原因分析

该 GG 为新安装 GG，累计运行 6306h，期间未发生重大故障记录。此次燃机水洗并进行了专业孔探，期间未发现异常。机组点火成功后，由于燃机空心轴内存有滑油，导致转子动平衡破坏，高速运转中出现共振现象，引起转子与静子部件的摩擦，进而损伤叶片。在振动频谱分析中，确认 2800r/min 时，也就是在压气机的第二、第三临界转速区间内，存在明显的 0.8X 信号的典型特征，这是 GG 振动高的根本原因。

图 3.2.10 空心轴内润滑油的情况

合成油进入压气机空心轴的示意图如图 3.2.11 所示，从排查的结果分析，由于空心轴内部存在滑油，燃机在临界转速下运行时，转子不平稳因素，导致了机组高振动，从而导致叶片损伤，空心轴进油是此次事件发生的第一原因，对空心轴进油因素进行如下分析。

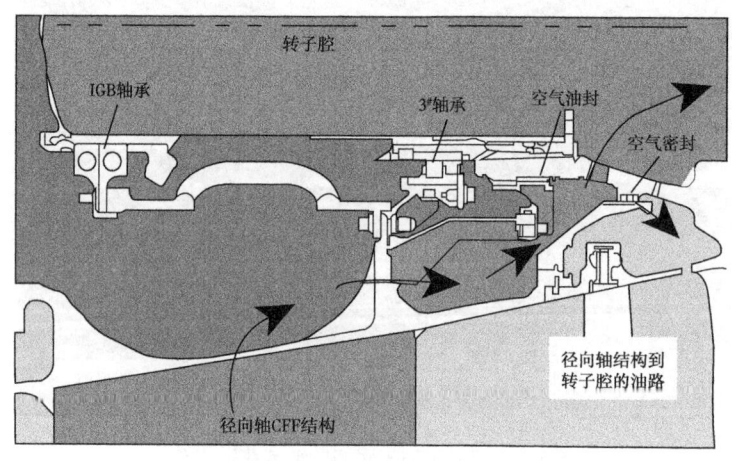

图 3.2.11 合成油进入压气机空心轴的示意图

（1）高位油箱设计。

油箱原理图如图 3.2.12 所示。合成滑油系统是一个正排量再循环系统，润滑油流量是随发动机转速直接变化的，润滑油从一个油箱供到供油泵和回油泵。滑油泵将带压润滑油经管道分配到轴承和齿轮区的油喷头，油喷到轴承和齿轮后，在回油池中被收集，再从回油池流到回油泵单元，并回到油箱。由于供油泵、回油泵的动力来自齿轮箱，齿轮箱转子与油泵为同步转动。但转子、齿轮箱刚起步时，需要有滑油润滑，从而确保供油管路的畅通，但在一定压力下才能实现这一需求，所以燃气轮机通过设置高位油箱来实现这一功能。

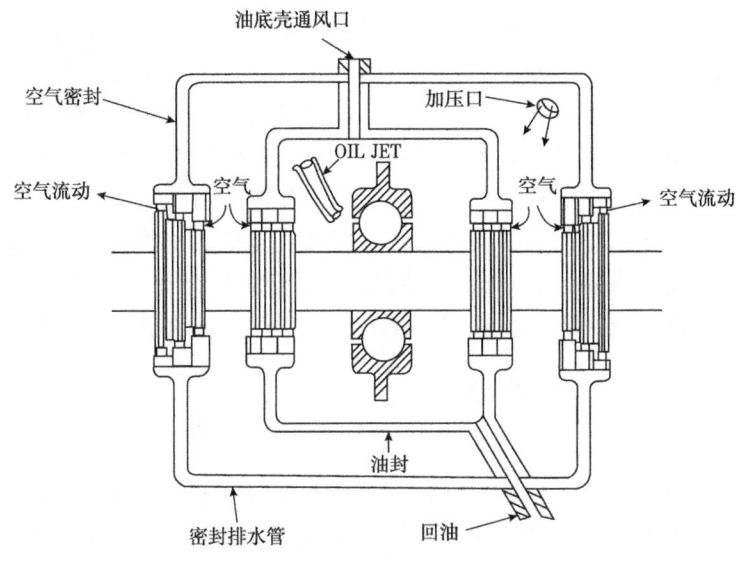

图 3.2.12　油箱原理图

管路畅通时，根据连通器原理及液体压强计算公式（压强 $p=\rho g h$），油箱设置越高，存在落差的滑油对管路产生的压力越大，如果油箱至燃机轴承管路长期保持畅通，滑油充满轴承腔室，机组不运行时，不存在密封气，滑油到达空心轴位置，由于 IGB 花键轴与 GG 轴端花键孔配合的密封用"O"形圈老化失效，失去弹性补偿，此时恰逢 GG 振动高，加剧"O"形圈损伤，致使合成油沿失效的"O"形环进入空心轴。高位油箱对燃机轴承收油池也存在同样风险，滑油也易通过梳齿渗入管路。

（2）振动跳机保护逻辑延迟。

由于振动保护逻辑的不合理，振动高高导致压气机动静部件严重摩擦损伤。从前述对于振动保护逻辑的分析中可以看出，按照实际的保护逻辑，本次启机过程中，18VGG 达到高高报警值，首次达到联锁值维持 2s，但按照现有保护逻辑，未发出联锁动作信号，随之振值下降至联锁值以下，但在 62s 后再次达到高高联锁值，并维持 19s，超过保护逻辑延时设置时才发出联锁动作指令，机组停机，随转速下降，振动明显下降。正是由于振动持续在高高报警水平，而未能及时发出连锁停机指令，导致相应的 GG 合成油回油温度等信号电缆因 GG 振动幅度过大而虚接出现误报警，且该报警在 18VGG 高高报警期间再次出现，上述过程明确表明振动保护延时明显过长，无法起到保护设备的作用。

3.2.3.3　改进措施及建议

（1）机组停运后，应及时关闭合成油供给手阀，未关闭时，上位机须有"未关闭"报警提示。新上机组可在管路安装自动切断阀，阀门根据燃机转速及启停命令进行判断。防止润合成油进入 GG 压气机空心轴。

（2）对 GE 燃驱及电驱机组振动、超速保护延时进行全面排查。对 GE 燃驱机组振动及超速保护停机联锁在 HIMA 中存在 15s 延时，在 Bently 组态中有 4s 延时，总计 19s 延时进行修改，建议取消 HIMA 中存在 15s 延迟，缩短 Bently 内部的保护延时至 1~2s（原

（3）在新安装叶片时，可适当扩大叶顶间隙距离。机组停运后，需充分冷却后才能再次启运，超过10min严禁启机，在程序上由非机械原因触发的停机执行冷拖15min。因为燃机整体在高温工作下，叶片及壳体存在整体膨胀，燃机设计为追求效率，叶片叶顶与壳体叶顶间隙位置较小，转子存在振动时，如果超过间隙，就会发生叶尖与壳体剐蹭风险。

（4）维护检修期间，对燃机进行全面孔探。对缺陷叶片增大孔探频次，对进气室、机匣蜗壳和密封气隔离管路定期进行检查，查看是否存在油污，如有油污，需深入分析油污来源，并对燃机内部进行全面孔探检查；做好振动及监测仪表系统的巡查及维护，发现故障及时处理；燃机返厂大修，需对滑油密封隔离气流量进行测试，确保有足够的密封气将滑油隔离，查看IGB花键轴与GG花键孔配合的密封用"O"形圈，做更换处理。

3.2.4　燃气发生器轴承失效故障

3.2.4.1　故障描述

2018年10月20日，某站RR燃机出现故障停机，报警信息为：NH Voting Failure Coolstop（高压转速失效停机）。通过现场处理后，11月16日再次出现报警信息：NH Voting Failure Coolstop，机组报警信息如图3.2.13所示。随后，现场对燃机进行停机检查，检查时发现中间轴承腔和启动齿轮箱滑油磁堵上存在金属屑。

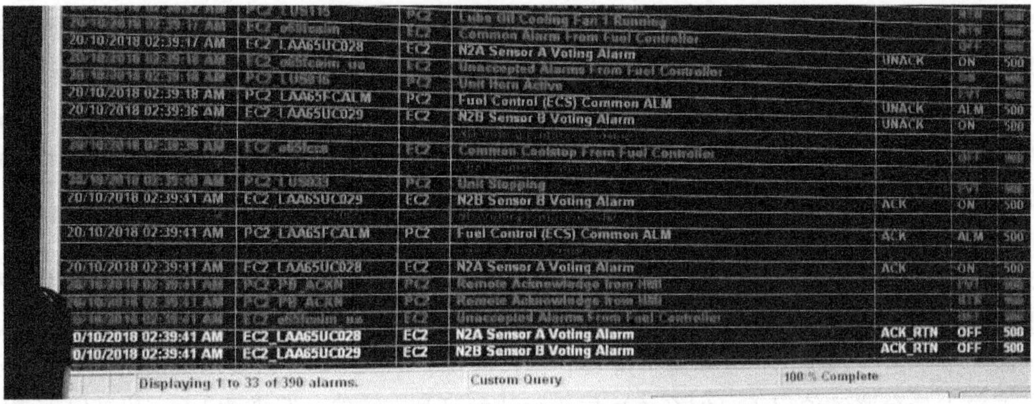

图3.2.13　机组停机报警信息

3.2.4.2　故障处理过程及原因分析

3.2.4.2.1　初步检查

（1）对燃机的回油磁堵进行检查，发现前后轴承腔磁堵正常，中间轴承腔和启动齿轮箱磁堵存在金属屑分别如图3.2.14和图3.2.15所示。

（2）对燃机进行孔探检查时发现：高压压气机4级前缘有凹坑和缺口；高压压气机5级后缘有凹坑和缺口。

3.2.4.2.2　燃机分解

按照既定工作范围，将该燃机三号单元体分解至零件状态，并对装配关键尺寸进行了测量，未发现异常。

图 3.2.14 中间轴承腔磁堵金属屑

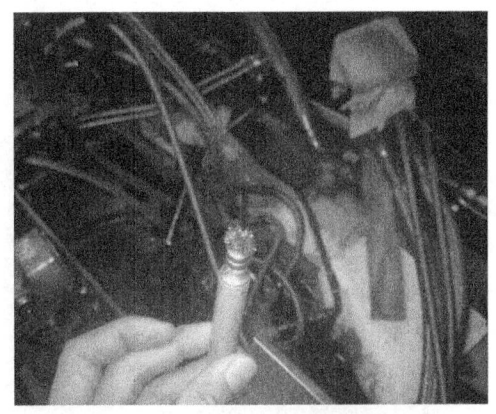
图 3.2.15 启动齿轮箱磁堵金属屑

3.2.4.2.3 故检检查

首先对拆下的高压转速探头进行了电阻测试、绝缘测试和动态测试,结果显示四个转速探头均已失效。对拆下的其他零部件进行检查时主要发现以下几个问题:

(1)高压定位轴承滚动体、轴承内滚道、轴承外滚道以及滚动体保持架上均有超温和磨损,需要报废处理(图 3.2.16—图 3.2.19);

图 3.2.16 高压定位轴承超温变色

图 3.2.17 高压定位轴承滚动体磨损

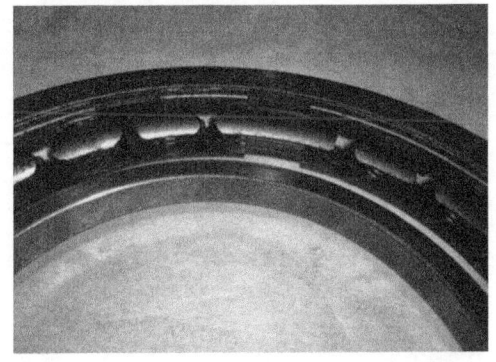
图 3.2.18 高压定位轴承外圈挡肩严重磨损

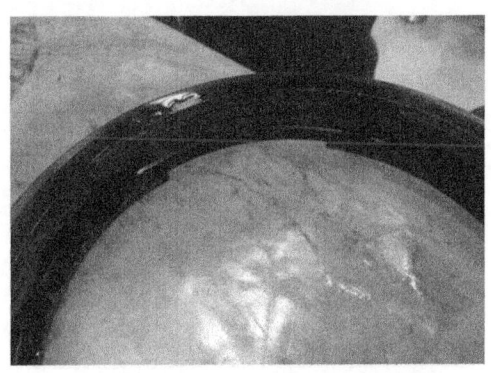
图 3.2.19 高压定位轴承保持架断裂

（2）中压定位轴承、内部齿轮箱中的四个轴承以及启动齿轮箱中的四个轴承均发现损伤，需要进行修理；

（3）启动齿轮箱中的伞齿上发现压痕，需要报废处理（图3.2.20）；

图3.2.20　启动齿轮箱伞齿损伤

（4）内部齿轮箱中的伞齿上发现压痕，需要报废处理（图3.2.21）；

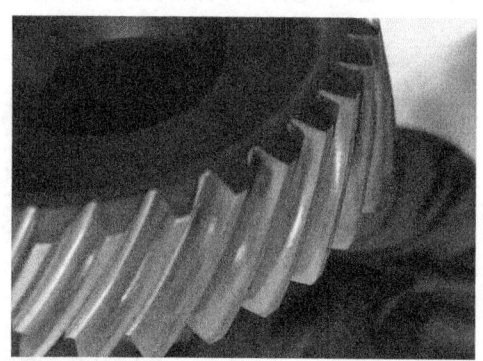 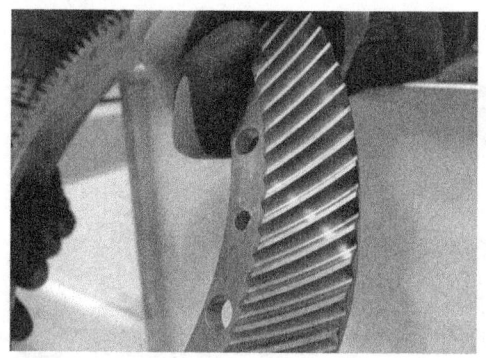

图3.2.21　内部齿轮箱伞齿损伤

（5）中间轴承腔的涂层封严尺寸均不符合要求，需要进行修理；

（6）高压短轴杯型垫圈的锁定位置断裂，需要报废处理（图3.2.22和图3.2.23）。

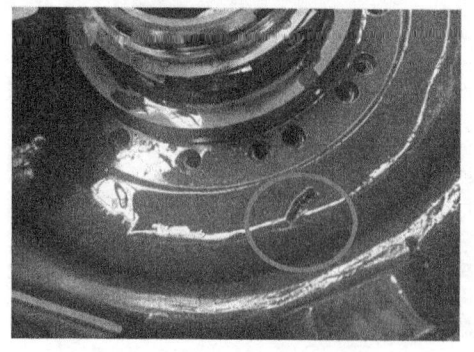 

图3.2.22　高压短轴杯型垫圈断裂异物　　　　图3.2.23　高压短轴杯型垫圈断裂

3.2.4.2.4 失效原因分析

（1）转速探头失效。

高压定位轴承和转速探头在燃机中的位置如图 3.2.24 所示。对失效的转速探头进行解体，并对转速探头的内部进行检查，检查发现转速探头内部感应线圈和交变电容失效。根据燃机的故障排查情况，可以判断该损伤可能是由高压定位轴承失效造成。

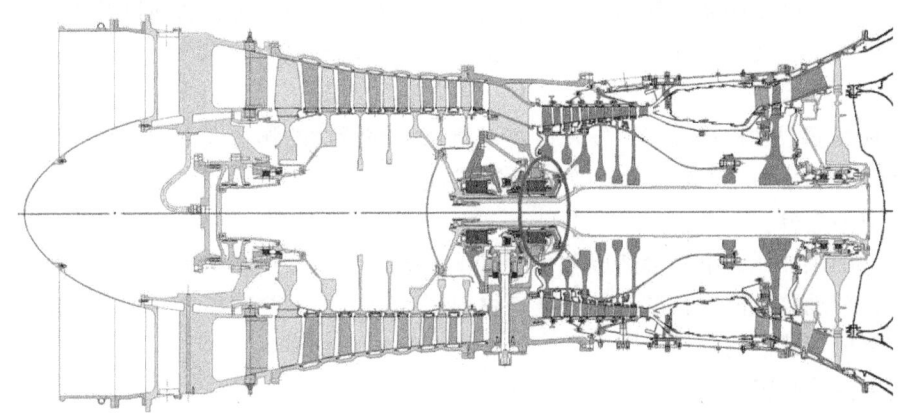

图 3.2.24　高压定位轴承和转速探头在燃机中的位置

转速探头和音轮的位置关系如图 3.2.25 所示，转速探头内部结构如图 3.2.26 所示。根据手册要求，该转速探头运行过程中测量端面与音轮之间的间隙要求为 0.024~0.031in，周围环境温度不得超过 350℃。高压定位轴承失效后会使音轮偏心旋转，造成转速探头测量端面与音轮之间的间隙不符合要求，感应电动势过大，且周围温度场发生变化，进而导致转速探头失效。

图 3.2.25　转速探头和音轮的位置关系

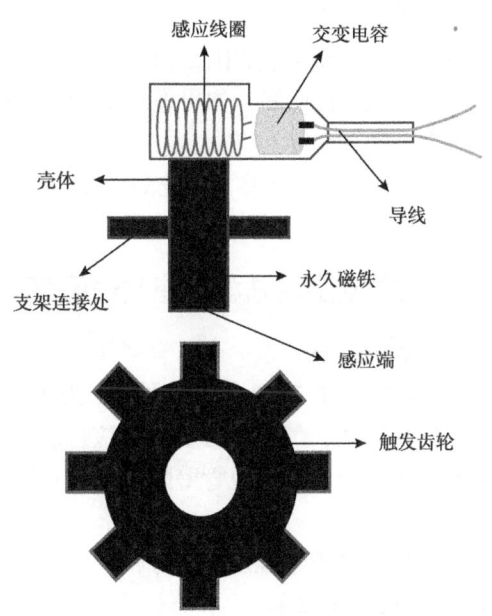

图 3.2.26　转速探头内部结构图

（2）高压定位轴承失效。

根据高压定位轴承的损伤情况，从信号传输、材料、人为因素、环境、方法和机械等几个方面进行了分析，通过对现场运行数据和零件检查的情况进行分析，初步判断导致轴承失效的潜在原因有以下方面：

①轴承腔室内部异物。

三号单元体轴承腔室中杯型垫圈断裂后，可能有脱落的金属碎屑通过共用腔室进入到高压定位轴承中，破坏了轴承的临界润滑状态，导致轴承过热变色。

②固体／液体污染物颗粒。

查阅现场润滑油检测报告，发现该燃机所使用润滑油的颗粒度不符合要求。如果燃机长时间运行，润滑油中的颗粒物会对轴承造成损伤。

③润滑不充分。

润滑油的供油压力下降会造成轴承润滑不充分，进而导致轴承滚珠与其他零部件之间摩擦增加，轴承腔室温度升高，轴承金属材料脱落进入轴承腔室中，对轴承滚珠、内外滚道和支架造成持续性的损伤。

④安装方法缺陷。

在安装高压定位轴承时，不当的安装方法影响了轴承的负载分配，在燃机运行过程中造成轴承滑移或滚珠偏移，最终导致轴承失效。

3.2.4.3 改进措施及建议

该燃机故障停机的根本原因是高压定位轴承失效，改进措施及建议如下：

（1）在燃机的运行过程中，需定期对润滑油进行检测，如果发现润滑油不能满足手册标准，应按照维护保养手册对润滑油进行处理。

（2）燃机运行过程中发现转速故障停机，需要对转速探头进行电气测试，并对燃机的回油磁堵进行检查。

（3）在维护保养过程中，一旦在回油磁堵上发现金属屑，应立即对金属屑进行成分分析。

（4）燃机运行期间，如果发现滑油系统供油压差变化较大，应立即停机，对进油油滤进行检查。

（5）根据 OEM 要求，改进高压定位轴承的安装方法，防止轴承在燃机运行过程中发生失效。

3.2.5 燃气发生器轴承腔油气通风管堵塞

3.2.5.1 故障描述

某 RR 燃机于 2018 年 5 月份进入执行大修工作，在检查该燃机后轴承腔时，发现油气通风副管堵塞，气流无法通过，该管的位置如图 3.2.27 所示。随后，工作人员使用孔探仪对该管进行检查，发现管壁附着积碳（图 3.2.28），由于积碳严重，孔探仪无法继续深入查看内部情况。

3.2.5.2 故障处理过程及原因分析

3.2.5.2.1 故障处理

发现该故障后，工作人员首先采用碱溶液外加金属丝疏通的方法去除积碳，操作数次后效果甚微，故判断该管堵塞严重，在这种情况下使用化学方法去除堵塞物难以实现。

随后扩大了该零件的修理范围,使用火焰加热的方法融化套管内的钎焊料,拆下油气通风副管的套管及外侧管段,发现靠近内腔的一段长 5~6cm 的直管段已经完全被积碳堵塞(图 3.2.29)。此时采用钻头手工疏通和化学清洗的方法彻底去除残余的积碳(图 3.2.30),再使用钎焊的方法更换油气通风副管的外侧管段。

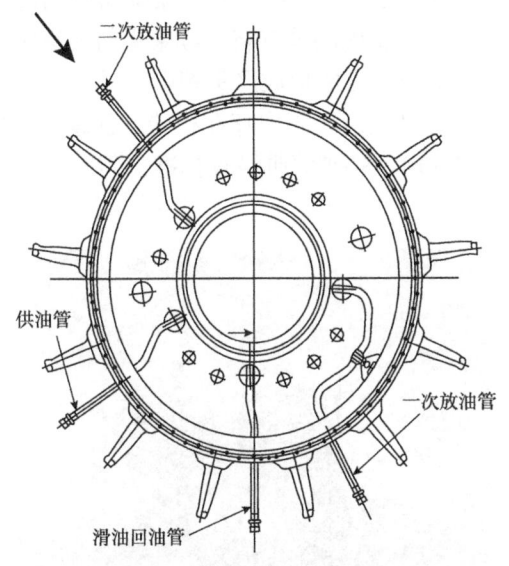

图 3.2.27　油气通风副管位置示意图

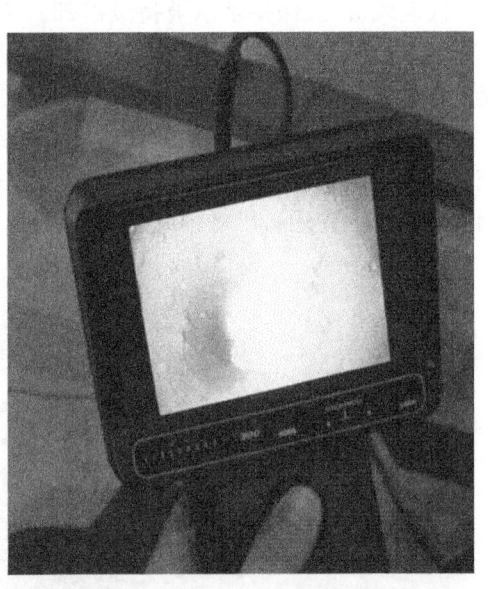

图 3.2.28　油气通风副管孔探检查

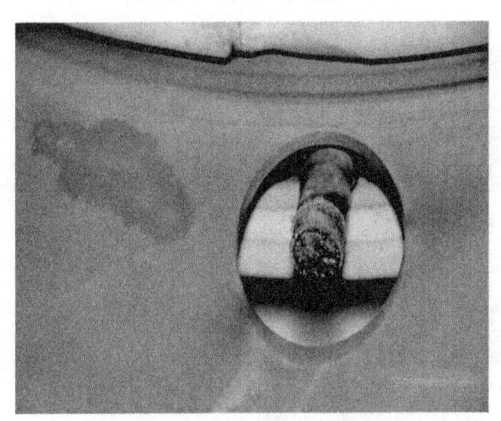

图 3.2.29　油气通风副管内积碳

图 3.2.30　钻头手工疏通积碳效果

3.2.5.2.2　原因分析

燃机后轴承腔的油气通风管在燃机运行期间,用于排放轴承腔内的空气或空气与滑油蒸气的混合气,正常情况下只有在燃机启停时混合气中滑油含量较高,被如此大量的积碳堵塞管内通道是不正常的。

从输入端考虑,如果是因为轴承的油封出现问题,有较大的滑油泄漏,并与空气混合,在高温的作用下烘干粘附在管壁,那么油气通风主管应该会出现同样的问题,然而主管内壁却十分清洁，无丝毫积碳迹象，所以分析该管路堵塞与轴承腔内部故障无关。

从输出端考虑，油气通风副管连接着戴维斯阀。而油气通风主管则直接与滑油橇连通，无其他干扰因素。在燃机正常运行情况下接通戴维斯阀，用于排放轴承腔内的空气或空气与滑油蒸气的混合气；当燃机紧急停车时，会通过戴维斯阀向后轴承腔内通入压缩空气（仪表风），以保持轴承被持续冷却，从而延长轴承的使用寿命。如果戴维斯阀功能异常，比如它长期保持关闭状态或不完全打开状态，那么管内的油气将持续聚集而无法顺利排出，这些聚集的油气混合物长时间在高温的作用下极有可能形成严重积碳。

将戴维斯阀彻底分解后，检查发现内部作动杆已经变形，阀内存在积碳，且靠近压缩空气（仪表风）的一端存在铜锈（图3.2.31—图3.2.33）。根据手册检查标准，判断该戴维斯阀不能继续使用，已做报废处理。

图3.2.31　作动杆变形

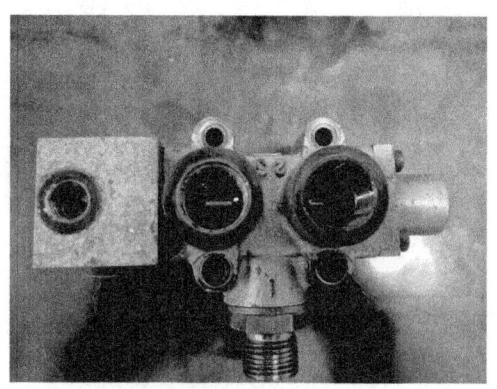

图3.2.32　阀体内部积碳

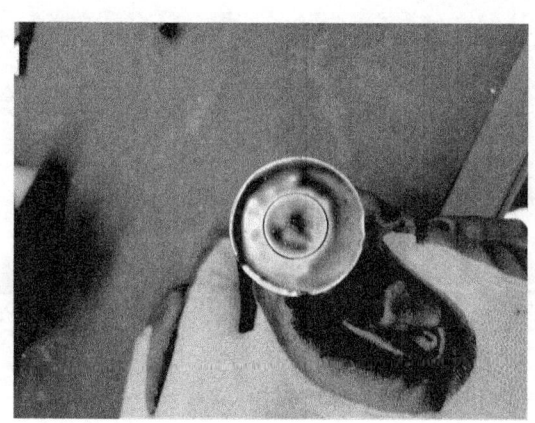

图3.2.33　铜绿腐蚀物

根据设备结构、工作原理及维护保养要求，可以判断造成戴维斯阀作动杆变形的潜在原因有以下几点：

（1）压缩空气（仪表风）含水量超标，造成了阀内精密零部件腐蚀后变形，在某次紧急停车向轴承腔通仪表风后作动筒无法复位，导致燃机正常运行时油气无法顺利排出。

（2）在组装戴维斯阀的过程中，操作不当导致了作动杆端头变形。在这种情况下，作动杆动作时在某个位置发生卡滞，无法正常复位，导致燃机正常运行时油气无法顺利排出。

（3）现场对燃机进行保养时，使用了医用酒精（70%浓度）对戴维斯阀进行了清洗，非工业酒精含水分较多，可能造成了戴维斯阀作动杆的腐蚀。

3.2.5.3 改进措施及建议

该燃机后轴承腔油气通风副管堵塞的主要原因是戴维斯阀内部作动杆变形卡滞，改进措施及建议如下：

（1）严格按照 SB141 的要求对戴维斯阀进行检查和装配。戴维斯阀安装方法不正确会直接导致内部零部件变形，从而使得油气排放受到阻碍，影响到燃机的安全运行。

（2）对戴维斯阀零部件进行检查和保养时，必须使用手册规定的溶剂进行清洗。

（3）建议现场保证压缩空气（仪表风）的清洁、干燥，以防止戴维斯阀产生卡滞失效的风险，同时防止颗粒物进入轴承腔。

（4）设计专用工装，用于检查戴维斯阀装配完成后作动杆是否复位。

3.3 燃机附件故障案例

3.3.1 燃气发生器传动齿轮箱壳体开裂故障

3.3.1.1 故障描述

2018 年 4 月 4 日，工程师在巡检过程中发现某 GE 燃气轮机 GG 正下方传动齿轮箱附近存在漏油现象，查看最近几日合成油箱液位历史曲线，发现合成油箱液位有明显下降趋势（图 3.3.1）。现场随即组织人员排查，最终在 3# 机组传动齿轮箱和附件齿轮箱连接部位发现一处长约 8cm 的细微贯穿裂纹（图 3.3.2）。对该站其他两台机组进行排查，发现 2# 机组传动齿轮箱和附件齿轮箱连接部件处在同一位置也存在长度约 2cm 的未贯穿裂纹（图 3.3.3），1# 机组未发现类似问题。由于传动齿轮箱外壳裂纹在机组运行过程中有可能延展及加深漏油，严重时甚至会影响齿轮箱的正常工作，进而损坏齿轮箱，导致机组无法正常启机等严重后果，应立即联系相关单位进行齿轮箱更换工作。

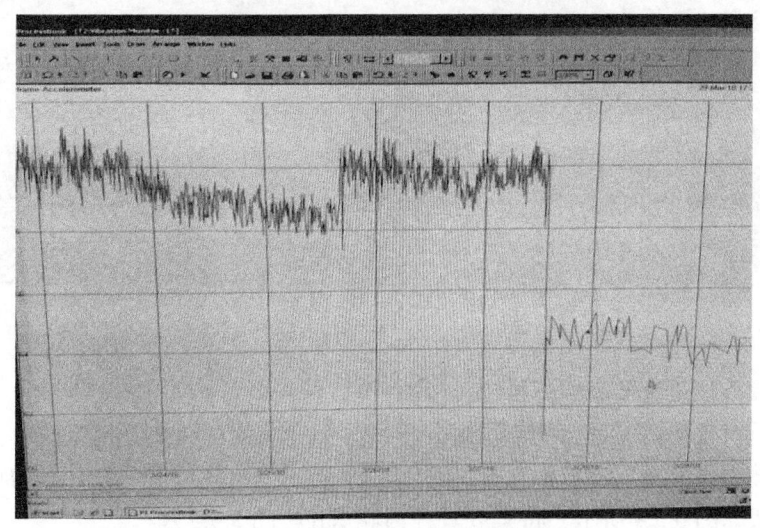

图 3.3.1　合成油箱油位趋势变化图

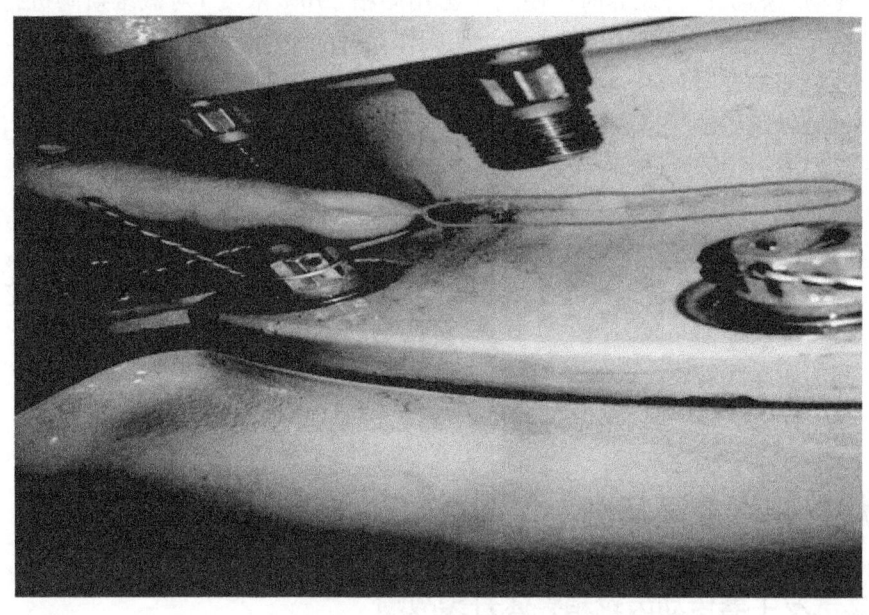

图 3.3.2　3#压缩机裂纹情况

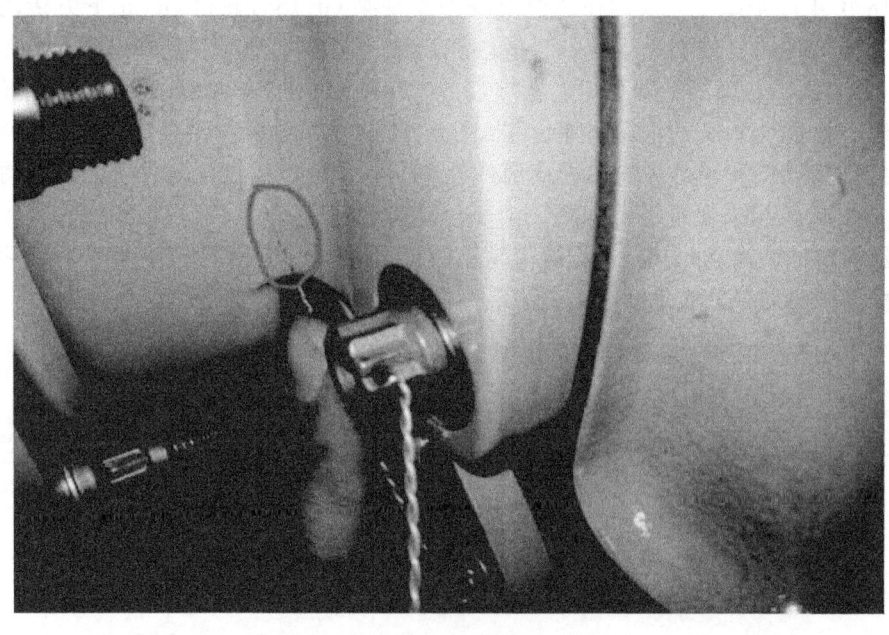

图 3.3.3　2#压缩机裂纹情况

3.3.1.2　故障处理过程及原因分析

技术人员对现场情况进行初步了解分析后，为完成现场更换齿轮箱作业，首先设计制作了一个能够在燃气发生器下面支撑齿轮箱的架子，并使其具备垂直升降的功能，制作好的齿轮箱支架如图 3.3.4 所示，将其放置在齿轮底部（图 3.3.5）。

图 3.3.4　制作完成的齿轮箱支架

图 3.3.5　支架放置在齿轮箱底部

为完成现场更换齿轮箱作业,首先进行离合器、启动机、附件齿轮箱等设备的外部管路拆除工作;接着完成温度传感器线、磁屑探测器线以及压力传感器线路的标记和拆卸工作;再将制作的齿轮箱拆卸支架安装到齿轮箱底部,如图 3.3.6 所示。最终顺利将两台燃气发生器的故障齿轮箱进行了更换,启机检查,齿轮箱未发现漏油现象,机组运行正常。

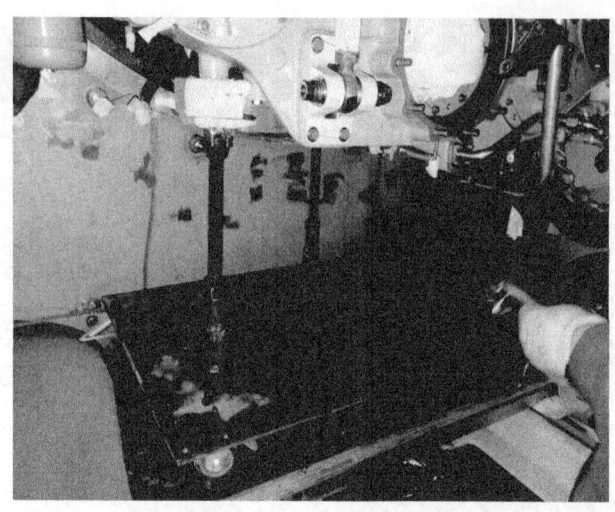

图 3.3.6　支架支撑齿轮箱

该站场 2 台燃气发生器附属齿轮箱出现不同程度裂纹的情况，LM2500+ 型机组中没有发生过类似的故障，此故障的发生尚属首次。根据现场齿轮箱更换的情况来看，在拆下齿轮箱的时候，发现裂纹位于传动齿轮箱（TGB）和附件齿轮箱（AGB）连接直角部位，靠近附件齿轮箱右侧水平连杆吊点处，如图 3.3.7 所示。目视检查，除了壳体裂纹，未发现其他部件存在异常的情况，表面附近未见击打及碰磨痕迹。而在进行齿轮箱安装的过程中，发现 2 台燃气发生器齿轮箱都存在一个共同的问题，就是原安装的水平连杆尺寸不合适，无法安装到燃气发生器本体的固定点上，其中 2# 机组齿轮箱水平连杆长了约 3mm，3# 机组齿轮箱水平连杆短了约 2mm。

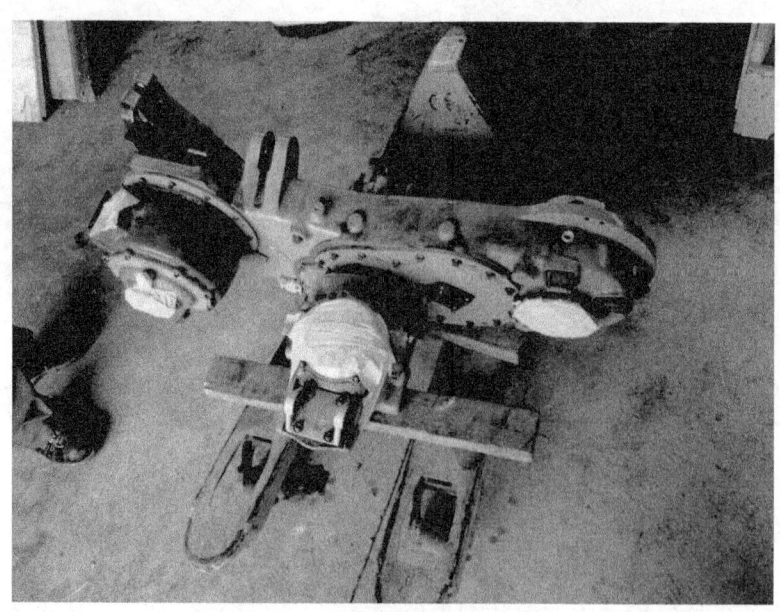

图 3.3.7　现场拆下的齿轮箱

根据以上情况分析，认为出现该裂纹的原因主要有以下两点：

（1）根据金相分析，齿轮箱壳体材料是一种压铸型铝合金。可能是齿轮箱的壳体材料本身存在问题，造成局部强度降低。根据强度理论，硬度与抗拉强度呈正比关系，疲劳强度与抗拉强度也呈正比关系，零件局部强度明显偏低，大大降低了局部抗拉强度和疲劳强度，在循环载荷的作用下，在长时间的运行过程中，裂纹则容易在低硬度部位及应力集中部位存在疲劳开裂的情况；

（2）根据现场齿轮箱安装的情况来看，在齿轮箱的 5 个支撑点由于安装位置不正确，尤其是水平可调连杆尺寸不正确，存在靠蛮力安装的情况，导致各连杆的受力不均匀，从而影响到与之相连接的齿轮箱壳体承受的内部的应力。壳体零件在内部应力与外部振动，以及齿轮箱内部压力的共同作用下，产生了裂纹，裂纹逐步扩大后就造成了漏油现象的发生。

现场采取整体更换传动齿轮箱（TGB）和附件齿轮箱（AGB）的办法进行处理。由于此次齿轮箱故障主要原因是 2# 机组齿轮箱水平连杆长了约 3mm、63# 机组齿轮箱水平连杆短了约 2mm，所以重新查阅 GE 齿轮箱安装手册，按规定调整水平连杆尺寸，规范安装，具体操作步骤如下：

齿轮箱与发动机本体是靠 5 个点进行连接，其中 3 个为固定连接，2 个为可调的连接：CFF6 点钟位置有 2 个固定的连接点，1 个是靠销钉带有膨胀垫圈的，另一个是垂直传动轴的位置；在齿轮箱后部有 3 个连接点，分别是 2 个可调的（垂直方向和水平方向），另一个是固定的。安装齿轮箱的 5 个连接点的安装顺序：首先进行 3 个固定点的装配，其次进行垂直方向可调节定位销的装配，最后再进行水平方向定位销的装配。安装完毕后，齿轮箱未发现上述裂纹漏油现象，机组运行正常。

3.3.1.3 改进措施及建议

燃压机组长期在高速、强振动、高温条件下工作，且运行过程中工作部件由于各种原因可能产生应力集中，容易产生裂纹等故障，加速了设备的损坏速度。因此，在日常运行过程中，要做好历史曲线、日常巡检、停机后的检查工作，做到问题及时发现、及时处理，确保设备完好备用。在日常维检修过程中，一定要按照操作维护规程作业，防止产生应力集中，损坏设备。

3.3.2 燃气发生器齿轮箱回油管漏油故障

3.3.2.1 故障描述

2018 年 4 月 16 日，某压气机站在执行 GE 燃气轮机启机测试的过程中，发现燃气发生器齿轮箱回油管接口处严重漏油，现场工作人员立即采取措施，使用工具对该接口的螺栓进行磅紧，却发现螺栓无法磅紧，漏油现象依然存在。

3.3.2.2 故障处理过程及原因分析

3.3.2.2.1 故障处理过程

技术人员赶往现场进行排故，立即进入燃气轮机箱体内，对齿轮箱回油管接口进行分解检查，发现的情况如下：

（1）管接口的螺栓孔内的钢丝螺套前端约 2 牙已经完全碎裂，后端螺纹完好。

（2）管接口使用四个螺栓压紧，其中两个螺栓的尾部约 2 牙螺纹已完全消失。

（3）将损坏的螺栓与从中心带的新螺栓进行对比，可以发现新旧两个螺栓的螺纹长度不同，件号也不相同。旧螺栓件号为 AS3236-07，新螺栓件号为 AS3236-09，如图 3.3.8 所示。

（4）通过上述情况，可以分析得知，由于旧螺栓的螺纹长度不够，造成螺栓拧入钢丝螺套内的螺纹牙数只有 2~3 牙，启机后该接口处存在油路压力与振动，2~3 牙的螺纹因受力过大而剥落失效，造成螺栓从钢丝螺套内被拔出。

使用工具剔除原钢丝螺套内碎裂的前 2 牙螺纹后，使用标准丝锥进行攻丝，后续对损伤的零件进行更换，并重新安装新螺栓（MS9556-09），再次启机测试后检查该处管路接口，不再出现漏油现象。

3.3.2.2.2 原因分析

该燃气轮机以前安装的螺栓不符合手册要求，旧螺栓比手册规定的螺栓短 4 个螺距，短约 3.2mm，如图 3.3.8 所示，有效螺纹由原设计的 7 个螺距变成了 3 个螺距。螺栓安装错误的情况可能是在燃气发生器初次安装出厂时就已经出现，也有可能是现场工作人员在维护过程中使用了类似规格的替代螺栓。在燃气轮机启动的过程中，原螺栓的螺纹受力超过其设计允许值，因载荷过大出现了螺纹剥落损伤，导致螺栓从管接口处脱开，所以管接口的压紧力不足，直接造成了漏油现象的发生。

图 3.3.8　新旧螺栓对比
（左为 AS3236-09 新件，右为损坏的 AS3236-07）

3.3.2.3　改进措施及建议

（1）在厂内的维修过程中，安装管路接口时，一定要严格按照手册和工卡要求安装正确件号的螺栓，并磅紧到相应的力矩，不可仅凭个人感觉或经验安装类似规格的零件。

（2）对于现场安装调试过程中出现的管路接口漏油现象，需要检查漏油点连接处的零件安装是否正确，确认所有零件正确无误后，再进行紧固，切不可盲目磅紧或者拆卸零件。

3.3.3 燃气发生器启动齿轮箱音轮损伤故障

3.3.3.1 故障描述

某压气站在对 RR 燃机进行例行维护保养后，燃机无法启机。工作人员对燃机进行检查后发现，启动齿轮箱音轮和转动探头存在损伤（图 3.3.9—图 3.3.12）。

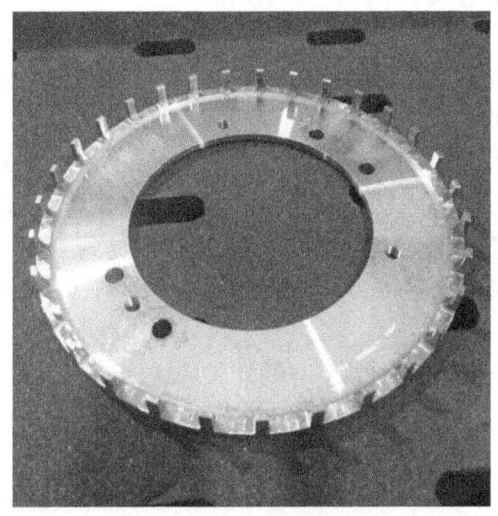

图 3.3.9　启动齿轮箱音轮

图 3.3.10　启动齿轮箱转速探头

图 3.3.11　转速探头和音轮

图 3.3.12　转速探头在启动齿轮箱上的位置

3.3.3.2 故障处理过程及原因分析

3.3.3.2.1 故障处理

对损坏的启动齿轮箱进行故障排查，工作人员按照工作范围要求，将启动齿轮箱分解至零件状态，并对分解下来的所有零件进行了大修级别的清洗和故检工作，将损伤的转速探头和音轮更换为新件。经过检查，启动齿轮箱内部的四个轴承也受到了不同程度的损伤，需要进行相应修理。

3.3.3.2.2 原因分析

维护保养人员对启动齿轮箱内部结构不够熟悉，未按照手册要求保证转速探头和音轮之间的运行间隙，导致启动齿轮箱转速探头和音轮在启机过程中发生损伤。音轮损伤产生的金属碎屑进入启动齿轮箱内部，对内部的轴承造成了不同程度的损伤。

3.3.3.3 改进措施及建议

该燃机启动齿轮箱转速探头和音轮损伤报废的主要原因是维护保养人员未能按照手册要求保证转速探头和音轮之间的运行间隙，改进措施及建议如下：

（1）根据手册要求，启动齿轮箱转速探头和音轮之间的间隙要求为1.14mm±0.13mm（0.045in±0.005in）。但是由于结构原因，现场人员无法直接测量该间隙的尺寸，可以使用以下方法获得合适的间隙值：用手轻轻拧入转动速度探头，直到其接触到音轮上的齿，然后反向转动4~5个六角螺帽上的平面，以获得合适的间隙值1.14mm±0.13mm（0.045in±0.005in）。

（2）对燃机进行维护保养时，应严格按照手册要求执行，以免对燃机造成损伤。

3.3.4 燃驱机组液压马达异常开启故障

3.3.4.1 故障描述

2023年4月10日，某站2#GE燃驱机组在盘车校验过程中，1#机组液压启动系统先导阀XV321/2a、XV321/2b异常打开，1#压缩机检测到液压启动马达转速超过900r/min，机组保护停机，停机趋势如图3.3.13所示。

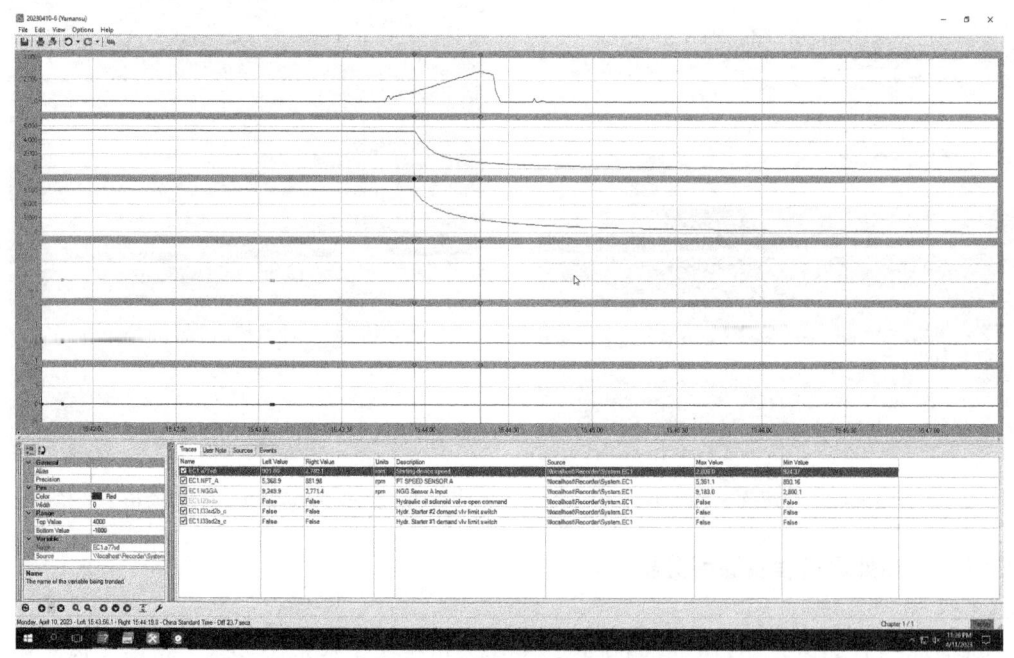

图3.3.13 1#机组停机期间相关参数趋势

3.3.4.2 故障处理过程及原因分析

3.3.4.2.1 原因分析

对机组相关停机逻辑进行核实确认，在机组运行状态下，当液压马达转速大于 900r/min 时，延时 0.16s 后触发停机并报警。

查阅图纸，确认控制器内阀门 XV321/1a、XV321/1b 的开关信号 l020sdb 对应现场 XY321/2，XV321/2a、XV321/2b 的开关信号 l020sda 对应现场 XY321/1。JB-30 中间接线箱内 321/1A、321/1B 为 2$^\#$ 机组启动系统的启动先导阀，321/2A、321/2B 为 1$^\#$ 机组启动系统的启动先导阀，并由 4 个继电器将该节点信号接入两台机组控制器作为阀位采集。检查现场中间接线箱，控制回路及阀位反馈回路接线均牢固。

为确定 321/2A、321/2B 异常打开的原因，查看 1$^\#$ 机组控制器内电磁阀开启命令和 A/B 液压泵启停状态，其中 1$^\#$ 机组控制器内电磁阀开启命令 EC1_l20sda 为关闭状态，A/B 液压泵均为停止状态，但先导阀 321/2A、321/2B 均为异常开启状态。

进一步查询 3 月 28 日 1$^\#$ 机组启机过程中的参数趋势，在启机前 321/2A 已处于开启状态，321/2B 处于关闭状态，在下达启机命令后，15 时 43 分 25 秒 B 启动泵运行，同时输出 EC1_l20sda 信号开启 XY321/1 电磁阀，321/2B 同步开启，15 时 44 分 38 秒机组达到脱扣转速后 B 启动泵停止，EC1_l20sda 信号消失，但启动先导阀 321/2A、321/2B 仍处于异常开启状态。

排查开启先导阀 321/2A、321/2B 信号开启的原因，发现 3 月 22 日 1$^\#$ 机组在暖机过程中，321/2A 阀门自正常开启后一直保持开启状态，对前期历史趋势排查，发现 321/2A 阀多次出现异常开启的情况。

查看机组 PID 图液压启动系统工作原理，液压泵动启动后，l20sdaTURE 命令（启动电磁阀开关命令）下发后，先导阀 321/2A、321/2B 开启，高压油通过 321/2A 驱动机组离合器、附件齿轮箱，使启动器产生转速，带动 GG 旋转。

结合 321/2A 前期开启后多次出现卡滞无法正常关闭的现象，进一步检查 321/2A 动作情况，对比 321/1A 动作情况，同时按压 321/2A、321/1A 阀杆后，发现 321/1A 回弹正常，321/2A 无法正常回弹，进一步检查，发现其密封环内部与阀杆接触部位存在明显磨损绞丝现象，同步检查 321/2B 动作情况，发现多次按压实验过程中，存在一定卡滞现象。

结合以上排查情况分析得出：启动系统自投产以来，启动橇各阀门在长期启机、盘车过程频繁动作，导致阀体密封环与阀杆出现较为明显的磨损绞丝现象，致使 321/2A、321/2B 阀门在失去动力源的情况下无法正常关闭。

3.3.4.2.2 处理过程

对先导阀 321/1A、321/1B、321/2A、321/2B 内部部件进行清洁保养，对铜质密封环内侧磨损部位进行打磨，打磨完成后再次进行按压测试，阀杆动作灵活，回装 321/1A、321/1B、321/2A、321/2B 阀门后恢复机组备用。确认 321/1A、321/1B 处于正常关闭状态下，通过多次盘车测试确保 321/2A、321/2B 阀门启闭正常。

3.3.4.3 改进措施及建议

加强压缩机参数分析，压缩机专业人员每日不少于 2 次对机组所有参数进行逐项查看，建立趋势组进行比对分析，对各类诊断及异常报警进行分析，追根溯源，每日压缩机专业人员在站队生产信息群内汇报参数分析情况。

全面梳理当前机组健康体检盲点。开展健康体检期间,每日早会汇报当日作业计划,每日作业完成后由生产副主任组织召开交流会,汇报讨论体检过程中存在的问题,加强体检过程管控。

3.4 可转导叶系统故障案例

3.4.1 燃气发生器 VSV 液压泵合成油漏油故障

3.4.1.1 故障描述

2014 年 4 月 7 日,某 GE 燃气发生器出现报警信息:Low synthetic lube oil supply pressure,合成油压力低低报警跳机,报警信息为:Low low synthetic lube oil supply pressure。合成油压力历史曲线如图 3.4.1 所示。

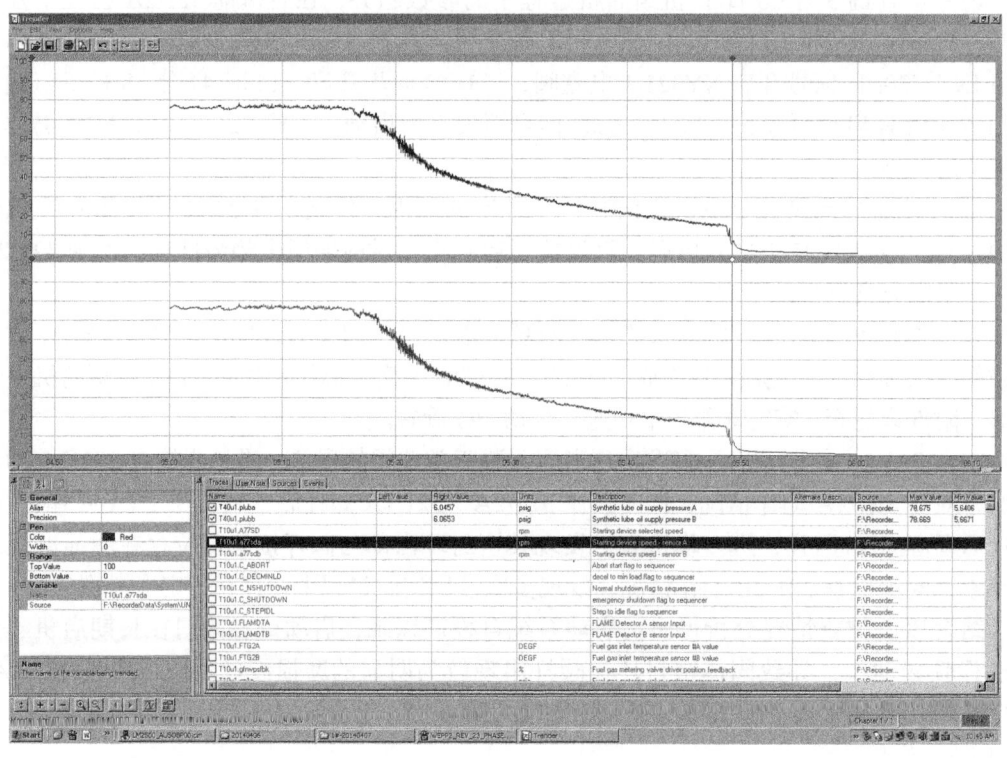

图 3.4.1 合成油压力趋势图

3.4.1.2 故障处理过程及原因分析

3.4.1.2.1 原因分析

查看现场情况,对舱体外部进行检查。检查发现舱体外部的隔板下有油迹,顺着油迹进一步发现是舱体外侧的压气机泄放排污总管(compressor bleed manifold drain)TP453 处在漏油。TP453 排污管如图 3.4.2 所示,它在舱体的排列位置如图 3.4.3 所示,机组结构图如图 3.4.4 所示。

图 3.4.2 TP453 排污管

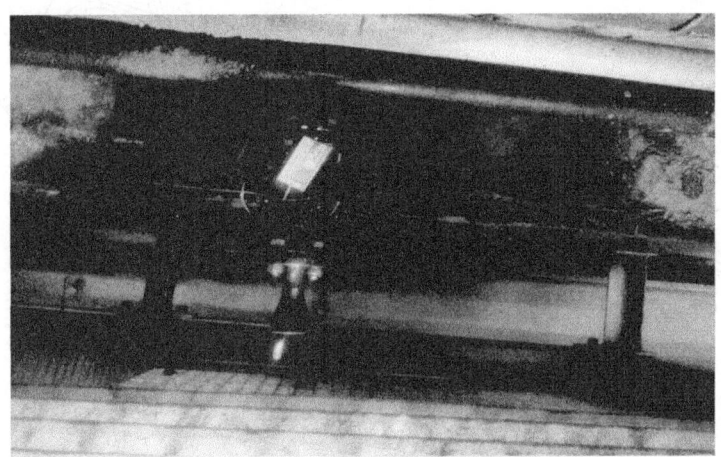

图 3.4.3 TP453 在舱体的排列位置

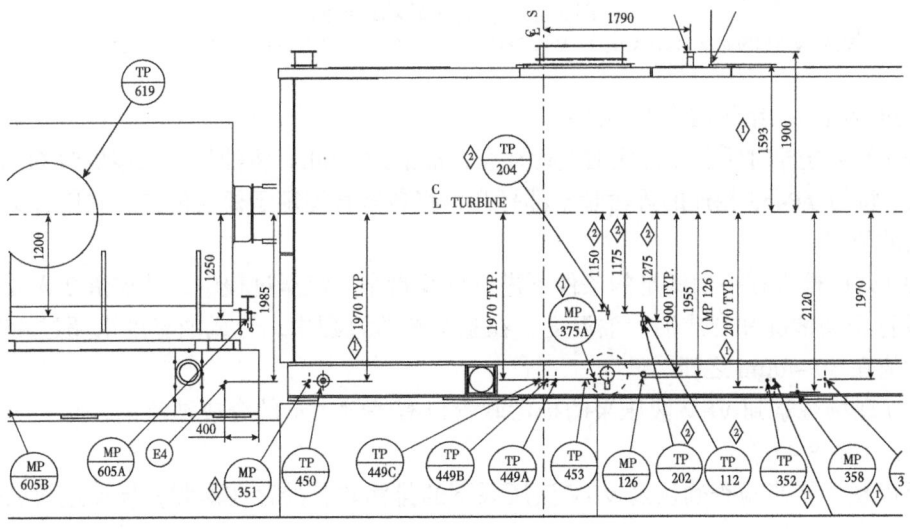

图 3.4.4 机组结构图

通过对 TP453 管路进行摸排，发现通过 TP453 管路进行排污的燃机部件主要有四处：一是 VSV 液压泵；二是与附件齿轮箱连接的离合器；三是合成油泵；四是 VSV 作动筒。然后检查人员进入燃机舱体内检查，未发现箱体内有较明显的漏油痕迹，于是初步证实漏油主要为与 TP453 排污管连接的四处燃机部件的其中一处漏油。

通过故障点测试确认漏点，经过现场排查，确认为与 TP453 相连的某一排污管漏油。查阅资料可知，GG 的油密封装置有两种类型：用于油箱区的曲径式密封和用在附件齿轮箱（AGB）及 VSV 泵中的石墨密封装置。附件齿轮箱的结构如图 3.4.5 所示。石墨密封装置由固定的弹簧式石墨密封环和高度转动的抛光钢接合环组成，它能够防止 AGB 中的油经过启动器的驱动轴、可变定子叶片（VSV）控制装置及组合油泵/VSV 泵泄漏。

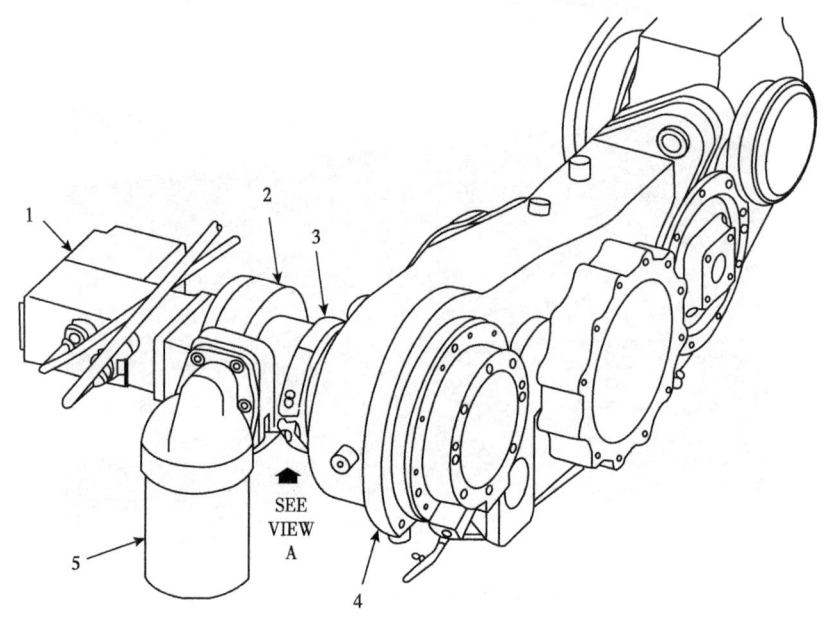

图 3.4.5 附件齿轮箱结构图
1—VSV 液压伺服阀 XV141-A/B；2—VSV 液压泵；3—卡箍；4—附件齿轮箱 AGB；5—VSV 液压油滤

经过分析后，组织漏点的确认：

（1）现场立即对所泄漏合成油进行补充，加油约 120L，将油位加至停机时 65% 液位。

（2）将与 TP453 相连的排污管全部打开，将各软管固定于稳定位置，并使管头处于便于观察的位置。

（3）站控检查在一切满足的条件下进行校验盘车，盘车过程中，站控留 2 人专门观察燃机运行振动情况和合成油回油温度，在整个校验过程中，合成油温度未超过 45℃，燃机振动值在 30~40μm 之间。

（4）现场观察到 VSV 液压泵的排污软管口有持续大量的合成油流出，其余 3 个接头无油排出（图 3.4.6）。

所以现场初步检查确认是 VSV 液压泵下的排污软管处存在泄漏，导致这次的合成油泄漏。

图 3.4.6　VSV 液压泵排污软管口处漏油

3.4.1.2.2　故障处理

（1）现场初步处理。

① 对燃机进行孔探，燃机 A 轴承并无发现有漏油迹象，燃机内并无任何油渍。

② 2014 年 4 月 8 日，现场组织对机组 VSV 液压泵（图 3.4.7）拆卸检查，经检查，发现 VSV 泵与辅件齿轮箱连接点花键上的密封圈存在老化现象，密封圈较为松软，受力后产生间隙较大（图 3.4.8）。

图 3.4.7　VSV 液压泵

图 3.4.8　花键密封圈存在老化现象

③经初判断，滑油泄漏是液压泵失效所致，站内立即查库存，向鄯善压气站调密封备件。新密封与旧密封环相比，旧密封环老化迹象明显（图 3.4.9）。

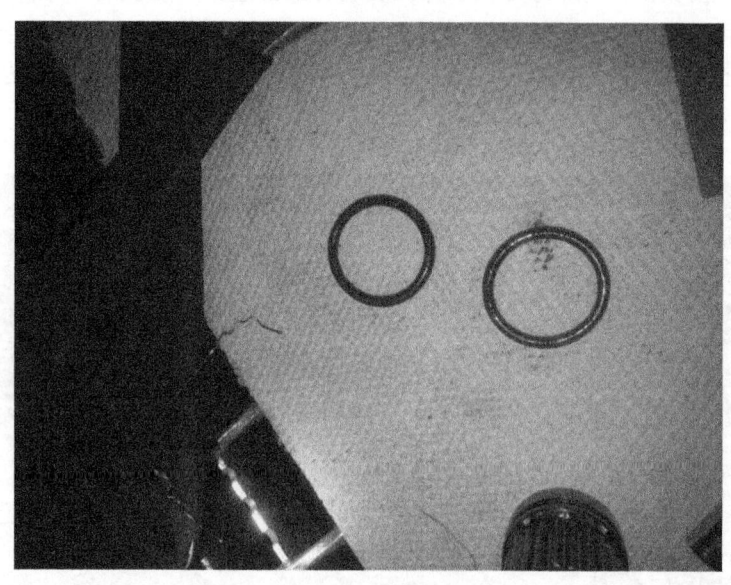

图 3.4.9　新旧密封环对比
左为新密封环，右为旧密封环，旧密封环明显老化松弛

④安装新密封环后，立即组织对液压泵进行组装。

⑤在液压泵组装完成后，机组备件了校验盘车条件，站内组织进行校验盘车，达到校验盘车 2100r/min 后，在确认机组振动和合成油回油温度正常的情况下，对 VSV 泵进行行程校验。

⑥观察 VSV 泵排油口，在校验盘车 5min 后，有油滴出现，现场进行掐表测算，现场每 34 到 36s，滴出 15 滴油；

⑦机组打至校验盘车模式，在机组到 2100r/min，检查机组振动处于 30~40μm 之间；机组点火，加载到怠速模式，机组达到 6800r/min，现场对漏点进行测算，27 到 28s 滴油 15 滴。

⑧机组打到手动模式，压缩机进行加载，压缩机达到最小载荷 3965r/min，燃机达到 9000r/min，确认机组振动和合成油回油温度正常后，现场进行漏油测算，每 32 到 33s，漏油 30 滴。

（2）配合 GE 常服到站处理。

① 2014 年 4 月 9 日拆开液压泵，对液压泵花键内部、液压泵轴与花键之间的密封环进行检查（图 3.4.10）。

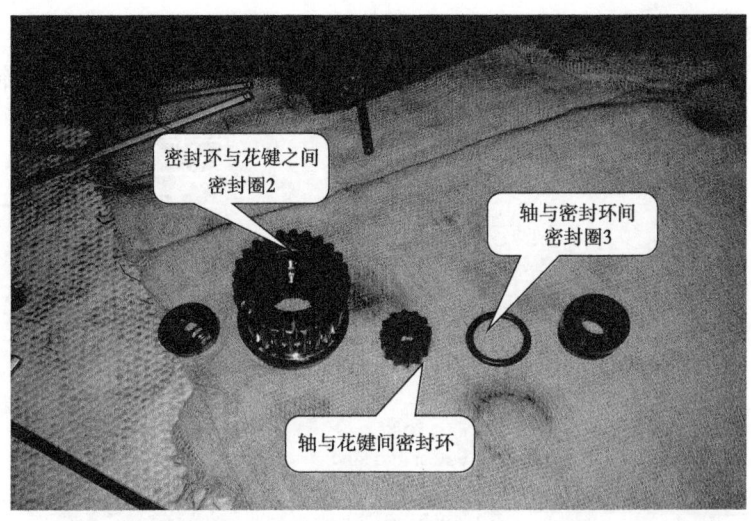

图 3.4.10　液压泵连接花键内部密封结构

②检查密封圈 2，其松弛现象不明显，密封圈 3 处于内环，取出会对环产生损伤。

③对花键和密封处进行清理，将密封件进行回装。

④重复进行测试，漏油程度得到改善。

3.4.1.3　改进措施及建议

液压泵密封失效导致滑油泄漏的故障时有发生，由于该处油压较高，应视情储备同型号的高压密封圈，结合检修周期考虑定期对滤芯进行更换，并定期对漏油检测部位进行检查，发现异常及时停机处理。

3.4.2　燃气发生器 VSV 超量程故障（西二线）

3.4.2.1　故障描述

2017 年 11 月 15 日，西二线某站 GE 燃驱机组 GG 现场更换完成后，进行 VSV 校验工作。在 HMI 上将机组模式打至校验盘车，进行机组校验盘车。启机成功，进入 toolbox 系统，准备进行 VSV 程序校验，在点击校验模式时，机组报警停机，报警信息如图 3.4.11 所示。

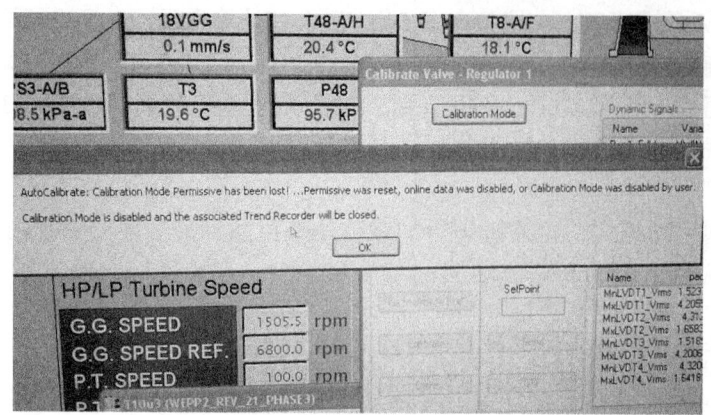

图 3.4.11　自动校验报警

此时 HMI 上 VSV 值变成 -999，并出现了 VSVA/B 等诊断故障报警，报警信息如图 3.4.12 所示。现场工程师查看现场机柜间 I/O 卡件 PSVO 硬件，未发现故障。

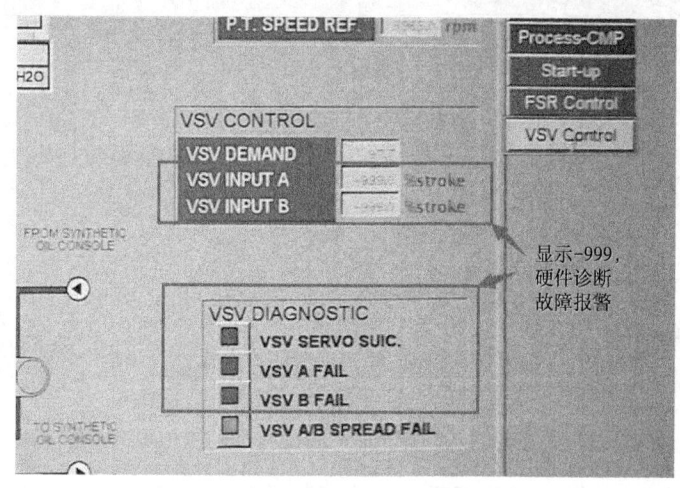

图 3.4.12　HMI 上故障信息

通过查看相应的程序，程序中的硬件诊断故障也被触发，因此 HMI 上显示出相应的诊断报警信号。另外发现 VSV A、VSV B 实时数据变为红色，表示该数据为故障状态，如图 3.4.13 所示。

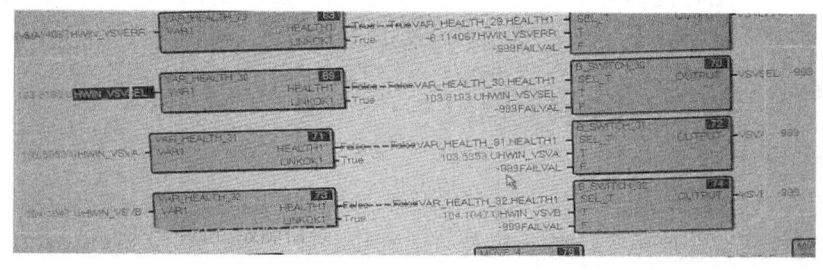

图 3.4.13　程序段相应的故障信息

3.4.2.2 故障处理过程及原因分析

用手动液压泵对 VSV 打压，使 VSV 作动筒动作，当作动筒的位置是全伸出状态（100%）时，用手动液压泵打压往回缩，人机界面显示正常，并且数值随着作动筒缩回量变化而变化，将作动筒缩回到最短时，界面显示正常（0%）。然后将作动筒往外伸长，伸长至 100% 时，继续伸长，数值就会变成 −999。根据以上排故过程，判断点击校验盘车后，由于液压油使 VSV 作动筒打至全伸出的状态，正常情况下，此时 VSV 的数值应该小于 100%，但是由于 torque shaft 前后支撑都做了改型，此时的伸长量比原先的伸长量多大概 3mm，VSV A/B 的数据分别变成了 103% 和 104%，即 VSV 的范围超量程，系统自动判断为错误故障。

在机柜间测量 VSV 端的反馈电压，断开至控制板卡的保险，测量得到 VSVA 的两路电压值分别为 4.28VAC 和 5.15VAC，VSVB 的两路电压值分别为 4.25VAC 和 5.09VAC。

由于该程序中 4 个 LVDT 的最大最小电压值大概是 1.6V 和 4.2V，通过把这 8 个数值分别对应修改成 1.5V 和 4.3V，此时再看人机界面上的 VSV 的数据，VSV 数据从 95% 变成了 92%。修改完成该数值，重新执行校验盘车成功。校验完成后查看该电压值，发现该电压值自动进行了调整，但是调整的幅度不大，目前 LVDT 的电压值如图 3.4.14 所示。校验完成后，机组进行启机，启机成功。

图 3.4.14　4 个 LVDT 的最大最小电压设定值

3.4.2.3 改进措施及建议

在现场新 GG 安装完成后，要进行 VSV 系统校验，如果出现超量程问题，可以在程序中对 LVDT 参数进行修改，待 VSV 恢复正常后，再执行 VSV 系统校验。

3.4.3 燃气发生器 VSV 校验故障（西一线）

3.4.3.1 故障描述

2018 年 6 月 12 日，某站场更换 GE 燃机后准备启机，首先进行 VSV 校验盘车，发现进入校验模式后 VSV 一直没有动作，校验失败。

3.4.3.2 故障处理过程及原因分析

首先通过液压泵手动作动作动筒，发现位置反馈没问题。现场测量 VSV 伺服阀的直流电阻，电阻值为 38~40Ω，其为正常数值。测量接地情况，正常。

对于旧 VSV 系统，VSV 只要有一路命令信号就能作动。现场进行电流测量，如果断开一路 VSV 信号线，发现另一路的电流值就会翻倍（由 13.6mA 变成 27.5mA），如图 3.4.15 所示。该方法未进行 VSV 动作测试。

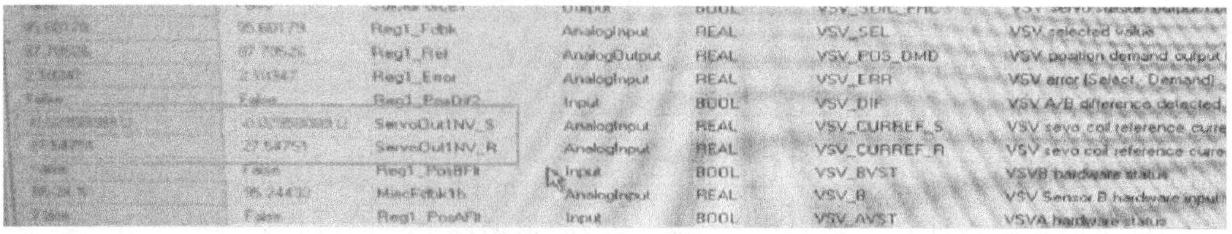

图 3.4.15　VSV 电流值

在未校验状态下，现场将两路 VSV 命令信号都接入电流表，两个电流表的读数一致，都为 13.6mA（这个电流就是校验模式下的偏置电流），说明命令信号是导通的。通过以前 GE 机组的 VSV 信号电流测量经验，输出电流为负值时，VSV 反馈应该朝 0% 变化，输出电流为正值时，VSV 反馈应该朝 100% 变化。

VSV 控制机柜间接线如图 3.4.16 所示，VSV 控制机柜间板卡上的接线如图 3.4.17 所示。现场对比 1# 机组和 2# 机组 VSV 命令信号接线，发现 1# 机组板卡输出电流线 07903 和 07905 分别接现场接线 XV141-1 和 XV141-2 的正极，而 2# 机组板卡输出电流线 07903 和 07905 分别接 XV141-1 和 XV141-2 的负极，因此怀疑 1# 机组的接线可能有问题。

图 3.4.16　VSV 控制机柜间接线

图 3.4.17　VSV 控制机柜间板卡上的接线

将这两路接线中的一路反接进行测试,当反接第一路时,VSV 校验成功。然后将两路接线都反接,VSV 无动作。如果将另一路接线反接,VSV 动作与命令值相反(此时 VSV 只有最大位置或者最小位置两种状态)。因此,导致该故障的原因是原燃机的 VSV 伺服阀里面的接线是反的,所以现场的一路接线也是反接的。当更换一台新 GG 后,VSV 伺服阀里面的接线是正常的,因此产生了该问题。

3.4.3.3 改进措施及建议

原燃机在维修完成进行试车时,需要关注 VSV 接线问题,需检查确认 VSV 伺服阀内部接线是否接反。在现场安装完成进行调试的过程中,若再出现类似问题,需调整一路接线后再进行测试。

3.4.4 燃气发生器 VSV 摇臂断裂故障

3.4.4.1 故障描述

2018 年 5 月 9 日,某压气站工作人员执行日常维护检查,发现 1#GE 燃驱机组的 0 级 VSV(可调静子叶片)的 3 个摇臂断裂,影响到机组的稳定运行,断裂情况如图 3.4.18 所示。

图 3.4.18 摇臂断裂情况

3.4.4.2 故障处理过程及原因分析

压气站接到通知后,工作人员迅速抵达现场对该机组的 0 级 VSV 摇臂进行检查。通过专用工装测量,发现 1# 机组共有 11 个摇臂存在不同程度的变形,断裂和变形的摇臂情况如图 3.4.19 所示。

图 3.4.19 断裂摇臂与正常摇臂对比

根据 O&M 手册相关要求,变形 2°~4° 的摇臂需要进行现场更换。拆解后,测量裸露的 0 级 VSV 旋转力矩,发现 0 级 VSV 的旋转力矩均超过手册的要求值,即 1~10 lb·in,

个别 VSV 的旋转力矩甚至达到了 100 lb·in。针对发现的问题，使用专用工装 1C9408G03 破除 VSV 的旋转力矩，对可见的安装面进行清理，使 VSV 能够达到手动旋动的要求。

后续对外部零件进行回装，更换了套管、衬套和摇臂，并将螺栓磅紧至 95 lb·in；对同步环上的垫圈进行间隙调节，使间隙达到 0.002~0.004in；最后使用液压泵对 VSV 的压力进行测试，驱动压力不超过 200psi。

同时，针对 1# 机组出现的 VSV 旋转力矩过大的情况，对现场其他两台机组分别做了检查。2# 机组 VSV 旋转正常，而 3# 机组 VSV 旋转力矩超标，存在运行后摇臂出现变形的风险。采用与 1# 机组相同的方法对 3# 机组的 0 级 VSV 进行了调整。

根据此次现场的摇臂断裂情况，分析产生故障可能的原因如下：由于武穴站周围的环境湿度较大，箱体中的杂质、油气以及残余的水洗溶液聚集到了 VSV 根部，增加了 VSV 垫圈的厚度，使叶片与机匣及外部零件牢牢地固结在一起，形成一个整体，增大了 VSV 的旋转力矩。在燃机发出指令作动 VSV 时，同步环通过摇臂传递给 VSV 的旋转力不足以使 VSV 发生转动，此时摇臂的两端均受到超出设计要求的扭转力，所以出现了变形甚至断裂。现场厚度增大后的垫圈如图 3.4.20 所示。

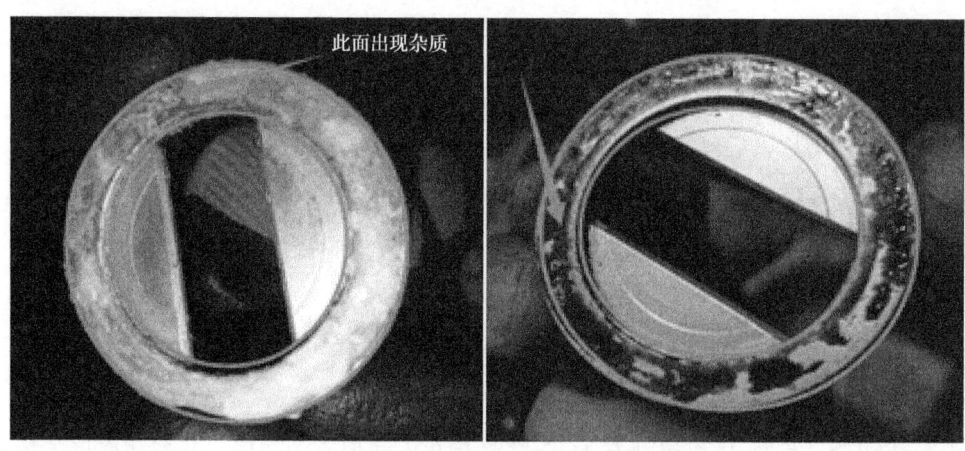

图 3.4.20　因杂质积累而增大厚度的 VSV 垫圈

3.4.4.3　改进措施及建议

根据此次现场排故情况，建议现场加大对 VSV 的检查和维护工作，减少类似故障的产生，提高现场机组运行的可靠性。

（1）在日常运行维护中，需要对 VSV 的状况进行检查，尤其是检查 6 点钟位置 0~6 级，以及 IGV（进口可调静子叶片）的垫圈是否被污染，是否出现垫圈被杂质包围的现象；

（2）在对机组进行 4K、8K 保养时，可使用液压泵对 VSV 力矩情况进行压力测试，要求测试压力不超过 200psi，且压力平稳。如发现压力过大、VSV 作动不通畅的情况，可以拆除 VSV 的外部零件，抽查 VSV 叶片的旋转情况，并对垫圈的杂质及时进行清洗，保障 VSV 作动正常。

（3）在水洗后按照手册要求进行必要的暖机程序，确保将残留在燃机内部的水分烘干，保证气流通道内不残留任何水，减少机匣下部 VSV 处结垢的可能性。

3.5 附属仪表故障案例

3.5.1 燃气发生器壳振探头松动故障

3.5.1.1 故障描述

通过振动监测系统发现某站燃气发生器在 2018 年 3 月 8 日至 3 月 11 日期间转速从 8900r/min 升高到 9400r/min，发动机壳振测点 VT457 振动值出现异常，波动较大，推动值由 70μm 最大增高到 170μm。3 月 12 日，VT457 振动值下降，一直在 80μm 左右，频率成分主要以 1 倍频为主，存在低频干扰信号。机组概貌图如图 3.5.1 所示，VT457 振动趋势图如图 3.5.2 所示。

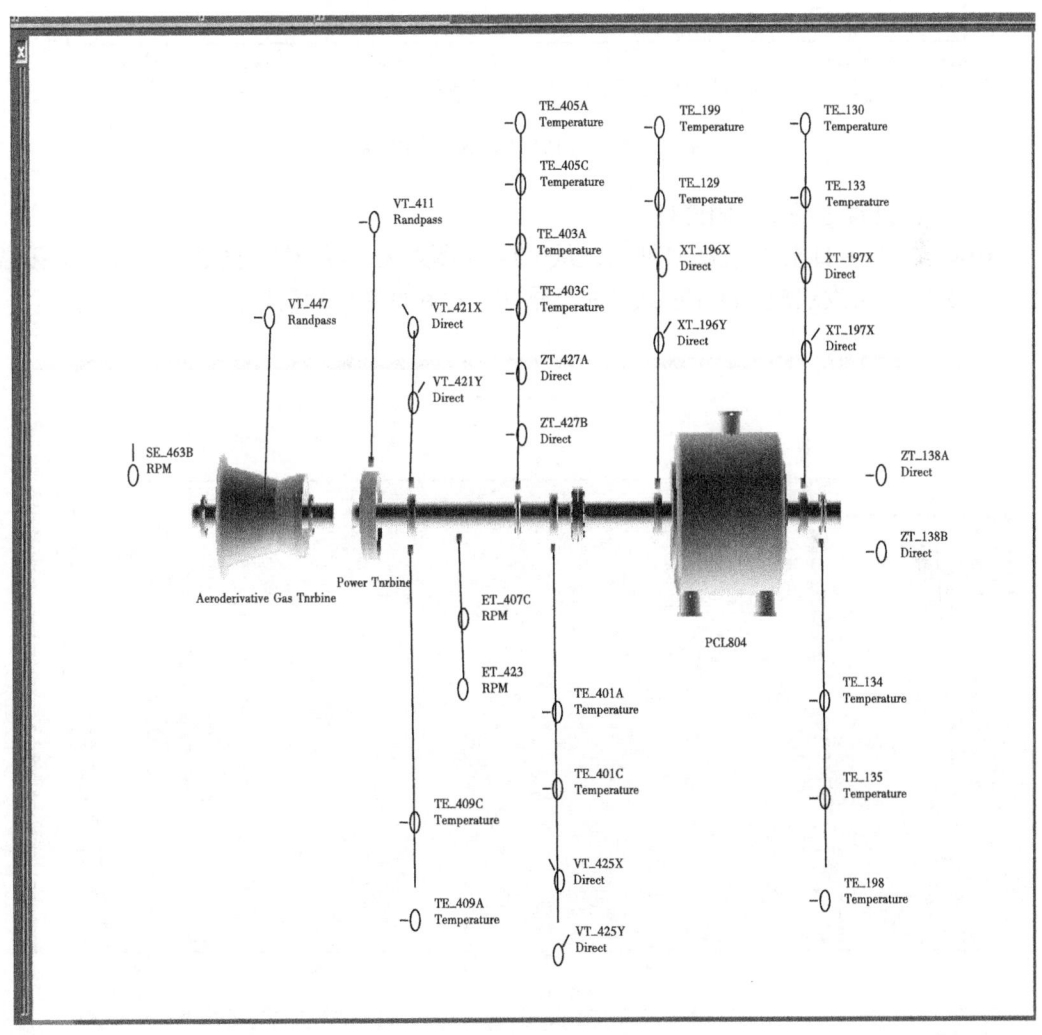

图 3.5.1 机组概貌图

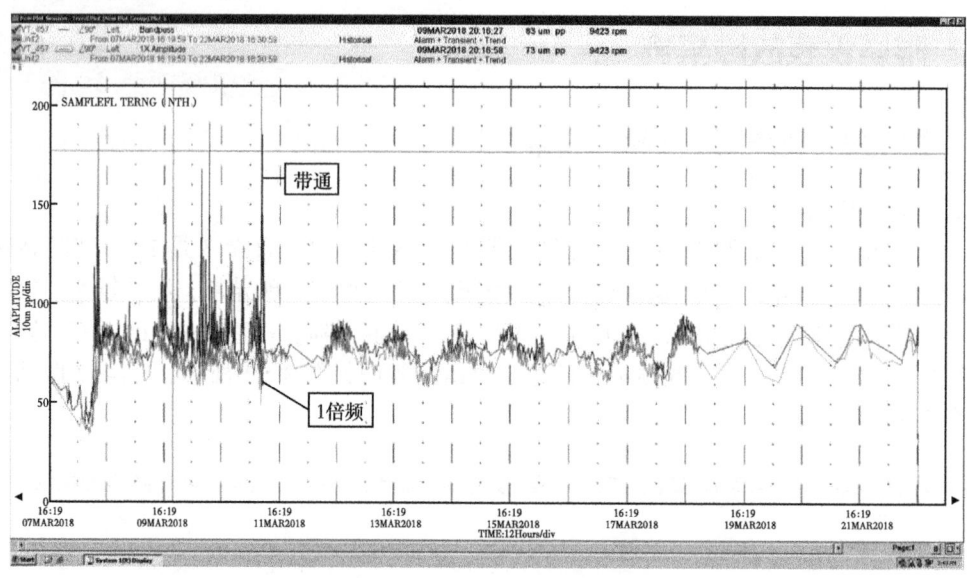

图 3.5.2　VT457 测点振动趋势图

3.5.1.2　故障处理过程及原因分析

2018 年 3 月 8 日至 3 月 11 日期间,从 VT457 测点振动瀑布图(图 3.5.3)和振动频谱图(图 3.5.4)上可发现振动的主要成分是 1 倍频,存在低频干扰信号。

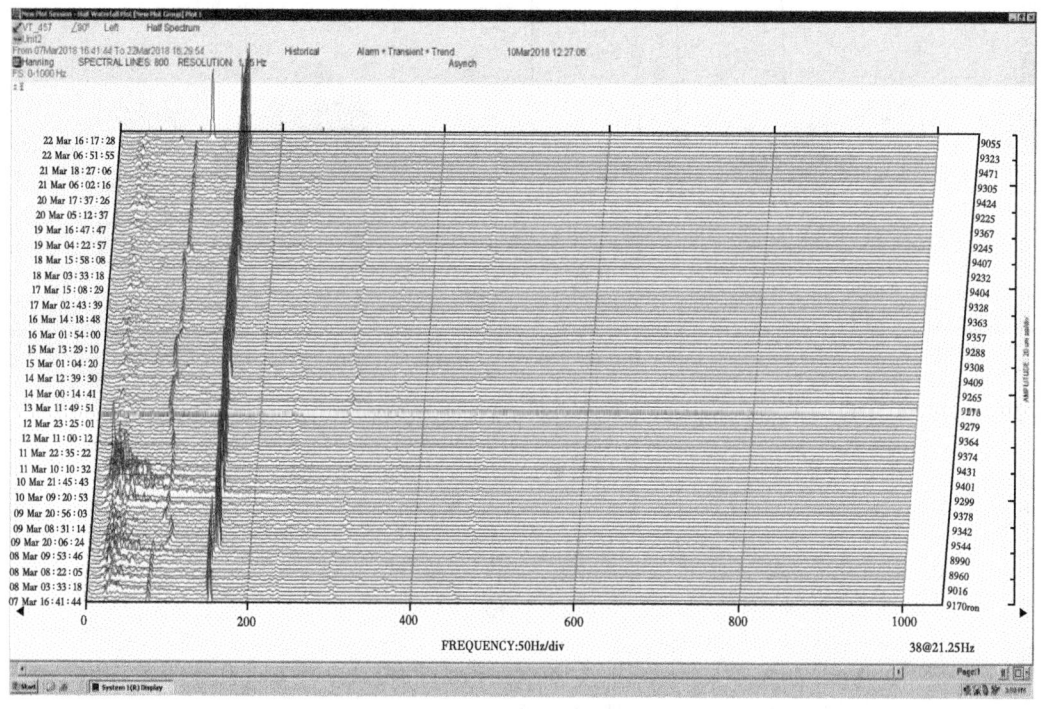

图 3.5.3　VT457 测点振动瀑布图

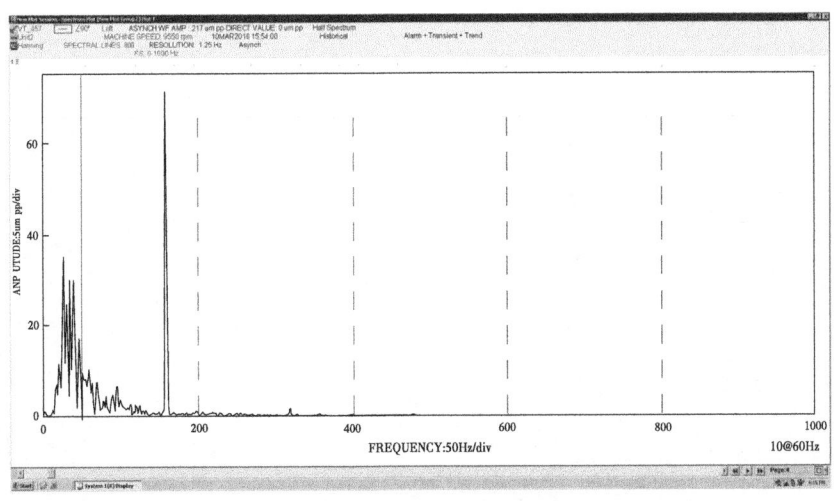

图 3.5.4　振动报警期间 VT457 测点频谱图

与压气站现场沟通后，得知 3 月 8 日至 3 月 11 日期间，调整工艺升高了机组转速，振动值随转速升降而变化，振动值同样出现波动较大的现象。根据频谱图，初步判断振动值出现较大波动的原因可能为：振动传感器相关接线松动、振动传感器前置器接头松动、信号电缆接触不良、燃机内部零部件脱落损坏等。压气站现场人员随后进行了排查，对箱体内固定燃机的悬臂吊梁螺栓进行了紧固，振动值大幅降低，对燃机进行了孔探检查，没有发现异常。

3 月 25 日重新启动后，发现 VT457 振动值在 5μm 左右（燃气发生器转速 9300r/min），但是每运行 1h 左右，振动值仍会出现一次跳变，VT457 振动值从 5μm 跳变到 100μm，如图 3.5.5 所示。通过 VT457 振动瀑布图发现存在 50Hz 的干扰成分，如图 3.5.6 所示。针对这一问题，现场人员对振动传感器相关松动接线进行了重点排查，发现振动传感器前置器接头存在松动，对其进行了紧固，振动值跳变消失，机组运行恢复正常。

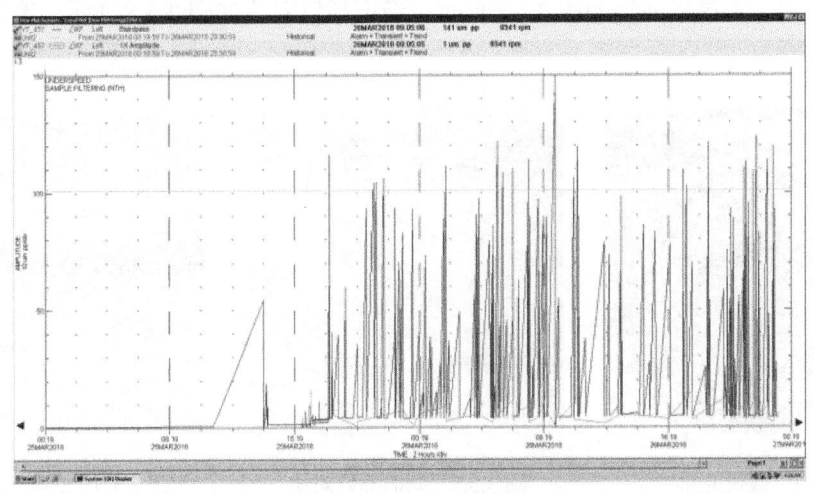

图 3.5.5　重新启动后 VT457 测点振动趋势图

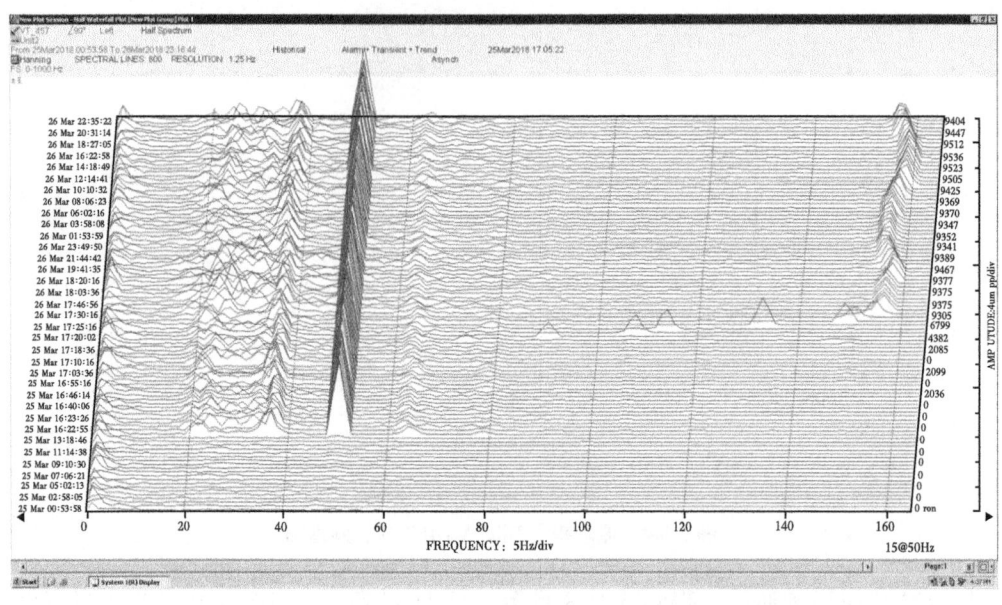

图 3.5.6　重新启动后 VT457 测点振动瀑布图

3.5.1.3　改进措施及建议

该燃气发生器振动大原因为：箱体内固定燃机的悬臂吊梁斜支撑螺栓松动，引起燃机振动大；燃机振动传感器 VT457 前置器盒及其内接线接头存在松动，引起振动值波动跳变和信号干扰。其他机组发现类似现象，可参考本案例处理方式。

3.5.2　燃气发生器伺服阀电气插头故障

3.5.2.1　故障描述

对 LM2500+SAC 机组进行维修时，发现伺服阀前端电器插头的插针存在磨损现象。多台机组进场均存在插针磨损的问题。在对插头进行维修时，发现插头内部导线绝缘皮也存在磨损现象。磨损的插针如图 3.5.7 所示，新旧插针对比如图 3.5.8 所示，磨损的绝缘线如图 3.5.9 所示。

　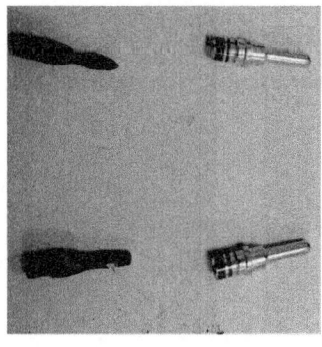　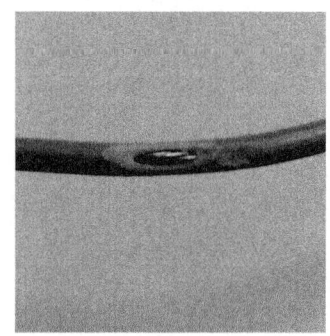

图 3.5.7　磨损的插针　　　图 3.5.8　新旧插针对比　　　图 3.5.9　磨损的绝缘线

3.5.2.2 故障处理过程及原因分析

燃机在运行过程中处于高频振动的状态。伺服阀与电器插头如图 3.5.10 所示。伺服阀前端的 2 个电器插头悬挂在伺服阀上，虽然通过螺纹将其固定到伺服阀上，但导线的重力一直使电器插头承受一个向下的拉力。电气插头与伺服阀插针之间依旧存在微小位移，导线的向下拉力导致燃机运行过程中插头与插针不断摩擦。经过长期运行，插针会产生不同程度磨损，进而导致插针接触不良，产生信号干扰，最终引起燃气发生器喘振。伺服阀内部的 2 根导线悬在伺服阀内部腔体。2 根导线在机组运行过程中也会产生相对位移，导致绝缘皮磨损。

图 3.5.10　伺服阀与电器插头

3.5.2.3 改进措施及建议

（1）仔细检查每台机组的插针磨损情况，对磨损的插头进行修理。

（2）修理燃气发生器时，对 VSV 伺服阀内部导线进行防磨加固处理，形成标准工艺，并将工艺固化到维修工卡中。处理前后的内部导线如图 3.5.11 所示。

（a）处理前　　　　　　　　　　　（b）处理后

图 3.5.11　VSV 伺服阀内部导线处理前后对比

（3）设计工装将电气插头固定到燃机发生器上，使其与燃气发生器共同运动，消除相对位移，进而消除摩擦。

3.5.3 射线探伤作业导致火焰探测器误触发故障

3.5.3.1 故障描述

2022 年 8 月 14 日，某站 2# 机组发出 “45UV-1 SENSOR HIGH TRIP” “45UV-2 SENSOR HIGH TRIP” “TURBINE COMPARTMENT UV FIRE TRIP”，压缩机箱体火焰探测器 45UV-1、45UV-2 高高触发机组紧急停机（图 3.5.12）。

08/14/22	01:15:43:513	T10U2	T10U2_P16780698	NORMAL	N	Flame detector failure flag during pre-start purge	C_FLDPRGALM
08/14/22	01:15:27:707	T40U2	T40U2_P16784091	NORMAL	N	SIS - UV FLAME DET. #A DETECTED FLAME W/O FUELON	L28FDA_ALM
08/14/22	01:15:25:753	T10U2	T10U2_P16780682	NORMAL	N	No sensor A flame detection flag	C_FLAMAALM
08/14/22	01:15:24:907	T40U2	T40U2_P16784078	NORMAL	N	SIS COMMON ALARM	L30SIS_ALM
08/14/22	01:15:23:873	T10U2	T10U2_P16781031	NORMAL	N	T48 Excessive Ring Spread alarm	C_T48SPRDALM
08/14/22	01:15:22:907	T40U2	T40U2_P16804878	NORMAL	N	STARTING DEVICE SPEED SENSOR FAULT ALM	L12SDF_ALM
08/14/22	01:15:22:907	T40U2	T40U2_P16785013	NORMAL	N	STARTING DEVICE SPEED SENSOR FAULT ALM	HS_ALM\L12SDF_ALM
08/14/22	01:15:22:827	T40U2	T40U2_P16788288	NORMAL	N	45UV-1 SENSOR HIGH TRIP	L45UV1_HH_S
08/14/22	01:15:22:827	T40U2	T40U2_P16786795	NORMAL	N	TURBINE COMPARTMENT UV FIRE TRIP	L45UV_HH_S
08/14/22	01:15:22:787	T40U2	T40U2_P16786828	NORMAL	N	45UV-1 SENSOR HIGH ALARM	L45UV1_H_S
08/14/22	01:15:22:747	T40U2	T40U2_P16804875	NORMAL	N	STARTING DEVICE NOT AVAILABLE	L3SD_ALM
08/14/22	01:15:22:707	T40U2	T40U2_P16802437	NORMAL	N	ENCLOSURE FIRE DETECTED TRIP	L45FTT_ALM
08/14/22	01:15:21:947	T40U2	T40U2_P16788059	NORMAL	N	45UV-2 SENSOR HIGH ALARM	L45UV2_H_S
08/14/22	01:15:21:947	T40U2	T40U2_P16787878	NORMAL	N	TURBINE COMPARTMENT UV FIRE ALARM - STCK	L45UV_H_S
08/14/22	01:15:21:947	T40U2	T40U2_P16787780	NORMAL	N	45UV-2 SENSOR HIGH TRIP	L45UV2_HH_S

图 3.5.12　压缩机箱体火焰探测器报警信息

3.5.3.2 故障处理过程及原因分析

查看机组火焰探测器历史趋势发现，压缩机箱体火焰探测器 45UV-1、45UV-2 被触发，在 01：15：21.5—01：15：47.2 的 25.7s 内，火焰探测器 45UV-1、45UV-2 从 0% 跳变至 100%，又跳变为 0%（箱体火焰探测器高高联锁值为 10%），触发机组报警，导致机组故障停机。

查看机组 HIMA 程序，压缩机箱体火焰探测器逻辑为 2oo3，即：当有两个探测器同时高高报，或者一个高高报、另外两个故障（当机组火焰探测器输出值大于 1050 或低于 150 时会触发探测器故障报警）触发 “TURBINE COMPARTMENT UV FIRE TRIP” 时，压缩机组箱体火焰探测器发出高高报警紧急停机命令。

通过仔细检查机组本体、箱体内壁、支架、航吊、箱体基础、线缆标识和仪表标识，未发现有烧蚀和着火痕迹，排除箱体内起火的可能性。随后对现场接线箱、仪表、供电回路和信号回路等进行检查，未发现异常。

查询箱体火焰检测器 45UV 说明书（图 3.5.13），发现 Det-Tronics-X2200S 紫外线火焰探头可能会受到射线检测的干扰。

2022 年 8 月 13 日 19 时，作业区完成站场埋地小管线隐患治理项目管线焊接作业，当晚 22 时开展焊缝射线检测作业。在机组故障停机前，焊缝检测单位正在对 2# 机组箱体西侧干气密封改造管线进行射线检测作业（作业前已对厂房 ESD 屏蔽和机组箱体观察窗进行遮挡处理），初步怀疑 X 射线干扰箱体内紫外火焰探测器，导致机组故障停机。

随后专业人员对射线机至箱体火焰探测器 45UV-1、45UV-2 的距离进行测量，射线机至火焰探测器 45UV-1 的距离为 3.6m，射线机至火焰探测器 45UV-2 的距离为 5.1m，使用同型号的紫外线探测器进行不同距离下模拟射线检测试验。通过试验得出结论：X 射线波长范围为 0.01~10nm，紫外线的波长范围为 10~380nm，两者波长相近，且 X 射线的穿透能力强，仅对机组箱体观察窗进行遮挡处理无法阻挡 X 射线穿透箱体结构。

一般应用信息

响应特征

响应取决于距离、燃料类型、燃料温度以及火焰达到稳定状态所需的时间。与所有火灾实验一样，必须根据不同的应用解释结果。

焊接

电弧焊接是强烈紫外线辐射的一种源。电弧焊接所产生的紫外线辐射很容易扩散，即使存在直接障碍物，也能反射很长距离。任何打开的门或窗都可使焊接所产生的有害紫外线辐射进入封闭区域。

如果不允许存在可能会发出假警报这一情况，则建议在焊接操作期间避开该系统。气焊可强制避开该系统，因为气焊枪实际为火焰。

人造光源

不应将X2200放在人造光源的3ft范围内。人造光源所产生的热辐射可能会导致探测器过热。

EMI/RFI干扰

X2200能够抵抗EMI和RFI的干扰，符合EMC指令，贴有CE标志。它不会响应距离超过1ft的5W对讲机。

假警报源

该紫外线传感器不受太阳辐射中所含紫外线部分的影响。不过，除了火焰外，它还可以响应电弧焊接、光源、高压电晕、X射线、伽玛辐射等其他紫外线源。

阻止探测器响应的因素

窗户

玻璃窗和树脂玻璃窗可大大削弱紫外线辐射强度，因此，该探测器与潜在火源之间不得隔有此类窗户。如果无法避开此类窗户或者无法更改探测器位置，请与 Detector Electronics联系，获取有关不会削弱紫外线辐射强度的窗户材质的建议。

障碍物

辐射必须能够照射到探测器，这样探测器才能对它进行响应。当将物理障碍物移至该探测器的可视范围之外时，请务必小心。另外，不得在探测器和受保护的有害物质之间积聚能够吸收紫外线的气体或水蒸气。

烟雾

烟雾可吸收紫外线辐射。如果预计在着火之前会积聚浓烟，则应在墙上距离天花板1m（3ft）的位置处安装封闭区域中使用的探测器。

探测器观察窗

尽量使探测器的观察窗保持清洁，以保持最大敏感度，这一点非常重要。可大大削弱紫外线辐射强度的常见物质包括（但不限于）：

硅胶
油脂
积聚的灰尘
喷漆。

图 3.5.13　X2200S 说明书

3.5.3.3　改进措施及建议

开展射线检测作业前，未识别出 X 射线（0.01~10nm 波长）能够穿透箱体触发机组紫外火焰探测器（探测范围 10~380nm）的风险，仅对厂房 ESD 进行屏蔽及对箱体观察窗进行遮挡处理，射线检测期间未对机组火焰探测器屏蔽，导致射线检测过程中触发机组故障停机。专业人员对火焰探测器的产品特性、检测射线及波长等不熟悉的知识未进行自学，对于防范射线干扰的理解存在较大偏差，未能充分汲取射线检测导致机组停机的事故案例的教训。

建议制订作业计划时应结合机组运行情况进行合理安排，作业前全方位辨识风险，并采取有效措施进行预防。

3.6　箱体通风系统故障案例

3.6.1　燃驱机组箱体通风差压低停机故障

3.6.1.1　故障描述

箱体通风系统要求能以尽量少的空气，达到尽可能高的通风效果，箱体内的通风气流能在阻力尽量小的情况下充分地对流,并将机组散发的热量带走。GE机组箱体通风系统由三台风机、三组进口挡板、三组出口挡板、一台箱体差压变送器和两个温度探头等设备组成。自GE机组投产以来,陆续多次发生过由箱体通风差压低造成的停机。

3.6.1.2 故障处理过程及原因分析

3.6.1.2.1 气候原因

通过对多发箱体差压低造成停机的站场进行分析,发现这些压气站地处西北,在春秋季节大风天气下,若风向与进气道气流方向相反或风向与进气道气流相反方向的分速度比较大,由于进气道处于背风面,在风速比较大的情况下与庞大的厂房相结合,背风面会造成一个很大的负压区,影响进气量,可能造成箱体内差压低;而扬尘天气会造成进气滤芯变脏,进气道风阻变大;同样,雪雾天气会造成进气滤芯变潮,进气道风阻同样也会变大。另外,西北春秋季节昼夜温差较大,通风电动机在全速、半速切换频繁,同样容易诱发风机半速/全速切换失败的停机。

3.6.1.2.2 设备结构及箱体密封

分析发现若设备结构及箱体密封有以下几种情况,会影响箱体差压:

(1)进气挡板33ID-1、33ID-2和33ID-3开启角度没有调整好。33ID-1开启角度较小,而33ID-2和33ID-3开启角度偏大,则会有相当一部分的气流流入后舱,减小了前舱的风压。

(2)箱体紧急通风电动机从燃烧空气道抽取涡轮机的燃烧用气,箱体通风风扇抽取的是箱体通风道中的通风气。如果紧急通风电动机通风道的铅垂发生问题,百叶窗没有关严,由于燃气涡轮压气机的吸力非常大,会有大量的空气从箱体通风道被抽到燃烧空气道中,降低了前舱和后舱的压力。

(3)箱体壁板密封不好,箱体密封带老化,密封性能变差。在此种情况下,空气会从各个缝隙流出,比如门缝、箱体接缝和电缆孔等。

上述三种情况均容易造成箱体差压低于正常的情况。

3.6.1.2.3 程序逻辑问题

现有GE机组箱体通风逻辑仅根据箱体散热要求,通过环境温度来决定通风量,而在环境温度低于3.33℃时,通风电动机只能以半速模式运转,通风量变小,在这种情况下,如果由天气或箱体结构问题造成箱体差压低,很容易造成停车。实际上,排除误操作,由箱体差压低造成的停车全部是发生在这种情况下。

另外,在箱体通风的逻辑程序中,有未完成的通过IIMI进行手动切换通风电动机全速/半速的逻辑,如果能够完成该部分程序,从而实现手动进行全速/半速切换,则对操作人员及时处理箱体差压低造成的停车有很大帮助。

3.6.1.2.4 操作人员误操作问题

在春秋季天气比较恶劣的情况下,站场操作人员为防止在夜间箱体差压过低停车,一般在主风机半速运转的前提下,又强制了备用风机半速运转,这样能建立箱体的差压,但当白天环境温度上升后,需要主风机由半速切换至全速,由于程序要求正常情况下只能1台风机运转,所以在主风机半速向全速切换时的逻辑判断出现紊乱,导致主风机半速向全速切换失败,引起停机。

3.6.1.3 改进措施及建议

由于 GE 逻辑方面设计的缺陷，仅根据箱体散热要求，通过环境温度来决定通风量，而未考虑风扇半速状态下箱体压差变低的问题。在实际工作情况下，综合结构、运行环境、天气等因素，极易导致箱体压差低报停机。要想解决此问题，可以通过修改逻辑解决，也可从结构和预防误操作等方面入手。

3.6.1.3.1 修改逻辑

修改逻辑是解决此问题最直接、简便和有效的方法，有以下两种逻辑修改方案：

（1）增加一个判断，在温度小于 3.3℃、风扇半速运行时，若箱体差压低报，先尝试风扇切全速，若箱体压力仍未恢复，再停机。

（2）要求 GE 方面尽快修改系统中未完成的逻辑，完成 HMI 界面手动控制风扇全速、半速控制选项。

3.6.1.3.2 加强箱体设备结构的维护

在设备结构方面，可以经常进行检查和调整，主要有以下几方面：调整进气挡板角度，调整前后箱体进风量，经常检查紧急电动机通风道铅垂位置；经常检查箱体密封性能，及时更换老化密封元件，保持良好的箱体密封性能；增大进气滤芯反吹频率，及时更换失效空气滤芯，减少进气道风阻。

3.6.1.3.3 合理进行应急处理

在机组实际运行过程中，遇到箱体通风风扇半速运行、箱体压差偏低的情况，通常采用强制风扇全速运行的方法提高箱体压差，使机组不会因箱体通风压差低而停机。但是在实际操作过程中，如果对强制的信号选取不当，会引起机组逻辑混乱，导致直接停机，甚至会损坏设备。之前已经发生过因强制信号选取不当发生停机的情况。

合理进行应急处理可行的办法有两种：一是在主风机半速运转的情况下，再强制主风机全速运转，这样不存在半速启动问题，而由全速向半速切换时，只不过是报一个由全速向半速切换失败的信号，但不会引起停机；另一种就是暂时强制修改温度参考阈值（K26B_SPEED 信号），该信号默认值为 41°F，在低温季节可将其适当调低，使风扇始终运行在全速状态。当然这两种办法也是为了防止停机的一种不得已的临时措施，因为按设计要求，在箱体内温度较低时，要求风机以半速模式运转肯定是有其考虑的（如 GG 和 PT 有些节流孔板在低温下容易发生冰堵），所以在强制全速后，等外部环境恢复正常，箱体差压也恢复正常后，要及时取消强制。

3.6.2 燃驱机组箱体通风故障

3.6.2.1 故障描述

GE 机组通风系统配有 2 台 75kW 双速交流风扇电机 88BA-1/2 和一台 22kW 的直流应急风扇 88BE-1。两台交流风扇平时一用一备，可通过 <HMI> 上的 "FAN SWITH OVER" 按钮进行主备切换选择，冬天温度低时主选电动机半速，当环境温度（TT-531）a26at 的值上升到 41°F（5°C）时，主选电动机将切换到全速运行。如果主风扇失效，机组将自动启用备用风扇。如果启动备用风扇再次失败，机组将停机，同时启动直流应急风扇。当环境温度（TT-531）a26at 的值下降到 38°F（3.3°C），主选电动机将从全速切换到半速运行，如图 3.6.1 所示。

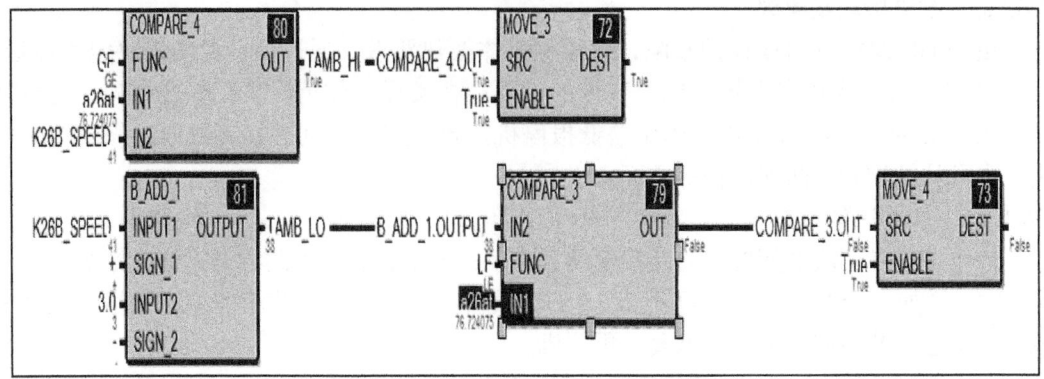

图 3.6.1 全速、半速温度设定功能块图

从 2006 年 11 月某压气站第一台 GE 机组投产以后，由箱体通风故障导致机组停机的现象屡屡发生。

3.6.2.2 故障处理过程及原因分析

3.6.2.2.1 参数设置不合适

某机组 2# 箱体风机经常出现"EVFAN1HS_FON、EVFAN1LS_FON"报警，其是触发命令发出延时后没有检测到反馈才会出现的报警（图 3.6.2）。

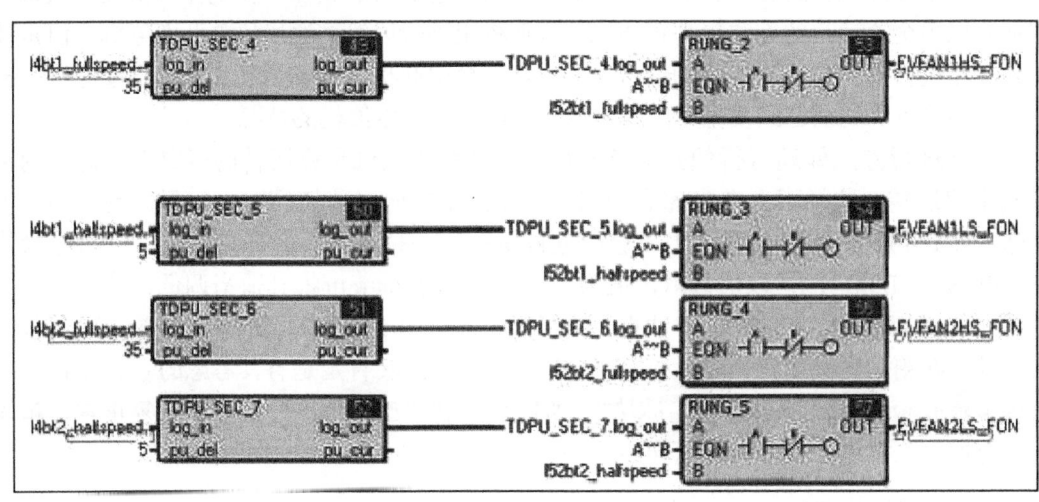

图 3.6.2 反馈检测逻辑

正常情况下不应该出现此类报警，但站场在启机或主备风扇切换过程中时常出现此类报警，并且在启机时多次发生箱体通风电动机跳闸。仔细查看逻辑图，发现风机全速启动逻辑（图 3.6.3）中延时模块 TDPU_SEC_11 延时 pu_del 为 0，而其他风扇电动机的延时都为 2s，没有延时是造成此类故障的真正原因。如果环境温度高于 41°F（5°C），而 2# 为主风扇，在机组启动过程中，应该是先低速运行，2s 后高速触发，由于没有延时，导致低速、高速同时触发，假设低速触发成功运行，35s 后就会出现 EVFAN1HS_FON 报警；而高速触发成功运行，5s 后就会出现 EVFAN1LS_FON 报警。但是，电动机的功率为

75kW，额定电流为144A，而选用的空气开关额定电流为160A。根据空气开关的选型规则，额定电流应为用电设备额定电流的1.1~1.25倍（158.4~180A），其选型靠近下线，大多数情况下不能承受直接高速启动的大电流，常常发生空开跳闸的故障。

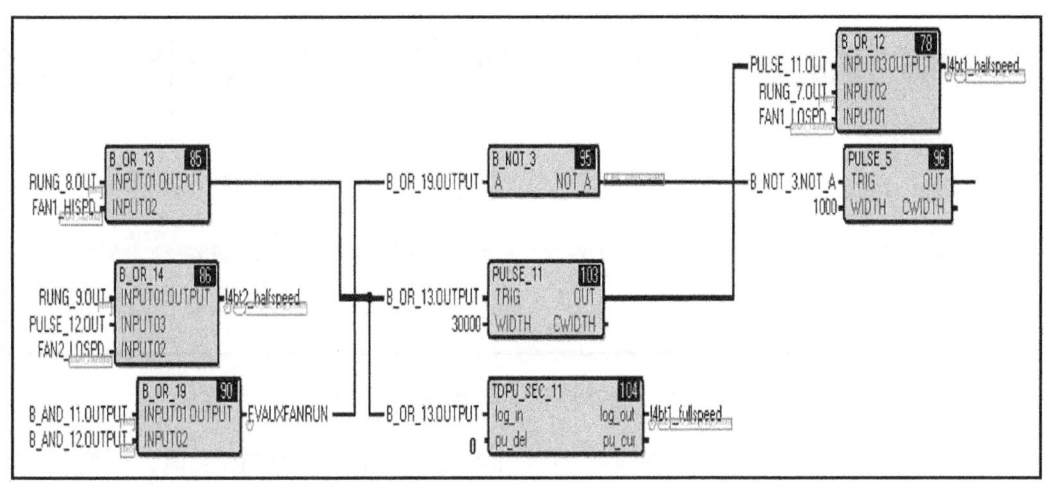

图 3.6.3　全速启动逻辑

3.6.2.2.2　箱体压差低导致停机

GE机组箱体压差设定不低于0.19in H_2O（4.83mm H_2O），当压差低于设定值时，风扇将从主风扇半速切换到备用风扇半速，如果箱体压差在50s延时内没有得到改善，机组将保护停机。由于GE机组风扇挡板开闭采用的是机械原理，挡板的开、闭是依靠重锤和风的共同作用。平时挡板处于半开半闭状态，运行时运转的风扇将自生挡板吹开的同时，将备用风扇挡板关闭。在某些特殊气候条件下，特别是在大风等恶劣天气时，箱体备用风扇挡板会受扰动而出现剧烈摆动、关闭不严，使得压差不稳定，导致压差在延时时间内不能恢复正常（图3.6.4），机组故障停机。

图 3.6.4　箱体压差低延时功能块图

另外，有些站场由于工程施工时没有把好关，风道挡板两边缝隙较大，漏风较严重，正常情况下其箱体压差只能维持在7~8mm H_2O，与报警值很接近，刮风挡板很容易受干扰而发生剧烈摆动，从而出现压差低报警停机。

3.6.2.2.3　反馈信号丢失

箱体通风还有一种无风机运转信号的VENTIL-NS停机，其报警信号如图3.6.5所示。

2/13/09	03:37:44 PM	N	DIAG	ALARM	Thermocouple 6 Linearization Table Low [PTCC-21-2]	PTCC.121.21.2
2/13/09	03:37:44 PM	N	DIAG	ALARM	Thermocouple 6 Linearization Table Low [PTCC-21-3]	PTCC.121.21.3
2/13/09	03:37:23 PM	N	PRC	NORMAL	Proc.compr.suction diff.press. low-ready to crank	L63GSDL_ALM
2/13/09	03:37:04 PM	N	PRC	NORMAL	PROC.COMPR.HOT BYPASS MISSING FEEDB.ALM	L86HB_ALM
2/13/09	03:36:21 PM	N	PRC	ALARM	PROC.COMPR. SUCTION TEMP.HIGH ALM	L26GSH_ALM
2/13/09	03:34:39 PM	N	PRC	NORMAL	PROC.COMPR.SUCT.MAIN MISSING FEEDB.ALM	L86SM_ALM
2/13/09	03:34:19 PM	N	PRC	NORMAL	PROC.COMPR.DISCH.MAIN MISSING FEEDB.ALM	L86DM_ALM
2/13/09	03:34:19 PM	N	PRC	NORMAL	PROCESS INCORRECT VALVES POSITION TRIP	L33P_ALM
2/13/09	03:33:38 PM	N	PRC	ALARM	XV160 FAIL CLOSE ALARM	
2/13/09	03:33:36 PM	N	PRC	ALARM	Fuel gas heater local panel fault -alm -stps	l86gfn
2/13/09	03:33:35 PM	N	PRC	NORMAL	Fuel Gas Pressure Low	LPGASL_ALM
2/13/09	03:33:34 PM	N	PRC	NORMAL	Encl Vent Fan #2 Low Speed Fail to Turn ON	EVFAN2LS_FON
2/13/09	03:33:34 PM	N	PRC	NORMAL		L86FGVLV_FLT
2/13/09	03:33:32 PM	N	PRC	NORMAL	Proc. compr. antisurge valve mismatch feedback - alm	L20AS_FLT
2/13/09	03:33:29 PM	N	DIAG	NORMAL	Solenoid #2 Contact Feedback Incorrect [PTUR-67-1]	PTUR.39.67.1
2/13/09	03:33:29 PM	N	PRC	NORMAL	Encl Vent Fan Emergency Shutdown	VENTIL_ES
2/13/09	03:33:29 PM	N	PRC	NORMAL	Aux Encl Vent Fan Fail to Turn ON upon Switchover	FAILTOTURN
2/13/09	03:33:29 PM	N	PRC	NORMAL	Encl Vent Fan #1 High Speed Fail to Turn ON	EVFAN1HS_FON
2/13/09	03:33:21 PM	N	PRC	NORMAL	PROC.COMPR.SEAL BUF.FLT.DIF.PRES.HI.ALM	L63SFHA_ALM
2/13/09	02:46:44 PM	Y	PRC	ALARM	<R> PPRO 27 DIAGNOSTIC ALARM	L30DIAG_PPRO_27R
2/13/09	12:06:59 PM	Y	PRC	ALARM	Lube oil Fan #2 at full speed	L95QFC2_ALM
2/13/09	12:06:02 PM	Y	PRC	ALARM	Lube oil Fan #1 at full speed	L95QFC1_ALM
2/13/09	11:10:16 AM	Y	PRC	ALARM	<S> PPRO 27 DIAGNOSTIC ALARM	L30DIAG_PPRO_27S

图 3.6.5　某站场 VENTIL-NS 停机报警图

EVFANHS_FON、EVFANLS_FON 报警和 LATCH_2OUT 同为 TRUE 时，机组会出现 VENTIL-NS 停机命令（图 3.6.6）。

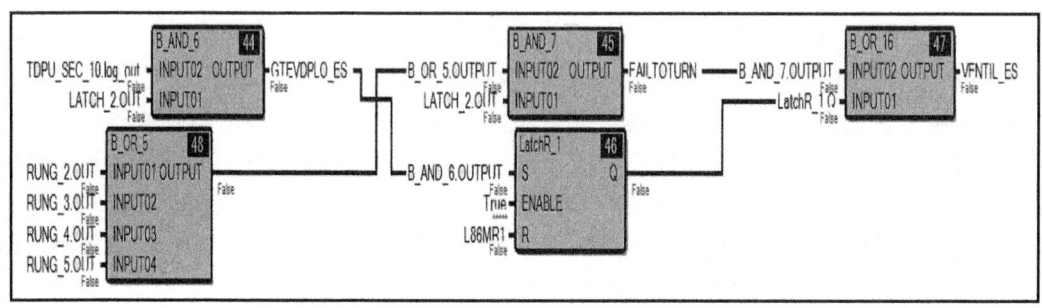

图 3.6.6　VENTIL-NS 停机逻辑图

LATCH_2OUT 要变成 TRUE，必须是主风扇自动切换到备用风扇运行。风扇自动切换条件（图 3.6.7）：GG 箱体温度 A26BT1 大于 185°F（85℃）；PT 舱室温度 A26BT2 大于 212°F（100℃）；GTEVDPLO_ALM 箱体压差低报警；L45HA 箱体通风可燃气体浓度高报。只要这四个条件中一个为真，箱体风扇就会自动切换。

根据现场掌握情况，值班员工第一天下午发现 PT 舱室温度 A26BT2 大于 212°F（100℃），机组自动从主风扇切换到备用风扇运行，没有在 HMI 上切换主备，一直是备用风扇运行。LATCH_2OUT 没有复位，一直是 TRUE，第二天风扇全速过程中，出现了反馈信号丢失 EVFAN1HS_FON 报警，机组故障停机。停机时风机运行正常，箱体压差为 41mm H_2O。可以断定风机命令正常，反馈 l52bt1_fullspee 故障，由于接收反馈信号的离散输入 I/O 包中采用了光电隔离，光电隔离电路发生故障，没有将信号传输到控制器，而出现故障报警。离散 I/O 包故障率比较高，金昌、古浪也相继出现过此类 I/O 包故障，所有 I/O 包中离散输入备件消耗量是最大的。

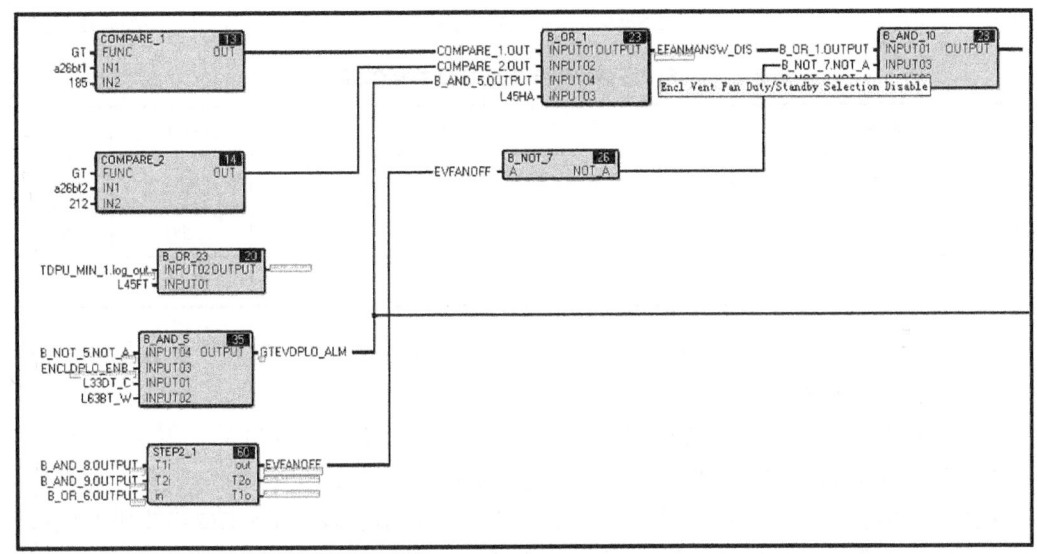

图 3.6.7 风扇主备切换逻辑图

3.6.2.3 改进措施及建议
3.6.2.3.1 参数设置不合理问题
将延时设置成相同的 2s 时间,并对所有 GE 机组逐一排查。同时将机组的两台风机中的一台 160A 空开更换为 180A,即使风机全速启动也能保证触发成功,所更换下来的空开作为备件保存。该措施彻底解决了由参数设置问题导致的故障,保证了机组的安全、平稳运行。

3.6.2.3.2 压差低故障停机
即使箱体压差在 8mm H_2O 时箱体通风散热良好,而压差低都是由外界原因导致的暂时状态,不会对箱体散热造成较大影响。所以,修改参数是比较实际可行的解决办法,对比 RR 机组箱体差压低报警设定值只有 1mm H_2O、跳机设定值只有 0.5mm H_2O,2009 年 2 月,将 K63BT_ALM(箱体差压低报警设定值)由 0.19in H_2O 改为 0.1in H_2O,即由 4.83mm H_2O 改为 2.54mm H_2O。大风天气的箱体压差最低在 2.3mm H_2O,此方法很有效避免了大部分由箱体压差低导致的故障停机。但是,由于延时只有 50s,在天气比较恶劣的情况下,箱体压差不能在 100s 内恢复到正常值,不能完全避免此类故障。适当延长延时时间,让差压低低停机信号避开外界风干扰的时间,这样能有效减少故障停机次数。由于箱体还有温度高切换风扇,以及 TT-553、TT-555 高高停机保护,适当增加延时没有大的风险。

3.6.2.3.3 信号故障
(1)首先尽量避免风机非信号故障自动切换。由于反馈信号不在一个模块上,主风机信号丢失后自动切换,不会影响运行。着重杜绝因温度高导致机组风机切换,可以考虑将风扇半速向全速切换的设定值适当降低,根据现场实际情况,切换温度由 41°F 改为 32°F(0°C)左右比较合适,风扇全速向半速切换的设定值由 38°F(约 3.33°C)变成 29°F(-1.67°C),这样,环境温度高于等于 0°C 时,主风扇全速运行,这样可以确保 GG 和 PT 舱室的温度远离报警值,大大降低故障发生的频率。根据另一站场 2009 年 3 月 6 日的箱体温度记录(表 3.6.1),在 3.0~5.0°C 阶段,TT-555 很接近 100°C 的报警切换值,所以在机组自动切换的温度区间内，TT-555值接近报警值具有一定普遍性，它不是单个现象。

表3.6.1　某站场2009年3月6日的箱体温度记录

	时间	11：44	12：04	12：24	12：44	13：04	13：24
温度/℃	TT-531	3.02	3.71	4.1	4.22	4.45	4.82
	TT-553	54.7	56.4	57.3	57.5	58	58.7
	TT-555	92.5	92.5	93.4	94.2	95.1	95.7

适当降低切换温度，将PT箱体温度保持在报警切换值以下，有利于延长箱体内设备寿命，同时会减少故障停机。

（2）及时切换、复位LATCH_2OUT，当机组自动切换到备机后，及时点击FAN SWITCH OVER切换主备，LATCH_2OUT就会复位，由True变成False，风扇又能自动主备切换了。但要注意的是：在机组TT-555、TT-553温度没有降下来或箱体压差低报警没有消失时，即引起切换的条件没有消失，EFANMANSW_DIS的状态是True时，风扇手动切换被禁止，在这期间HMI上不能切换主备，复位不会成功。

（3）及时判断处理离散输入I/O包是否存在故障，若发现问题，及时更换新的I/O包，或者同机柜上没有使用相同通道或不是非常关键的相同I/O包互换，杜绝因反馈故障引起机组故障停机。

3.6.3　燃驱机组箱体差压低故障

3.6.3.1　故障描述

箱体差压的建立是由电动机带动风扇，将过滤后的空气吹入箱体形成的。某RR燃驱机组箱体风扇电机的功率为：HP 7.5/30　kW 5.5/22　r/min 1480/2955。箱体风扇共三个，两用一备。当环境温度低于5℃时，箱体风扇切换至两个低速风扇运行，当箱体温度升高时，箱体风扇又会再次切换至两个高速风扇运行。但是如果箱体压差低于报警值0.01kPa时，逻辑会优先考虑箱体压差，即环境温度低于5℃的情况下，也是运行两台高速风扇。但是当对报警复位后，逻辑又会因温度低自动切换至两台低速风扇，此时又会产生报警，自动切换至两台高速风扇，所以各站场冬天都是对报警只确认而不复位（即两台箱体风扇在高速状态运行），这样就造成了如果箱体差压再降低至报警值或停车值时，不会再有新的警示，因为报警一直存在着。当箱体差压再次出现低于报警值或停车值的情况时，站控室不能及时地发现故障并处理，从而造成停车。

3.6.3.2　故障处理过程及原因分析

故障出现后，首先用FLUKE744对箱体差压变送器检测零点及量程，强制模拟输出均正常；又对变送器的引压管进行检查，未发现引压管有堵塞现象。由此可以确定，箱体的压差是真实的，确实箱体内的压力没有处于设定的正常范围内。对电机和风扇进行检查，并对箱体内的进气及排气百叶窗进行检查，它们也都正常，所以初步判断是风扇进气出现了问题。

因此，决定测试是否因为电动机挡板打开时对空气进气的阻力太大，或者滤芯对进气的阻力太大，因进气量小而导致箱体建立不起应有的压力。

3# 风扇在不同状态下的测试数据对比见表 3.6.2。从表 3.6.2 的对比中可以发现随着进气阻力的减小，箱体内建立的压力在逐步增大，可以得出结论：箱体风扇的进气阻力对箱体压差的建立有着非常重要的影响。

表 3.6.2　3# 风扇在不同状态下的测试数据对比

项目	3# 风扇低速运行	3# 风扇高速运行
更换箱体进气滤芯前的箱体差压	0.001~0.008kPa 浮动，其间出现一段时间的 0kPa	0.008kPa 左右
更换箱体进气滤芯后的箱体差压	0.005kPa	0.023kPa 左右
将 3# 电动机上方软连接拆卸后的箱体差压	0.008~0.01kPa	0.028 kPa 左右

1#、2# 风扇测试以及进气过滤器差压的数据对比见表 3.6.3，从表 3.6.3 可以发现，两个低速风扇的运行状态：在更换进气滤芯前，箱体差压已经达到了报警值；在更换箱体进气滤芯后，箱体差压完全正常，符合要求，并且进气过滤器的差压也减小很多，说明进气阻力减小了很多。在正常运行机组后，更换完进气滤芯后，箱体差压正常，温度为 3℃ 时，1#、2# 风扇低速运行，压力为 0.021kPa 左右，机组完全正常，故障消除。

表 3.6.3　1#、2# 风扇测试以及进气过滤器差压的数据对比

项目	1#/2# 风扇低速运行	1#/2# 风扇高速运行	过滤器差压
更换箱体进气滤芯前的箱体差压	0.01kPa（低报警值）	0.098kPa	0.75kPa
更换箱体进气滤芯后的箱体差压	0.025kPa	0.115kPa	0.14kPa

在做测试时发现，3# 风扇在低速运行时挡板显示关位，高速运行时挡板显示开位（限位传感器的位置可能需要重新调整），但是由此可推断出，风扇在低速运行时的挡板开度没有高速运行时的挡板开度大，同时也说明风扇在低速运行时，挡板并不是全开的。因为低速风扇运行时压力波动较大（箱体差压在 0.001~0.008kPa 浮动，其间出现一段时间的 0kPa），怀疑可能是因为挡板在摆动。从宏观的角度整体分析：当风扇把上游至挡板段的气体排出时，这段气体的压强就会减小，挡板外的压强不变，所以挡板内外的差压增加，$\Delta F=\Delta pS$，Δp 增大，面积 S 不变，ΔF 就会增加，便会把挡板打开，从而进入了气体，风扇排入箱体的气体增加，箱体差压增加。随之挡板前后差压下降，ΔF 随之下降，挡板关闭，反复使然，压力不停地波动。当高速风扇运行时，压力比较稳定（箱体差压 0.008kPa），也可推断此时的作用力 F 远大于打开挡板的阻力，使挡板一直保持在稳定开位。

3.6.3.3　改进措施及建议

综上所述，箱体风扇的进气阻力对箱体压差的建立有着非常重要的影响，同时也是导致此类箱体差压低报警的主要原因，可以通过以下方法来增加箱体内的压力：

（1）入冬前及时清洁或更换进气滤芯，减低进气阻力，保证空气进气的通畅。

（2）降低打开电动机上方挡板时的阻力，尽可能保证入口挡板全开。

（3）适当调整箱体通风系统的出口挡板角度，确保箱体内部压力维持在满足安全运行的要求范围内。

3.7 燃料气系统故障案例

3.7.1 燃驱机组燃料气液位计故障

3.7.1.1 故障描述

2018 年 11 月，西二线某站 2#GE 燃驱机组发出代码为"Fuel gas scrub high level trip l71gf1ht"（燃料气过滤器液位计 LT202 高报，如图 3.7.1 和图 3.7.2 所示等报警，从而导致停机。

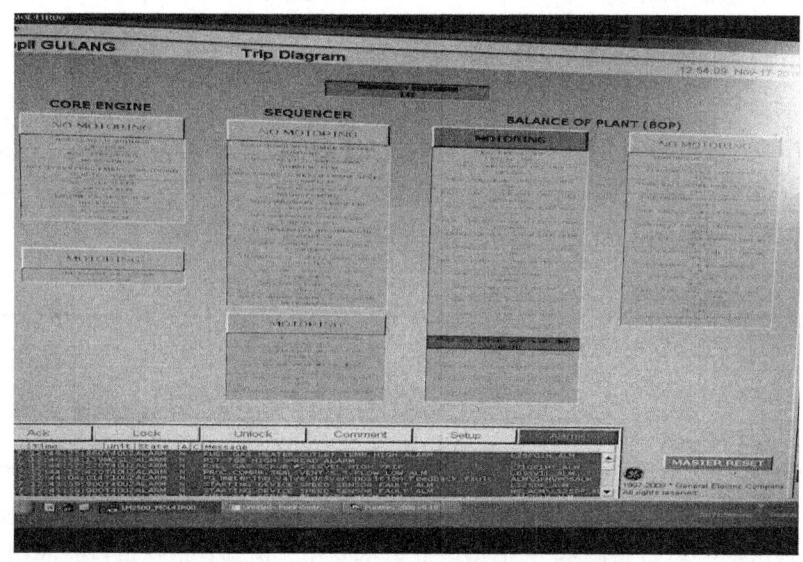

图 3.7.1　西二线某站 2#GE 燃驱机组报警截图

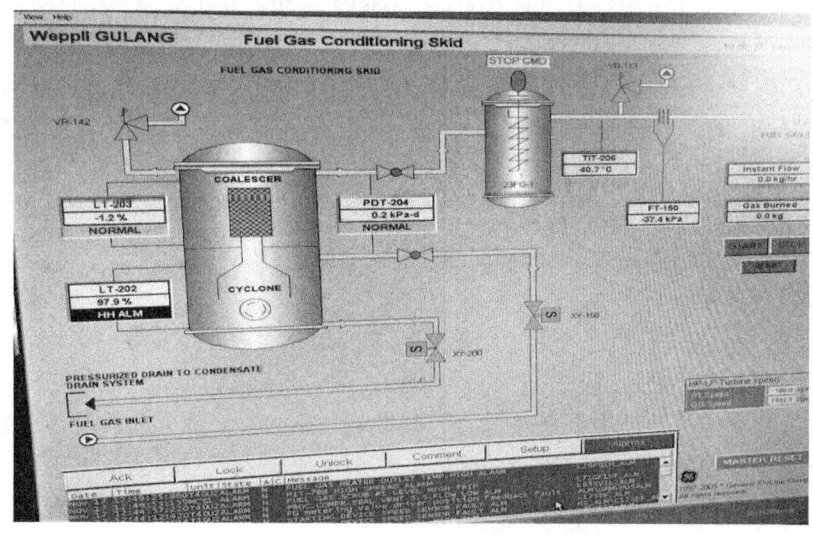

图 3.7.2　燃料气过滤器液位计报警截图

3.7.1.2 故障处理过程及原因分析

值班人员发现该机组燃料气过滤器液位计 LT202 出现高报（液位为 80%），液位持续快速上升。随后立即通知作业区值班领导，组织人员进行现场应急处置。现场人员手动打开燃料气过滤器排污阀进行在线排污，液位仍持续上涨，同时站控室值班人员申请北调切换备用机组，申请期间机组液位突然达到停机值 90%，机组紧急停机。造成故障的可能原因如下所示：

机组停机后，压缩机技术人员按照机组报警和历史趋势，排查燃料气液位上升原因，确定为机组燃料气过滤器液位高高报导致机组停机。2018 年 10 月 29 日，完成西二线 2# 机组燃料气管线动火连头，11 月 1 日至 11 月 9 日期间，2# 机组运行期间的燃料气过滤器液位均正常，11 月 11 日至 17 日期间，2# 机组运行期间的液位显示正常，11 月 17 日，过滤器液位计液位逐渐上涨。此次液位的上涨原因为改造后的燃料气管线内存在积水，外加近期连续降雪，天气骤变导致管线内出现凝析水，致使燃料气过滤器液位计出现高高报。

燃料气液位上升原因的排查过程：
（1）查看液位计上升趋势，趋势平缓无跳变，排除液位计本体故障；
（2）现场打开手动排污阀进行排污，排污管线无过流声，液位显示无变化。随后关闭燃料气手动截断阀，对过滤器进行放空排污，液位计逐渐显示为 0%。
（3）拆除液位计，对引压管进行吹扫。
（4）现场对工艺区卧式过滤分离器进行排污，发现存在少量的积水。

对西二线工艺区卧式过滤器、2# 机组燃料气过滤器排污后，机组燃料气过滤器液位恢复正常。

3.7.1.3 改进措施及建议

在进行管线改造水试压后，应进行完全的干燥，并进行检测，确保管线可以正常投运。

3.7.2 燃驱机组燃料气计量阀故障

3.7.2.1 故障描述

2019 年 2 月 25 日，某压气站 1# GE 燃驱机组故障停机，HMI 报警界面显示 "Fuel gas metering value driver shutdown ES GFMVDRVES"（燃料气计量阀驱动器关断—紧急停车），HMI 界面停机图中 "SEQ_SHUTDOWN"（发动机紧急停机）为红色。HMI 界面报警如图 3.7.3 所示，HMI 界面停机图如图 3.7.4 所示。

3.7.2.2 故障处理过程及原因分析

2019 年 2 月 25 日，某压气站 1# 机组故障停机，HMI 报警界面显示 "Fuel gas metering value driver shutdown ES GFMVDRVES"（燃料气计量阀驱动器关断—紧急停车），HMI 界面停机图中 "SEQ_SHUTDOWN"（发动机紧急停机）为红色，随后机组完成保护冷拖停机。

停机后，站内人员立即通过 Toolbox 对停机代码 "GFMVDRVES" 的逻辑功能块进行查看（图 3.7.5），发现逻辑功能块中 "GFMVDRVSD、COMPARE.OUT" 信号为 TRUE，在 Toolbox 分析逻辑中，停机信息的代码 GFMVDRVES 的逻辑只有满足 GFMVDRVSD、

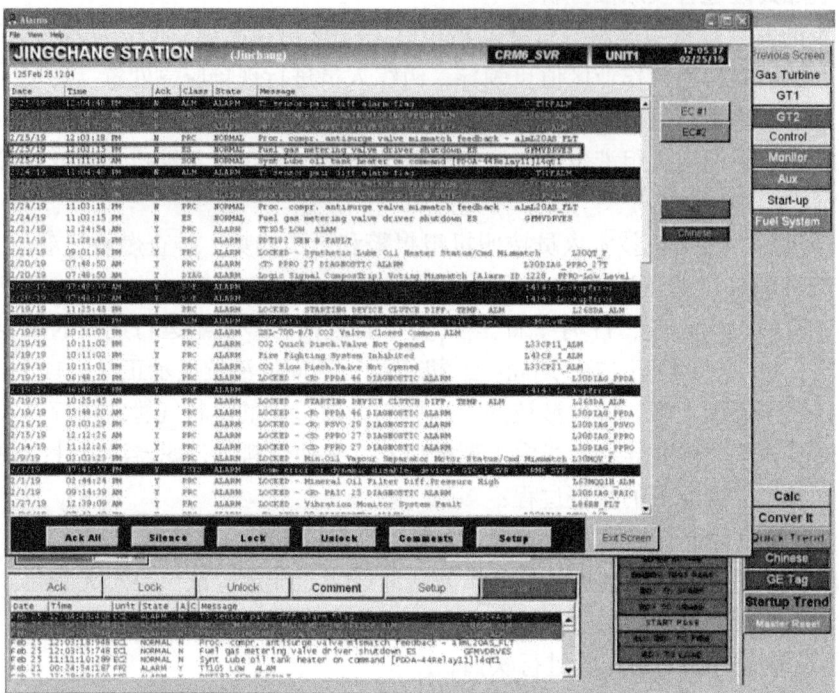

图 3.7.3　HMI 界面报警

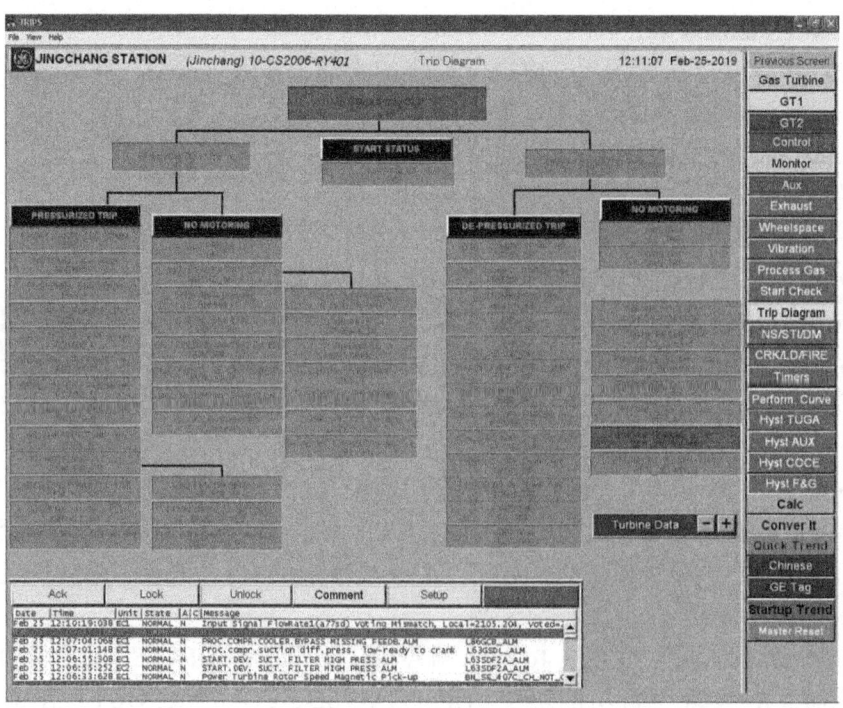

图 3.7.4　HMI 界面停机图

COMPARE.OUT 和 GFUELON 都为 true 时，才会保护停机。因 COMPARE.OUT 输入信号是燃料比率的比较结果，而燃料比率赋值为 0，逻辑没有实际意义，一致保持为 true。GFUELON 输入信号由一个 RS 主从触发器触发，只有停机和紧急停机时，才会响应变为 flase。因此，停机信号是由 GFMVDRVSD（Fuel gas metering valve driver in shutdown status，燃气计量阀驱动处于关闭状态）UA1999 发出。

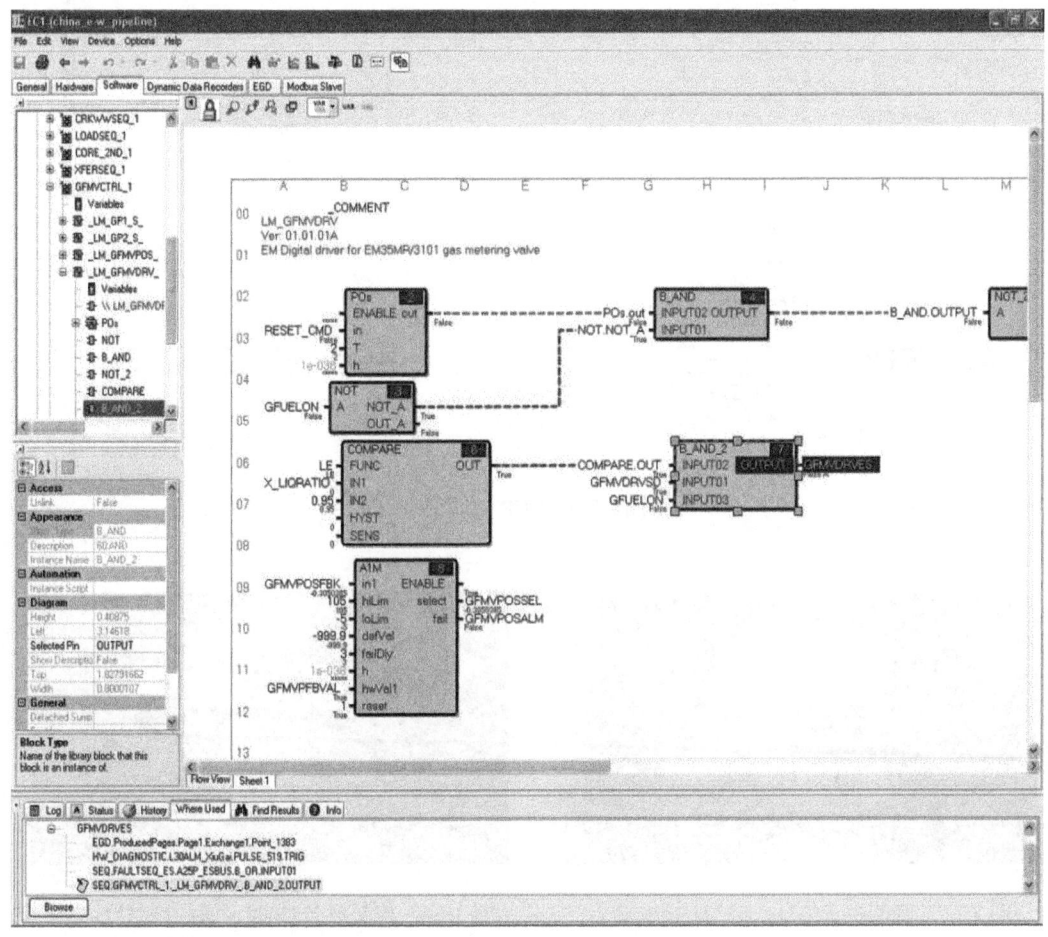

图 3.7.5　GFMVDRVES 逻辑功能块

经分析，触发 GFMVDRVSD 信号的原因可能有以下几点：
（1）FCV331 阀门及驱动模块反馈线路接线异常。
（2）FCV331 阀门驱动模块存在故障。
（3）FCV331 阀门本体存在故障。
根据以上原因分析，依次开展具体故障原因排查，排查过程如下：
（1）FCV331 阀门及驱动模块反馈线路接线异常。
查找 UCP 接线图（图 3.7.6），对机组控制柜 ZZ331、ZT331（图 3.7.7）、XS2000、UA1999 端子排（图 3.7.8），以及 I/O 包接线端子（图 3.7.9）进行检查，接线无松动。

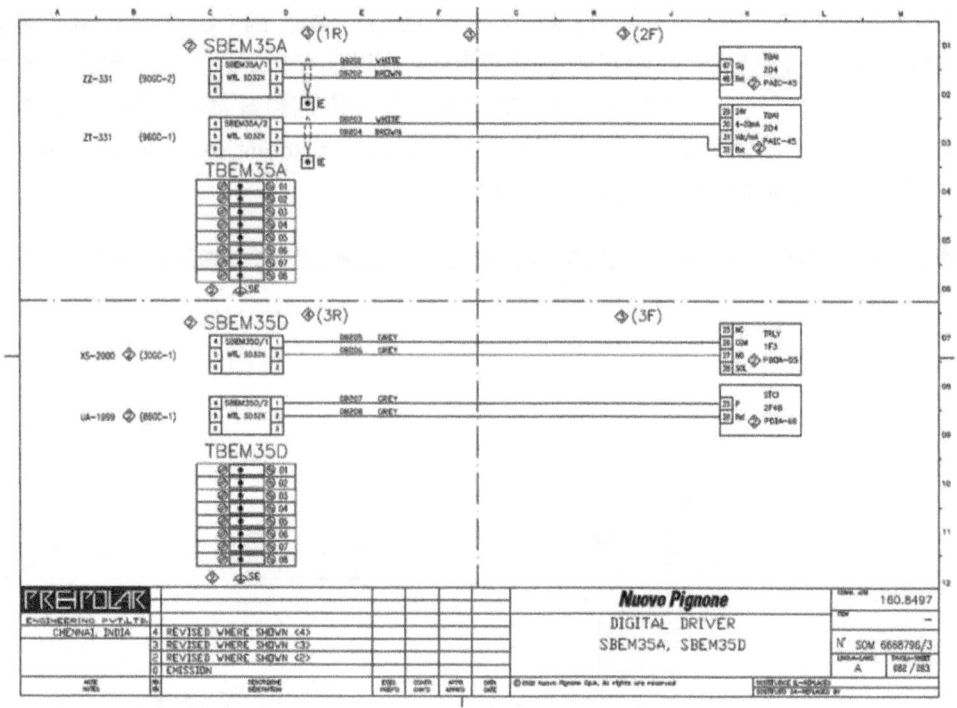

图 3.7.6　UCP 接线图

图 3.7.7　控制柜 ZZ331、ZT331 接线端子

图 3.7.8　控制柜 XS2000、UA1999 接线端子

图 3.7.9　I/O 包接线端子

160

查找现场仪表接线箱图(图3.7.10),对FCV331阀门控制驱动模块(JB-11)接线箱的接线端子进行检查,现场接线紧固,接线无松动。

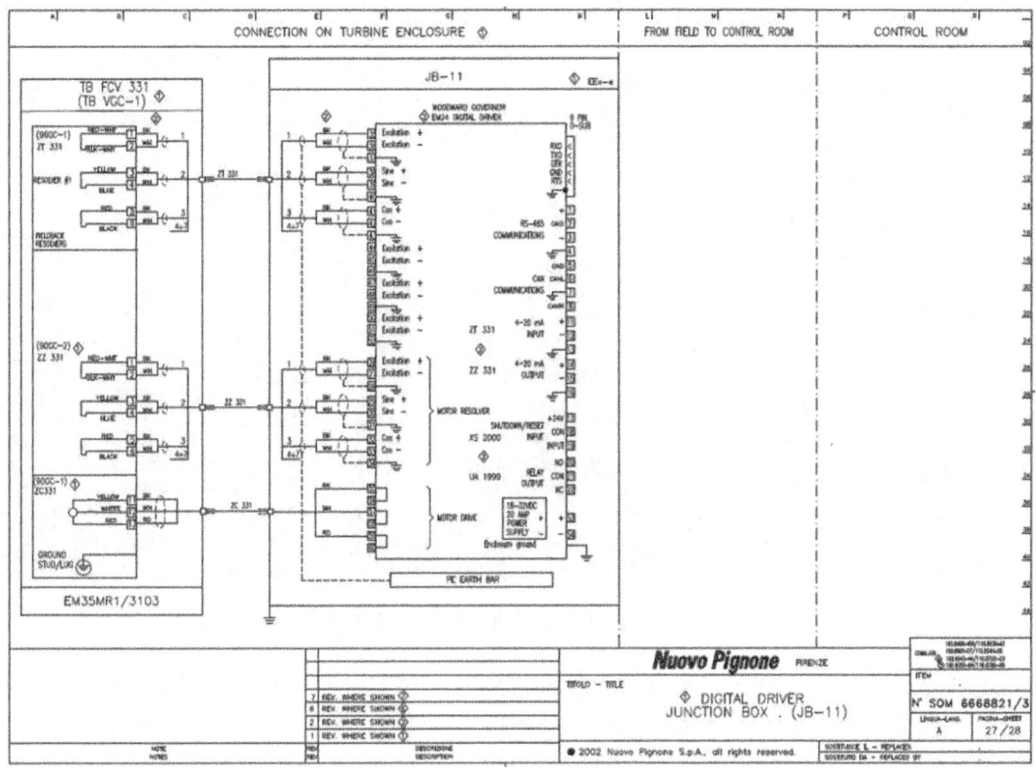

图3.7.10 现场仪表接线箱

FCV331阀门本体接线盒(ZC331、ZZ331)如图3.7.11所示,FCV331阀门本体接线盒(ZT331)如图3.7.12所示,FCV331驱动板(JB-11)接线盒如图3.7.13所示。对阀门本体前后接线盒的接线端子进行检查,接线端子无松动,线路无搭接。

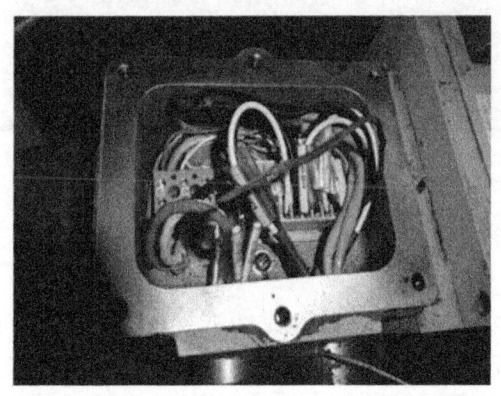

图3.7.11 FCV331阀门本体接线盒（ZC331、ZZ131）

图3.7.12 FCV331阀门本体接线盒（ZT331）

图 3.7.13　FCV331 驱动板（JB-11）接线盒

为排查回路中线缆有无接地现象，切断燃料气驱动器电源，对机柜至现场驱动模块接线箱、现场驱动器至 FCV331 阀门接线对地绝缘进行测量（图 3.7.14），测量结果正常。

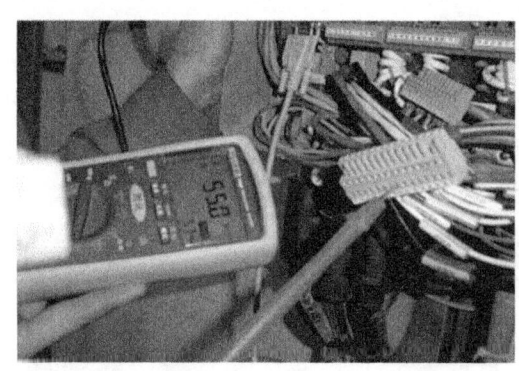
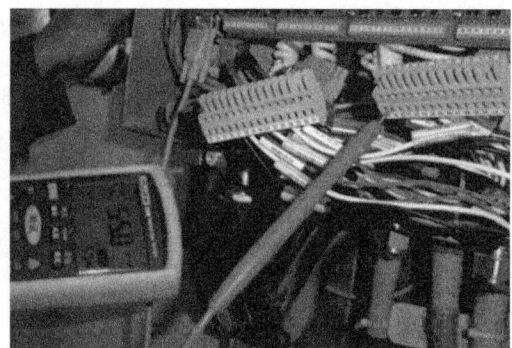

图 3.7.14　线缆绝缘测试

综上，排除 FCV331 阀门驱动模块回路接线存在异常。

（2）FCV331 阀门驱动模块存在故障。

停机后，用工程本链接燃料气调节阀驱动器，驱动器可成功连接，并且 Servlink Server 和 Driver Interface Program 运行程序可正常打开，驱动器 RUN 界面、Alarms 界面、Shutdowns 界面，以及参数设定界面可正常显示（图 3.7.15）。

通过对照程序 RUN 界面的 Demand Input、Actuator Position 数值与 HMI 界面 ZC311、ZT331 数值（图 3.7.16），数值大小一致。

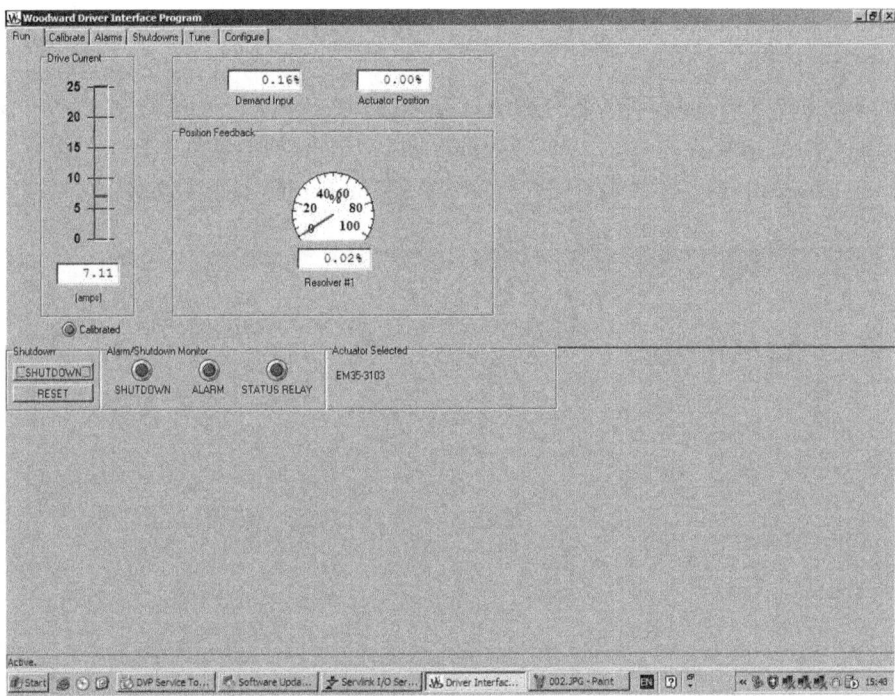

图 3.7.15　Driver Interface Program RUN 界面

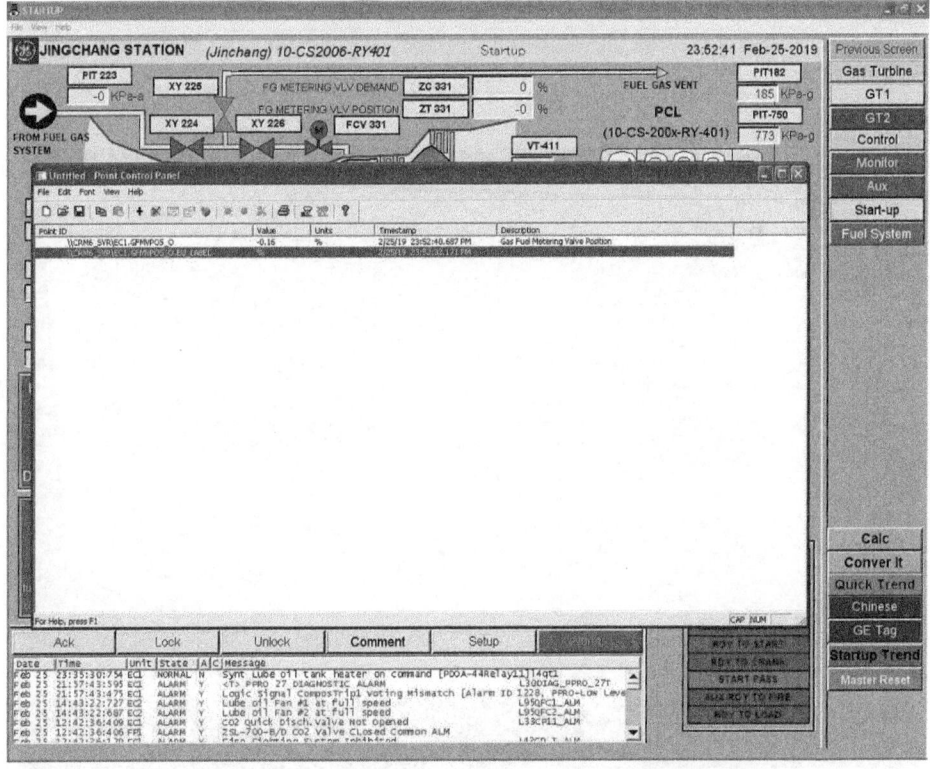

图 3.7.16　HMI 界面 ZC311、ZT331 数值

综上，排除燃料气阀门驱动器存在卡死、失电等故障。

（3）FCV331 阀门本体故障。

运行 Servlink Server 后，再运行 Driver Interface Program。通过查看 Driver Interface Program 程序中 Alarms 界面（图 3.7.17）、Shutdowns 界面报警（图 3.7.18），报警信息显示为"Position Error Alarm（位置偏差报警）"和"Position Error（位置偏差）"。

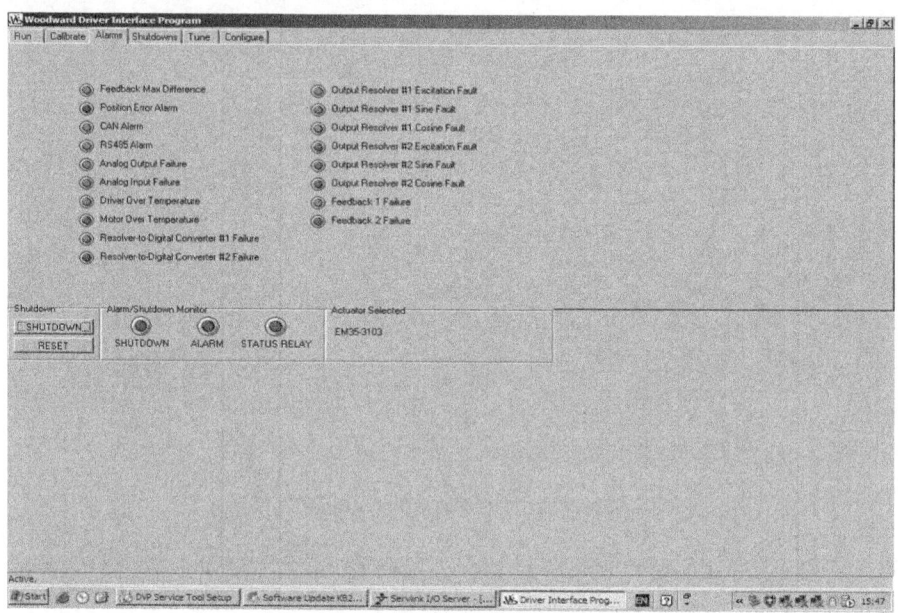

图 3.7.17　Driver Interface Program 程序中 Alarms 界面

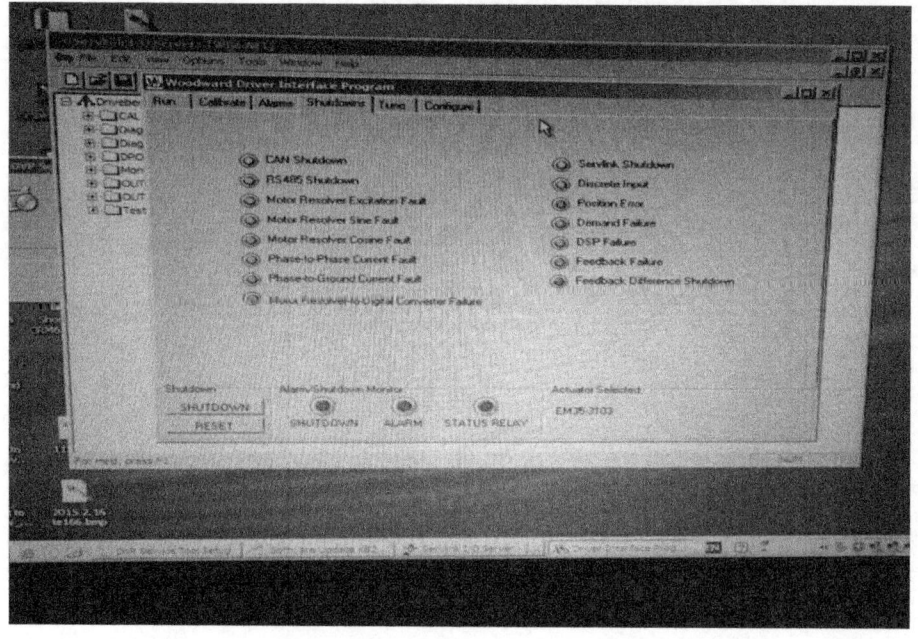

图 3.7.18　Driver Interface Program 程序中 Shutdowns 界面

查看燃料气调节阀驱动器说明书中针对 Shutdown Page 各因素的解释可得知（图 3.7.19），触发 "Position Error Shutdown（位置误差关闭）" 因素为：如果执行器位置与给定值之间的差距较大，则变为红色（触发），报警参数大小以及持续时间可在 Tune 界面进行设置。

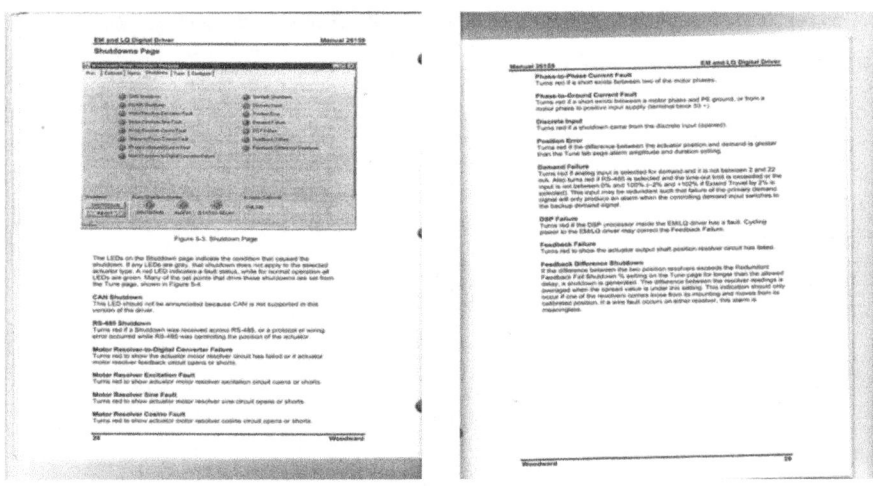

图 3.7.19　燃料气调节阀驱动器说明书

通过查看 Driver Interface Program 程序中 TUNE 设定界面参数得知（图 3.7.20），当阀门驱动模块输出信号 ZC331 与阀门实际位置反馈信号 ZT331 之间相差 0.5% 时，延时 250ms 输出 "Position Error Alarm（位置偏差报警）"，当阀门驱动模块输出信号 ZC331 与阀门实际位置反馈信号 ZT331 之间相差 1% 时，延时 500ms 输出 "Position Error Shutdown（位置偏差关闭）"。

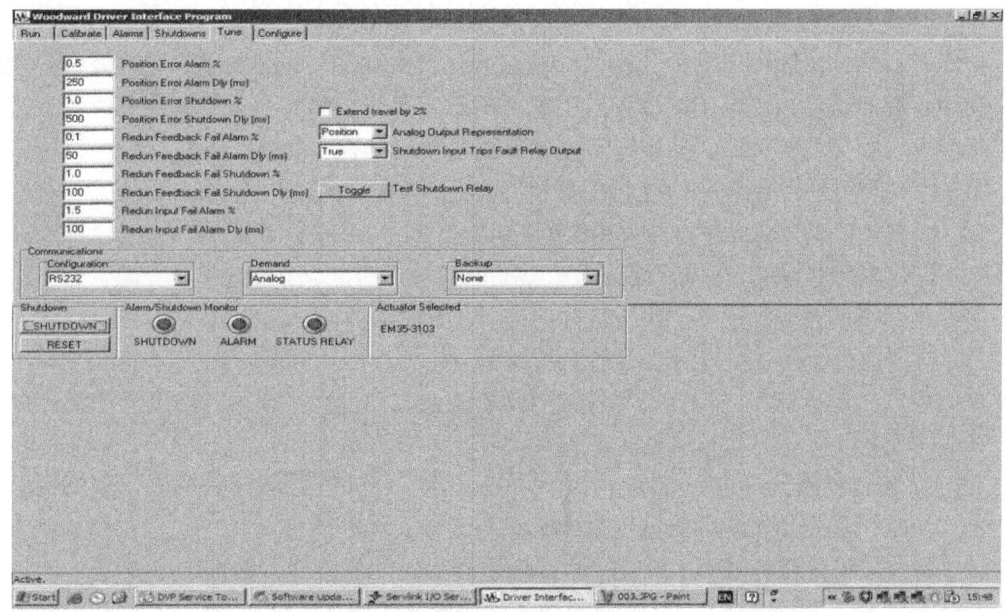

图 3.7.20　Driver Interface Program 程序中 TUNE 设定界面

调取 1# 机组燃料气计量阀阀位控制信号 GFMVPOSCMD（ZC331）、现场阀位反馈信号 GFMVPOSFBK（ZT331）历史曲线（图 3.7.21），发现在触发机组紧急停机命令时，GFMVPOSCMD 信号为 51.516%，GFMVPOSFBK 信号为 50.515%，参数之间相差 1.001%。

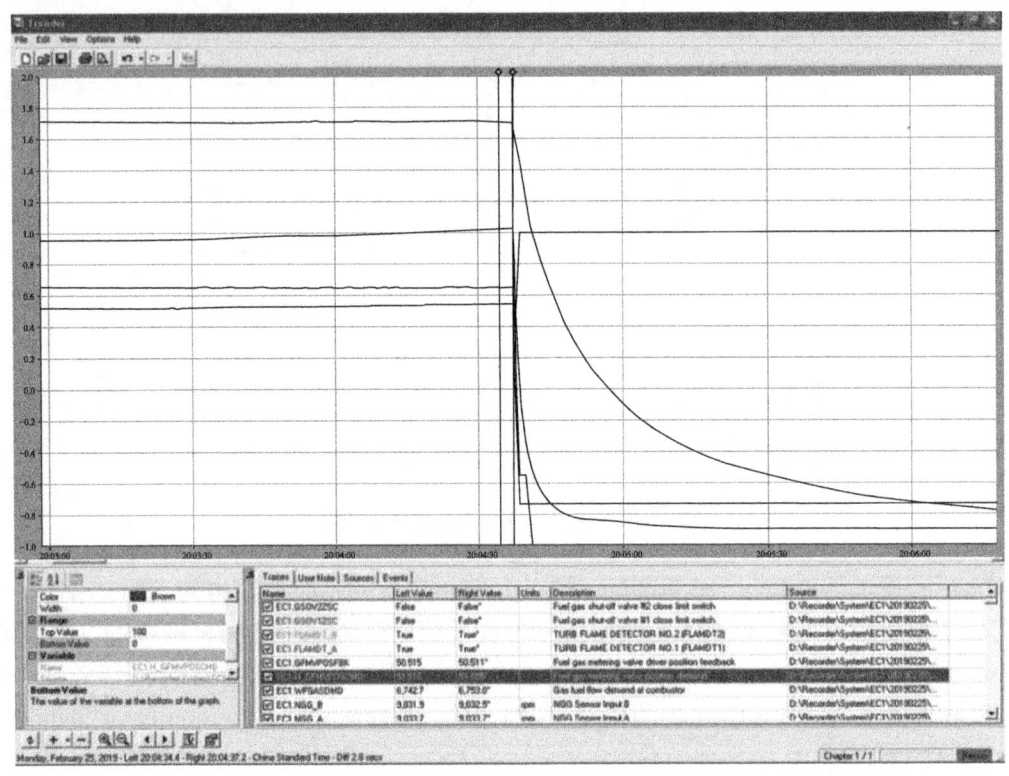

图 3.7.21　GFMVPOSCMD（ZC331）、GFMVPOSFBK（ZT331）历史曲线

查看燃料气计量阀说明书中针对"Position Error（Position Shutdown）"原因分析，在运行过程中，阀门将检查阀门反馈位置与所需求的位置是否相同，如果不是一个位置，错误报警将触发，阀门将被关闭。导致阀门位置存在偏差的排查步骤有：

（1）检查阀门是否有阻塞。检查校验计量原件是否需要清洗，检查压力等级。

（2）检查电动机在驱动时是否发出磨削噪声。

（3）检查执行器接线盒内是否有水。

按照说明书的排查思路，依次对故障原因开展排查。

（1）检查执行器接线盒内是否有水。

检查燃料气驱动器接线箱、燃料气调节阀接线盒，内部无水损坏，内部清洁无异常。

（2）检查电动机在驱动时是否发出磨削噪声。

对燃料气调节阀分别进行 10%、20%、30%、40%、50% 强制开关测试，现场伺服电动机工作正常，除发出正常伺服电动机的工作声音外，无磨削噪声。

（3）检查阀门是否有阻塞，检查校验计量原件是否需要清洗，检查压力等级。

对燃料气调节阀前端"Y"形过滤器滤芯进行检查（图 3.7.22），滤芯上没有异物，滤网清洁。

图 3.7.22 "Y"形过滤器滤网

对燃料气调节阀驱动器断电后,现场对阀门本体进行拆卸检查,检查发现阀门阀芯表面存在积碳(图 3.7.23)。

图 3.7.23 阀门阀芯表面存在积碳

拆卸阀门伺服电动机后,对阀门进行手动开关动作,阀门动作较困难。由此判断,由于阀门阀芯表面存在积碳,导致阀门在运行过程中出现卡涩,最终导致阀门控制信号与反馈信号存在 1% 偏差,从而触发 "Position Error Shutdown(位置误差关闭)",燃料气调节阀驱动器停止运行,机组紧急停机。

对 1# 机组 FCV331 阀门进行拆卸清洗,清洗完成后的阀门内部如图 3.7.24 所示,清洗完成后对阀门进行手动开关测试,阀门动作较轻松,无卡涩现象(图 3.7.25)。

图 3.7.24　清洗完成后的阀门内部

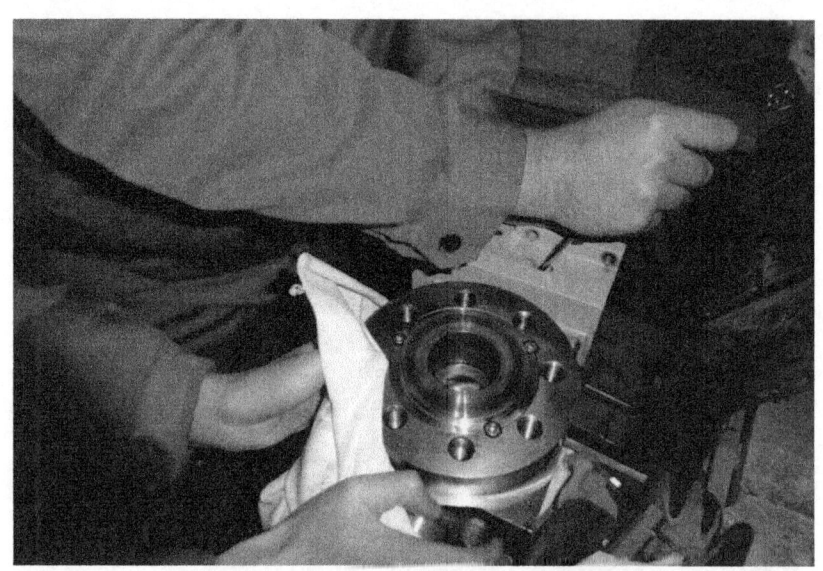

图 3.7.25　对清洗后的阀门进行手动开关测试

阀门回装后，对燃料气调节阀驱动器上电，通过 Toolbox 强制不同开度对阀门进行开关测试，测试阀门运行正常，ZC331 与 ZT331 信号反馈一致（图 3.7.26）。

3.7.2.3　改进措施及建议

（1）由于机组长时间处于较为一定的燃调阀开度运行，导致在阀门开度面有杂质堆积，建议每天进行手动升降速，让阀门自动对表面进行清洁，避免杂质堆积后阀门突然动作造成卡涩。

（2）在机组正常检修周期内，将阀门从管道拆卸，对球面进行清理，避免杂质堆积。

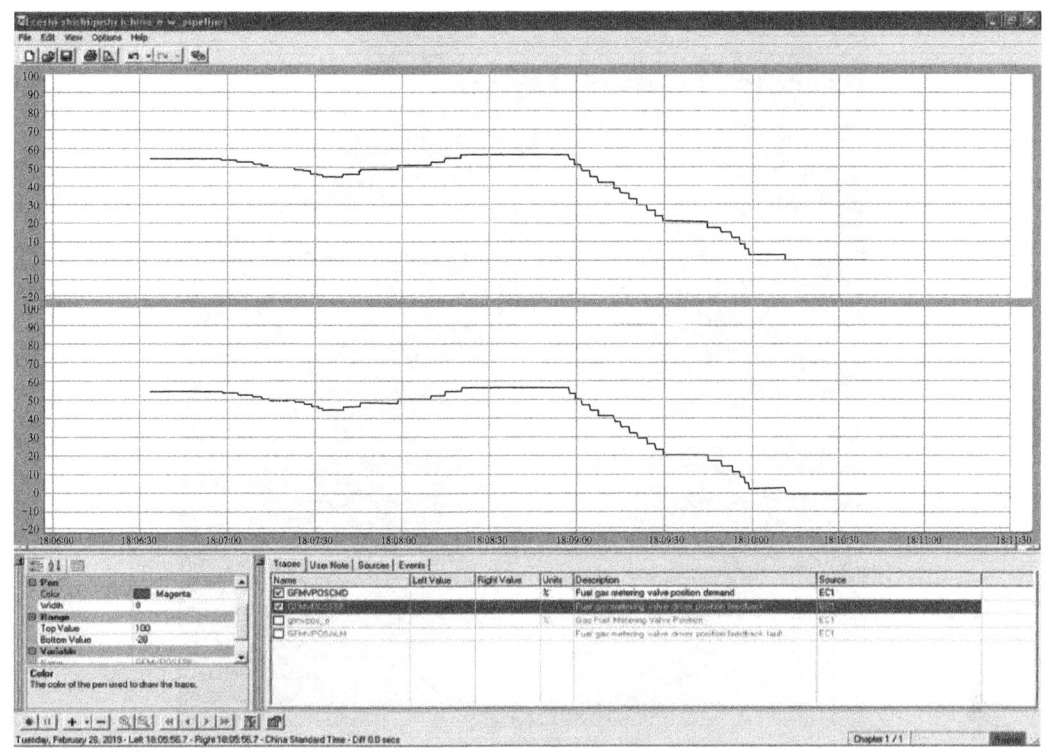

图 3.7.26　阀门强制开关测试曲线图

3.7.3　燃驱机组燃调阀卡滞故障

3.7.3.1　故障描述

2018 年 2 月，某 GE 燃驱机组因燃料气计量阀驱动故障造成机组停机，报警信息为：Fuel gas metering valve driver shutdown ES。现场对燃料气调节阀开度进行强制，发现强制信号与反馈信号均正常。结合以前的故障信息来看，怀疑该阀门在某一位置处发生卡滞，造成控制信号与反馈信号不一致，进而造成机组停机，因此决定对阀门进行拆解检查。

3.7.3.2　故障处理过程及原因分析

将该故障燃料气调节阀进行拆解和清洗，检查发现阀芯前缘表面形成深约 0.2mm 的磨蚀沟（图 3.7.27）。由于阀芯表面具有 TiN 涂层，进而判断该磨蚀沟的 TiN 层已经被磨除掉。因为没有完整的阀门备件可更换，将另一个故障阀门进行拆解，将该阀门的阀芯阀座拆出，先使用螺栓松动剂清洗，然后使用柴油进行清洗。清洗完成后对阀芯阀座进行检查，目视检查阀芯阀座，其状态良好，因此将该阀芯阀座更换到第一个阀门中。

通过 Woodward 阀门配置的专用电脑，与现场控制面板进行通信连接，在阀门控制软件界面上发现有位置故障报警，且无法消除。现场阀门控制器上的参数设置界面如图 3.7.28 所示，现场阀门控制器上的实时显示界面如图 3.7.29 所示。通查询软件配置情况，第一次故障报警信息如图 3.7.30 所示。如果在 500ms 后，位置角度依然大于 1%，会在现场控制器上发出阀门停机报警信号。

图 3.7.27 阀芯前缘表面的磨蚀沟

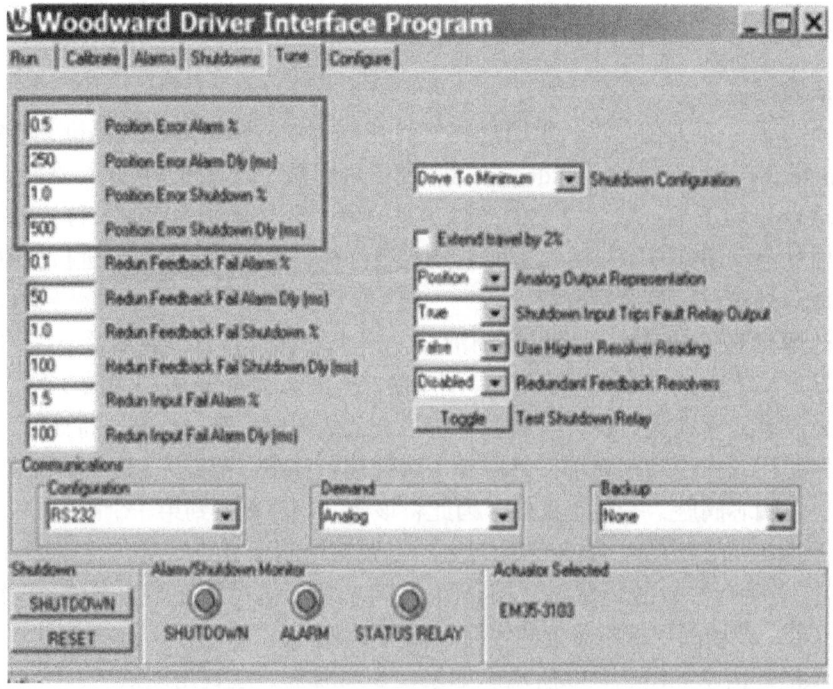

图 3.7.28 现场阀门控制器上的参数设置界面

3 燃气轮机故障案例

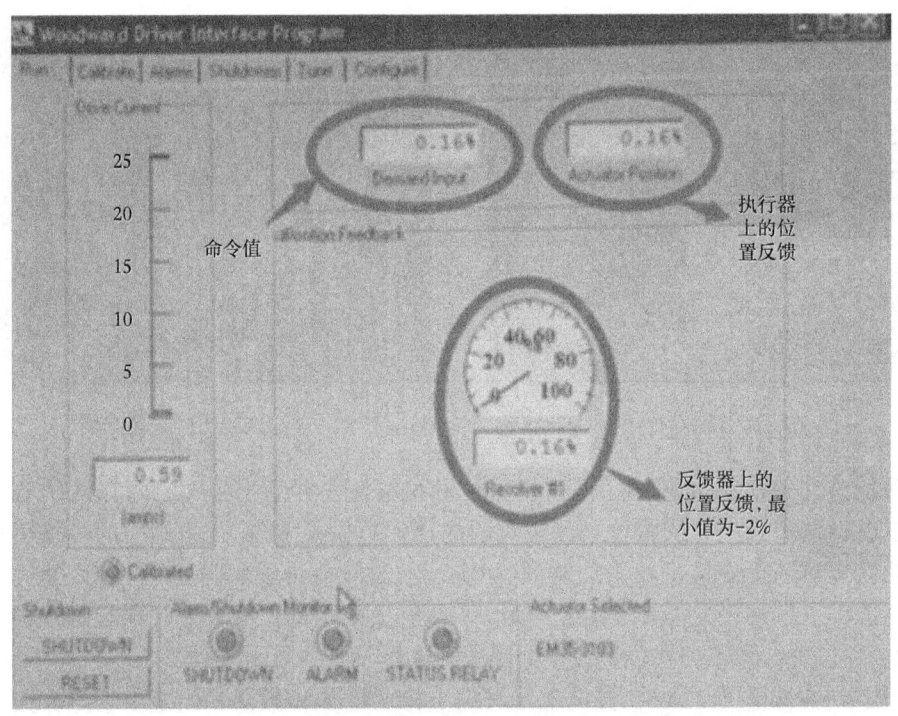

图 3.7.29　现场阀门控制器上的实时显示界面

为了消除报警信息,操作人员通过手动调节阀门反馈器,使执行器的位置值跟反馈器的位置值能够自动保持一致,并在软件上点击复位,此时故障信息消除。再次检查确认现场控制器无报警,而且反馈角度和命令值一致。在控制系统上进行强制阀门,现场实际检查阀门角度,全开时能够达到57°左右(阀门的作动角度范围为0°~60°)。

进行启机测试,结果在启机的过程中出现故障报警。查看程序,在程序中查到产生该故障的原因为点火后20s内 T_{48} 温度还小于400℉,因此判断为天然气给气量不足,可能为阀门实际开度过小。

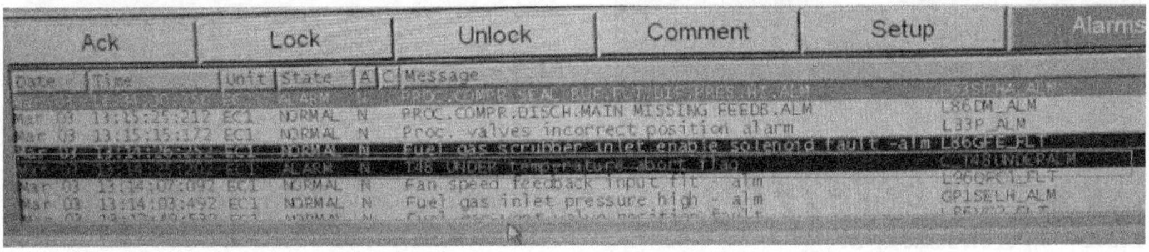

图 3.7.30　第一次故障报警信息

现场拆开燃料气调节阀进行检查。在控制系统分别强制15%(点火时阀门的控制命令开度为12%)、50%、100%(图 3.7.31—图 3.7.33),现场检查阀门开度。发现当命令值在5%至6%之间时,阀门才开始出现缝隙。因此判断为阀门实际开度过小。

图 3.7.31　15% 的开度

图 3.7.32　50% 的开度

有两种方法解决该问题：一是改变阀门的机械限位位置（在阀门内有低位和高位限位，可以通过调节阀门上的限位来设定阀门的动作范围及零点），将阀门的机械零点限位调高，然后再重新设定该位置为反馈信号 0%。二是软件设置阀门 0% 位置，通过摸索发现，调高该零点偏移位置能够改变反馈 0%。在这里采用第二种方法，在配置软件中改变 0% 点的偏移位置。零点偏移位置设定如图 3.7.34 所示。

初始零点偏移值为 20.26，该值也是阀门上标示的偏移数值，但是由于操作人员已经拆开阀门，实际上已经改变了反馈器上的反馈位置，因此这个零点偏移值是错误的。通过几次试验，最终将该数值调至 22.50，然后进行机组启机，此时 T_{48} 温度能够迅速上升至 270℃，GG 也顺利达到 4500r/min，并继续升速，启机成功。

图 3.7.33　100% 的开度

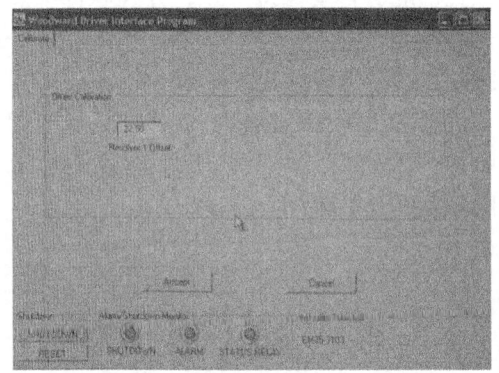

图 3.7.34　零点偏移位置设定

3.7.3.3　改进措施及建议

燃料气调节阀的命令信号与反馈信号不一致，500ms 后偏差还大于 1%，会导致停机，这也是 GE 机组 LM2500+ 燃料气调节阀卡滞的直接原因。因此对阀门的相关部件进行清洗，以保证阀门动作灵活，或者对故障阀门的阀芯阀座进行更换，以保证阀门的正常动作，这是目前解决阀门故障问题的一种办法。

燃料气调节阀是控制燃气发生器稳定运行的关键设备之一，探讨摸索出一种解决阀门故障问题的处理解决方法，为相关机组燃料气调节阀的运行维护提供经验参考，进而保证输气生产的稳定运行。另外也可以提前采购相应的燃调阀备件,确保现场机组出现故障问题时,能够尽快恢复正常生产运行。

3.7.4 燃驱机组燃料气加热器故障

3.7.4.1 故障描述

值班人员在对 GE 机组人机控制界面的例行检查过程中发现,正在运行的 1#GE 机组燃料气加热器 23FG-1 报警,HMI 上表示加热器的电阻丝符号变为黄色(正常情况下,加热器工作时显示为绿色,停止时显示为红色),如图 3.7.35 所示。

由于夏季燃料气温度较高,在 23FG-1 故障的情况下,燃料气温度 TE221 仍高于低报警值 28℃,故 23FG-1 故障没有对机组运行产生影响。在冬季燃料气温度较低时,23FG-1 故障将会造成燃料气温度 TE221 低报警,此时机组将自动降速,但不会故障停机。若此故障发生在备用机组上,则会抑制启机,导致机组不备用。

3.7.4.2 故障处理过程及原因分析

(1)在确定 23FG-1 故障后,工作人员赶到现场查看,发现加热器就地面板上有多处报警(左上角为电源指示灯;右上角为 HEATER BLOCK:加热器故障;下排从左到右依次为 HEATER OVERTEMPERATURE:加热器超温;C. PANEL OVERTEMPERATURE:控制面板超温;THYRISTOR FAILURE:可控硅故障;GROUND FAILURE:接地故障),如图 3.7.36 所示。

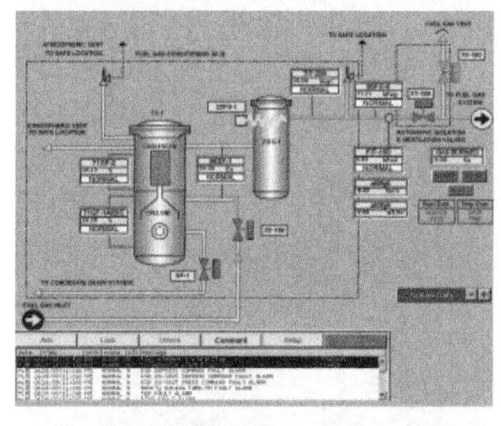

图 3.7.35　23FG-1 报警　　　　图 3.7.36　就地面板上多处报警

(2)首先按下"ACK"复位报警,发现现场控制面板上 3 个报警清除,只剩下加热器故障、可控硅故障两个报警,如图 3.7.37 所示。

(3)按下"RESET"重启按钮,发现这 2 个报警不能被复位掉,判断可能为可控硅故障。

(4)打开左右两个可控硅控制箱(图 3.7.38),发现可控硅上"H.B"(HEATER BREAK)灯亮(图 3.7.39),于是尝试重启可控硅。拆掉可控硅电源线(接在 7、8 端子处的红色线,该线上无线号,且明显粗于其余线,很容易分辨)的一端,再重新接回去,发现 H.B 灯熄灭,如图 3.7.40 所示。GE 机组燃料气加热器可控硅型号为 CD3000M-

2PH_200A，正常时可控硅上 4 个信号灯只有 AUX 点亮，SC 灯（可控硅短路）与 HB 灯（加热器故障）应处在熄灭状态。ON 灯闪亮表示燃料气加热器正在工作。

图 3.7.37　确认后剩余两个报警

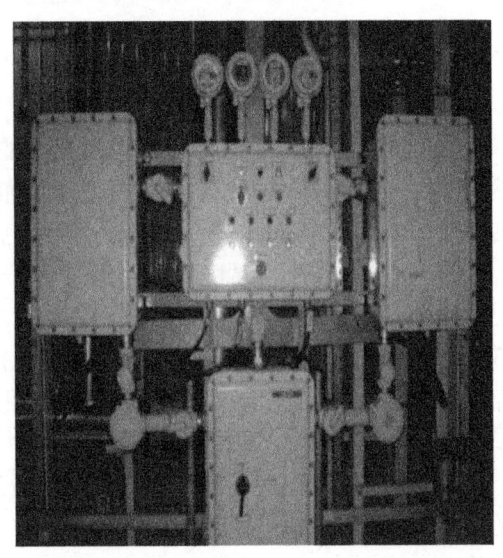

图 3.7.38　两个可控硅控制箱

图 3.7.39　可控硅上 H.B 灯亮

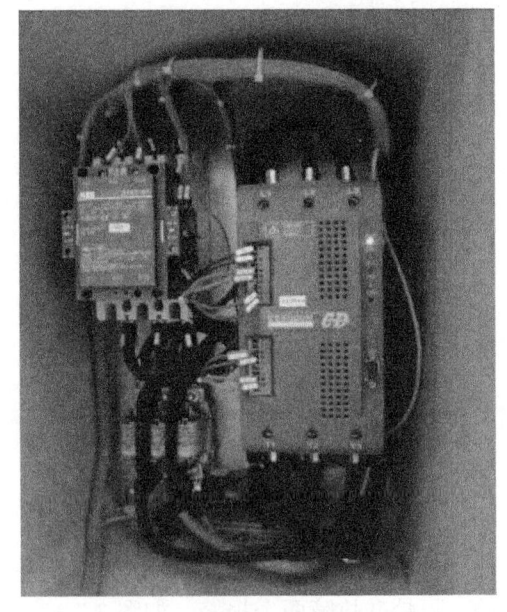

图 3.7.40　重接电源线后 H.B 灯熄灭

（5）在加热器现场控制面板上按下"RESET"，发现之前的 2 个报警消除，机组 HMI 上可控硅状态也显示为正常，如图 3.7.41 所示。

（6）加热器恢复正常后不久，再次出现故障，现象与"ACK"报警后的情况一致，仍然为加热器故障、可控硅故障两个指示灯亮，打开可控硅控制箱，仍然是 H.B 报警。怀疑可控硅控制箱内部出现问题，于是打开可控硅控制箱，检查接线电阻、保险管情况，并检查加热器电阻丝处接线情况，均未发现异常。重启可控硅后，在面板上复位掉报警，但不久之后出现同样问题。

（7）技术人员推测整个加热器系统的供电出现问题，于是在MCC间将加热器断电重启，发现将电源打到自动时仍会出现上述问题，打到手动模式则加热器一切正常，没有任何报警，如图3.7.42所示。

图3.7.41　报警消除

图3.7.42　电源模式选择开关置于手动

3.7.4.3　改进措施及建议

通过投产以来对GE机组燃料气加热器的数次故障的处理，燃料气加热器故障的一般处理建议如下：

（1）检查MCC间内燃料气加热器的电源工作状态。运行时应将MCC间内燃料气加热器电源模式选择开关置于手动，启机时在现场控制面板上按"START"手动启动加热器。

（2）在现场控制面板按"ACK"复位报警，然后按"RESET"重置加热器，最后按"START"启动加热器。

（3）如果进行第2步操作后，报警仍未消除，打开左右两个可控硅控制箱，将可控硅上7、8端子处的连接线拆除，再重新连接，重启可控硅。然后重复第2步操作。

（4）如果以上操作均不能消除故障，则需要打开可控硅内部，检查接线电阻、保险管情况，并检查加热器电阻丝处接线情况。

4 离心压缩机故障案例

离心压缩机本体故障较少，一旦发生本体故障，往往需要进行抽芯检查甚至返厂维修，造成机组不备用，严重影响设备可用率。本章汇编了典型的压缩机本体故障案例，在辅助系统故障案例中，大部分为仪表控制类故障，引起故障的原因主要包括误报警、信号干扰、误动作等，辅助系统故障不仅会引起压缩机组非计划停机，也可能会造成压缩机本体的损坏，如防喘阀执行不力可能导致喘振，造成压缩机本体损伤等。

4.1 离心压缩机本体故障案例

4.1.1 离心压缩机叶轮故障

4.1.1.1 故障描述

西气东输三线西段某站配备了 4 套 GE 公司的 PGT25+SAC/PCL603N 燃驱离心压缩机组。2014 年 9 月份开展机组投产测试，在测试过程中出现 $1^\#$ 机组离心压缩机止推轴承副推力轴承温度高于报警设定值、径向振动高于报警设定值，$2^\#$、$3^\#$、$4^\#$ 机组离心压缩机径向振动高于报警设定值、转速达到第一临界转速时振动高于连锁值等问题，机组测试工作被迫中断。

对压缩机进行孔探检查，发现 4 台压缩机入口导叶固定螺栓均发生断裂现象，1 级叶轮出现不同程度损伤的情况。根据以上情况，有必要对压缩机机芯解体，检查分析压缩机受损原因。

4.1.1.2 故障处理过程及原因分析

4.1.1.2.1 现场检查

对 4 台压缩机抽芯解体检查，确认 4 台离心压缩机入口导叶固定螺栓均有不同程度拉伸变形或断裂脱落等现象，离心压缩机叶轮、隔板出现不同程序的损伤，具体情况如下：

（1）入口滤网压缩机检查。

拆卸 4 台压缩机入口短节，检查入口进气滤网，未发现破损现象。

（2）干气密封拆卸检查情况。

① $1^\#$ 机组离心压缩机非驱动端干气密封未发现明显损伤。

② $2^\#$ 机组离心压缩机非驱动端干气密封高压侧迷宫密封定位螺钉 2 颗断裂脱落，在入口导叶与非驱动端端盖间形成的密封腔体内被发现。

③ $3^\#$ 机组离心压缩机非驱动端干气密封高压侧迷宫密封紧固螺栓 1 颗断裂脱落，在入口导叶与非驱动端端盖间形成的密封腔体内被发现。

④ $4^\#$ 机组离心压缩机非驱动端干气密封未发现明显损伤。

（3）压缩机机芯内部损伤情况。

$1^{\#}$机组离心压缩机入口导叶8颗螺栓中位于4点和6点钟位置固定螺栓断裂，断裂螺栓在叶轮或隔板流道内。叶轮损伤情况如图4.1.1所示，第1级、第2级叶轮损伤严重，有明显材料缺失、翻边现象，轴上叶轮定距套外表面有明显的击打痕迹，第3级叶轮有轻微击打凹坑损伤。第1级入口隔板有较明显击打凹坑，第2级隔板有明显损伤和材料缺失现象，梳齿密封面有明显击打损伤、磨损痕迹。

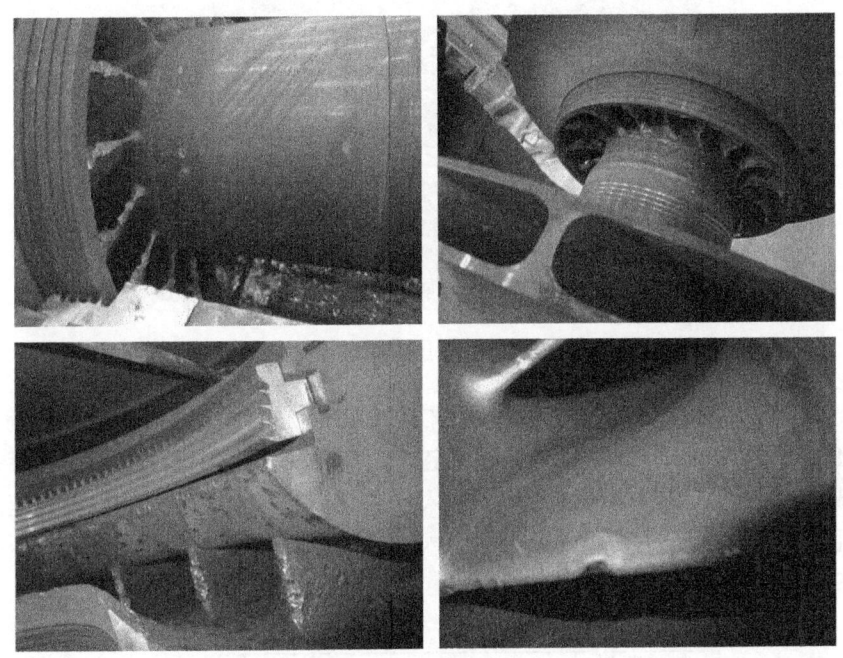

图4.1.1 叶轮损伤情况

$2^{\#}$机组离心压缩机入口导叶固定螺栓8颗螺栓中，位于4:30、6:00和7:30位置的固定螺栓断裂，位于3:00和9:00位置的固定螺栓有明显变形拉伸现象。第1级叶轮有轻微损伤，第2级、第3级叶轮未发现损伤。第1级梳齿密封面有明显击伤痕迹，但梳齿完好，其他部位未发现损伤痕迹。

$3^{\#}$机组离心压缩机入口导叶固定螺栓8颗螺栓中，位于1:30、3:00、4:30、6:00和7:30位置的固定螺栓断裂，位于9:00和10:30位置的固定螺栓有明显变形拉伸现象。第1级叶轮有明显金属缺失及轻微翻边现象，第2级、第3级叶轮未发现明显损伤。叶轮入口梳齿密封面有密集的凹痕，其他部位未发现明显损伤痕迹。

$4^{\#}$机组离心压缩机入口导叶固定螺栓8颗螺栓中，位于1:30、3:00、4:30、6:00和7:30位置的固定螺栓断裂。第1级叶轮有严重的金属缺失现象，叶轮入口流道内表面有密集的击伤凹坑，定距套表面有轻微的击打凹痕，第2级、第3级叶轮有轻微损伤。第1级隔板有金属缺失。叶轮入口梳齿密封面有密集的凹痕。

4.1.1.2.2 原因分析

（1）压缩机入口短节滤网。

拆卸压缩机入口短节，检查入口短节过滤器，滤网表面洁净无损伤、骨架完好、焊缝无开裂、支撑筋板牢固、外部金属网无外物击打损伤痕迹。

（2）入口导叶固定螺栓。

离心压缩机入口导叶固定螺栓锁紧方式采用 GE 公司在 BCL/PCL 系列离心式压缩机的通用设计（图 4.1.2）。同时，现场的安装方式符合技术规范要求。

图 4.1.2　入口导叶固定螺栓锁套固定方式

入口导叶固定螺栓为 M20，材质为 X12Cr13，最大屈服强度为 450MPa，最大抗拉强度为 650MPa。检查离心压缩机入口导叶固定螺栓断裂面及其外观，部分螺栓存在明显的拉伸变形现象。通过该型螺栓的实验验证，入口导叶螺栓承受了很大的静态拉应力，超过其屈服极限后，发生拉伸变形直到断裂。对入口导叶承载面所能承受的最大差压进行理论计算。入口导叶承载面尺寸如图 4.1.3 所示。

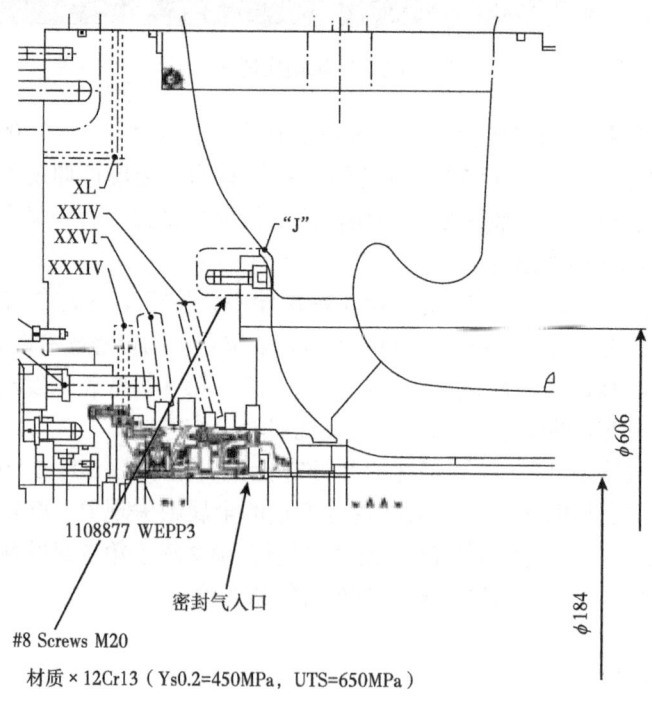

图 4.1.3　入口导叶承载面尺寸

经计算，当压缩机入口导叶两侧压差超过 3.1MPa 时，就会使得入口导叶固定螺栓发生拉伸变形，超过最大抗拉强度后断裂。

（3）干气密封系统。

在 4 台 PCL603N 离心压缩机入口导叶固定螺栓断裂分布情况中发现（图 4.1.4），断裂螺栓的位置主要分布在安装面 4:30 至 6:00 区域，而此区域为非驱动端干气密封供气通道。在离心压缩机启动过程中，密封气会通过此通道到达非驱动端干气密封。当密封气压力大于工艺管路天然气压力时，就会在入口导叶两侧产生压差，使得入口导叶的固定螺栓产生拉应力。

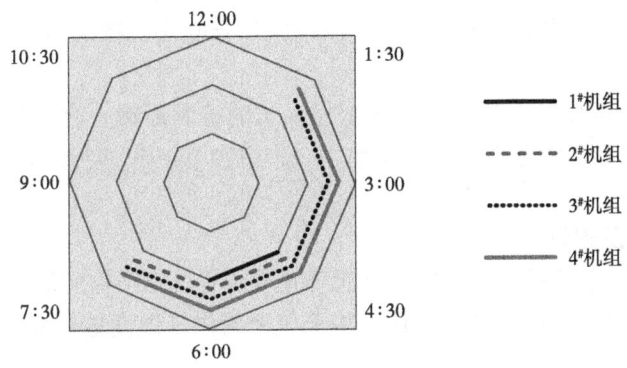

图 4.1.4 入口导叶固定螺栓断裂分布情况

①干气密封供气控制流程。

一般情况下，在 PCL603N 离心压缩机充压阶段，密封气引自压缩机出口汇管，通过压差调节阀（PDCV3153）、旁路孔板（FO3151）和旁路阀门（XV3770）配合工作，调节干气密封供气与平衡气压差（PDIT3153）在 50kPa 左右后，供入干气密封。当压缩机进口压力（PIT3785）与出口汇管压力（PIT3769）压差小于等于 150kPa 时，干气密封增压橇开始工作，增压橇供气管路阀门（XV3769）打开，此时在干气密封供气系统中的旁路阀门（XV3770）打开，密封气通过此阀直接供入压缩机两端干气密封，没有经过压差调节阀（PDCV3153）和旁路孔板（FO3151）的调节。当压缩机进口压力（PIT3785）与出口汇管压力（PIT3769）压差大于 200kPa 时，干气密封增压橇停止工作，增压橇供气管路阀门（XV3769）关闭，此时在干气密封供气系统中的旁路阀门（XV3770）关闭，密封气通过压差调节阀（PDCV3153）和旁路孔板（FO3151）的调节后进入压缩机两端干气密封。

而在 PCL603N 离心压缩机泄压放空过程中，发现增压橇供气管路阀门（XV3769）关闭，说明此时干气密封增压橇是停止工作的状态。而干气密封供气系统旁通阀门（XV3770）全开，压差调节阀（PDCV3153）全关，此时密封气是由增压橇的旁路提供。干气密封供气与平衡气压差（PDIT3153）显示高报警（H:100kPa，L:20kPa），288.59kPa 应为满量程显示，具体数值无法确定，那么在入口导叶两侧就存在具体数值无法确定的较大差压。此种情况在 4 台机组的趋势图中都出现过。

②干气密封形式。

PCL603N 离心式压缩机两端采用的是 FLOWSERVE 公司的干气密封，此种干气密封不同于 BURGAMANN 和 JOHN CRANE。它将迷宫密封、串联式干气密封和隔离密封进行一体式设计，提高了设备的集成度，简化了现场维检修作业。

在 $2^\#$ 和 $3^\#$ 压缩机入口导叶与非驱动端端盖间的密封腔内发现了断裂的迷宫密封定位螺钉。迷宫密封的定位螺钉的安装位置刚还在入口导叶与端盖的结合面处，可以推测入口导叶螺栓断裂后，入口导叶轴向位移增大，而使得迷宫密封定位螺钉因承受剪切力断裂。

4.1.1.2.3 分析结果

（1）断裂的入口导叶固定螺栓及其锁套在 PCL603N 离心式压缩机运转过程中被吸入叶轮，导致机芯内部叶轮严重损坏。

（2）PCL603N 离心式压缩机的入口导叶设计存在缺陷。入口导叶与端盖的结合面存在明显的间隙，高压气体可以进入其中，使得入口导叶在机械结构上只能承受 3.1MPa 的差压，存在安全风险。

（3）PCL603N 离心式压缩机在干气密封系统的控制逻辑上存在设计缺陷。机组在泄压放空过程中，干气密封供气系统旁通阀门（XV3770）全开，导致入口导叶承受无法监测的较高压差。

4.1.1.3 改进措施及建议

（1）对同型号机组开展结构优化，目前已完成所有机组结构的优化。

（2）对干气密封供气逻辑进行优化，将干气密封供气温度进行提升，将设定值保持在 45℃ 以上。

4.1.2 离心压缩机不平衡故障

4.1.2.1 故障描述

2016 年 9 月，西部管道西二线某压气站 $3^\#$ 离心压缩机启机时，压缩机两端轴承振动高报，其中非驱动端高高报（高报警值为 70μm，高高报警停机值为 90μm），导致机组无法启机。通过查看站控上位机和 System1 振动趋势，发现该机组在过一阶临界转速时的振动值高达 115μm，而且振动值在投产时期就比 $1^\#$ 机组偏高，早在 2014 年就有过高高报警停机记录。

4.1.2.2 故障处理过程及原因分析

4.1.2.2.1 临时处理措施

由于到达冬季用气高峰，无法进行机组返厂大修，为现场生产顺利开展，协调 GE 原厂家开展临时性处理措施。GE 厂家和公司对 $3^\#$ 机组前期运行的振动趋势进行了分析，发现机组只有在过临界时振动值会突然变大，然后振动值随转速的上升会逐渐下降，可以采取对启机过程中的振动报警进行短暂放大的方式保证机组启机。GE 公司根据振动大小和轴承间隙值，对启机过程中的 Trip Multiply 放大系数进行了计算，西部管道公司对风险进行了评估。最后，GE 厂家工程师将该机组启机过程中 Trip Multiply 的放大系数改为 1.25（此时振动高高报警值为 112μm），待后期具备作业条件后再进行处理。放大系数调整如图 4.1.5 所示。

修改报警值后，该机组能通过一阶临界转速，但是在通过临界转速后，振动值仍然偏高，启机运行后，振动高故障仍真实存在，对 2015 年 9—11 月 $3^\#$ 机组的振动情况进行截屏整理，如图 4.1.6 所示。

4 离心压缩机故障案例

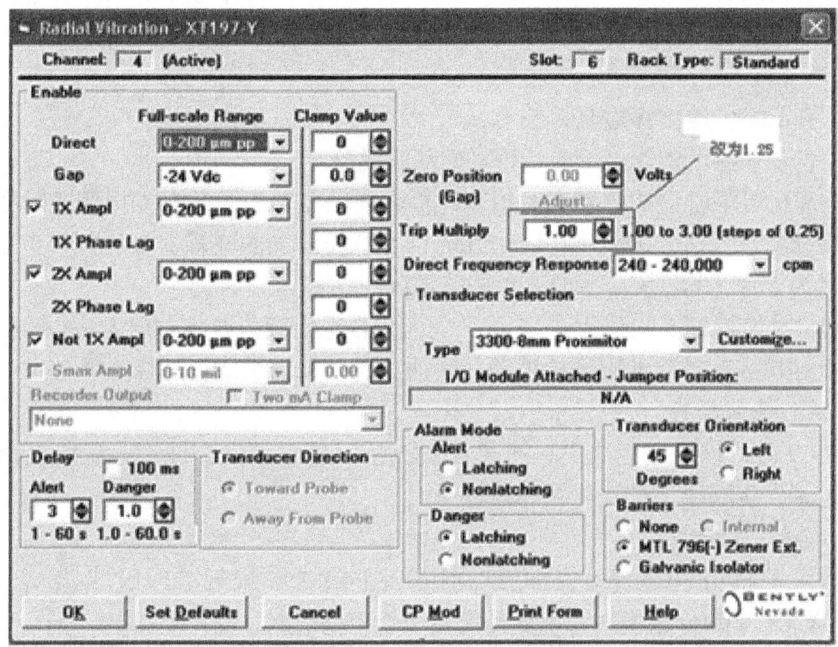

图 4.1.5 将 XT-197X/Y、XT-196X/Y 四个通道的 Trip Multiply 值改为 1.25

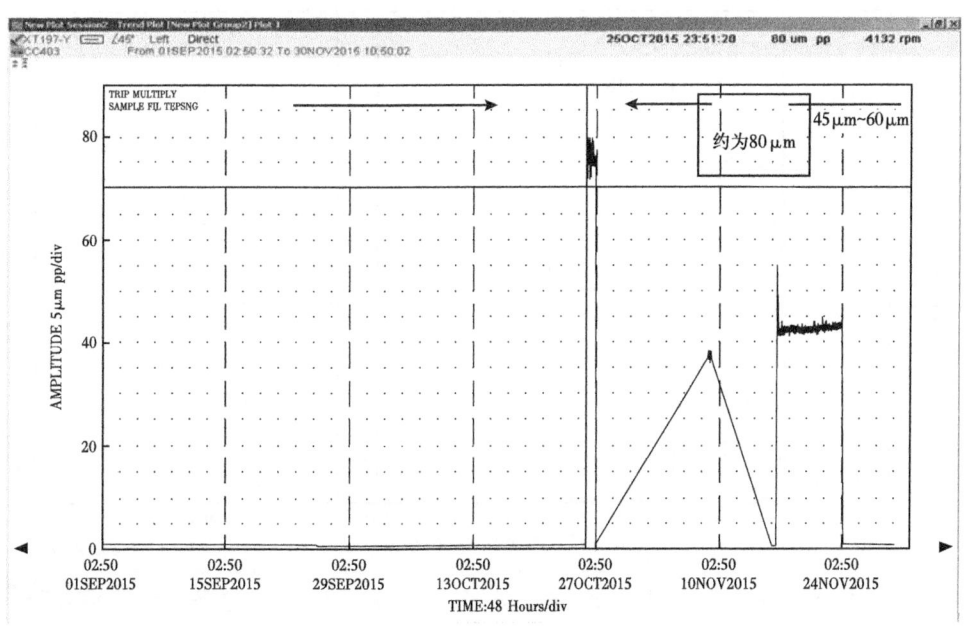

图 4.1.6 机组振动情况

4.1.2.2.2 仪表及振动回路排查

（1）现场检查 XT-196X/Y、XT-197X/Y 探头和接线，前置放大器供电电压为 -24V，振动探头间隙电压在 -10V 左右，符合要求。

(2)查看振动历史趋势图,各振动探头无明显跳变,只有在过临界时才发生突变。

因此,可以排除振动探头及振动回路存在故障。

4.1.2.2.3 外部排查

(1)检查压缩机地脚螺栓有无松动。

(2)检查联轴器筒体连接螺栓是否有松动或脱落。

(3)拆卸机组联轴器护罩和中间短节,检查联轴器轮毂膜片有无损伤或断裂,测量动力涡轮与压缩机轴头法兰间距为 1432.77mm,计算需添加的联轴器垫片数量为 2 片,实际垫片的数量为 2 片,均在 GE 手册要求的范围内。

(4)测量压缩机轴承间隙为 0.24mm,符合 GE 手册规范要求(0.19~0.25mm)。

经过上述检查,排除地脚螺栓松动、联轴器损坏和轴承间隙超标原因。

4.1.2.2.4 运行原因分析

2016 年 9 月,该机组启机时,机组入口流量、压力无大幅波动,压缩机轴位移检测正常,机组未发生喘振,排除工艺和运行原因。

4.1.2.2.5 制造原因分析

(1)调取 3# 机组 2016 年 9 月的振动图谱(图 4.1.7),发现 XT-197X 振动分量主要为 1X 倍频,而 1X 倍频分量偏大大部分是由转子不平衡引起。

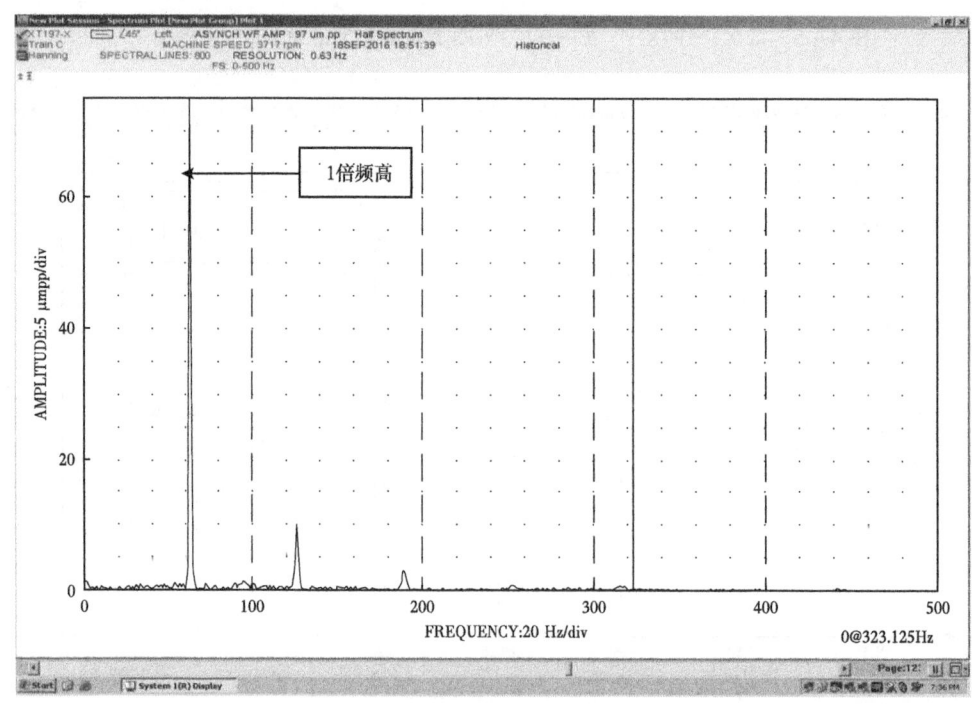

图 4.1.7 XT-197X 频谱图

(2)查阅 3# 机组 2016 年 1—4 月份的运行报表(5 月至 9 月机组基本没运行),XT-196X/Y、XT-197X/Y 在 5500~5800r/min 转速下的振动平均值见表 4.1.1,发现 197X/Y 振动数据没有突变,而是一个缓慢增大的过程,可以排除压缩机叶轮损坏出现掉块、磨蹭或刮碰。

4 离心压缩机故障案例

表 4.1.1　3# 压缩机 1~4 月份压缩机振动平均值统计表　　　　　　　单位：μm

探头名称	1月	2月	3月	4月
XT-196X	41.1	42.1	36.1	38.8
XT-196Y	39.9	41.3	41.3	44.6
XT-197X	47.9	48.6	52.5	56.8
XT-197Y	38.8	38.8	42.4	54.2

（3）分析 3# 机组振动相位趋势（图 4.1.8）和 BODE（图 4.1.9），振动处于高位，相位基本不变，符合转子不平衡的基本特征。

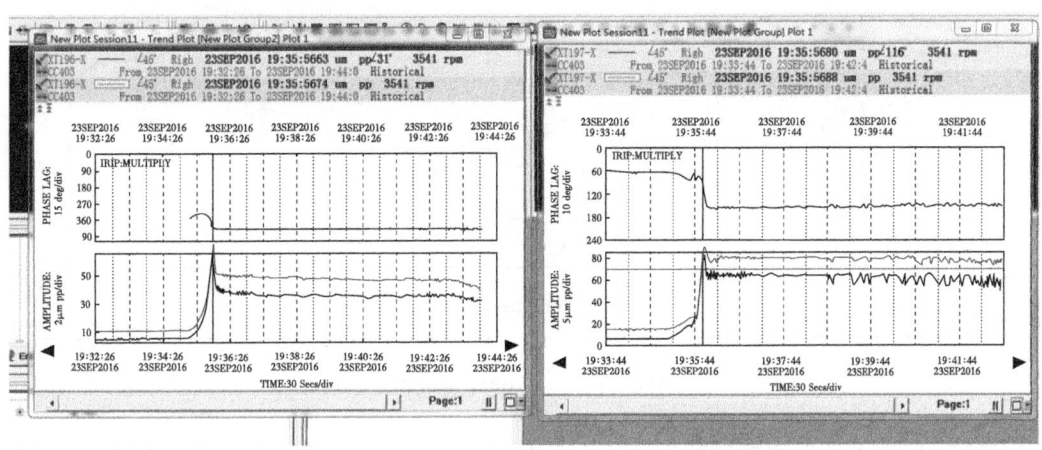

图 4.1.8　XT-196X 和 XT-197X 振动相位趋势图

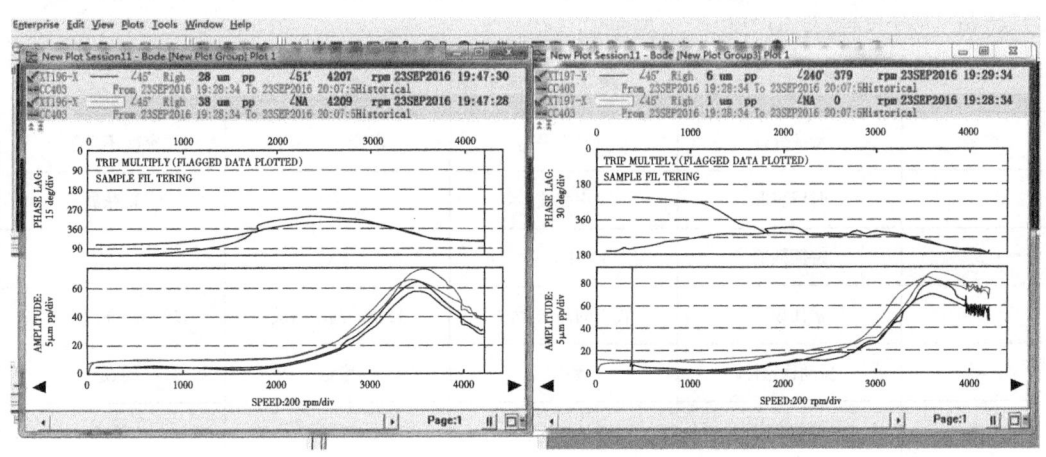

图 4.1.9　XT-196X 和 XT-197X 的 BODE 图

（4）分析瀑布图，振动频谱分布情况以 1X 倍频为主，其他分量较小，如图 4.1.10 所示，该图谱同样显示转子不平衡特征。

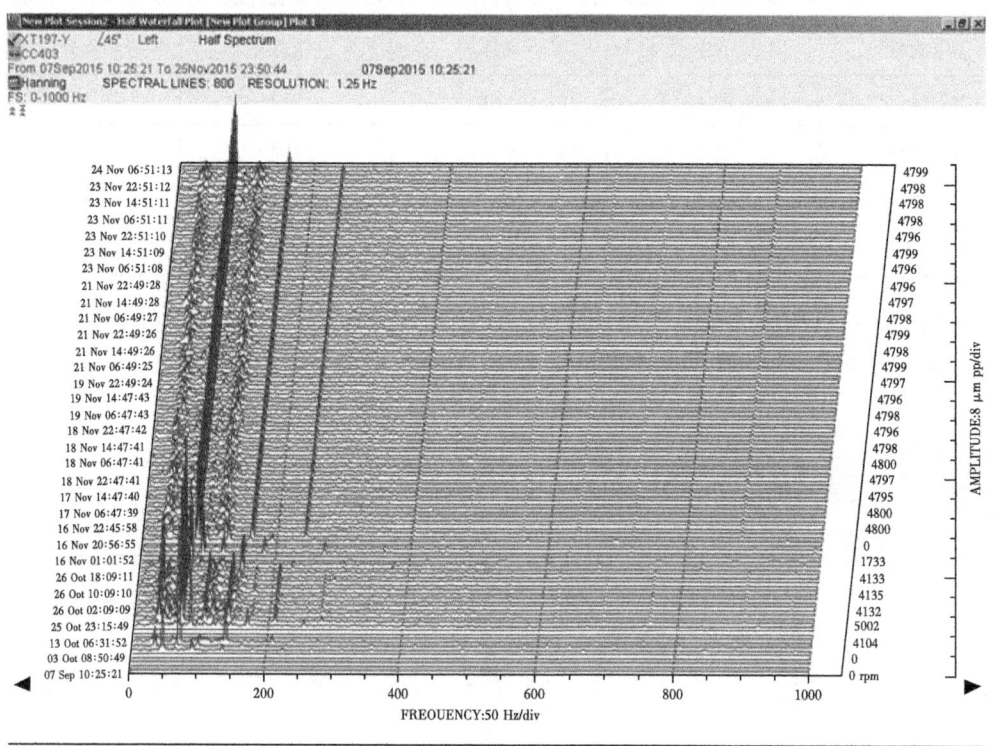

图 4.1.10　XT-197Y 瀑布图

（5）通过转子不平衡振动特征分析（表 4.1.2），进一步确定转子不平衡类型，确定处理措施。通过查询 3# 机组投产测试报告，发现 3# 机组在投产期间振动就高于其他机组，且 2014 年 8 月就已经出现过振动高跳机的记录，结合该机组 2011 年投产，机组运行时间相对较短，可以排除结垢引起机组振动高。

表 4.1.2　转子振动不平衡振动特征表

序号	特征分量	原始不平衡	渐变不平衡	突变不平衡
1	时域波形	正弦波	正弦波	正弦波
2	特征频谱	1X	1X	1X
3	常伴频率	较小的高次谐波	较小的高次谐波	较小的高次谐波
4	振动稳定性	稳定	稳定	稳定
5	振动方向	径向	径向	径向
6	相位特征	稳定	渐变	突发后稳定
7	轴心轨迹	椭圆	椭圆	椭圆
8	进动方向	正进动	正进动	正进动

综上分析，确定3#压缩机振动高的原因为转子原始不平衡。

4.1.2.2.6 故障处理

（1）方案选择。

3#压缩机的振动值在启机过程中超过112.5μm，无法启机，耽误了现场生产任务，必须对转子进行动平衡处理，让振动值符合标准。压缩机动平衡的调整方法一般有转子离机平衡和现场动平衡，根据现场生产实际情况和维修条件，选择开展现场动平衡。

（2）现场动平衡流程。

现场动平衡开展的过程如图4.1.11所示。

（3）现场实施。

①准备工作。

检查记录3#机组及辅助系统的运行工艺参数，确认压缩机转子振动报警、联锁停机设定值，并对其他参数进行核实，确保动平衡工作完成后其他参数设定正常，统计结果见表4.1.3。

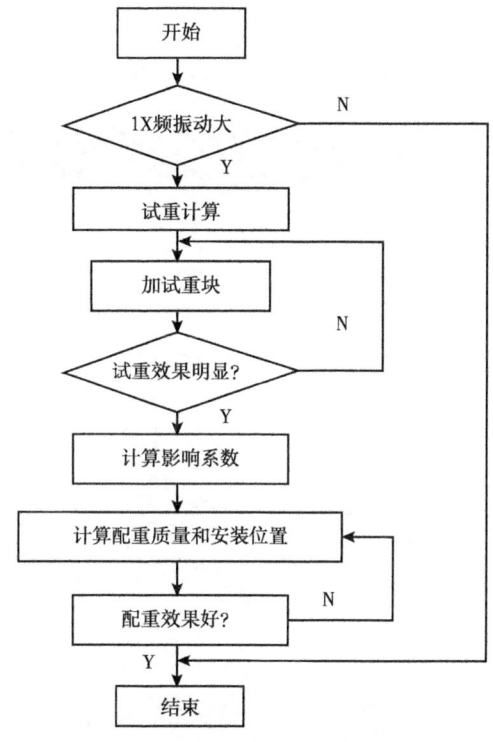

图4.1.11 影响系数法动平衡流程图

表4.1.3 西二线 GE 机组压缩机跳机信号

序号	跳机参数	仪表位号	报警设定值
1	矿物油箱压差	PDIT-176	HH=0.5kP（应为负值）
2	矿物油滤出口温度	TE-105	L=50℃，H=72℃，HH=79℃
3	矿物油总管压力	PIT-182	LL=90kP，L=140kP，H=160kP
4	压缩机轴承振动	XT-196X/Y，XT-197X/Y	H=70μm，HH=90μm
5	压缩机轴位移	ZT-138	H=±0.5mm，HH=±0.7mm
6	第三级密封进气压力	PIT-750	L=250kP，LL=150kP
7	干气密封第一级放空压力	PIT-755，PIT-757	HH=500kP
8	干气密封加热器温度	TE-208	HH=100℃
9	干气密封加热器出口温度	TIT-207	H=40℃，HH=100℃
10	干气密封增压器压差	PDT-779	L=90kP，LL=50kP
11	工艺气加载阀压差	PDIT-775	LL=0.1MP
12	压缩机入口过滤器压差	PDIT-780	H=50kP，HH=100kP
13	压缩机出口压力	PIT-782	H=11.85MP，HH=11.95MP
14	压缩机出口温度	TIT-783	H=85℃，HH=90℃

3# 机组最后一次启机振动图谱如图 4.1.12 所示，振动值为 96μm，相位角 70°。

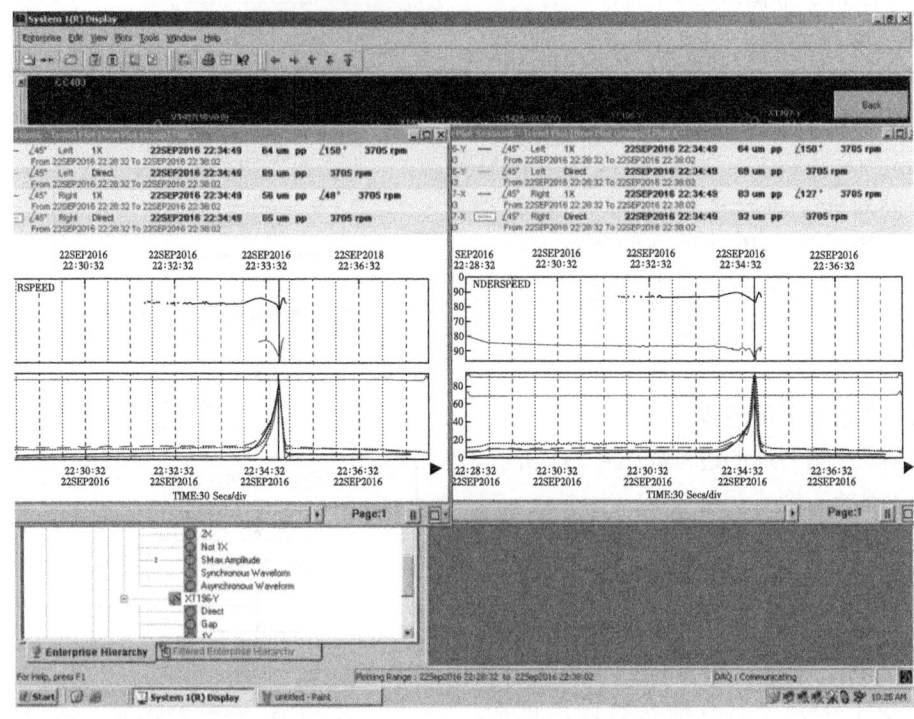

图 4.1.12　最后一次启机振动图谱

②标记 0° 相位角。

拆卸联轴器与联轴节螺栓，盘动动力涡轮转子，确认压缩机转子键相位零点，使用吊带及倒链缓慢盘动压缩机及动力涡轮转子，在 JB1 接线箱或 UCP3 本特利 3500/25 机架上测量 KE-423 间隙电压，电压突变时即为键相位的零点，并在联轴器上做好 0°、90°、180°、270° 标记，如图 4.1.13 所示。

③计算试重块质量。

根据式（4.1.1）计算试重质量：

$$m_t = \frac{Mx}{(10\sim15)r(n/3000)^2} \quad (4.1.1)$$

式中　m_t——试重块的质量，g；

M——转子质量，kg，二级叶轮进取 1487.5kg；

x——振幅（与转速对应），μm，选取 96μm；

r——试重安装半径，实际测量并与联轴器图纸对照，mm；

n——转速，选取 4000r/min。

经计算，m_t 理论计算值为 48.6g。

④实际试重块质量。

考虑到机组正常转速为 5800r/min，且转速越高，质量块影响越大，同时联轴器部位增加的质量块位置有限。为安全起见，一般根据计算的结果适当减少试重，最后根据现场实际情况，增加的质量块质量为25g。

⑤初次安装试重块。

在联轴器短节与轮毂连接处安装试重块，质量为25g，相位角在36°附近，安装位置如图4.1.14所示，连接螺栓以100N·m的力矩紧固。

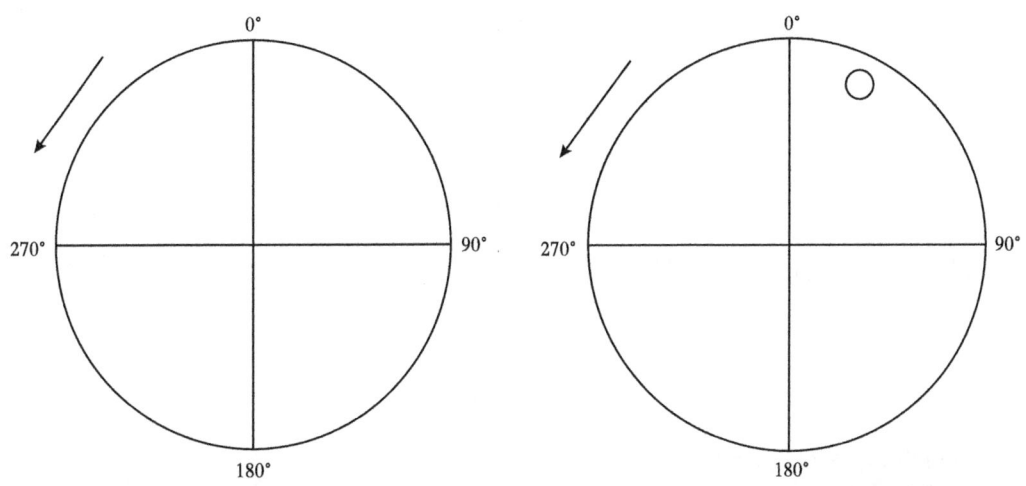

图4.1.13 在压缩机侧联轴器上做好标记　　图4.1.14 试重块安装位置图

⑥计算试重影响系数。

a. 初始振动 x_0=96μm∠70°，试重以后振动 x_1=79μm∠141°，试重影响 x_2，计算影响系数 a_{ij}，记为 $a∠a$。

$$a_{ij} = \frac{加试重后振动矢量 - 原始振动矢量}{j\ 平面\ 上加的试重} \tag{4.1.2}$$

式中　i——轴承号，采集振动信号的位置；

　　　j——加试重径向平面位置号。

$$a_{ij} = \frac{\vec{X}_2}{25∠36°} \tag{4.1.3}$$

$$a_{ij} = \frac{101∠201°}{25∠36°} \tag{4.1.4}$$

计算影响系数：

$$a_{ij} = 4.04∠165° \tag{4.1.5}$$

b. 增加试重块后的振动矢量关系如图4.1.15所示。

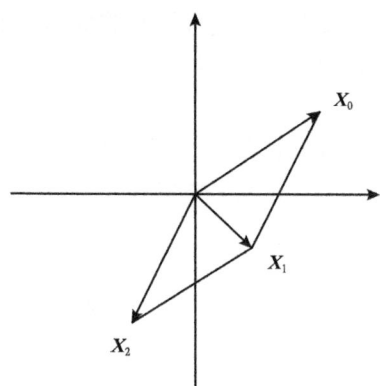

图 4.1.15 矢量关系图

⑦根据影响系数计算配重质量。

$$\vec{M}_a = \frac{\vec{X}_0}{a_{ij}} \qquad (4.1.6)$$

计算可得 $\vec{M}_a$ =23.7g∠-95°。

⑧安装配重块。

恢复机组隔离和管路,进行启机测试,振动图谱如图 4.1.16 所示。

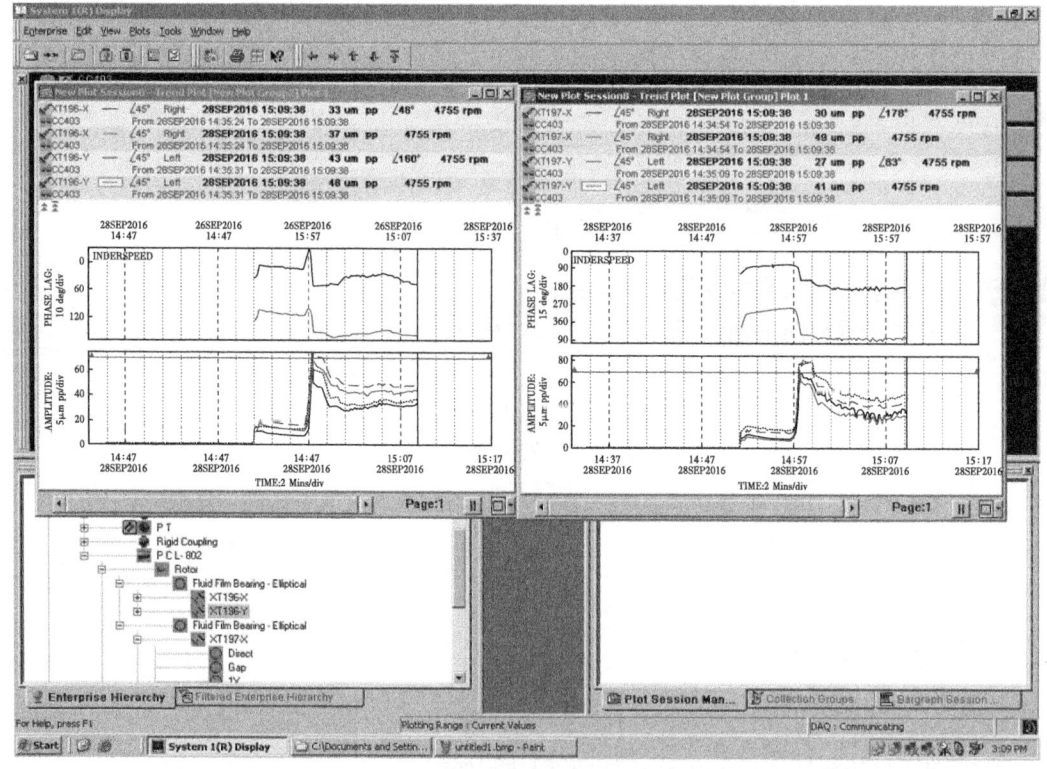

图 4.1.16 增加配重块后的振动图谱

4.1.2.2.7 实施效果对比

压缩机转子进行现场动平衡调整后,试重块(质量25g,相位角36°)、配重块(质量24g,相位角265°)和3#机顺利通过一阶临界转速,并且随着转速的提升,振动值随之下降,最终测试转速为5700r/min。测试完成后,对振动情况进行了对比,对比情况分别如表4.1.4、图4.1.17和图4.1.18所示。

表4.1.4 动平衡开展前/后振动最大值和5700r/min时振动值   单位:μm

探头位号	动平衡前振动最大值（无法启机）	动平衡（入口压力6.3MP,临界转速时）	动平衡后（入口压力9.1MP,临界转速时）	动平衡后（入口压力9.1MP,转速5700r/min）
XT-196X	69	69	60	28
XT-196Y	79	70	75	42
XT-197X	97	70	70	40
XT-197Y	大于112.5	63	80	32

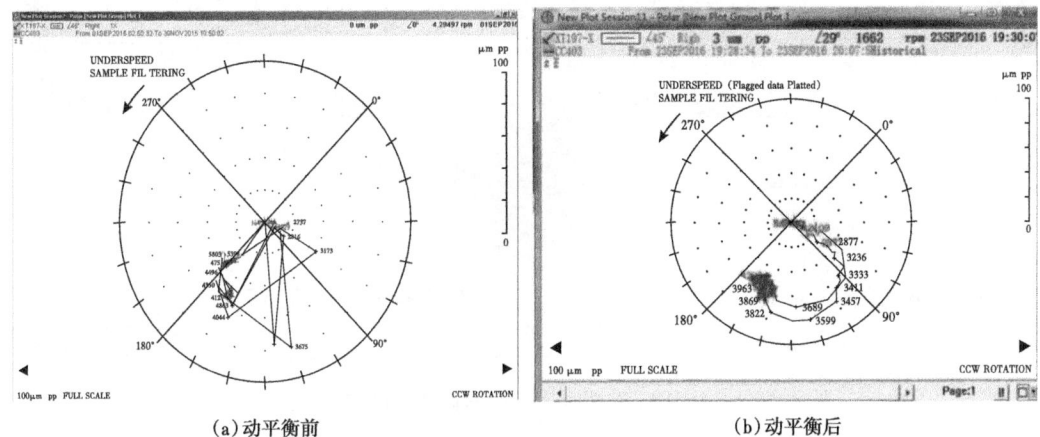

(a)动平衡前   (b)动平衡后

图4.1.17 3#机动平衡开展前后极坐标图谱对比

4.1.2.3 改进措施及建议

在确认转子失衡的情况下,分析其是何种类型的不平衡,针对不同类型的不平衡,应用不同的平衡技术,消除不平衡现象,达到设备平衡的目的。对于由动不平衡造成转子振动高的问题,可以通过现场动平衡进行临时处理,在度过了冬季保供期后,该机组已返厂进行动平衡,返回现场运行的振动数据恢复正常。

4.1.3 离心压缩机叶轮故障

4.1.3.1 故障描述

某压气站配备3台电驱曼透平离心压缩机组,编号分别为DY401、DY402、DY403,2011年1月9日至1月19日期间,三台压缩机先后出现故障,详情如下:

4.1.3.1.1 DY403号机组故障情况

2011年1月9日,压气站DY401机组与DY402机组并联运行,7时22分,DY401机组由于喘振停机,遂启动DY403机组,机组暖机后开始提速时,DY403压缩机驱动端

VT-4402X 振动测点、VT-4402Y 振动测点，压缩机非驱动端 VT-4405X 振动测点、VT-4405Y 振动测点的振动值发生突变，导致机组停机。因此再启动 DY401 机组，令 DY401、DY402 双机运行。

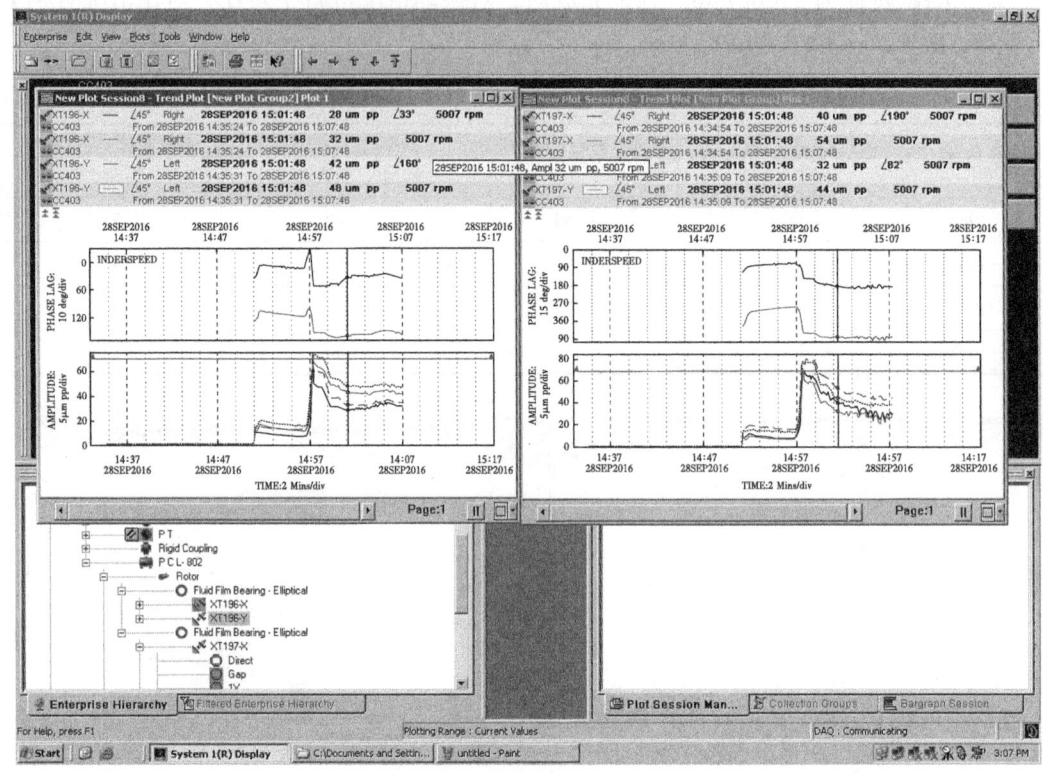

图 4.1.18　3# 机动平衡前后振动图谱对比

2011 年 1 月 12 日，组织曼透平公司处理 DY403 机组的故障，对压缩组进行抽芯检查。1 月 18 日将机芯抽出，经检查发现：机壳驱动端的检修螺栓孔一号位置的封堵螺杆断裂，断裂的螺栓将内芯捣出一处凹陷（图 4.1.19）；第三级叶轮严重损坏，叶轮盖的外缘多处缺损，且叶轮盖开裂（图 4.1.20）。

图 4.1.19　螺栓断裂

图 4.1.20 叶轮损坏

4.1.3.1.2 DY402 号机组故障情况

2011 年 1 月 17 日 17 : 18，正在单机运行的 DY402 压缩机组驱动端在工况没有发生变化的情况下，出现振动值突变报警，振动值由 35.9μm 突变为 48.5μm 后回落稳定至 44μm。经检查，发现 VI-4205X、VI-4202X、VI-4202Y 均有振动值发生突变的情况发生。

鉴于 DY403 机组叶轮损坏的情况，组织曼透平公司对 DY402 压缩机进行抽芯检查。1 月 20 日将 DY402 机芯抽出，经检查发现：机壳一号封堵螺杆断裂，断裂的螺栓同样将内芯捣出一处凹陷；第二级叶轮的入口处叶片多处缺损；第三级叶轮的叶片入口有缺损和撞击痕迹。

4.1.3.1.3 DY401 号机组故障情况

2011 年 1 月 19 日 15 : 10，操作员在机组画面监控中发现 DY401 压缩机组驱动端 VI-4105Y 振动值突然发生突变，振动值由 27μm 上升至 42μm，超过报警值。根据前两台的状况，组织曼透平公司对 DY401 压缩机抽芯检查。1 月 21 日将 DY401 机芯抽出，经检查发现：第三级叶轮轮盖的外缘有两处缺损，其中一处缺损较大。

4.1.3.2 故障处理过程及原因分析

（1）两个第三级叶轮除在现场发现的可见损伤外，在叶轮的叶片与轮盖焊接处还发现了裂纹（图 4.1.21）。

图 4.1.21 叶轮叶片与轮盖焊接处的裂纹

（2）第三级叶轮盖损伤的主要原因是机组过载引起叶轮出口气流高频涡旋，高频涡旋的激振导致轮盖在受力最大处疲劳失效。

（3）在转子的沉积物中发现了汞的化合物，该化合物对叶轮焊接材料具有腐蚀作用，此腐蚀作用与气流激荡振力共形成的应力腐蚀导致叶片与轮盖焊接处生成裂纹。

（4）由共振而导致了封堵螺杆断裂。

（5）由于操作系统中压缩机流量计算有误，系统显示的流量小于实际流量，导致压缩机长期在过载工况区运行。在过载流量下，气流在机内的流动方向偏离设计方向过多，而在第三级叶轮出口处形成高能量的气流涡旋。

4.1.3.3 改进措施及建议

（1）曼透平公司重新测试并修正机组现场压缩机计算流量。

（2）将第三级出口的有叶扩压器更换为无叶扩压器，以减少在大流量下气流涡旋的形成。

（3）叶轮盖不再采用钎焊方式，改为电焊方式焊接。

（4）设计、制作、安装检修螺栓的封堵螺杆，使其固有频率离开工作频率。

4.2 润滑油系统故障案例

4.2.1 燃驱压缩机组油气分离器故障

4.2.1.1 故障描述

某站 GE 燃驱机组在核对以前抄写的压缩机参数时，发现运行的 $1^{\#}$ 压缩机油箱负压突然由原先稳定的 $-200Pa$ 上升到 $120Pa$ 左右，然后稳定在此值附近。油箱负压达到 $400Pa$ 会高报，达到 $500Pa$ 机组就会停车。

从油箱顶部来的油雾气通过一根管道进入分离器，分离器为不锈钢筒，内装有玻璃纤维筒。滑油在筒内经过玻璃纤维的吸附作用，将油雾中的微小油滴吸附，并通过罐底的管子引回到集油盒。初步过滤后的油气再经过有三根滤芯的过滤器，油气内所含油雾基本被除净。过滤器内滑油通过罐底的管子回到集油盒，集油盒里的油通过顶部回油管返回到矿物油箱。过滤后的空气经罐顶部管道，并经抽风机 FNL-1 将空气排到安全区域。油气分离器系统流程如图 4.2.1 所示。

4.2.1.2 故障处理过程及原因分析

在油箱负压值出现上升之后，发现两个压力表 PI-681、PI-685 的示数正常，调节阀在正常位置，异常的是油气分离器的振动变大，且内部有高频率撞击声音。

首先怀疑是油气分离器的三个排油管堵塞造成排油困难，进而导致进气量和排气量的下降。但三个油观察窗 SG-682、SG-683、SG-690 内都没有出现油，并通过排放废油箱的油最后确定三个排油管是畅通的。接下来又检查了油气分离器放空管，没有发现放空管有堵塞的迹象。通过观察，发现高空阻火器也是正常的。由于机组在运行期间，没办法采取更多的措施，只是加强了对油箱负压的观察，油箱负压的数值比较稳定地保持在 $120Pa$ 左右。

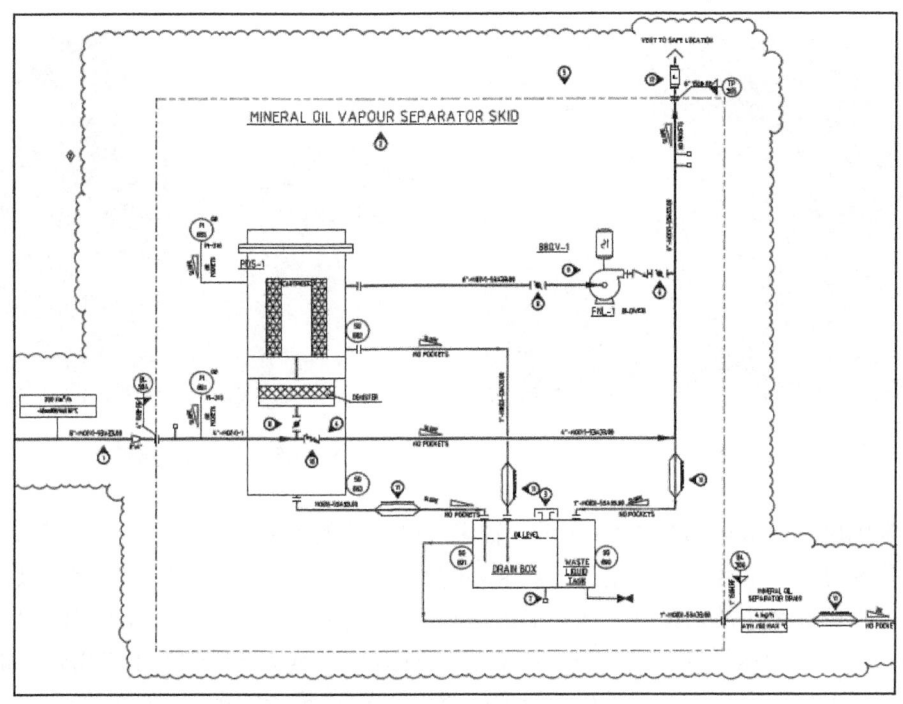

图 4.2.1 油气分离器系统流程图

出现这种情况几天后,北调通知停 1# 机组,在停机后展开对油气分离器的检查。首先打开了油气分离器上部的过滤器,发现里面的滤芯完好无破损,表面很干净,如图 4.2.2 和图 4.2.3 所示,由此排除了滤芯压差高导致排气量不足的可能。

由 PID 图可知,分离器有一旁通管,旁通管上有一单向阀,当可被接受的总的油雾气压力达到 40mmH$_2$O 时,部分空气经单向阀会回流到分离器。分析油气分离器振动大的原因可能是进气旁通阀频繁打开,进气管通阀频繁打开也会造成从油箱抽气量的减少,导致油箱负压的升高。打开油气分离器进气筒后,发现用于压紧旁通阀圆盘的弹簧基本处于松弛状态,本应有一定压紧力的弹簧没有起到作用。旁通阀弹簧的正常位置如图 4.2.4 所示,而当时旁通阀弹簧的位置如图 4.2.5 所示。

图 4.2.2 油雾分离器滤芯

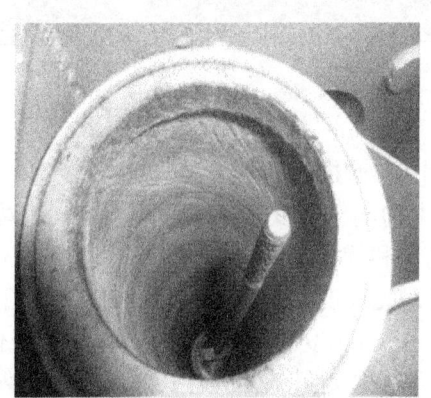

图 4.2.3 滤芯基本干净无杂物

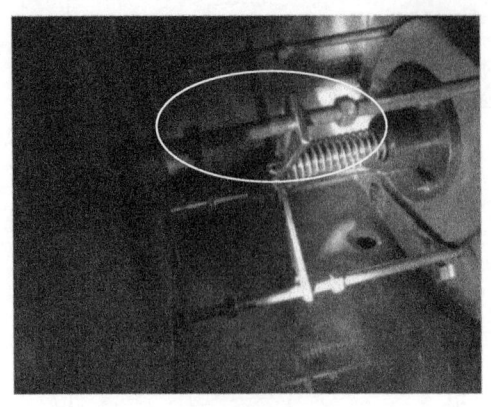 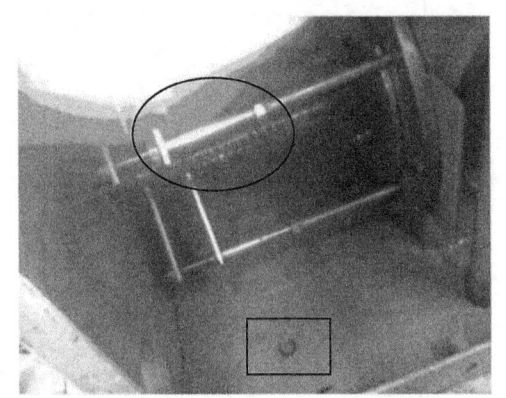

图 4.2.4　旁通阀弹簧的正常位置　　　　图 4.2.5　当时旁通阀弹簧的位置

正常轴尾上的卡环如图 4.2.6 所示，轴尾上已脱落的卡环如图 4.2.7 所示。可以明显看出，脱落的是一个卡环和一个垫片，该卡环的作用是固定旁通阀调节轴，以使在转动调节手轮时可以调节弹簧的松紧度。如果卡环松脱，调节轴在调节时会由于没有固定住而被逐渐抽出，也会影响压紧弹簧的位置。随着多次的调节，弹簧慢慢达到了自由伸长的程度。因为抽风机出口的压力要大于进口的压力，所以在弹簧不起作用后，大量的出口气量通过旁通阀进入进气口，油箱的负压升高也就顺理成章，而且会慢慢引起进出口气体压力的波动，导致旁通阀的反复打开，最终形成油气分离器高频率的振动。

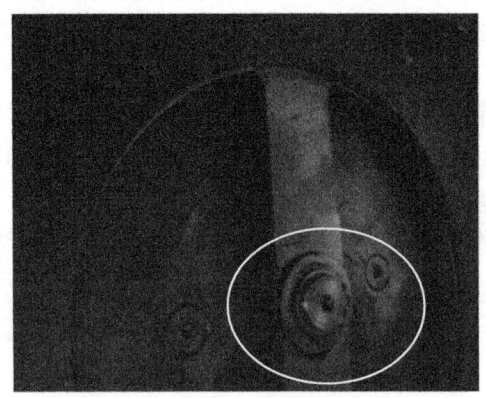 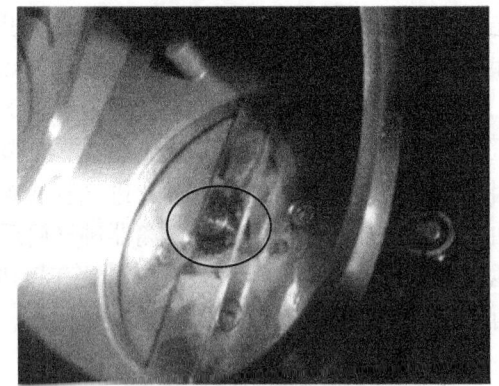

图 4.2.6　正常轴尾上的卡环　　　　图 4.2.7　轴尾上已脱落的卡环

4.2.1.3　改进措施及建议

（1）将卡环安装到旁通阀调节轴尾端后，按照正常的状态校准完旁通阀后，启动油气分离器和辅助油泵测试，发现油箱负压恢复到以前的正常值，保持在 -370Pa 左右。从故障处理完到现在，油气分离器一直平稳工作，油箱负压也保持正常稳定。

（2）工作人员要对压缩机参数的变化保持高度的敏锐感，不管数值是否处于报警状态，都需要对其倍加关注；压缩机定期保养或油气分离器振动较大时，要对油气分离器的旁通阀进行重点检查。

4.2.2 机组油冷器风扇启动故障

4.2.2.1 故障描述

在日常的运行中，某 GE 燃驱机组油温升高超过了 55℃，此时主风扇启动以降低油温，当时机组转速为 3965r/min，在这个转速下机组油温在 5min 内并没有降低至 55℃，5min 之后，备用冷却风扇没有自动启动，在站控 UCP 界面上手动启动和在 MCC 柜上就地启动备用风扇约 6s 后，变频器断路器 Q42 跳闸，MCC 柜故障灯亮。

4.2.2.2 故障处理过程及原因分析

在 GE 的这套油冷系统中，油冷风扇是由变频器驱动的，变频器为 ABB 的 ACS800 系列，这套变频器是由控制盘和传动单元组成的，其中的逻辑程序及控制参数储存在传动单元，而控制盘是发送控制信号和显示的部分。该油冷系统有远控和就地两种控制模式，处于远控模式时，由机组 UCS 控制界面发送命令，在探测到油温高于 55℃ 后，发送启动命令，也可在 UCS 控制界面直接手动启停任一风扇；就地控制盘在 MCC 柜上，当控制开关打在就地档位上时，即可自动实现就地启动风扇，如果此时油温低于 55℃，则风扇自动加速至满负荷开始冷却油温，如果油温远小于 55℃，则转速为零，需从变频器控制盘 CDP312R 手动加速，此时转速可控。

当出现油温 55℃ 以上，且 5min 内油温没有降低、备用风扇没有启动时，在远控和就地两种方式下手动启动备用风扇，在启动命令发出 6s 后，变频器跳闸。因为在变频器跳闸后，其控制盘是不带电的，所以不能从控制盘上得到任何的故障信息。

根据上述分析，按照如下步骤进行问题查找：

（1）确认电动机是否存在故障。

将变频器系统断电后取下熔断器，在 MCC 柜动力电输出端测量是否存在电动机三相短路或者接地故障，测量发现三相之间的阻值和接地电阻均接近无穷大，判断未发生短路和接地故障，可以初步判断不是电动机的故障。

（2）确认变频器是否完好。

将变频器的动力输出电缆断开，即使变频器不带负载，然后启动备用风扇，实验结果变频器依然跳闸，可以判断至少在电动机之前还有故障点。然后再向前检查变频器本身是否存在故障，处理方法只能是拆下变频器，将一个备用变频器换下备用风扇的变频器，此时的变频器内是没有任何数据的，再次在就地方式下将开关拨至手动位置，变频器初始化完成，也没有出现跳闸现象，判断可能是变频器的问题。

（3）确认变频器是否存在故障。

因为变频器此时是没有数据的，所以需要输入变频器数据，变频器数据的输入是通过变频器的控制盘实现的，将 2# 正常的变频器的数据读入到控制盘内，输入过程是：按"func"键，进入功能模式，在功能模式的显示屏菜单中找到"UPLOAD"，用上下键选中此功能项，此时在"UPLOAD"下会有光标闪烁，按"ENTER"键，执行上传功能，上传完成后，按"LOC·REM"键，切换至远控模式，然后才能取下控制盘；将带参数的控制盘安装到换上的备用变频器上。下一步就是将数据下载到新变频器，操作步骤是：首先必须将变频器模式切换到就地模式，即按下"LOC·REM"键，在屏幕的第一行会有一个"L"显示，表示已经是就地模式，然后按"func"键，选中"DOWNLOAD"，光标闪烁，按"ENTER"键，执行下载功能，这时变频器内的数据已经更新完成，需要检验看能不能启动风扇，在 MCC 柜上，将熔断器复位、断路器合闸，并将控制开关打在就地，变频器初始化成功，但是没有转速，此时从控制盘上手动加速，风扇还是没有转速，新的问题出现了，变频器本身的硬件已经被证实没有问题，但是不能升速。

（4）确认 UCS 系统的信号是否正常。

根据前面的检查，可能是站控 UCS 的电脑信号没有发出，从而对变频器产生影响。再从 UCP 控制柜侧检查，首先找到 UCP 柜发送信号的接线，判断接线是否有松动和接触不良，UCP 柜上启动信号接线。

设定值和反馈值信号如图 4.2.8 所示。当两台风扇都发出启动命令后，图 4.2.8 所示的 1、2 接线端是 1# 风扇的信号端，3、4 接线是 2# 风扇的信号端，测量二者的电压都是 0.2V，对比发现两个风扇的启动信号都已发出，启动正常，之后再使油温升高一定温度，此时设置 2# 风扇为主用，风扇开始升速（油温没有达到 55℃ 时，风扇会有一定的转速，但不是满负荷），转速达到 300r/min 时，测量图 4.2.8 中的 1~8 端子，其中 1、2 为 1# 风扇的反馈信号，5、6 为 1# 风扇的设置值信号，3、4 为 2# 风扇的反馈信号，7、8 为 2# 风扇的设置值信号，测量 3、4 端电压为 0.486V，7、8 端电压为 0.97V，而 1、2 端电压为 0.2V，5、6 端电压为 0.41V，在 UCP 控制界面上，2# 风扇显示 Fbk 为 33%、SP 为 33%，而 1# 风扇对应的 Fbk 和 SP 都为零，所以可以看出没有升速命令发出，将 2# 风扇转速降为零后再测量，其反馈值 3、4 和设置值信号端 7、8 电压分别为 0.2V 和 0.41V，说明 1# 风扇在 UCP 柜上是有信号发出的，那么问题还应该是出在变频器，回到变频器的处理。

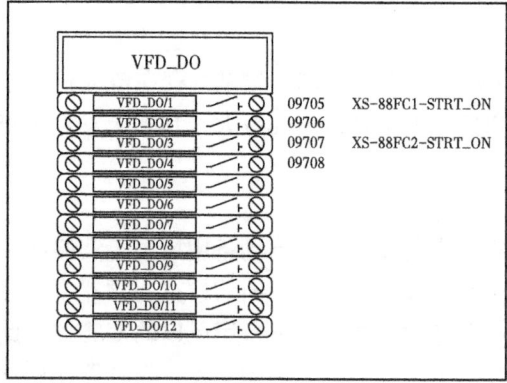 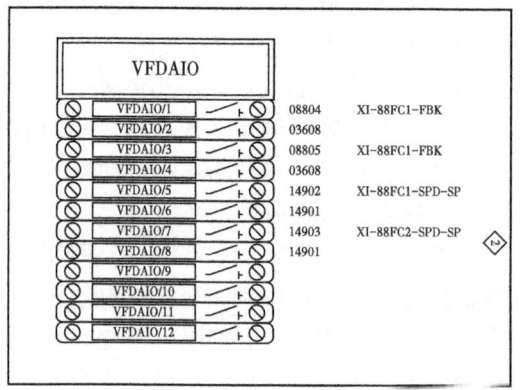

图 4.2.8　设定值和反馈值信号接线图

（5）变频器故障的处理。

对比 1#、2# 变频器的参数发现，2# 变频器中有其所负荷的风扇电动机的参数，而在 1# 变频器中，只是下载了变频器的控制参数信息，厂家考虑到每一个变频器负荷的电动机可能会不一样，所以在上传和下载时是不会自动下载电动机的信息的，电动机的参数需要手动输入，输入步骤是：按"func"键，在其菜单中选中"Motor Setup"项，在该项中将电动机的参数输入，此参数要严格按照电动机铭牌上的数据输入，主要有转速、频率和功率等，电动机参数设置完成后，按"LOC·REM"键，选择远控模式，判断方法是第一行的"L"消失，至此，变频器的更换和设置完成，此时在站控室 UCS 电脑上启动备用风扇，油温加热到 53℃，备用风扇启动，并且转速达到 30%，说明远控已经可以启动风扇，在 MCC 柜上就地启动备用风扇，也可以完成升速，故障排除。

4.2.2.3 改进措施及建议

通过对问题的分析和对故障的实施处理，逐渐养成一套处理问题的思路和正确的实施程序，为以后的故障处理提供借鉴和参考，只有这样才能逐步提高分析处理问题的能力。任何设备故障的发生都是有原因的，只要按照正确的问题处理思路，查阅资料，借鉴以往的事故处理经验，弄清楚故障的来龙去脉，逐步排除故障，任何问题都可以得到解决。

4.3 控制系统故障案例

4.3.1 AB 控制系统模块故障

4.3.1.1 故障描述

某压气站 AB 控制系统断电后再启动多次出现模块故障，例如控制网模块、冗余模块、以太网模块、设备网模块出现故障等，无法通过自检。

4.3.1.2 故障处理过程

AB 控制系统断电后出现模块故障，无法通过自检，经过服务商进行专业性模块故障检查后，需要对模块进行更换。

4.3.1.2.1 AB 控制系统模块简介

AB 控制系统为 LOGIX 55 系列，使用 Control Net 网络构架，该构架即存在一个主网络，在该网络上有多个支网，如同一条河流上有多条支流汇入，进行数据交互。该 C 网络中，有一对冗余机架作为 Control Net 网络管理员，并且该冗余机架承担着机组控制中的绝大多数功能；有一个机架为 Safety 机架，其主要功能类似 SIS，为机组的安全运行保驾护航；其余的都为简单的 I/O 网络子站。该冗余机架中的每一个机架中含一个电源模块、一个 CPU 模块、两个 C 网模块、两个 E 网模块和一个同步冗余模块。电源模块的主要功能是为机架中的模块以及背板供电，其中设置外部电池的目的是保证在短暂的无正式电源时，程序能够保存。电源模块的故障易出现在外部电池馈电或没有电池时。CPU 模块的主要功能为运算、处理、执行程序任务等，该模块为该系统的大脑，同时也可诊断系统中所有设备的状态以及故障功能。C 网卡模块是连接 Control Net 网络的连接器，是从 C 网上读写数据的执行者，冗余系统机架上有两个 C 网卡，其目的是保证系统冗余，当一个 C 网卡故障，则另一个 C 网卡仍然工作，可保证系统正常运行。E 网卡模块控制系统和外部系统进行数据交互的连接器，保证了 AB 系统能够读取外部由以太网传输过来的数据，并将 AB 系统中的数据传输至外部的工具。同上，冗余系统中设置两个 E 网卡的目的也是保证系统冗余。同步冗余模块可将两个机架上的数据实时同步，保证在主机架故障时，能够切换到备用机架，且数据一致，不会引起外部故障。该 UPP 系统中有一个电源模块、一个 CPU 模块、一个 C 网卡模块和数个安全型 I/O 模块，该机架保证了在冗余机架出现故障无法运行时，也能安全地停机。其他的每一个 I/O 子站中都有一个 C 网模块和数个普通的 I/O 模块。

4.3.1.2.2 冗余机架模块更换（以1756-CN2R控制网模块为例）

（1）使用调试软件RSLINK连接至主机架，确认主机架对应槽位模块型号及版本。

（2）备用机架上电，确认对应槽位模块型号与主机架模块型号一致（注：1756-CN2R/B与1756-CN2R/C型号不一致，后期无法进行固件版本刷新，必须同为1756-CN2R/B或1756-CN2R/C），核对拨码节点地址一致。若对应模块槽位、型号无法满足一致，整体考虑主备机架进行调整，只需保证相同槽位模块一致，再以离线方式进行主备机架配置即可。

（3）模块调整完毕，通常情况下相同槽位模块因固件版本不一致，主备机架无法同步。此时可通过RSLINX选中09槽位1756-RM模块，右键选择模块配置（Module Configuration），通过查看Configuration、Synchronization、Synchronization Status这三个标签，如图4.3.1所示，可以获知无法同步的确切原因。

（4）找出固件版本（Revision）不一致的模块，前往Rockwell官方网站->SUPPORT->Drivers&Firmware页面，搜索对应型号的模块，免费注册并下载所需的模块固件。

（5）1756-RM模块配置 -Configuration，如图4.3.2所示，取消从机架的资格。

（6）使用ControlFlash软件进行模块固件刷新，注意固件刷新过程中，不能断电或通信连接中断。同型号的模块可以互刷固件，不同型号的模块不能互刷固件，必须保证冗余系统对应槽位模块型号一致。

（7）连接PCS控制网，使用RSNetWork for ControlNet软件对控制网模块进行组态，如图4.3.3所示。

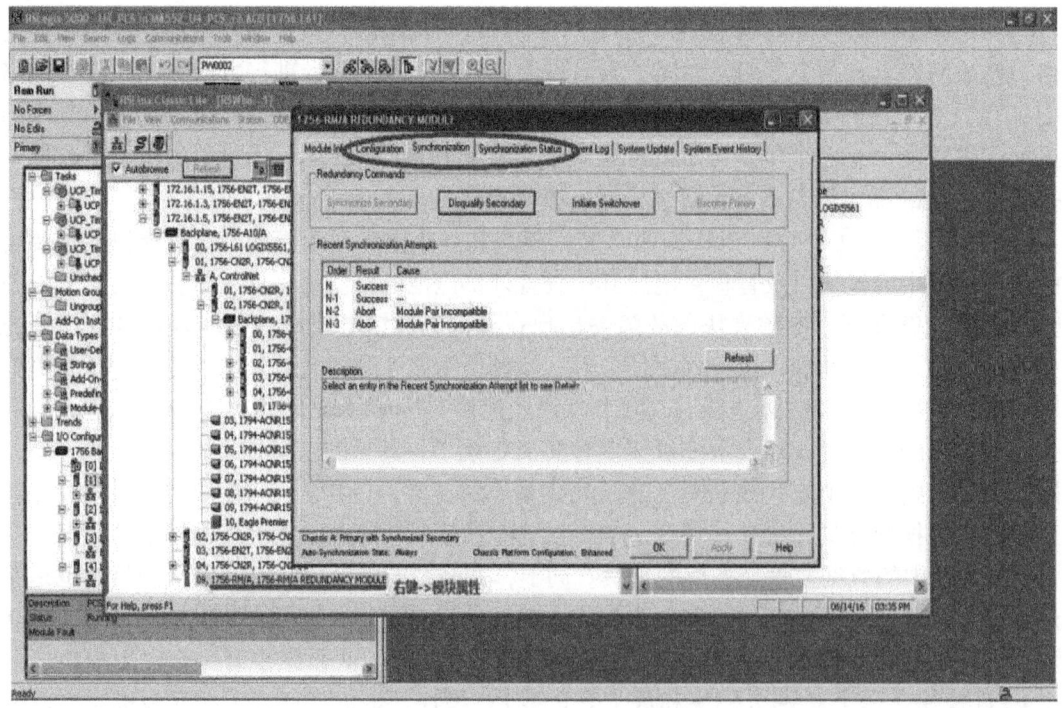

图4.3.1　1756-RM模块配置

4 离心压缩机故障案例

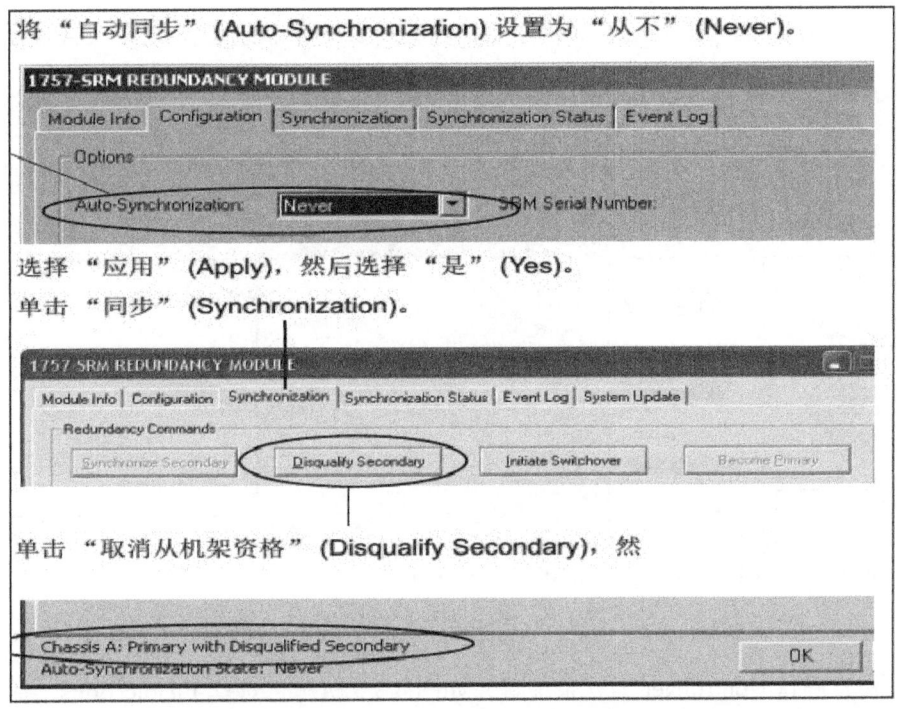

图 4.3.2　1756-RM 模块配置 -Configuration

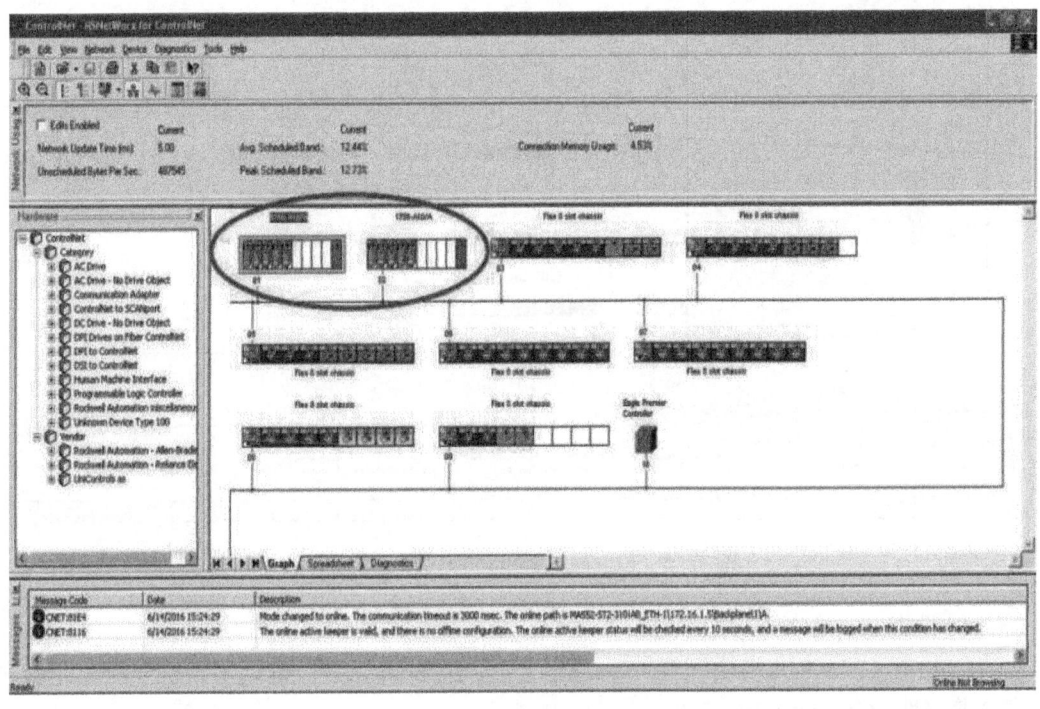

图 4.3.3　扫描 ControlNet

（8）当在线调整主机架模块时，可能出现 1756-CN2R 控制网模块液晶屏显示 Keeper unconfigured（slot changed））告警，需手动清除 keeper 再重新组态，如图 4.3.4 所示。

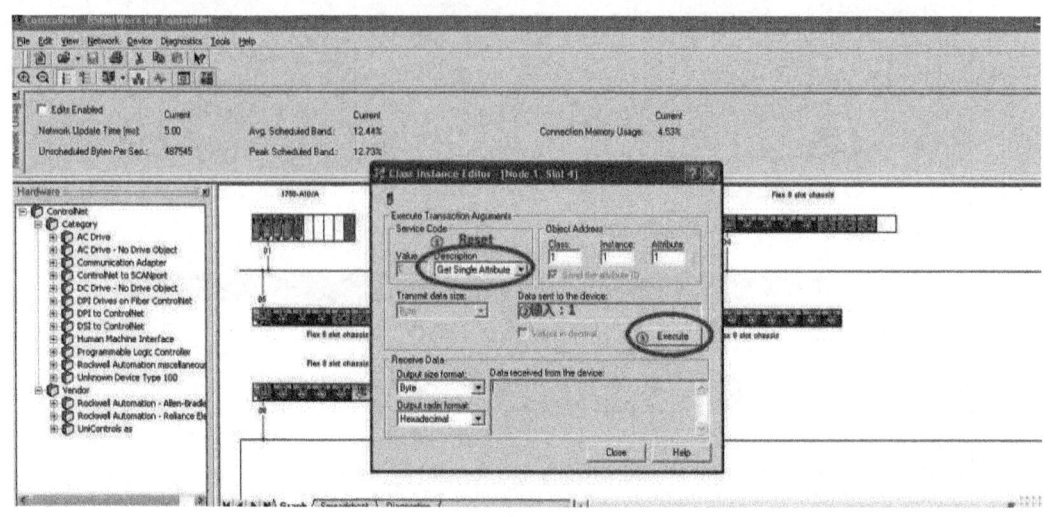

图 4.3.4　手动清除模块 keeper

（9）检查确认 ControlNet 为冗余配置，如图 4.3.5 所示，选择 Enable Edits，保存配置文件并重新下装（download to network）。

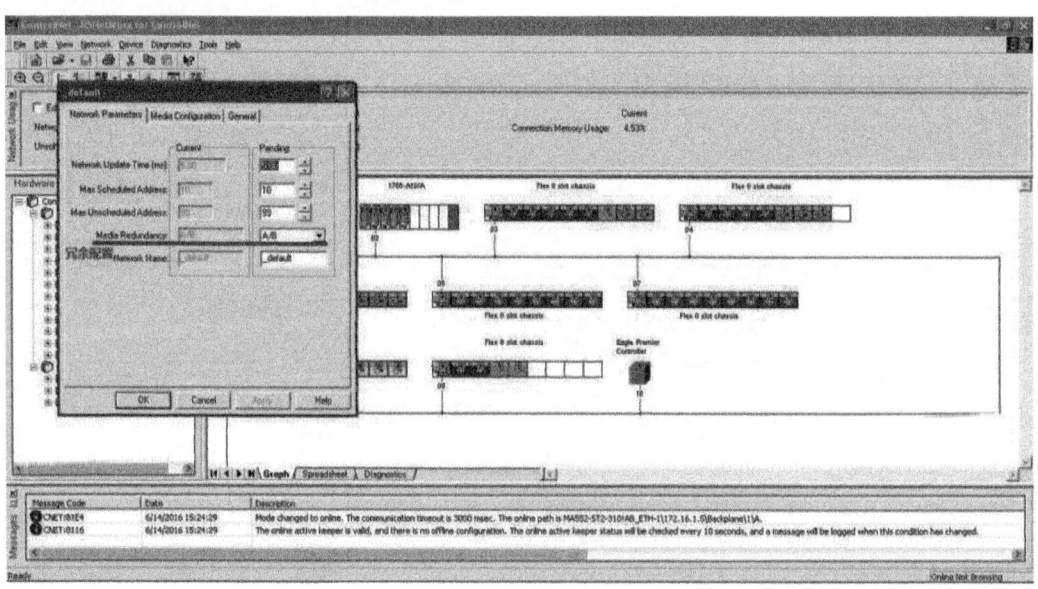

图 4.3.5　检查确认 Controlnet 为冗余配置

（10）检查 keeper 签名是否刷新。

（11）检查 1756-RM 模块配置 -Synchronization Status 标签，确认主备机架模块是否显示完全兼容性（Compatibility Full）。

（12）同步从机架。主备机架冗余模块分布显示 PRIM 和 SYNC，表示主备机架冗余成功。

（13）使用钥匙将 CPU 模式从 REM 切换为 RUN，再切换回 REM，主备机架控制器恢复正常运行。

（14）对在线 Controllogix5000 工程修改对应模块的型号及固件版本，如图 4.3.6 所示，重新下装 Controllogix 程序（通常情况下此步骤可取消，因为在用 controllogix5000 版本能够支持已更换的模块，无须配置下装程序）。

4.3.1.2.3　非冗余机架模块更换（以 1756-DNB 模块为例）

（1）确认备件 1756-DNB 模块型号与原有模块一致，核对节点地址以及波特率设置。

（2）机架上电，安装 1756-DNB 模块。

（3）使用 RSLINK 连接到对应机架，找到 1756-DNB 模块，若出现 1756-DNB 设备网模块无法识别，需前往 rockwell 官网下载对应 EDS 文件并安装升级。

（4）使用 RSNetWork for DeviceNet 软件对设备网模块进行组态。

工程本中已保存相应机组 DeviceNet 组态文件，打开对应备份组态文件进行网络扫描，若出现设备版本不匹配情况，需使用 ControlFlash 软件进行固件刷新，再进行组态文件下载（此次更换需将 12.005 降为 11.003）。

目前机组设备网模块为单网配置，方便进行全新组态。新建 DeviceNet 组态文件，网络扫描完毕后双击 DNB 模块，通过比对其他机组组态文件，对 DeviceNet 模块进行参数配置，配置好后进行配置下载即可。

（5）在线 ECS 程序，手动测试燃料气调节阀，确认 DeviceNet 模块正常工作。

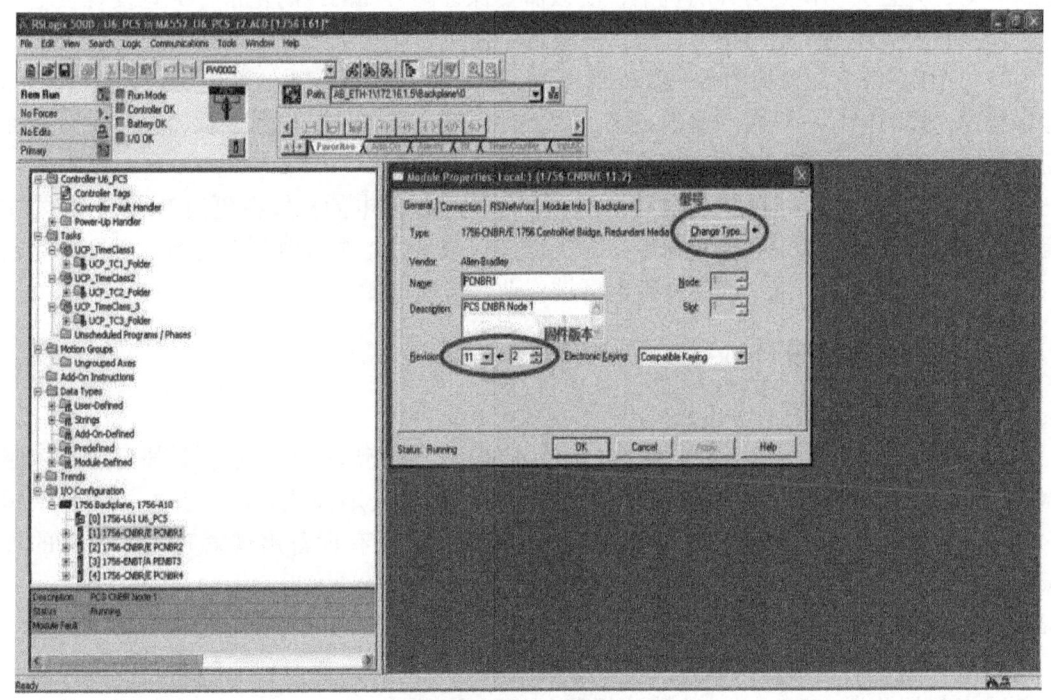

图 4.3.6　修改对应模块的型号及版本

4.3.1.3 改进措施及建议

（1）加强设备巡检，确认设备状态。为保证压缩机组平稳运行，可将压缩机控制系统各模块的正常状态制作表格后粘贴到机柜，让所有员工都能够通过表格内容进行设备状态确认，保证 PLC 系统主站处于正常运行状态，从站处于热备状态。

（2）定期进行冗余测试，确保设备性能完好。结合多年的运行经验，在压缩机保养内容中增加了机组控制系统冗余测试条目，在机组保养时，根据现场实际情况对模块的冗余及机架的冗余进行实际测试，确保冗余功能完好。

（3）加强机组控制系统火灾相关探头、IRT8 模块等易发故障模块的相关备件备货，同时模块更换尽量带电更换。在更换备件时，需要将备件进行固件刷新后再进行更换。

（4）在每次断电、上电操作时，容易发生氧化等现象加剧模块故障，所以要确保系统电源供应，尽量不让系统电源断电；如果迫不得已让电源断电，重新上电后需检查各模块状态是否正常，当模块状态异常时，应按照指导手册进行分析判断，并进行下一步处理。

（5）AB 系统要求不能单独给从站的 CPU 进行程序下装，如果从站的程序丢失，只需要对从站进行断电、上电操作，冗余系统会自动将主站程序通过冗余模块传递给从站。

（6）AB 系统程序中使用的是中断轮询，并非为一般使用的定周期轮询扫描方式，即在特定的条件下，会优先执行某特定程序，容易触发硬件中的次要故障报警，该报警的消除需要通过软件将程序在线，查找硬件的相关报警，确认报警信息后进行报警清除。

（7）一旦 E 网模块的网络断掉（包括断网线或交换机），都会触发该 E 网卡所在机架重新启动，并且会切换到另外的机架，所以需要保证网络和网线的正常，一旦发现发生了机架切换，要关注网络是否正常，以及从站各个模块的运行状态是否正常。

（8）AB 系统电源模块中含一个外部电池，该电池可保证在系统断电后还能支撑 CPU 保存程序一段时间，一旦发现电池报警，需立即更换电池备件，以免因程序丢失导致系统需要重新下装程序。

（9）AB 系统的 DI 信号在端子板后端是有 24VDC 供电的，故在更换 DI 信号时要注意所对应的设备，以及更换电缆时要注意不能短接或者使电缆接触到系统地，否则会导致空开跳闸、烧保险等情况，因此在带电区域作业时应断电操作。

4.3.2 燃驱压缩机组 HIMA 火气系统故障

4.3.2.1 故障描述

2017 年—2018 年，某站场 3 台 GE 燃驱压缩机组频繁出现进气滤芯下部可燃气探测器 45FT（1—6）、排气道可燃气探测器 45HD（A—C）火焰探头（45UV1-3）、CO_2 手阀（45CP1-2）、消防按钮（43CPD1-2）等和火气系统相关所有设备出现瞬时故障报警的现象，如图 4.3.7 所示，多次造成压缩机组意外停机。

4.3.2.2 故障处理过程及原因分析

对 HIMA 控制系统相关的各类仪表进行分析，最初发生类似现象的原因是进气滤芯下部可燃气探测器 45FT（1—6）故障报警，45FT 为 DET-TRONICS 95-8526 型红外式可燃气探测器，靠光谱反射的原理测量可燃气体，通过 4~20mA 电流回路输出信号，灰尘附着在探头上，控制系统就会认为探头故障，而现场探头确实存在污垢。

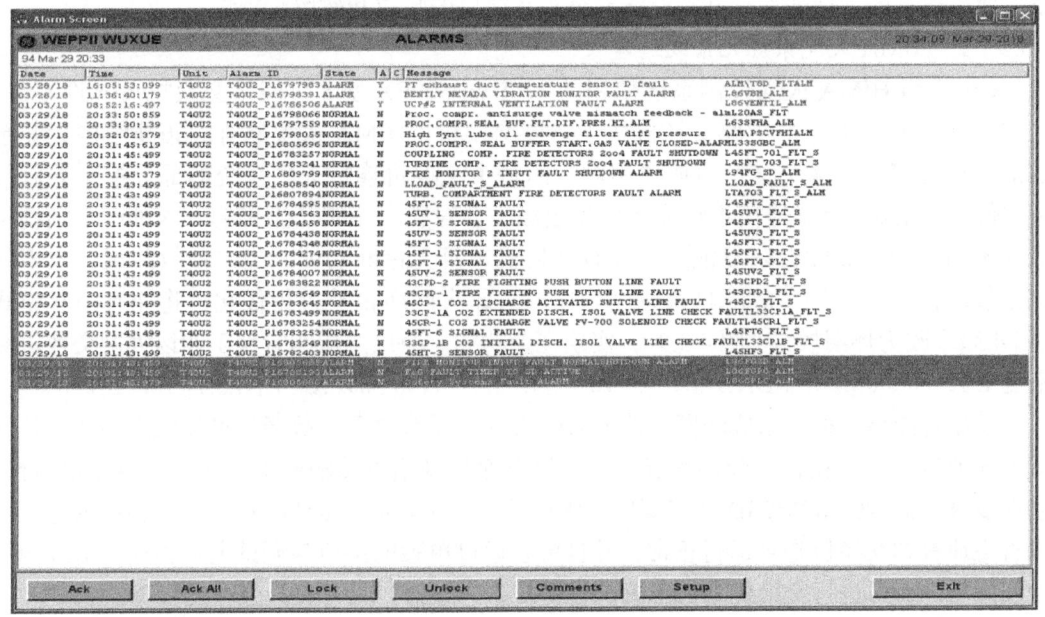

图 4.3.7 火气系统相关所有设备出现瞬时故障报警画面

另一方面，HIMA 控制系统的接线方式为双冗余 Safety CPU 和 FF CPU 通过 Profibus 与 GE MarkVie 通信，现场的各类探头接入 HIMA I/O 模块和 HIMA CPU，CPU 与 I/O 模块直接与以太网交换机相连接，而交换机之间以串联连接，无冗余配置。

进气滤芯下部 6 个可燃气探测器污浊频繁报故障，数据通信量增大，且 N-Tron 509FX 型 8 口网络交换机可靠性不高，经常出现诊断报警，多重因素可能会造成节点通信不畅、网络阻塞，出现火气系统相关的所有设备故障报警。

现场通过对进气滤芯可燃气探测器进行定期清洁之后，该问题得到了有效的解决。但系统网络仍然存在缺陷，无法实现冗余，建议进行改造。

4.3.2.3 改进措施及建议

4.3.2.3.1 进气滤芯下部可燃气探测器改进建议

现有《PGT25+SAC/PCL800 燃气轮机／离心压缩机组维护检修规程》要求在 Ⅰa、Ⅰb 级维检中检查可燃气体监测系统回路是否工作正常，在 Ⅱ级维检中对进气过滤器下部 6 个可燃气体探头（45HT1-6）进行校验。在实际运维工作中，一般为 Ia、Ib 级维检对可燃气探测器进行回路检查并进行灰尘清理，每 12 个月随仪表专业检定工作，对可燃气探测器进行检定。

DET-TRONICS 95-8526 配备有防雨防尘罩，可满足大部分室内室外应用。由于该站场环境潮湿多雨，且运行多年未整体更换进气滤芯，虽然空气进气系统的滤芯压差保持在正常范围，无明显破损。但是滤芯不同程度受潮，附着尘土偏多，伴随着滤芯定期反吹以及潮湿的气候，进气滤芯下部可燃气探测器整体运行环境逐年恶化。且红外式可燃气探测器寿命一般为 5 年，传感器性能已进入下降周期，正常的维护频次不能满足实际运行的需求。

遂对进气过滤器下部的可燃气探测器每 3 个月进行常规性检查。拆卸防雨防尘罩，用软刷、肥皂和水清洗并晾干，如果挡板通气口损坏或者明显存在污物，及时更换防雨防尘罩。使用适量的酒精冲洗，并完全清除镜头和窗口的颗粒和残留污染物。

4.3.2.3.2　HIMA 火气系统冗余改造建议

　　GE 机组 HIMA 火气控制系统使用的 N-Tron 509FX 型 8 口网络交换机可靠性不高，经常出现诊断报警。由于原交换机属于一层交换机，HIMA 系统原有的拓扑结构无冗余功能。现场仅使用 4 个交换机简单串联，而每个交换机连接火气系统的部分控制器以及 I/O 模块，当某个节点通信不畅或者出现故障，会对整个系统产生影响。这种网络结构可靠性不高，缺乏故障自恢复能力。原有交换机本身无诊断功能，当出现故障后，也不能记录故障信息，增加了故障排查难度。通过对原有网络拓扑进行优化，将原有串联模式（图 4.3.8）改为环网模式（图 4.3.9），实现冗余功能。使用二层网管型工业以太网交换机赫斯曼 RS20-0400M2M2SDAE（图 4.3.10）替换原 N-Tron 509FX（图 4.3.11）型交换机。

　　使用智能型交换机组成环网，使得 HIMA 火气系统具备了故障自恢复能力，在一处网线不通或者单个交换机故障的情况下，能够迅速切换信号传输通道，保障网络正常运行。赫斯曼 RS20-0400M2M2SDAE 平均无故障时间为 53.5 年。同时设有运行状态提示灯，可以直观地看到交换机是否运行正常，并且可以通过单独的接口与调试电脑相连，搭载两层增强版软件，可进行交换机参数配置、查看日志等操作，具备更为强大的管理功能。

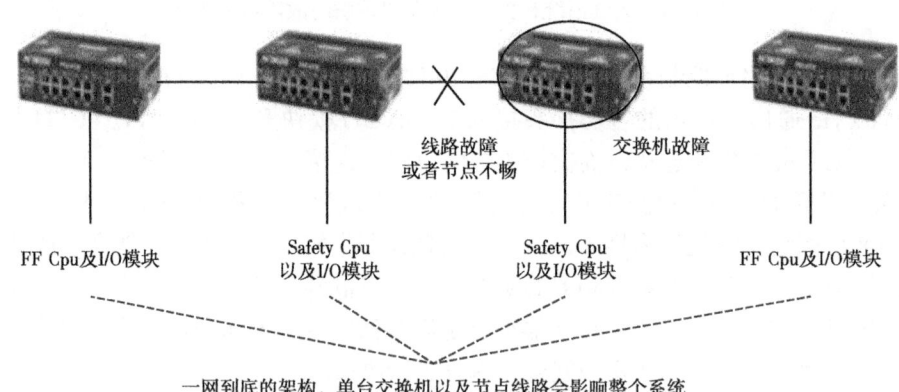

图 4.3.8　现有网络结构

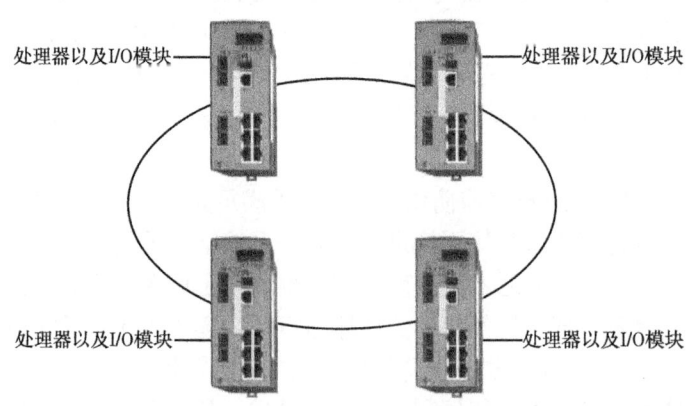

图 4.3.9　改造后的网络结构实现环网冗余

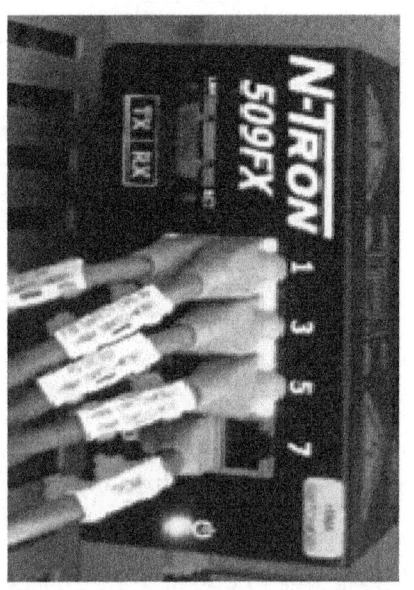

图 4.3.10　改造后的 RS20 型交换机　　图 4.3.11　现用 509FX 型交换机

4.3.3　燃驱机组可燃气体探测器误报停机故障

4.3.3.1　故障描述

GE-NP 机组使用的 DET-TRONICS PIR9400 型探测器在大风天气或阴雨大雾天气很容易导致误报警停机。2008 年，GE-NP 燃驱机组共发生 18 次由进、排气系统可燃气体探测器误报警造成的停机，占总停机数次数的 13.74%，是当年造成 GE-NP 机组停机的首要原因。同时后期又多次发生由该问题造成的停机。为弄清停机原因，有必要对机组进、排气系统可燃气体探测器系统进行系统的认识和分析。

4.3.3.1.1　可燃气体探测器

可燃气体探测器 45HT 安装于机组进气道空气滤芯下方，探测空气进口处的可燃气体含量。当可燃气体浓度达到 15% 时会发出一个高报警，浓度达到 30% 时会发出一个高高报警，并在 HMI 上显示，报警信号由现场传输至 PLC。

箱体通风出口可燃气体探测器 45HA 安装于箱体通风排气道内，检测箱体通风系统可燃气体含量，信号由现场传输至 PLC。当箱体通风空气出口被探到的可燃气体浓度达到 5% 时，发出一个高报警，当可燃气体浓度达到 10% 时，会发出一个高高报警，则触发 ESD 紧急停机。如果有二个或者三个探测器失败，则正常停机。

4.3.3.1.2　控制系统

机组的控制系统是一个复杂的整体，可燃气体探测器问题牵扯到控制系统的各个环节。可燃气体探测器控制系统信号流程图如图 4.3.12 所示。可燃气体探测器将检测到的可燃气体气体浓度信号转换为电流信号送入 BLOCK，BLOCK 将模拟信号数字化后送入 PLC，PLC 将可燃气体浓度送入人机界面显示，并根据信号状态判断是否要发送停机命令给 MARK VIe 控制器。

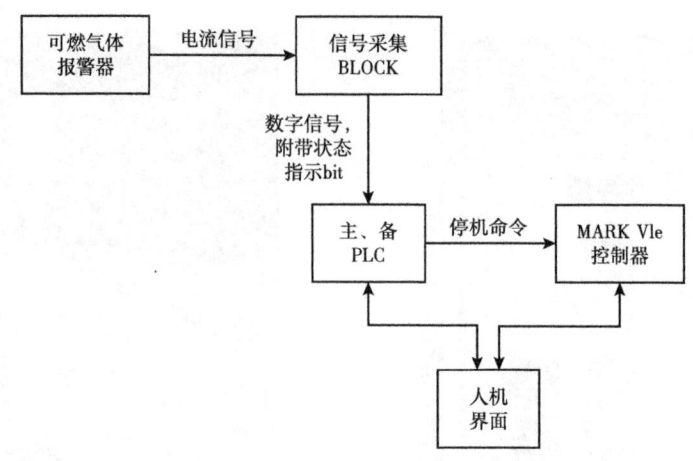

图 4.3.12　可燃气体探测器控制系统信号流程图

本案例从 DET-TRONICS PIR9400 型可燃气体探测器、PLC 信号采集 BLOCK，以及可燃气体报警器 PLC 停机逻辑三方面来分析此问题，并给出分析结果和相应的解决方案。

4.3.3.2　故障处理过程及原因分析

4.3.3.2.1　PLC 逻辑分析

排气道可燃气体探测器 HA45 与进气道可燃气体探测器 HT45 在 PLC 中的逻辑基本一致，这里以进气道可燃气体探测器 HT45 举例。

HT45 六个探测器的部分逻辑相同，只是寄存器地址不一样。寄存器地址与本案例所述目的无关。为简化分析过程，在此仅分析 HT45_1 一路。将 HT45_1 现场模拟信号送入 GB1.6 BLOCK 第 1 通道，并将其转化为数字信号，PLC 读取相应 HT45_1 数据，地址为 %AI5121，将数据由整型变量（INT）转化为单精度浮点型变量（REAL），存入寄存器 %R07162，接下来把 %R07162 数据除以 10，送入寄存器 HT45_1_R，对应地址 %R07000，此处其余探测器与 1# 探测器的逻辑相同。

PLC 读取相应 HT45_1 数据，地址为 %AI5121。若 %AI5121 内故障指示 bit 有效，或者低报指示 bit 有效，或者高报 bit 有效，并且火气系统不在 reset 状态，触发 HT45_1_FLT，地址 %M01058。HT45 探测器 1# 探测器故障。其余探测器与 1# 探测器的逻辑相同。

可燃气体探测器发生故障造成停机的绝大部分案例都是因 HMI 显示探测器故障报警停机。通过以上分析，发现造成探测器故障报警的逻辑被触发的原因是 BLOCK 送来的数据高报 bit、低报 bit 或者故障 bit 被激活。因此，解决此故障的着眼点应首先放在将模拟信号转为数字信号，并对信号附加状态 bit 的 BLOCK 上。通过手操器配置 BLOCK 信号滤波器时间，调整高报及低报阈值。或是对于探测器本身，保证探测器输出信号稳定，输出信号没有突变，不会让 GB 模块对信号激活错误状态指示 bit，报故障给 PLC。这里的低报阈值和 HMI 里的低报阈值是两个概念，HMI 中的低报阈值是探测器探测到的可燃气体浓度值，而在这里是可燃气体探测器输出电流信号的阈值，可以利用这个阈值判断探测器是否存在故障。BLOCK 里面的报警阈值与可燃气体浓度无关。

4.3.3.2.2　电流源输入 BLOCK

GB1.6、GB1.7、GB1.8 为 6 通道电流源输入 BLOCK，带有信号诊断、输出状态保持、信号转换时间可调和 CPU 冗余等功能。信号诊断功能可进行回路开路检测、输入信号高报及低报检测、信号超限检测。可以对 BLOCK 上 6 个输入通道中的每一个通道单独设定高报阈值和低报阈值。如果任意一个阈值被超过，那么 BLOCK 将发送一条故障信息给 PLC 和手操器，并将此通道的状态 bit 设置为故障。目前 GE-NP 机组 45HT 和 45HA 探测器在 BLOCK 上相应通道的信号低报设置值为 2.72mA，信号高报设置值为 21.28mA。上述功能可使用手操器进行配置。

4.3.3.2.3　DET-TRONICS PIR9400 型可燃气体探测器

HA45 及 HT45 均使用 DET-TRONICS PIR9400 型可燃气体探测器，该探测器带有光学自检测功能、多层滤网保证光学系统洁净和防止水气入侵，内置电加热器防止水汽凝结，输出标准的 4~20mA 电流源，工作相对湿度为 0%~99%。输出值为 23.2mA 代表超限报警（120%），输出值为 0~2.3mA 代表正在校准、故障或者需要清洁光学系统。

在实际观测中，普遍存在输出电流在 2.4mA 到 4mA 之间的状态，但是按照仪表标准，不应该出现这个输出值。输出电流值一旦低于设定阈值 2.72mA，BLOCK 就会报故障给 PLC。若同时有两个探测器向 PLC 报故障，就会造成停机。

通过查阅资料，发现之所以会出现 2.4mA 到 3.9mA 之间的电流输出值，可能是因为在校准的时候环境中存在可燃气体，也可能是由于光学器件上面有凝结物。如果是因为校准时环境中存在可燃气体，那么在可燃气体消除后，探测器的输出值会小于 4mA。对于光学系统脏的问题，可以用 Det-Tronics "zero air" 气体在校准之前清吹 30s。在户外环境下使用，如果温度起伏较快且伴有较高的环境湿度，那么就会有很少量的水汽凝结在光学系统中，导致短暂的（可持续数小时）的电流输出值小于 4mA 的现象。这种现象并不会导致探测器失去探测功能，即使是输出电流小于 3mA，也不会造成探测能力显著的损失。因此，推荐"零漂"报警设置阈值不应该超过 3mA。通常情况下，报警阈值应设置在 2.4mA 到 3mA 之间。

可燃气体探测器输出电流低于 4mA 是因为外部环境导致了光学系统的工作状态改变，但是不管是光学系统有脏污附着物还是有水汽凝结，在正常工作状态下，探测器输出电流值都不会小于 2.4mA。所以把不小于 2.4mA 作为解决此问题的关键点，通过调整相应的机组参数来解决此问题。

4.3.3.3　改进措施及建议

通过对 PLC 逻辑、BLOCK 和探测器三者进行综合分析，发现造成停机的主要原因是可燃气体探测器在工作中的输出电流偏离了正常范围。输出电流偏离正常范围的原因主要是光学系统有轻微的水汽凝结或者有轻微的脏污附着物，在这种情况下，输出电流范围在 2.4mA 到 3.9mA 之间，但并不会造成探测能力显著的损失。而 GE 的信号检测阈值 2.72mA 设置相对偏大，在空气湿度、温度突然变化的恶劣天气环境下，如果探测器光学系统突然受到外界环境的影响，造成输出电流在 2.4mA 至 2.720mA 之间，则会判断此探头故障。如果有两路信号同时处于上述状态时就会停机。

综上所述，对于本文中所涉及 HT45、HA45 故障报警停机的问题，可以通过以下方法解决：

（1）适当调低 HT45、HA45 在 BLOCK 上相应通道的信号低报阈值，根据情况可以取可燃气体探测器工作最低输出电流 2.4mA；

（2）定期使用所推荐的 Det-Tronics "zero air" 气体（也可考虑使用其他清洁气体）吹

扫探测器光学系统，清除脏污附着物；

（3）检查探测器阻水滤芯，确保阻水滤芯正确安装，没有变皱、变形，没有直接通往光学系统的水汽通路。

（4）若信号低报阈值设为 2.4mA 后，HMI 出现探测器故障报警，则表明此时探测器已真正故障，故障状态可由 HMI 显示数值或手操器读数对应表查出。此时探测器已停止工作，需要根据故障状态进行相应的处理。

4.4 供电系统故障案例

4.4.1 燃驱机组进出线柜故障

4.4.1.1 故障描述

2015 年 12 月，某压气站 2# 压缩机停机，SCADA 系统出现多设备断电报警，HMI 报警信息显示"Unit NS from plant SCS push button"（来自站控系统按钮的机组正常停车）、"220 Vac MCC Line Under voltage"（220 Vac MCC 低压线报警）、"Pepressurize demm.shut.command from SIL2 system"（来自 SIL2 系统的紧急不卸压停车命令），并且出现机组电动机、加热器、风扇等故障报警，从而导致 2# 压缩机 ESP 停机。多设备的报警信息如图 4.4.1 所示。

4.4.1.2 故障处理过程及原因分析

（1）SCADA 系统出现多设备断电报警，HMI 报警信息显示"Unit NS from plant SCS push button"（来自站控系统按钮的机组正常停车）、"220 Vac MCC Line Under voltage"（220 Vac MCC 低压线报警）、"Pepressurize demm.shut.command from SIL2 system"（来自 SIL2 系统的紧急不卸压停车命令），并且出现机组电机、加热器、风扇等故障报警，从而导致 2# 压缩机 ESP 停机。

（2）停机的同时，全站照明灯熄灭，应急照明灯亮起，值班人员初步判断为因外电线路故障导致的全站失电。随即站内人员赶赴现场对故障原因进行查找，并同时上报北调协调好上下游站场做好启机准备。

（3）站内人员到达高压室，首先用手持检漏仪检测，无 SF6 气体泄漏迹象，对现场 SF6 泄漏报警装置进行检查，显示 SF6 无泄漏，排除 SF6 气体泄漏可能，同时发现宗专一回进线柜内存在烧焦味，宗专一回进线断路器 3501 跳闸，宗专二回进线断路器 3502 跳闸，查看保护装置记录，显示均存在零压启动报警（事件发生前，主回路运行方式为宗专一回通过 35kV 母联带 1#、2# 主变，备投方式为跳进线合进线，即当一号进线断路器 3501 保护动作时，二号进线断路器 3502 合闸，运行方式切至宗专二回通过母联带全站，但由于母线段存在接地故障，实际备自投并未合闸成功），零压启动的发生如图 4.4.2 所示。期间作业区电气专业人员与压气站电调取得联系并询问情况，回复宗专一回存在 A 相接地故障，宗专二回供电正常，作业区决定立即进行倒闸操作，将 35kV 一段母线隔离，将电力系统主回路运行方式切至宗专二回带通过 1# 主变带全站，及时恢复站场供电，随后启 2# 机组成功（其间由于排查故障需要，向北调申请停用站内低压系统及运行机组一次），中油电力到达后，对 35kV 一段计量柜、进线柜和出线柜进行了排查，发现 1# 进线柜避雷器 B 相接地侧存在烧痕，使用红外测温枪测量后，发现该避雷器温度在 90℃ 以上，初步判断 B 相避雷器被击穿（图 4.4.3）。随后依次对 35kV 二段出线柜、进线柜、计量柜、二号主变及高压电缆进行检查，发现该柜内部避雷器 C 相存在过热现象，温度也达到 100℃ 左右，其余两只避雷器温度在 15℃ 左右，判断 C 相避雷器被击穿（图 4.4.4）。

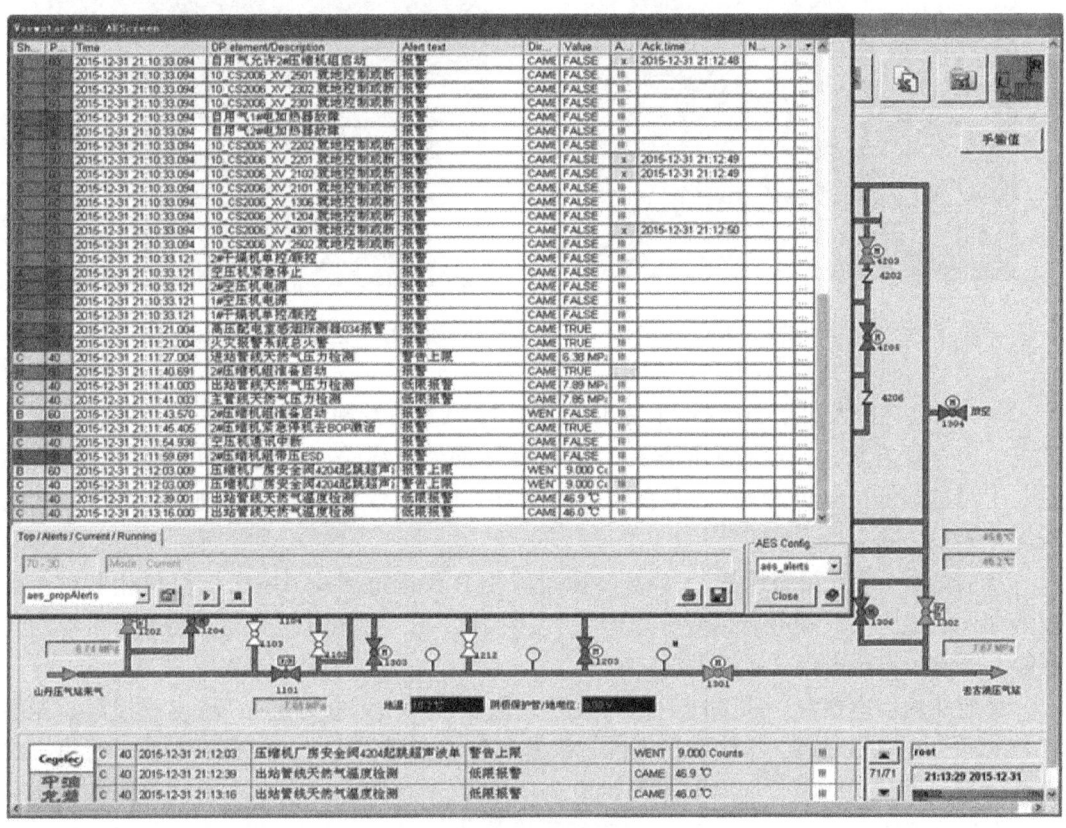

图 4.4.1　停机信息

图 4.4.2　零压启动发生

 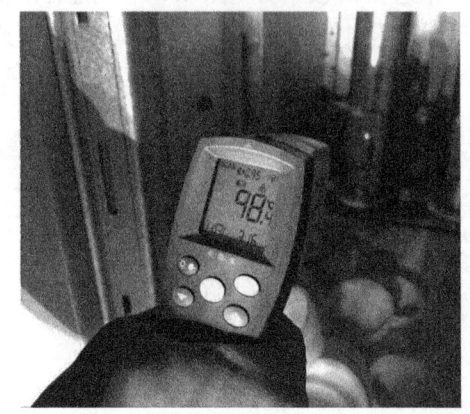

图 4.4.3　1# 进线柜避雷器 B 相击穿　　　　图 4.4.4　2# 出线柜避雷器 C 相击穿

（4）外电巡护人员于 2016 年 1 月 1 日上午 11 点左右开始巡线，对宗专一回线路进行检查，未发现异常，作业区申请金调空投宗专一回外电线路，送电成功，但金调答复 A 相电压明显偏低，电压为 17kV 左右，正常值为 22kV 左右，2h 后再次询问，回复三相电压均为 22kV 左右。

（5）经过一系列排查检测，35kV 一段进线柜 B 相避雷器及二段出线柜 C 相避雷器均被击穿，原因为上级变电所宗专一回出线 A 相接地，B、C 相电压升高，超过避雷器的允许值，导致避雷器击穿，站场失电。

目前站内供电恢复，压缩机组运行正常，但 35kV 一段进线柜及二段出线柜避雷器损坏，已与厂家取得联系，尽快发送备件，恢复高压柜备用，同时玉门外电正在进行第二次线路排查，寻找故障点，同时与金昌供电公司联系，确认 3513 宗专一回线路保护动作情况，查找故障原因。

4.4.1.3　改进措施及建议

外电线路对站场高压缩机的平稳运行具有重要影响可通过以下措施防范外电失电：一方面，在巡线时将所辖外电线路下的杂物、树木等进行清理，减少外部影响；另一方面，制定相关的外电失电应急方案，并定期进行应急演练，进行风险识别，储备相关的备件，将发生外电失电时造成的影响降至最小。

4.4.2　燃驱机组 UPS 故障

4.4.2.1　故障描述

长期以来，某压气站一直存在 1#GE 燃驱压缩机组 UPS 系统故障，无法实现外电与发电机供电的正常倒闸切换，在倒闸的过程中，压缩机组控制系统全部失电，机组瞬间停机，甚至有时锁机 4h，长时间无法备用，严重影响到场站的正常生产。

4.4.2.2　故障处理过程及原因分析

站内对 1# 压缩机组进行针对性的倒闸测试，并同时对 2# 压缩机组也进行了相应的对比测试。在 1# 压缩机运行时，启动备用发电机组，稳定后进行倒闸，由外电供电切换至发电机供电，测量发现在切换的瞬间，UPS 输出端突然失去电压，输出为 0，控制机柜整个失电,并持续近10s以后才切换为由发电机供电,恢复电压输出,其间已触发压缩机组紧急泄压停机信号。然后同样对 $2^{\#}$ 压缩机组进行对比测试,发现切换过程中 UPS 输出端电压正常,并且连续、无中断现象,机组正常运行,能够实现供电系统的正常倒闸切换。经过测试以及与 $2^{\#}$ 机组的对比, $1^{\#}$ 压缩机组在倒闸过程中近10s的时间内,UPS 未能起到不间断供电的作用,不能进行正常的倒闸切换。

根据测试、对比结果,以及 UPS 系统的报警信息,确定问题出在 UPS 逆变器输出不同步的问题上,于是针对性地对逆变器进行同步调整,调整程序如下:

(1) 关闭变流器1。即在 LCID 卡上将"inverter"切换至"OFF"位。注意液晶显示屏,为了能够正确同步校准,在切换开关前应确定无误;

(2) 关闭变流器2。即在 LCID 卡上将"inverter"切换至"OFF"位。注意液晶显示屏,为了能够正确同步校准,在切换开关前应确定无误;

(3) 关闭开关52-8;

(4) 打开开关52-7;

(5) 此时只有 $1^{\#}$ 变流器工作;

(6) 关闭 logic 盒电源。即将 AL1 卡上的"Logics"开关切换至"OFF"位;

(7) 等待所有的指示灯熄灭;

(8) 从模块上取出 LPS 卡;

(9) 从卡上可以找到 DIP SWITCH 的一系列 DIP 开关,将 $5^{\#}$ 开关拨至"ON";

(10) 将板卡装回;

(11) 打开 Logic 盒电源。即将 AL1 卡上的"Logics"开关由"OFF"拨回"ON";

(12) 将"inverter"开关拨回"ON"位,重新激活 $1^{\#}$ 变流器;

(13) 用万用表测量电容频率;

(14) 在 MIU MIU 卡上将频率上限调整为 5000Hz;

(15) 将 LCID 卡上的"inverter"开关拨至 OFF 位;

(16) 关闭 Logic 盒电源。即将 AL1 卡上的"Logics"开关拨至"OFF";

(17) 等待所有的指示灯熄灭;

(18) 拔出 LPS 卡;

(19) 将 $DIP5^{\#}$ 拨至"OFF",并装回板卡;

(20) 对 $2^{\#}$ 变流器做同样的操作,从第6步至第19步,不同的是将 $2^{\#}$ 变流器的频率调至 5010Hz;

(21) 打开 $1^{\#}$ 和 $2^{\#}$ 变流器的 AL1 卡,即将"Logics"开关拨至"ON";

(22) 激活 $1^{\#}$ 变流器,即将 LCID 卡上的"inverter"开关拨至"ON",然后等待所有的指示灯恢复(除了绿色);

(23) 激活 $2^{\#}$ 变流器,即将 LCID 卡上的"inverter"开关拨至"ON";

(24) 然后检查 $2^{\#}$ 变流器所有的指示灯发光并无闪烁;

(25) 两个变流器绿色的指示灯代表变流器处于同步状态;

(26) 关闭 $1^{\#}$ 变流器,即将 LCID 卡的"inverter"开关拨至"OFF";

(27) 关闭 $2^{\#}$ 变流器,即将 LCID 卡的"inverter"开关拨至"OFF";

(28) 关闭开关52-7;

（29）打开开关52-8；

（30）激活1#变流器，即将LCID卡上的"inverter"开关拨至"ON"，然后等待所有的指示灯恢复（除了绿色）；

（31）激活1#变流器，即将LCID卡上的"inverter"开关拨至"ON"，操作中经测量，变流器A电容频率为50.43Hz，变流器B电容频率为51.64Hz，按照操作标准，将变流器A电容频率调整为50Hz，将变流器B电容频率调整为50Hz，调整后的频率虽然一致，但变流器指示仍不同步，即1#机组UPS变流器A、B绿色同步指示灯不亮，并且频繁出现变流器不同步报警。分析认为虽然经调整后的频率已同步，但变流器仍不同步工作，同步操作不完整，需进行进一步的同步调整工作。

对两个逆变器的输出进行测量，发现1#逆变器输出电压为220V，输出正常，2#逆变器的输出电压为190V，于是对2#逆变器进行调整。在MIU MIU卡上调整相应的电位器（图4.4.5中红色圆圈下面的电位器）。

调整频率设置的微调器

图4.4.5　MIU MIU卡

4.4.2.3　改进措施及建议

经调整后，2#逆变器输出电压与1#逆变器取得一致，均为220V，逆变器工作正常，UPS不同步报警消失，工作指示灯恢复正常。启动压缩机进行测试，UPS正常工作，1#压缩机组市电供电切换发电机供电一切正常。

4.4.3　燃驱机组外电波动停机

4.4.3.1　故障描述

西气东输西段站场多处于西部人烟稀少地区，外部电网相对薄弱，且站场高压进线架空线路较长，造成站场供电电能质量不高，供电稳定性和可靠性较差。自投产以来，多次出现因外电网电压波动造成燃气轮机配套的辅助低压用电设备故障停机，从而引起燃压机组联锁停机事件，严重影响了压缩机组的正常运行和生产连续稳定性。据统计，西二线某压气站4台GE燃驱机组在2015年一年内由外电波动引起的机组停机次数多达12次。

4.4.3.2 故障处理过程及原因分析

4.4.3.2.1 供电质量分析

当压气站场高压供电系统电源出现短时波动时,必将造成站内 0.4kV 供电系统跟随出现电压波动。根据对西二线某压气站电能质量监测数据的分析发现,站内 0.4kV 供电系统电压波动时长大部分在 3~5s 内,电压波动范围在 20%~80%U_e 之间。图 4.4.6 为其中一次的电压波动时的波形。

4.4.3.2.2 电压波动造成压缩机组停机原因分析

对上述站内机组多次受外电波动干扰非计划停机后的现场进行技术统计和分析,可以发现,引起压缩机组停机的原因有三个方面:一是仪表风压力低于 0.6MPa;二是燃气轮机箱体通风压差小于 0.15kPa;三是矿物油油箱压差超过 0.5kPa。只要上述其中一个条件满足,就能引起连锁停机。通过对 GE LM25000 型燃驱压缩机辅助电气设备进行分析,电压波动时引起上述三个参数发生变化的原因为站场空压机组、GT 箱体通风电动机、矿物油冷却器变频电动机、矿物油油雾分离器电动机等辅助电气设备保护停机。

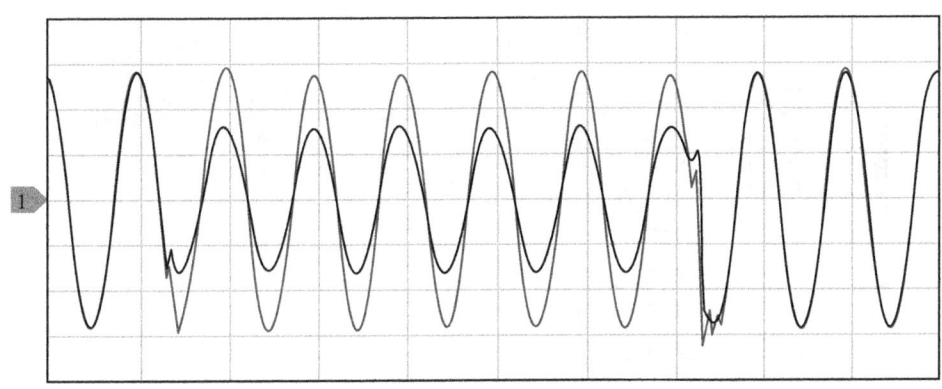

图 4.4.6 电压波动时的波形

4.4.3.2.3 辅助电气设备停机原因分析

通过查阅现场使用的施耐德低压控制产品相关技术参数,发现上述电动机控制回路所采用的 TE 型号的接触器线圈释放电压极限值在 75%U_e,所以当电动机控制接触器线圈控制电压下降到额定电压的 75% 以下时,接触器将会自动释放断开,无法实现自保持功能。当出现电压波动时,接触器将会断开,导致低压变频器报主电源丢失或直流母线电压低故障,此故障只能现场复位后才能再次启动,因此电压波动虽只是很短暂的时间,电压恢复正常后,站场空压机组、GT 箱体通风电动机、矿物油冷却器变频电动机、矿物油油雾分离器电动机等辅助电气设备已经停机,只有现场复位后才能再次启动,从而导致燃驱压缩机组停机。

4.4.3.2.4 对策研究

针对电压波动时造成电动机控制接触器自动释放的问题,采用 U 不间断电源代替上述相关电动机控制电源,保证接触器线圈在电压波动时不会释放。同时,增加一套 0.4kV 母线电压监控装置,当母线电压低于 75% 额定电压时,启动时间继电器,如母线电压波动在设定时间内恢复,电动机控制接触器将不会释放,电动机运行不受影响;如母线电压波动时长超过设定时间，监控装置将切断上述电动机的控制电源，电动机控制接触器自动释放断开电源，保证电动机的正常停机，防止长时间断电后，突然来电造成电机无控制自启动，造成人员及设备的损害。0.4kV 母线电压监控装置原理图如图 4.4.7 所示。

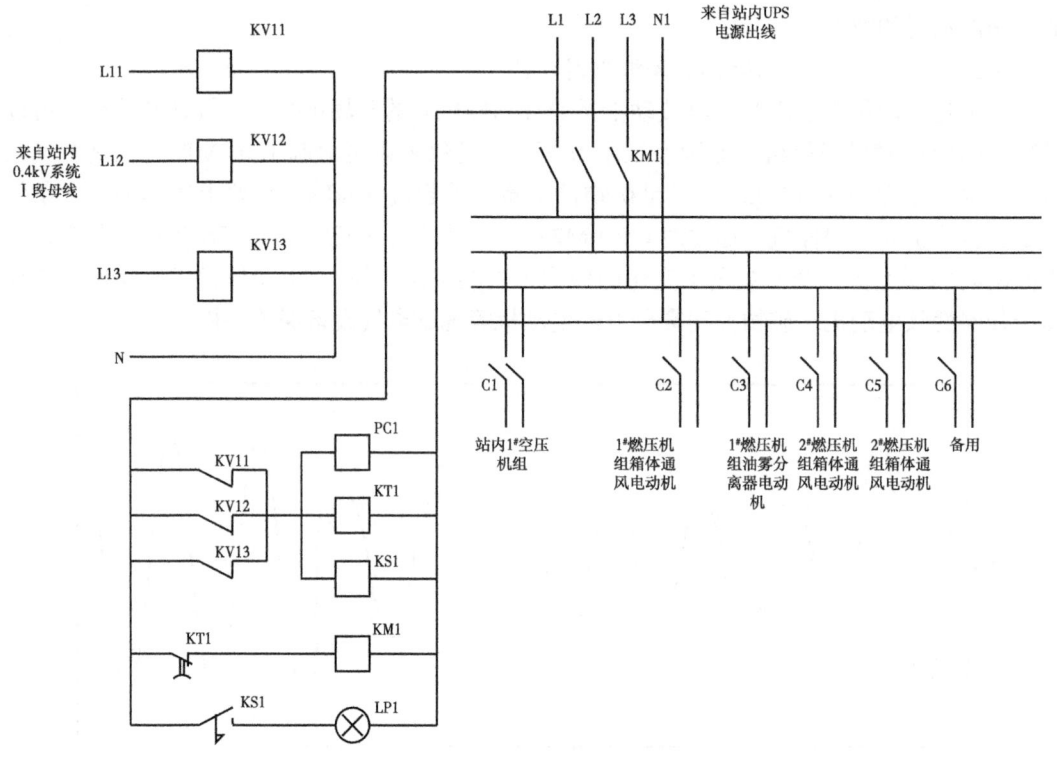

图 4.4.7　母线电压监控装置原理图

1—电压继电器整定值为 60%U_e；2—时间继电器整定值为 5s；3—信号继电器为人工复位；
4—站内 Ⅱ 段母线电压检测相同，3#、4 燃驱机组控制接线图相同

根据现场调研，空压机、箱体通风电动机、油雾分离器、油冷风机电动机在燃驱机组正常运行期间，电动机负荷均保持在 60%~70% 额定负荷之间。根据 $P_e=U_e \times I_e$ 可知，在现场电动机输出轴功率不变的情况下，动力电源电压下降到 70%U_e 之前，电动机运行电流不会超过其额定电流（I_e）。因此，在保证电流安全裕度的情况下，将 0.4kV 母线电压监控装置的母线电压检测继电器（kV）设定为 75%U_e。根据现场的电能质量监测数据分析，将 0.4kV 母线电压监控装置时间继电器整定值设为 5s，可以躲避外电波动对电动机连续运行的影响。

由于空压机组采用交流接触器和现场 PLC 控制，热继电进行电动机过负荷保护控制方式。当采用不间断电源代替交流接触器线圈的控制电源后，在外电网出现电压波动时，电动机控制接触器线圈不会自动释放，完全可以避免电动机自动保护停机。当出现电压波动低于 75%U_e 时，电动机将会出现过负荷现象，而电动机采用的过负荷保护元器件——热继电器，其特性是过负荷倍数越小，允许运行时间越长；反之，过负荷倍数越大，允

许运行时间越短。根据热继电器制造标准，1.05 倍动作时间大于 2h，1.2 倍动作时间大于 20min，1.5 倍动作时间小于 30min，6 倍动作时间大于 5s。因此在电压波动低于 75%Ue 时，上述 0.4kV 母线电压监控装置时间整定值可以保证电动机在电压波动时过负荷保护热继电器元件不会动作。

由于箱体通风电动机采用 ABB ACS800 变频器进行驱动，需要启用变频器自带的电网瞬时掉电保持运行功能。如果电网电压瞬间丢失或波动，只要主回路接触器保持闭合状态，变频器在电源恢复后，电动机可立即投入运行。采用不间断电源替代接触线圈交流电源后，当电源波动时，接触器将不会断开，实现变频器主电源保持连续供电。根据现场监测，GE 机组在运行时，箱体通风压差为 0.25kPa 以上，在箱体通风电动机停运后，箱体压差降到 0.15kPa 以下。根据设备参数手册及现场电能质量监测数据，可将变频器控制参数"21.01 START FUNCTION 项"设置为"AUTO"，保持变频器出厂设置时间 5s，就可以实现其电动机在外电网波动时能跟踪自启动，保持电动机连续运行的需求，避免其燃驱机组联锁停机。

同样，针对矿物油冷却器电动机采用的 WEG CFW-11 变频器，需要启用变频器本体抗扰跨越和捕捉启动功能。将变频器内部参数电压斜坡控制参数（P331）和死时间控制参数（P332）进行设定。当电源电压降到一个低于欠电压（$65\%U_e$）跳闸门限值时，变频器 IGBT 逆变模块就被禁用（电动机上无电压脉冲），变频器欠电压不会动作跳闸，直到电源电压恢复。如果电源电压恢复的时间超过 P332 设定时间，变频器将由 E02 保护动作跳闸；如果电源能在 P332 设定时间内恢复，变频器将以电压斜坡线方式自动启动电动机，保持电动机连续运行。根据设备参数手册及霍尔果斯站电能质量现场监测数据，可将变频器内部电压斜坡控制参数 P331 设定为 2s，死时间控制参数 P332 设定为 2.5s，保证所驱动电动机在 5s 内自行启动，不会停机，油冷器风机电动机控制接线图如图 4.4.8 所示。

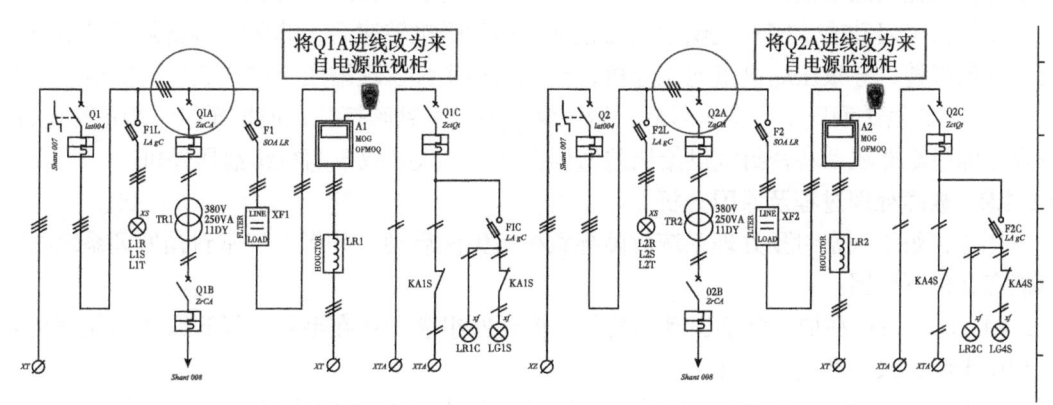

图 4.4.8　油冷器风机电动机控制接线图

4.4.3.2.5　现场实施后的效果

2016 年 7 月 21 日至 8 月 8 日期间，对西二线某压气站 4 台燃驱压缩机组辅助电气设备进行改造，增加了电源监视柜，将箱体通风电动机、油冷器风扇电动机、空压机、油雾分离器电源由市电改为 UPS 供电，并对箱体通风电动机变频器和油冷器风扇电动机变频器的参数进行了优化。

自 2016 年 8 月 8 日改造完成至 11 月 1 日期间，共发生两次晃电，两次晃电均未造成压缩机组停机，对于 9 月 13 日发生的晃电，西三线的压缩机放空、站内 UPS 已发生市电失电报警，二线运行的压缩机组未受影响。通过应用情况分析，可以有效地避免电网波动造成的压缩机停机，提高机组运行的可靠性和连续性，同时避免了停机放空，有很好的经济效益。

4.4.3.3 改进措施及建议

通过对西气东输二线 GE LM2500 型燃气轮机由电压波动而造成的停机进行分析和研究，找出了导致停机的根本原因，并提出了解决方案，并选取试点站场开展解决方案。试点站场机组改造后取得了很显著的效果，能有效地避免由电压波动而造成的停机，提高了燃驱压缩机组的可靠性。由于同类机组在西气东输一线、二线、三线中有大量应用，该解决方案具有推广价值。

4.5 干气密封系统故障案例

4.5.1 干气密封增压泵四通阀故障

4.5.1.1 故障描述

某压气站压缩机组启机进入暖机时序（1200r/min）后，压缩机非驱动端密封气体供给压差发生低低报警，导致安全 PLC 触发机组泄压停机命令。

经排查，发现 UCP（机组控制系统）未发送停止运行增压泵的信号，但密封气供给压差低低报前 2min，干气密封增压泵停止工作。现场检查增压泵动力气源供给正常，增压泵动力气电磁阀处于全开工作状态，初步判断为干气密封的密封气增压泵故障。

压缩机组启动前，密封气供给压力正常，达到暖机转速后，非驱动端密封气供给压差发生低低报警，导致压缩机组泄压停机，经现场核实，发现增压泵停止运行。随后再次启机测试，UCP 发送增压泵启动信号后，增压泵动力气电磁阀打开，但增压泵未能正常运行，触发压缩机组非驱动端密封气供给压差低低报警，再次导致压缩机组泄压停机。

4.5.1.2 故障处理过程及原因分析

压缩机组干气密封预处理系统故障导致机组无法启动，分析干气密封预处理系统故障可能存在以下原因：

（1）增压泵存在加工缺陷，动力气切换四通阀组表面存在毛刺，导致泵在高频率切换过程中卡阻，最终致使泵卡死。

（2）增压泵四通阀动力气在泄放时产生节流降温，导致增压泵四通阀组堵塞。

故障处理过程如下：

（1）关闭干气密封预处理系统至压缩机组干气密封盘阀门，将预处理系统隔离。

（2）拆除干气密封增压泵动力气电磁阀，检查电磁阀是否卡阻，经检查，电磁阀工作正常。

（3）检查干气密封预处理橇前置过滤器滤芯（图 4.5.1），经检查，滤芯完好，杂质较少，同时更换了前置过滤器。

（4）检查预处理橇仪表风滤芯（图4.5.2），经检查，滤芯完好，同时更换了滤芯。

图4.5.1　拆卸检查过滤器滤芯

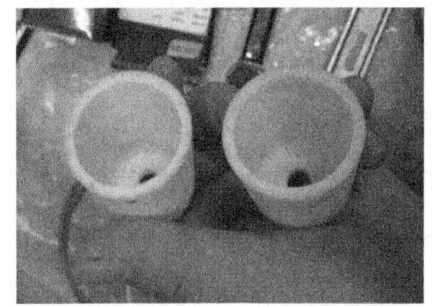
图4.5.2　检查仪表风滤芯

（5）拆除干气密封增压泵，对其进行检查和保养，经检查，发现缸体活塞及增压泵四通阀（图4.5.3）略微卡阻，经检查保养后完成回装。

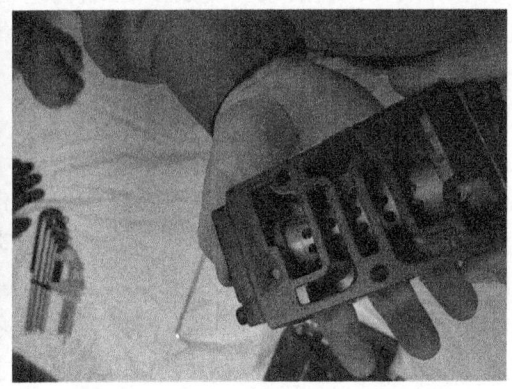
图4.5.3　检查增压泵四通阀组

（6）回装完成后，再次启机，现场监护人员发现增压泵动力气电磁阀打开，但增压泵仍未能正常运行，25min后触发压缩机组非驱动端密封气供给压差低低报警，导致压缩机组泄压停机。

（7）更换2台增压泵后，开始启动压缩机组，压缩机进入暖机时序（1200r/min）7min后，压缩机非驱动端密封气体供给压差发出低低报警，导致安全PLC触发机组泄压停机命令。观察故障现象，发现在暖机时其中一台增压泵停止运行，另外一台增压泵增压频率较启机前低，停机后检查增压泵指挥器，发现指挥器四通阀卡阻。

（8）增压泵厂家将维修合格的增压泵指挥器回装后，开始启动压缩机组，压缩机进入暖机时序（1200r/min）4min后，压缩机非驱动端密封气体供给压差低低报警，导致安全PLC触发机组泄压停机命令。继续观察故障现象发现：在暖机时增压泵增压频率较启机前低，判断为增压泵指挥器四通阀中的换向器因低温导致卡阻，采取对增压泵指挥器局部加热的方式启机。

（9）启动压缩机组，随时监测增压泵指挥器温度，增压泵在暖机、升速时运行正常，压缩机组启动成功。

4.5.1.3 改进措施及建议

经现场测试，增压泵指挥器四通阀进入水甚至导致冰堵，则四通阀卡阻严重，甚至造成四通阀密封面磨损，四通阀卡死。增压泵在工作期间，执行机构排气降温，根据节流效应，执行机构降温产生结霜和结冰现象，建议在压缩机组增压泵动力气管线和指挥器相关位置加装加热设施，防止增压泵指挥器因低温导致四通阀卡阻。

4.5.2 干气密封增压泵换向阀故障

4.5.2.1 故障描述

某压气站 1# 压缩机组在启机过程中，压缩机进口球阀两端压力平压完毕，即将打开 4101# 进口球阀，UCP 突然发出放空停机命令，启机程序终止，启机失败。检查发现是 PDIT-1612-06（密封气压差）低于 0.03bar 低低停机值，导致启机失败。按照 UCP 程序逻辑，当 PDIT-1612-06 压差低于报警值 0.13bar 时，密封气增压泵启动，差压值会升高。但是查看 PDIT-1612-06 压差值趋势图，发现其差压值持续降低，直至低于低低停机值。因此，判断增压泵并没有启动。随后 1# 压缩机组再次启机测试，故障现象与之前一致。PDIT-1612-06 压差低于报警值 0.13bar 时，密封气增压泵并没有启动，因此，锁定故障点为密封气增压泵系统。

4.5.2.2 故障处理过程及原因分析

在监控启机程序运行过程中，发现"SEAL GAS BOOSTER CONTROL VALVE ON（密封气增压控制阀开启）"命令已发出，对应 DO 输出指示灯亮，现场测试增压泵动力气控制电磁阀（SV-662）24V 电源得电，且电磁阀也已动作，现场检查增压泵动力气供气压力正常，排除动力气气源不正常导致的故障。由此判断故障点为增压泵本体。

查看气动增压泵的工作原理（图 4.5.4）：增压泵内有两个气缸，一个是动力气缸，另一个是增压气缸，增压气缸设置有密封气进气口和排气口。每个气缸内都有一个活塞，两个活塞通过活塞杆连接。当动力气缸活塞左侧受到驱动气压力时，推动活塞向右运动，增压气缸内的"A"腔吸入低压密封气，增压气缸内的"B"腔密封气受到压缩，直至压力高于排气压力时，排气阀打开，高压密封气被排出"B"腔。

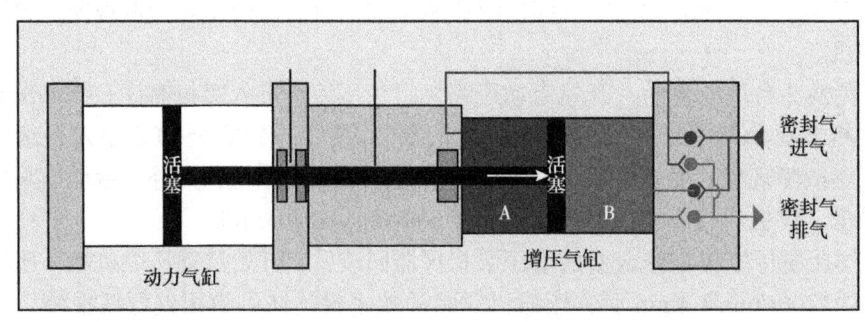

图 4.5.4 增压泵原理简图 I

当动力气缸活塞右侧受到驱动气压力时,推动活塞向左运动(图 4.5.5),增压气缸内的"B"腔吸入低压密封气,增压气缸内的"A"腔密封气受到压缩,直至压力高于排气压力时,排气阀打开,高压密封气被排出"A"腔。

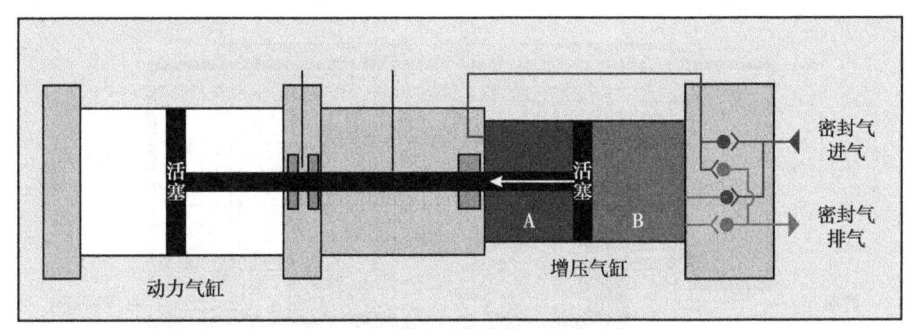

图 4.5.5　增压泵原理简图 Ⅱ

活塞如此往复运动,实现增压泵的连续工作。

根据增压泵的工作原理,推测导致增压泵故障的原因有:(1)增压泵气缸内活塞卡死,或者是活塞密封失效,无法建立动力气压差推动活塞运动。(2)增压泵换向阀无法正常工作,导致动力气缸内活塞运动到行程极限时,活塞运动无法换向。

增压泵出现故障时,累计运行时间 242h,远远未到达正常寿命 2000h,且上次启机增压泵运行正常,初步排除可能的故障原因(1)。

根据换向阀的工作原理(图 4.5.6)分析故障原因(2):换向阀安装于动力气缸上,其是增压泵动力气缸活塞实现往复运动的关键设备。动力气供给通过"四通阀"流道进入动力气缸"B"腔,推动活塞往左运动。当活塞运动到左侧极限时,活塞顶开"导向阀 A",使动力气沿着"导向阀 A"流道进入"四通阀"左侧阀腔内,推动阀芯(黑色)向右运动。

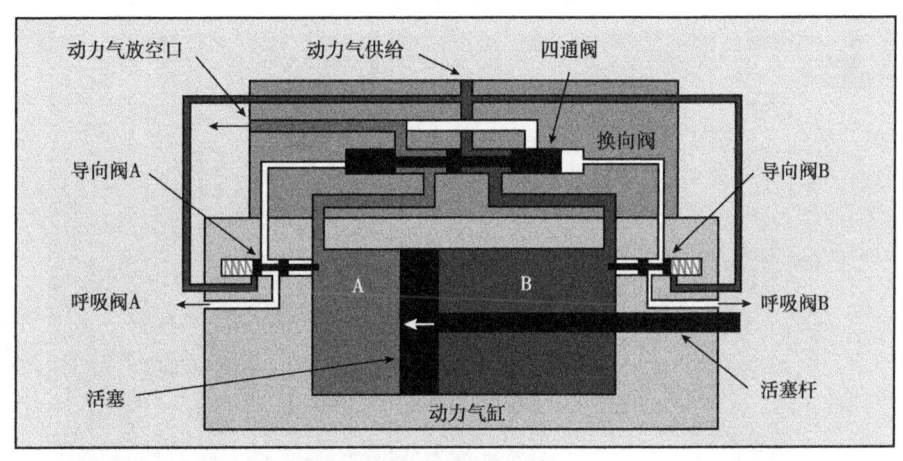

图 4.5.6　换向阀原理简图 Ⅰ

阀芯运动至右侧极限时,如图 4.5.7 所示,"四通阀"流道发生改变,动力气供给通过"四通阀"流道进入动力气缸"A"腔,推动活塞往右运动。当活塞运动到右侧极限时,活塞顶开"导向阀B",使动力气沿着"导向阀B"流道进入"四通阀"右侧阀腔内,推动阀芯(黑色)向左运动。

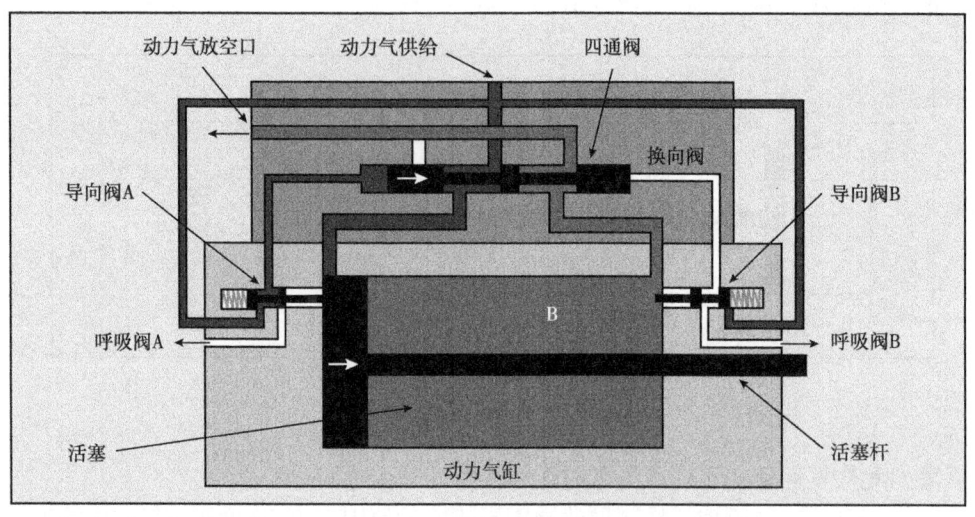

图 4.5.7　换向阀原理简图Ⅱ

由此可以看出,"四通阀"阀芯的左右来回移动,实现动力气流道改变,驱动动力气缸活塞的往复运动。如果换向阀内"四通阀"阀芯卡阻或者阀芯密封失效无法换向运动,将导致活塞无法往复运动。

根据以上分析,卸下增压泵换向阀组件进行检查。在正常状态下,换向阀阀芯在阀腔内的移动阻力较小,但使用工具来回拨动阀芯时,发现阀芯阻力非常大,无法拨动阀芯。再逐步拆开换向阀阀芯,换向阀结构和组成如图4.5.8所示,结构包括弹簧缓冲装置、阀芯、密封"O"形圈、阀座、端盖和阀腔。

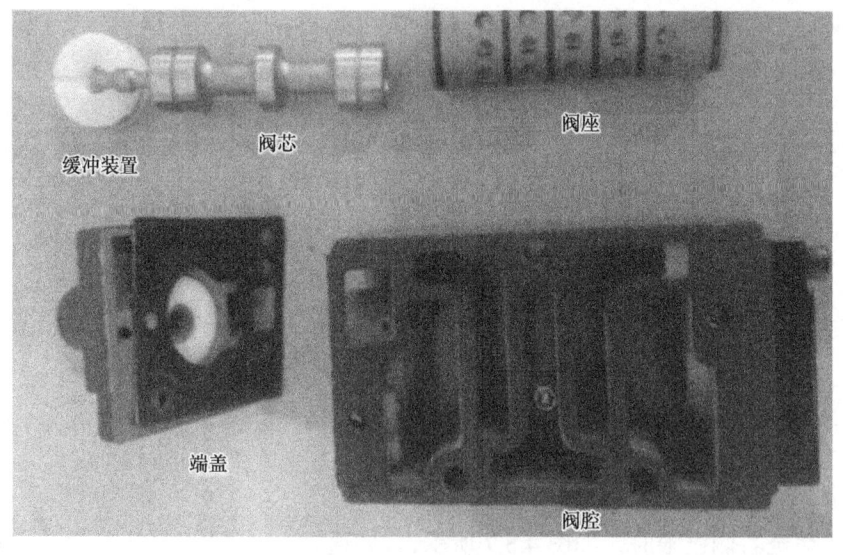

图 4.5.8　换向阀结构和组成

检查内部密封件、"O"形圈无磨损，阀芯表面和阀座内表面均有附着润滑脂，润滑良好。但是检查阀芯表面时，发现有轻微划痕，用手触摸阀座内表面时，也发现有划痕，特别是阀座内表面气孔处有凸起的倒刺。阀芯与阀座接触面是硬金属直接接触，接触面间隙非常小，靠填充润滑脂密封，如果接触面加工不平滑或者接触面间隙吸入硬杂质，将直接划伤阀芯或者阀座内表面，增大阀芯来回运动的阻力，直至阀芯卡死。

检查动力气源（仪表风）最近一级精过滤器，滤芯完好，无杂质，排除硬杂质随动力气源吸入换向阀划伤阀芯、阀座的可能。判断是阀座在加工气孔时，加工质量不合格，导致阀座内表面气孔处有倒刺，划伤阀芯，长时间运动后，划伤越来越严重，最终导致卡死。

采取细磨阀芯表面和阀座内表面的方法来修复划痕，具体实施过程：首先使用柴油清洗干净阀芯和阀座表面，然后使用细砂纸打磨处理划痕和倒刺，直至划痕和倒刺消失（用手触摸），最后再用柴油仔细清洗干净打磨产生的铁屑，阀芯和阀座重新涂抹润滑脂后，组装换向阀，使用工具来回拨动阀芯，发现阀芯动作顺畅。随后安装换向阀，调试增压泵，增压泵恢复正常工作。

4.5.2.3 改进措施及建议

（1）气动增压泵对动力气源的清洁度要求很高，如果气源中夹带着硬杂质，换向阀或者动力气缸吸入硬杂质，将会损坏换向阀或者动力气缸的内表面，致使阀芯或者活塞的密封失效，严重情况下将导致卡死，在生产运行的过程中，需保持气动增压泵动力气源的清洁。

（2）建议将换向阀阀芯等部件的检查增加到压缩机组 8000h 保养规程中，定期检查换向阀阀芯是否有磨损、密封失效等问题，查看阀芯在阀座内部活动是否灵活。

（3）按照增压橇的设备型号，统计好内部配件的型号、国内可供货厂家和周期，做好厂家资源储备。

4.6 工艺系统故障案例

4.6.1 离心压缩机平衡气管线断裂故障

4.6.1.1 故障描述

2013 年 5 月 4 日，某压气站运行中的 3#RR 燃驱机组压缩机平衡气管线与压缩机驱动端端盖连接法兰紧固螺栓突然断裂，导致管线崩脱变形，天然气大量泄漏，压缩机因为轴向平衡力的突然失衡，导致轴位移高高及非驱动端干气密封一级泄漏压力高高联锁动作，压缩机 ESD 动作跳机。天然气大量泄漏导致厂房可燃气监测探头报警，由站控系统正常发出全部压缩机停机指令。

在对 3# 机组现场隔断后，针对该故障及存在的隐患，立即开展了如下排查工作：

（1）对某压气站以及另外一组压气站 6 台 RR 机组的压缩机平衡气管线两端连接法兰的紧固螺栓进行对角拆卸目视检查，并依次对螺栓进行着色无损检测，确认合格后回装并恢复机组运行；

（2）立即对全线压缩机平衡气管线、干气密封供气管线，以及干气密封一级、二级放空管线与压缩机两端端盖相连的法兰进行泄漏检测；

（3）对 3# 机组螺栓断裂情况组织开展失效分析工作；

（4）对 3# 机组故障进行分析和拆检，确定该台机组受损情况及后续处理措施。

截至 5 月 11 日，以上工作检查情况如下：

（1）另外一组压气站 3 台机组压缩机平衡气管线与端盖连接的共 24 条螺栓均拆检完成着色检测，未检测出缺陷，已经回装，机组按要求恢复运行及备用。

某压气站 3# 机组压缩机平衡气管线驱动端连接的 4 条螺栓均断裂，该管线严重变形，与入口端相连法兰 4 条螺栓中，在面对压缩机方向看，左侧有 1 条着色检查发现的裂纹，其他螺栓未检测出缺陷；2# 机组 8 条螺栓目视检查未发现异常，回装后启机运行，在 5 月 11 日停机更换螺栓，并将原螺栓送检；1# 机组平衡气管线高压侧连接法兰下端两条螺栓完全断裂，上端两条螺栓送检着色分析，确认也已经出现明显裂纹缺陷，平衡气管线低压侧与压缩机入口端相连的法兰的 4 条螺栓中，在左上、左下处各有一条螺栓发现裂纹缺陷。具体检查结果如图 4.6.1—图 4.6.6 所示。

图 4.6.1　平衡气管线

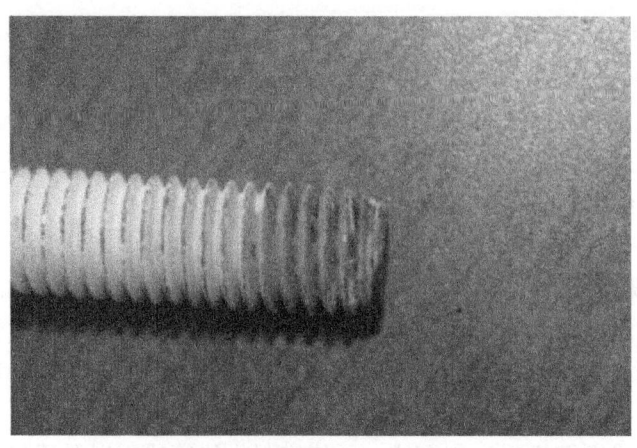

图 4.6.2　1# 机组平衡气管线低压侧连接法兰左上处紧固螺栓

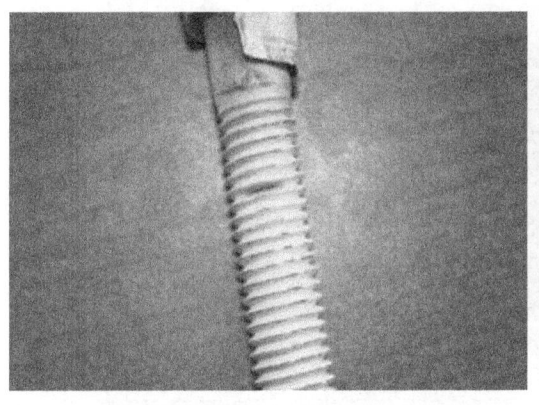

图 4.6.3 1# 机组平衡气管线低压侧连接法兰左下处紧固螺栓

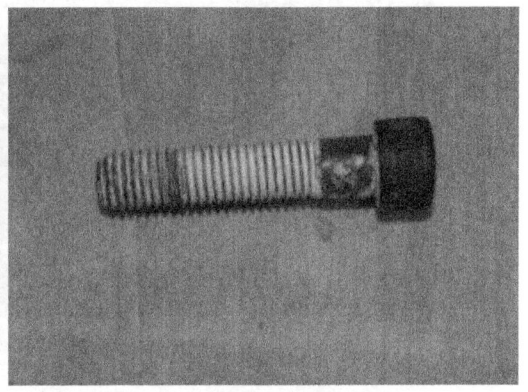

图 4.6.4 1# 机组平衡气管线高压侧连接法兰左下处紧固螺栓

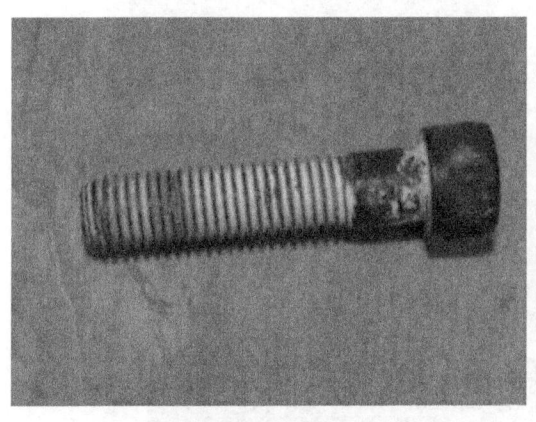

图 4.6.5 1# 机组平衡气管线高压侧连接法兰右下处紧固螺栓

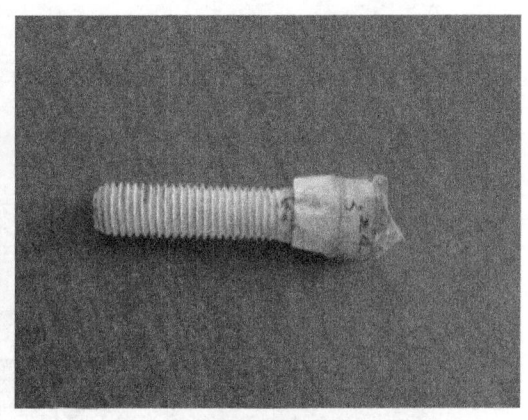

图 4.6.6 3# 机组平衡气管线低压侧连接法兰左下处紧固螺栓

（2）3# 机组及 1# 机组断裂螺栓共 6 条，已经联系西安管材所、中国船级社及 RR 公司同时开展材质分析和失效分析，其中，西安管材所检测工作周期为 7 天，中国船级社为 30 天。

（3）3# 机组完成停机相关运行参数的分析及推力轴承的拆检，确定该机组推力轴承副推力瓦磨损严重，驱动端干气密封损坏，轴套变形且轴头螺纹严重变形，机组需要进一步解体检查，压缩机初步判断需要大修。

4.6.1.2 故障处理过程及原因分析

3# 机组停机后，为进一步确定故障损失及下一步工作计划，首先对机组停机前后的运行参数历史趋势进行了分析，考虑到机组在正常负荷运行时，压缩机平衡气管线突然脱开，压缩机瞬间的轴向力变化极大，首先会导致压缩机轴向上发生较大串动，进而损伤推力轴承、干气密封等部件。3# 压缩机组停机前后关键参数趋势如图 4.6.7 所示。

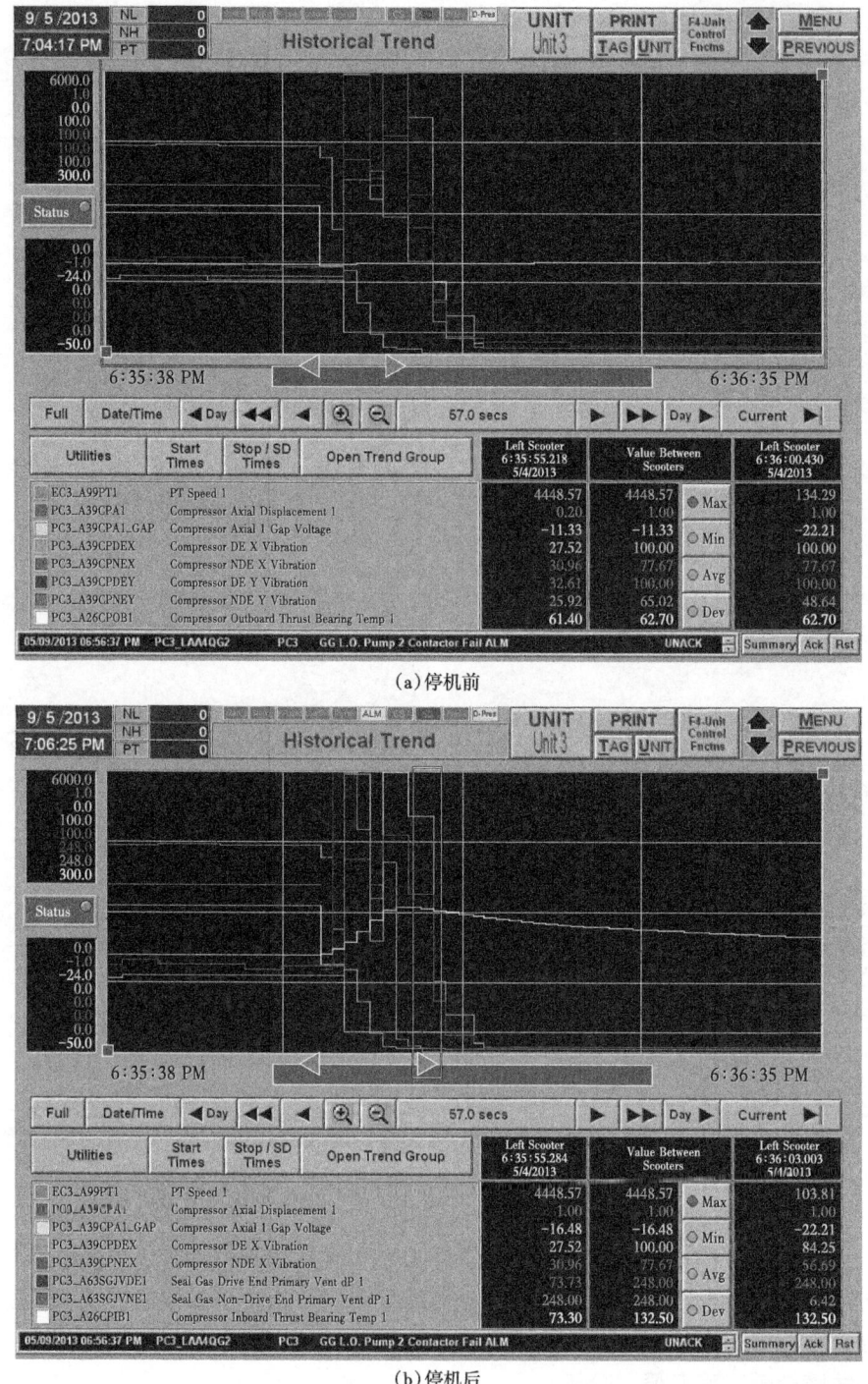

(a)停机前

(b)停机后

图 4.6.7　3# 压缩机组停机前后关键参数趋势图

由趋势图可以看出：

（1）压缩机驱动端干气密封损坏，非驱动端干气密封可能仍能正常工作。

故障发生前，机组各参数运行正常，无异常波动。故障发生后，机组轴向位移首先超量程联锁动作，同时，非驱动端干气密封一级泄漏压力达到高高联锁值 ESD 动作，说明压缩机轴向力在瞬间有很大变化，进而导致轴向驱动端发生较大串动量，使非驱动端干气密封静环无法在推环作用下立即反应调节，进而使一级动静环间刚性气膜被破坏，导致泄漏量超量程。

在轴串向驱动端后，驱动端干气密封损坏，非驱动端一级泄漏压力迅速恢复正常，说明非驱动端干气密封可能仍能够正常工作，这也是在现场确定需要做静态充压测试的原因，并在测试中部分得以验证，该参数变化如图 4.6.8 所示。

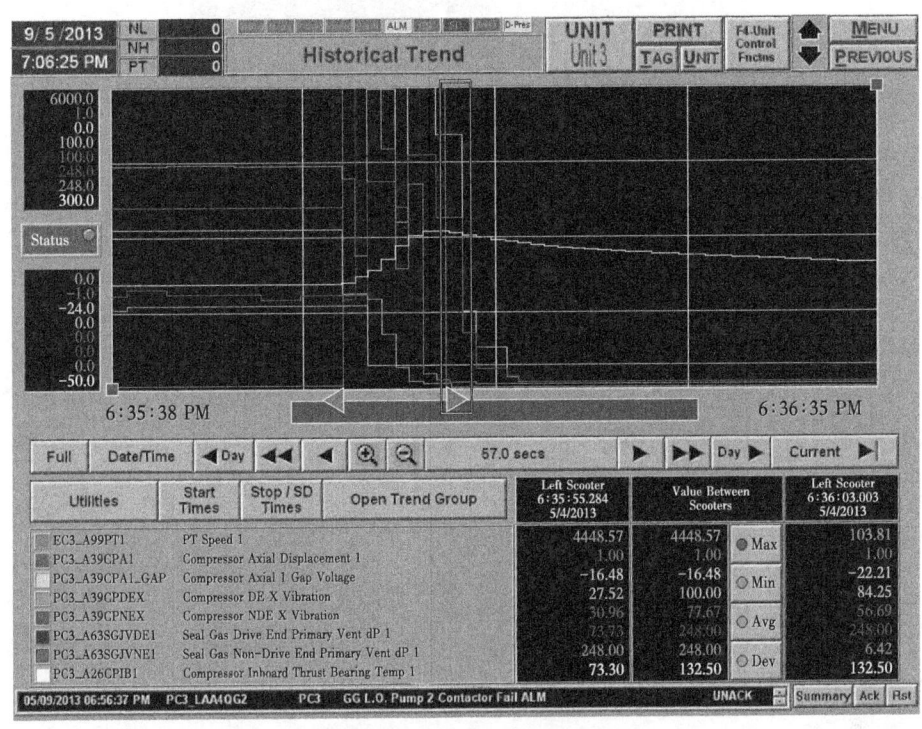

图 4.6.8　参数变化趋势

（2）压缩机推力轴承损坏，特别是副推力轴承轴瓦已经发生磨损甚至烧融现象。

在机组停机过程中，轴位移 A39CPA1 立即得到慢量程，间隙电压超慢量程值一倍以上，达到 -22.21V，副推力轴承温度 A26CPIB1 由 73.3℃ 迅速上升至 132.5℃，由此可以判断副推力瓦已经损坏，瓦面磨损严重。

（3）平衡鼓两侧压差变化过大，平衡鼓低压侧阶梯迷宫密封可能损坏。

根据以上分析，确定对 3# 机组需要首先开展如下检查工作：

（1）静态充压测试，确认非驱动端干气密封状态；
（2）压缩机轴串检查，确认轴向串动量大小及机组可能受损程度；
（3）推力轴承的拆解检查；
（4）平衡鼓低压侧迷宫密封的孔探检查，若无法确认完好状态，则需要抽芯解体检查。

根据分析，对 3# 机组进行了相关检查，检查结果如下：

（1）压缩机非驱动端推力轴承轴套严重变形（图 4.6.9）；

图 4.6.9　推力轴承轴套严重变形

（2）锁紧螺母与推力轴承座粘连（图 4.6.10）；

图 4.6.10　锁紧螺母与推力轴承座粘连

（3）轴头螺纹严重变形（图 4.6.11）；

图 4.6.11　轴头螺纹严重变形

(4) 推力盘有轻微磨损（图 4.6.12）；

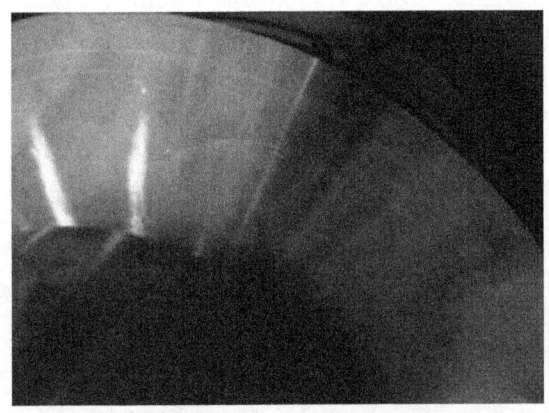

图 4.6.12　推力盘轻微磨损

(5) 主推力轴承瓦块表面无异常，摆动灵活（图 4.6.13）；

图 4.6.13　主推力轴承瓦块表面无异常

(6) 副推力瓦瓦面巴氏合金层大片磨损脱落，在轴承回油管路视镜中可以看到有巴氏合金碎片，副瓦瓦背合金层有磨损，止推块及基环无压痕、磨损，未发现异常（图 4.6.14）；

 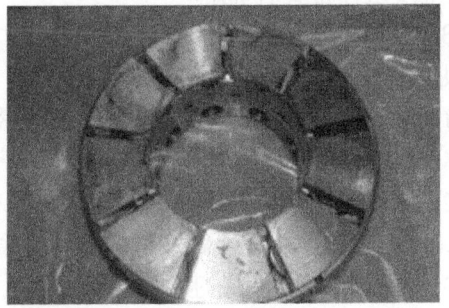

图 4.6.14　副推力瓦瓦面巴氏合金层大片磨损脱落

（7）驱动端干气密封一级泄漏量超量程，再次做静态充压测试，确认非驱动端干气密封的状态时，在缸体压力达到 969kPa 时，驱动端干气密封一级泄漏压力已经达到高高联锁值，测试未能继续进行。在对非驱动端轴头与推力盘间距测量后，初步判断转子轴向串动量超过 3mm，已经超过干气密封允许的轴向串动量上限值，故该侧干气密封需要予以更换。静态充压测试结果如图 4.6.15 所示。

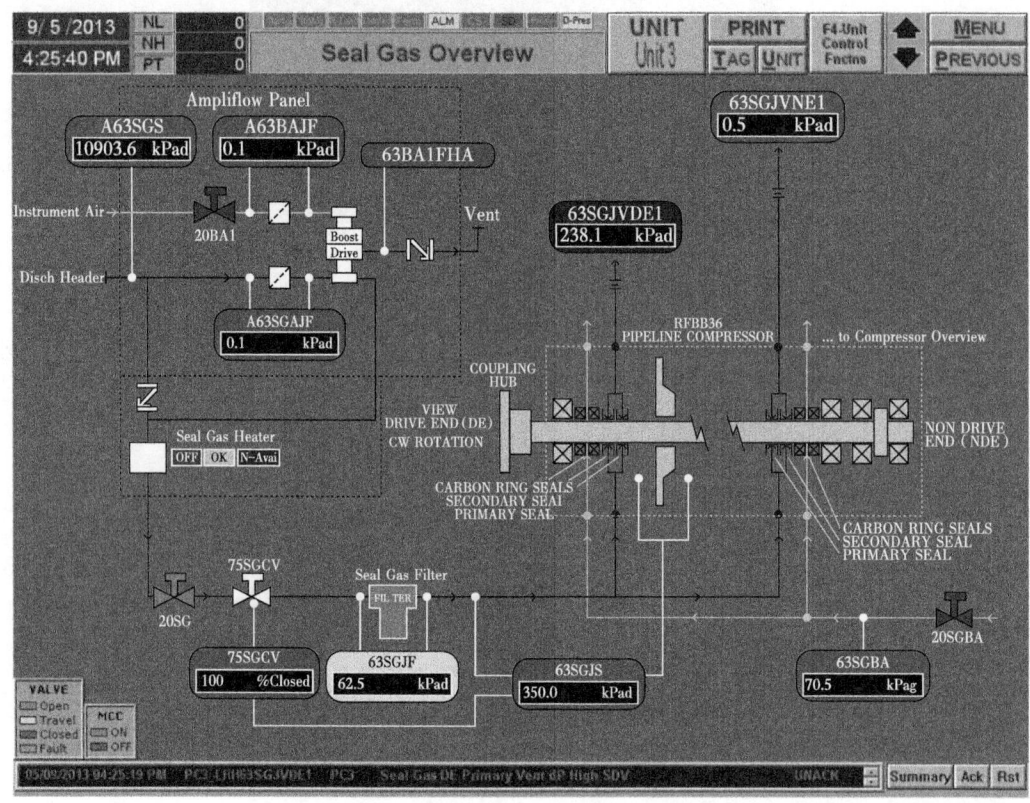

图 4.6.15　静态充压测试结果

（8）压缩机轴向无法串动，目前判断最大可能性的原因为平衡鼓侧迷宫密封损坏，断裂块堵塞轴向间隙，导致转子无法串动。测量驱动端轴头与轴承座端面距离，根据结果判断，压缩机转子向驱动端串动约 5mm，由此判断可能转子叶轮与隔板发生摩擦，具体损伤程度需要解体检查后确定。

4.6.1.3　改进措施及建议

根据现场检查结果，建议如下：

（1）鉴于转子无法串动，且平衡鼓迷宫密封可能存在损坏，故必须对 3# 压缩机现场抽芯解体，检查转子、隔板密封、级间气封、平衡鼓等的状态，并视情更换各级迷宫密封。

（2）在役运行的该型机组压缩机平衡气管线紧固螺栓更换周期由目前的 720h 提高至 1500h，更换下的螺栓必须做好相应记录，并全部进行无损检测分析。

（3）执行 2 个 1500h 的强制更换周期后，根据更换下的落实的无损检测结果，由生产运行处组织，视情延长螺栓更换周期。

（4）螺栓更换的紧固扭矩为28lbf（38N·m），强制更换机组平衡气管线连接法兰两端紧固螺栓时，必须同步更换相应法兰密封圈。

（5）延长更换周期后，在机组运行备用期间，每月通过扭矩扳手按规定扭矩紧固螺栓，并通过可燃气检漏、目视检查的方式对螺栓状态进行检查，若发现异常，立即停机泄压，并更换相应螺栓。

4.6.2 螺杆式空压机高压转子抱死故障

4.6.2.1 故障描述

2016年12月12日，某压气站SCADA出现"空压机A综合报警"，查询后发现空压机A因主机1出口温度225℃而报警，出口温度随后上升至236℃（停机值设定为235℃），导致空压机A故障停机（图4.6.16）。

图4.6.16 空压机A主机1出口温度报警信息（温度236℃）

4.6.2.2 故障处理过程及原因分析

4.6.2.2.1 故障处理

（1）更换空压机A入口空气过滤器（图4.6.17）。重启空压机，发现中间冷却器出口压力达到3.5bar（正常压力值为2~2.5bar），主机1出口温度迅速上升，并紧急停机，随后手动盘车失败。

（2）拆卸高压转子进出口管路后，发现高压转子表面部分石墨涂层已脱落，转子表面存在新的划痕（图4.6.18），判断为转子粘连抱死。

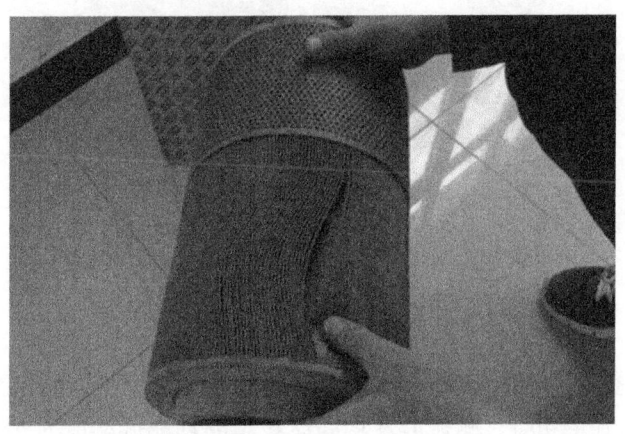

图4.6.17 更换入口空气过滤器

图 4.6.18　高压转子表面划痕

(3)采用反吹方式对高压转子表面进行吹扫,再次手动盘车失败。

(4)采用除锈剂浸泡高压转子(图 4.6.19),可手动盘车,但力矩较大。

(5)再次用仪表风吹扫高压转子表面,拆卸水分收集器,观察高压转子,发现较多划痕、部分石墨脱落、壳体生锈,划痕表面光滑、无棱角(图 4.6.20)。

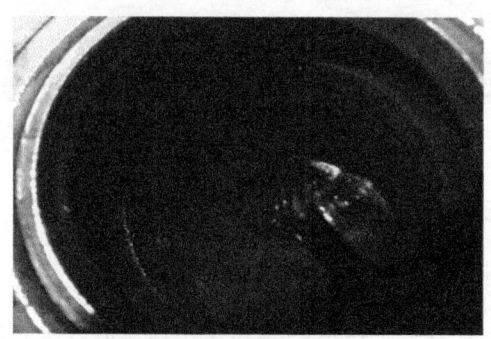

图 4.6.19　浸泡高压转子

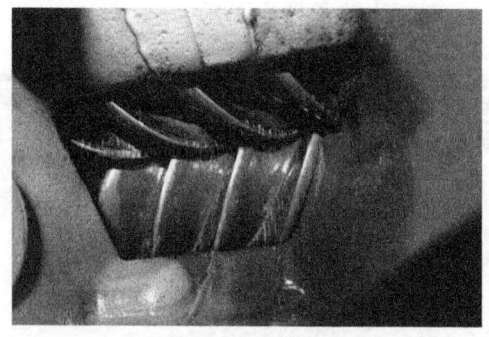

图 4.6.20　高压转子石墨脱落

(6)再次启动空压机 A,转子声音异常,带载运行后主机 1 出口温度迅速上升,中间冷却器出口压力上升至 4bar;测振后发现高压转子驱动端振动值为 55dB,非驱动端振动值为 46dB,均大于正常值 35dB。

(7)拆卸后发现润滑油中存在已经破碎的高压转子的保持架。

4.6.2.2.2　原因分析

(1)空压机 A 转子故障，导致压缩气体在低压转子出口堆积，造成主机 1 出口温度过高而停机。

(2)高压转子粘连、抱死，导致高压转子表面部分石墨涂层脱落，转子表面出现划痕。

4.6.2.3　改进措施及建议

(1)加强每日检查。检查内容包括：运行状态，报警信息，手动排污情况，电气元件异常情况，过滤器压差，排污接收器的排凝情况，消音器，以及水露点、压力及温度等参数信息。

(2)加强每周检查。检查内容包括：运转机械声响，传感器接头，电控箱接线、继电器及仪表工作情况，润滑油乳化情况，内部橡胶管老化现象，电子排污阀、气动蝶阀、四通电磁阀及升压电磁阀运行情况。

(3)加强对长期停运的空压机的维护和检查。对于已投运的阿特拉斯空压机，做好每两天热备启动运行 30min 后对转子进行反吹，排尽空气；做好热备运行时的全面检查及每周的例行检查。对于已投运的英格索兰空压机，做好每两天热备启动运行 30min 时的全面检查及每周的例行检查。

4.6.3　压缩机组防喘阀无法打开故障

4.6.3.1　故障描述

2018 年 7 月 21 日，某压气站按照作业计划（110kV 外电倒闸作业），向北京调度申请停机，倒闸完毕后，再度启机时发现 1# 压缩机组启机前检查界面 ANTISURGE VALVE OPEN 为红色，同时机组 HMI 上显示防喘阀命令为 0%，阀位反馈为 92.91%。机组 HMI 防喘阀状态如图 4.6.21 所示，机组 HMI 启机条件检查表如图 4.6.22 所示。

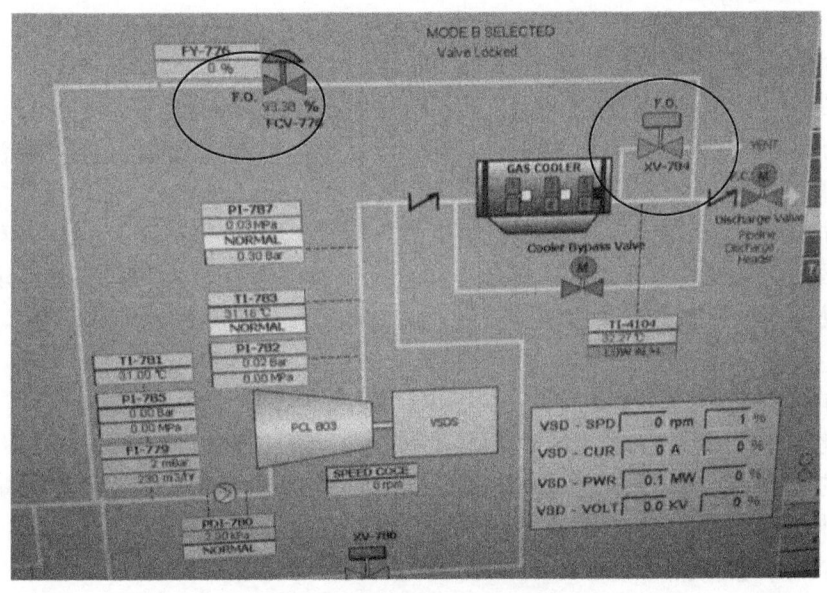

图 4.6.21　机组 HMI 防喘阀状态

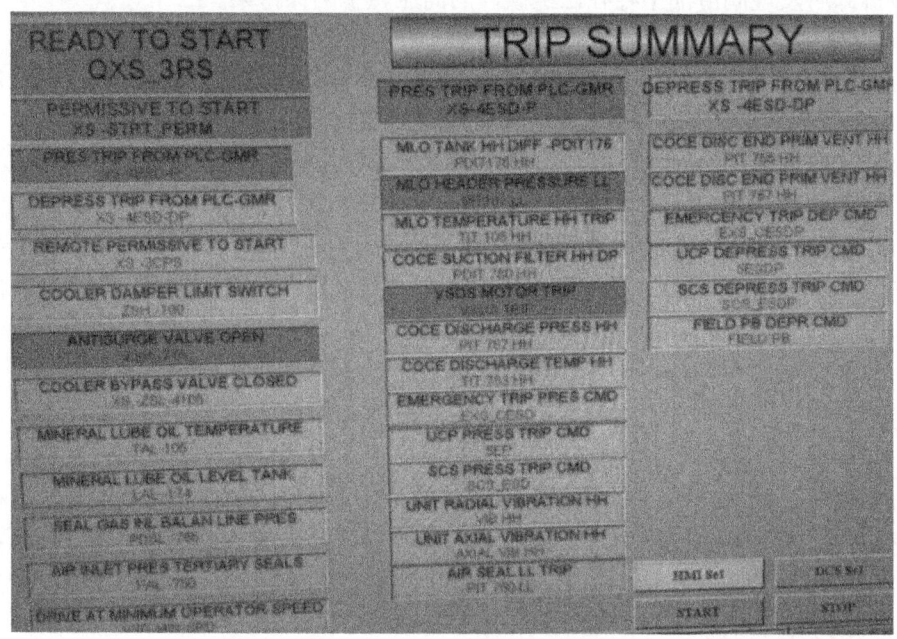

图 4.6.22　机组 HMI 启机条件检查表

4.6.3.2　故障处理过程及原因分析

导致防喘阀无法打开的原因主要有以下几个方面：

（1）防喘阀阀位控制信号回路故障。

（2）防喘阀阀位反馈信号回路故障。

（3）防喘阀阀芯卡塞。

（4）防喘阀气路故障。

4.6.3.2.1　故障排查与处理

（1）防喘阀阀位控制信号回路故障。

此种故障主要的现象是防喘阀阀位控制信号回路存在 20mA（全关）的电流信号。在机柜间用万用表测量回路电流为 3.94mA（全开），证明防喘阀阀位控制信号回路没有问题，此种可能排除。

（2）防喘阀阀位反馈信号回路故障。

此种故障主要的现象是现场实际阀位为全开，但机组 HMI 上阀位反馈显示为全关。现场查看防喘阀的机械阀位为全关，证明防喘阀阀位反馈信号回路没有问题，此种可能排除。

（3）防喘阀阀芯卡塞。

针对此种可能，现场人员关闭防喘阀动力气源，手动对防喘阀进行排气，发现防喘阀随着气体的排出正逐渐打开，直至气体全部排出，防喘阀全开到位。证明防喘阀阀芯没有问题，此种可能排除。

（4）防喘阀气路故障。

依照防喘阀气路示意图（图 4.6.23），现场对防喘阀气路进行检查发现，如图 4.6.24 所示，防喘阀阀位控制器输出压力为 45psi（全开状态下应为 0psi），所以判定为防喘阀阀位控制器故障。防喘阀阀位控制器如图 4.6.24 所示。

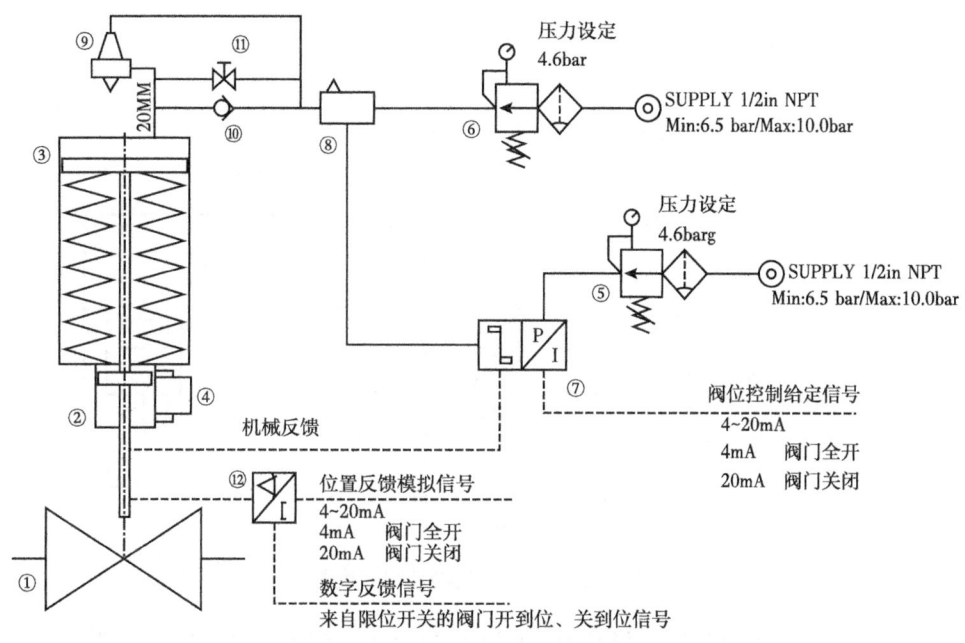

图 4.6.23　防喘阀气路示意图

1—防喘阀；2—液压缸；3—气动执行机构；4—液压机构；5—过滤调压阀；6—过滤调压阀；7—阀位控制器；8—气动放大器；9—排气放大器；10—止回阀；11—旁通针阀；12—阀位传感器

图 4.6.24　防喘阀阀位控制器

该阀位控制器为 FISHER DVC6010，工作方式为接收来自 PLC 的 4~20mA 直流阀位设定信号，并将阀门定位在该点。阀位控制器控制方块图如图 4.6.25 所示。

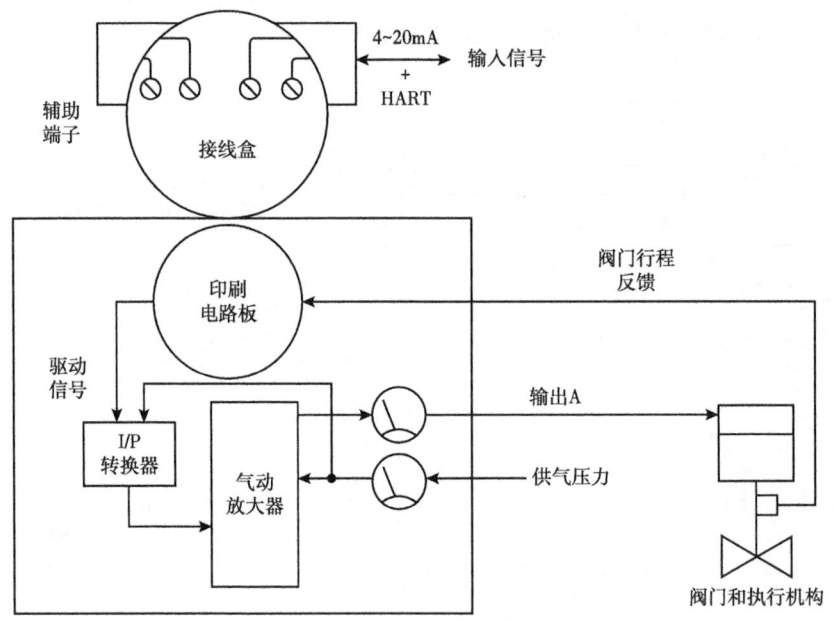

图 4.6.25　阀位控制器控制方块图

输入电流同时也为控制器提供电源。输入信号进入印刷电路板，微处理器根据控制算法给出 I/P 转换器驱动信号，具体开关阀过程如图 4.6.26 所示。

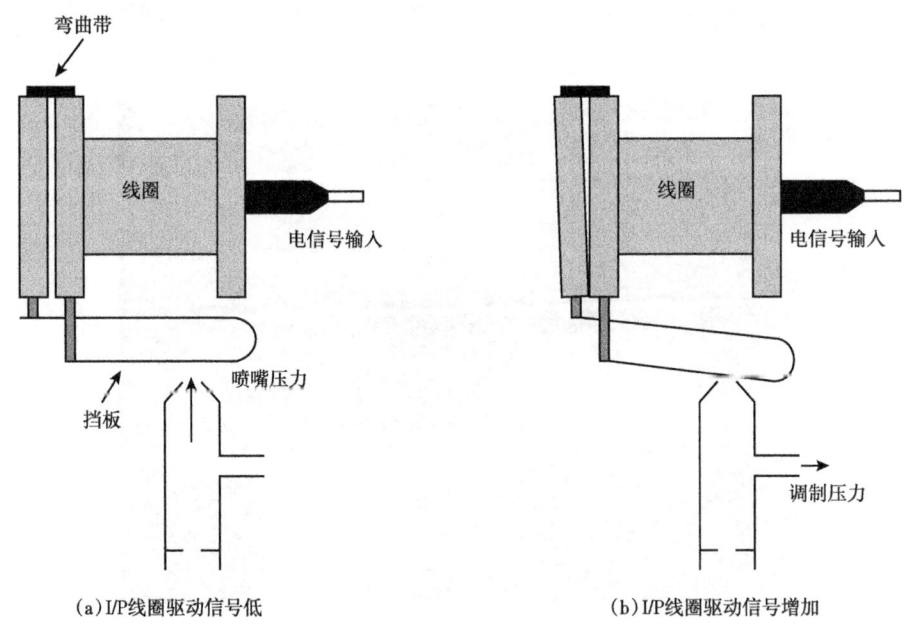

(a) I/P 线圈驱动信号低　　　　　　　　　　　(b) I/P 线圈驱动信号增加

图 4.6.26　I/P 转换器原理图

关阀（或开阀）时，输入信号（即 4~20mA 信号）增加（或减小），I/P 转换器线圈与衔铁距离减小（或增加），带动挡板接近（或远离）喷嘴，引起喷嘴背压增加（或降低），该背压作为调制压力进入阀位控制器内部的气动放大器(图 4.6.24),该组件将 I/P 转换器来的小气动压力信号转换为执行机构需要的较大的气动输出 A 压力信号(图 4.6.25),该气动输出 A 压力信号进入外部气动放大器(图 4.6.23 ⑩)中,该外部气动放大器将气动输出 A 压力信号转化成更大的启动压力进行输出,并驱动阀杆动作。这部分压力随着 I/P 转换器的调制压力增加(或减少)而增加(或减少)时,将会驱动阀杆向下(或向上)运动,最终使阀门关闭(或打开)。

综上所述,防喘阀阀位控制器输出压力为 45psi 极有可能是 I/P 转换器的喷嘴故障导致的,接下来需要对 I/P 转换器的喷嘴进行检查。

(1)打开防喘阀阀位控制器外壳,如图 4.6.27 所示,左边为 I/P 转换器,中间为气动放大器,右边为输入输出压力表;

图 4.6.27　I/P 防喘阀阀位控制器内部

(2)拆掉 I/P 转换器的保护架,取下 I/P 转换器,检查喷嘴,如图 4.6.28 所示,发现喷嘴处有水流出,背板上有水渍,将水清理完毕后再度检查,未发现其他异常情况;

(3)回装 I/P 转换器与其保护架,安装防喘阀阀位控制器外壳,打开气源,测试防喘阀开关,防喘阀恢复正常。

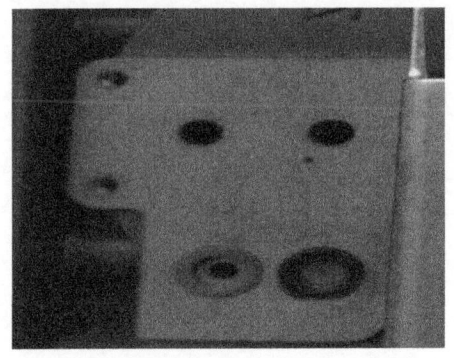 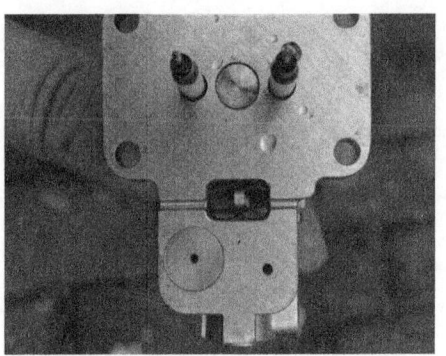

图 4.6.28　I/P 转换器背板

4.6.3.3 改进措施及建议

此次故障是由于仪表风管线含水,导致防喘阀阀位控制器的 I/P 转换器喷嘴堵塞,进而造成防喘阀阀位控制器一直输出全关信号,最终造成防喘阀无法打开。改进措施及建议如下:

(1)停机后要对压缩机组的关键设备进行检查,以便让机组处于良好的备用状态。

(2)为了确保机组在运行时,防喘阀能正常动作避免喘振的发生,在空压机水露点高的情况下,一定要定期对仪表风管线进行排水,以保证机组的正常运行。

5 压缩机组远程监测与故障诊断技术

5.1 监测诊断技术概述

监测诊断技术是利用监测设备在运行中或相对静态条件下的状态信息,通过对测得的信号进行分析与处理,并结合诊断对象的历史状态,来定量诊断机械设备及其零部件的实时技术状态,并预知有关故障与预测未来状态的一种技术手段。

总体来讲,机械设备故障诊断技术的发展大致可以分为4个阶段:

(1)事后维修:在19世纪,当时机械设备本身的技术水平和复杂程度都还很低,因此采用事后维修的方式。

(2)定期维修(计划维修):20世纪初到20世纪50年代,随着大生产的发展,机械本身的复杂程度也有了提高,机械设备故障或事故对生产的影响显著增加,在这种情况下,出现了定期维修的方式。这个时期,机械设备故障诊断技术处于孕育阶段。

(3)状态维修(视情维修):20世纪60—70年代,随着现代计算机技术、数据处理技术等的发展,机械设备诊断技术在欧美一些国家得到了发展,出现了更科学的按设备状态进行维修的方式。状态维修方式使得设备规模越来越大,性能越来越高,结构越来越复杂,这对设备维修管理工作提出了更高要求,推动了监测诊断技术的发展。

(4)智能维修:进入20世纪80年代以后,人工智能技术和专家系统、神经网络等开始发展,并在实际工程中得以应用,使机械设备诊断技术达到了智能化的程度。虽然这个阶段发展历史并不长,但是已有研究结果表明,机械设备诊断技术具有十分广阔的应用前景。

监测诊断技术是通过研究设备运行状态的变化在诊断信息中的反映,从而判断其整体或局部是否正常,提前发现故障及其原因,并能预报故障发展趋势的技术。通俗地说,监测诊断技术就是一种给"设备"看病的技术手段。它属于信息技术的范畴,它是利用设备所提供的有效信息,经过分析处理,获得最能识别设备状态的特征参数,最后做出正确的诊断结论,监测诊断流程图如图5.1.1所示,以保证设备的安全性、可靠性,并使设备能够高效、经济地运行。信息技术包括信号采集(关键是正确选用传感器)、信号处理(通过处理信号获取敏感直观的特征参数)、信号分析识别(根据技术规范,并参考技术规范经验等对信号进行诊断)几个方面,故设备监测诊断技术是多学科的边缘技术,它是一种由外到内、从局部估算整体,根据现在预测未来的一种技术。

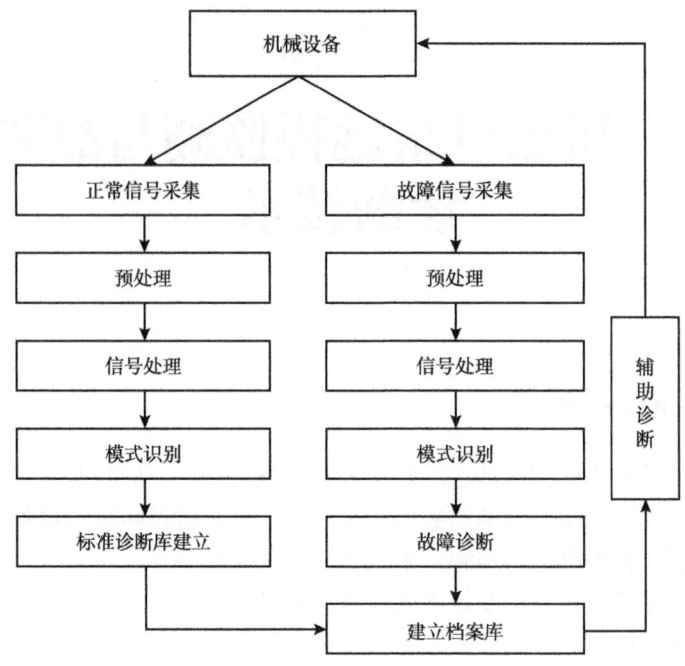

图 5.1.1　监测诊断流程图

可作为机械设备状态监测与故障诊断的信息是多种多样的，主要有：振动、声音、变形、应力、裂纹、磨损、腐蚀、温度、压力、流量、电流、转速、扭矩、功率等。故障诊断按设备的状态信号通常分为：振动诊断（以平稳振动、瞬态振动、机械导纳及模态参数为检测目标）、强度诊断（以力、应力、应变、扭矩等机械参数为检测目标）、温度诊断（以温度、温差、温度场、热像等为检测目标）、声学诊断（以噪声、超声等为检测目标）、润滑油样诊断（以机械润滑油中的磨屑成分、浓度、粒度等为检测目标）、性能趋势诊断（以性能指标为检测目标）等。大机组状态监测与故障诊断常用的方法主要有以下几种：

（1）振动分析法。

振动分析法是对设备所产生的机械振动（对大机组来说，主要是转子相对于轴承的振动）进行信号采集、数据处理后，根据振幅、频率、相位及相关图谱进行的故障分析。振动分析法是大机组状态监测与故障诊断使用的主要方法。第一，由于在大机组的所有故障中，发生振动故障的概率最高；第二，振动信号所涵括的设备状态的信息量最大，它既包含了转子、轴承、联轴器、齿轮、壳体、基础、管线等机械零部件自身运行状态的信息，又包含了诸如转速、流量、压力、温度、介质组分、润滑油（主要是油温）等影响机组运行状态的工艺及运行参数信息，因为机械零部件或运行参数的非正常变化，都会引起振动值增大，振动信息量如此之丰富，是其他任何信息所无法比拟的；第三，振动信号易于拾取，便于在不影响机组运行的情况下实行在线监测和诊断。因此，振动分析法是转动设备故障诊断中运用最广泛、最有效的方法。

采用振动分析法，可以对旋转机械大部分的故障类型进行准确的诊断，例如转子不平衡、轴弯曲、轴横向裂纹、滑动轴承不良（间隙过大、磨损严重、刚度差异大、轴颈偏心、轴承不对中、轴瓦或油挡错位、瓦面接触差、瓦背紧力不足、可倾瓦摇摆性差等）、油膜涡动及油膜振荡、摩擦、转子部件或支承部件松动、轴系不对中、结构共振、旋转失速及喘振、流体激振、电磁力激振、临界转速、联轴器缺陷、齿轮缺陷、滚动轴承缺陷、皮带轮偏心等。

（2）油液分析法。

油液分析法是对润滑油本身以及油中微小颗粒所进行的理化分析，也是大型旋转机械状态检测与故障诊断中的一个重要方法。油液分析法分为两大类：一类是润滑油油液本身的常规理化分析；另一类是对油中所含的微小颗粒所进行的铁谱分析、光谱分析和颗粒计数等。

通过对润滑油油液的黏度、闪点、酸值、破乳化度、水分、机械杂质、液相锈蚀实验、抗氧化安全性等各项主要性能指标的检验分析，可以准确地掌握润滑油本身的性能信息，也可以大概地了解到机组轴承、密封的工作状况。

通过对油液中不溶物质，主要是微小固体颗粒所进行的铁谱分析、光谱分析和颗粒计数，可定性且定量地测定磨损颗粒（简称磨粒）的元素成分及含量，以及大小颗粒各自所占的浓度。其中，光谱分析能够迅速、准确、简便地测定出金属或非金属颗粒的元素成分及含量，但是对大颗粒（长轴尺寸大于 $5\mu m$）测定的准确性会降低，尤其是不能进行磨粒的大小颗粒计数。尽管铁谱分析只能够在一定程度上对化学元素进行定性、定量分析，但是铁谱分析仪（具体有分析式、直读式、在线式、旋转式）能够定量地测出含铁大小磨粒各自数量的象征性读数 DL、DS，即大小磨粒各自所占的浓度，而且通过铁谱显微镜还能够观察到磨损颗粒具体的形貌、尺寸，从而可以对磨粒的来源、产生的原因，以及零部件当前磨损的程度进行科学的分析与诊断。因为正常磨损的颗粒为鱼鳞状，其表面光滑、周边圆滑，长轴尺寸为 $0.5\sim15\mu m$（多数小于 $5\mu m$），厚 $0.15\sim1\mu m$，长轴尺寸与厚度之比为 $3\sim10$；而非正常磨损颗粒的形貌则由于不同的产生原因分别为带状、球状、晶体型层状、螺旋状和弯曲状等，表面有划痕，周边不圆滑或有锐利的棱边，磨粒的尺寸（除了滚动轴承疲劳磨损的球状磨粒直径为 $1\sim5\mu m$ 外）均大于 $5\mu m$，多数在 $20\mu m$ 以上，较为严重时大于 $100\mu m$，甚至更大。磨粒的长轴尺寸与厚度之比降低，大磨粒浓度 DL 读数与小磨粒浓度 DS 读数之差显著增大。总之，根据元素成分和浓度来判断哪些零部件（如轴颈、轴承、油封、浮环、机械密封、齿轮、齿式联轴器等）发生了非正常磨损，根据大小磨粒的浓度以及磨粒的形貌、尺寸来判断其当前的磨损程度。

（3）轴位移的监测。

在某些非正常的工况下，旋转机械的转子会因轴向力过大而产生较大的轴向位移，严重时会引起推力轴承磨损，进而发生转子端面与隔板或缸体摩擦碰撞。汽轮机在启动和停车过程中，会因转子与缸体受热和冷却不均而产生差胀，严重时会发生轴向动静摩擦。尽管转子轴位移故障的概率不是很高，但也常有发生，一旦发生，往往是灾难性的。因此，对轴位移进行在线监测和故障诊断很有必要。

此外，轴位移监测技术还被用于往复式机械，通过监测活塞杆的横向位移，来诊断活塞支承环或活塞环的磨损量，从而避免发生拉缸故障以及打气量不足。

（4）轴承回油温度及瓦块温度的监测。

对于滑动轴承，检修或运行不当都会造成轴承工作不良，从而引起轴承回油温度及瓦块温度升高,严重时会造成烧瓦,因此对轴承回油温度、瓦块温度进行监测非常有必要。API(美国石油协会标准)规定,轴承进出口润滑油的正常温升应小于28℃,轴承出口处的最高油温应小于76℃(原为82℃)。另外,用铂电阻在距轴承合金1mm处测量瓦块温度时,一般不应超过110~115℃。由于具体测量的方法、位置等各不相同,温度反映往往滞后,因此应具体情况具体分析。

(5)综合分析法。

对转动设备的状态进行监测与故障诊断的方法还包括噪声分析法、热红外分析法、应力分析法,以及观察设备内部情况的激光、光纤和设备成像技术,分析介质成分的气相色谱技术,检验金属内部缺陷的 X 光射线、超声波探伤技术等。在进行转动设备实际状态监测与故障诊断时,往往是以振动分析法为主,相应配合以上一些方法,连同工艺及运行参数的监测与分析一起进行综合分析。

5.2 机械振动基本知识

5.2.1 机械振动概念

物体相对于平衡位置所做的往复运动被称为机械振动,简称振动。例如,机器箱体的颤动、管线的抖动、叶片的摆动等都属于机械振动。振动用基本参数,即"振动三要素"——振幅、频率和相位加以描述。

为了便于分析讨论振动问题,有必要对振动加以分类。机械振动可根据不同的特征做如下的分类。

5.2.1.1 按产生振动的原因分类

(1)自由振动:当系统的平衡被破坏,只靠其弹性恢复力来维持的振动。

(2)强迫振动:在外界激振力的持续作用下,系统被迫产生的振动。

(3)自激振动:系统在输入和输出之间具有反馈特性,并有能源补充而产生的振动。

5.2.1.2 按振动的规律分类

(1)确定性振动:能用简单函数或这些简单函数的简单组合表达其运动规律的振动。

(2)随机振动:不能用简单函数或这些简单函数的简单组合来表达其运动规律,而只能用统计方法来研究的非周期性振动,也称非确定性振动。

5.2.1.3 按振动系统的结构参数的特性分类

(1)线性振动:系统的惯性力、阻尼力、弹性恢复力分别与加速度、速度、位移呈线性关系,能用常系数线性微分方程描述的振动。

(2)非线性振动:系统的阻尼力或弹性恢复力具有非线性性质,只能用非线性微分方程描述的振动。

5.2.1.4 按振动系统的自由度数目分类

(1)单自由度系统振动:确定系统在振动过程中任何瞬时的几何位置只需要一个独立坐标的振动。

(2)多自由度系统振动:确定系统在振动过程中任何瞬时的几何位置需要多个独立坐标的振动。

5.2.1.5 按振动位移的特性分类

（1）扭转振动：振动体上的质点只做绕轴线方向的振动。
（2）纵向振动：振动体上的质点只做沿轴线方向的振动。
（3）横向振动：振动体上的质点只做垂直轴线方向的振动。
纵向振动与横向振动又可统称为直线振动。

5.2.1.6 按振动的方位分类

（1）径向振动指转子在垂直于轴线的方向上。
（2）轴向振动指转子沿轴线方向做的往复振动。
（3）扭转振动指转子以轴线为转轴，沿旋转方向做的往复圆周振动。

对大型旋转机械来说，由于在垂直于轴线方向上的力较大（不平衡、轴承、不对中等），转子的刚度又最薄弱，所以径向振动较大。通常所说的大机组振动，监测的就是转子相对于轴承的径向振动。另外，轴位移只是转子相对于定子基准的轴向间隙平均值，并不是轴向振动。

5.2.2 进动

转动物体相对于平衡位置所做的圆周运动被称为涡动。物体涡动时，是在绕着自身对称轴旋转的同时，对称轴又进一步在绕着某一平衡位置旋转，所以涡动又称为进动。旋转机械转子的实际运动状态是在以角速度 Ω（即转速 n）绕着自身轴线 ACB 旋转（自转）的同时，整个轴线又以角速度 ω 绕着轴承中心线 AOB 在做圆周运动（公转），如图 5.2.1 所示。转子实际上是做旋转状的涡动，并不是做往复状的机械振动。

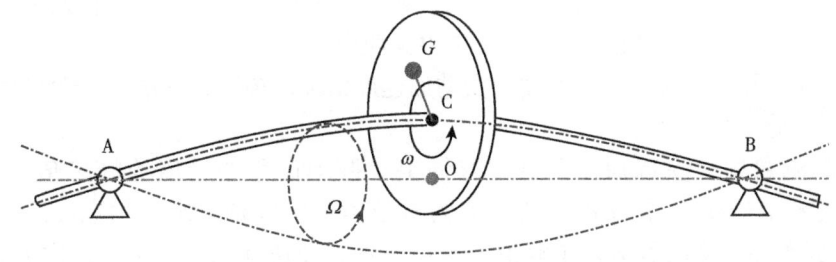

图 5.2.1 转子的涡动

由于这种涡动在径向上所测得的振幅、频率、相位在数值上与机械振动相同，因此可以沿用机械振动的许多成熟的理论、方法，所以旋转机械转子的涡动通常仍然称作振动。但是，在研究旋转机械转子的振动时，应该时刻牢记转子的振动实际上是涡动的这一基本特点。

正进动指涡动方向与转子旋转方向相同的涡动。反进动指涡动方向与转子旋转方向相反的涡动。因为转子的实际振动是涡动，其涡动轨迹通常为不规整的椭圆，通常要配置两个相互垂直的探头才能较为准确地测出转子真实的振动。

5.2.3 振幅

振幅的量值可以表示为峰峰值（PP）、单峰值（P）、有效值（RMS）或平均值（AP）。峰峰值是整个振动历程的最大值，即正峰与负峰之间的差值；单峰值是正峰或负峰的最大值；有效值即均方根值，如图 5.2.2 所示。

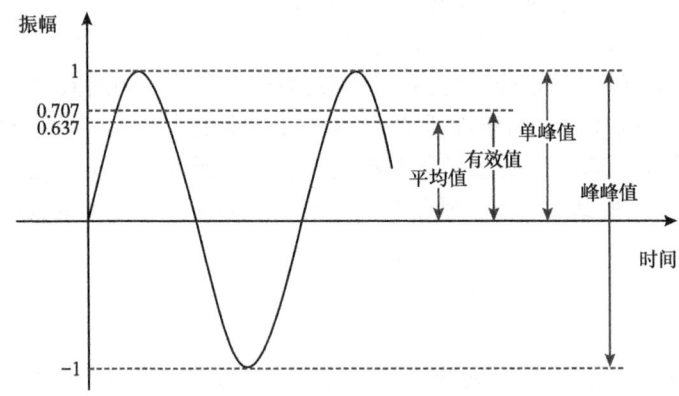

图 5.2.2 振幅的峰峰值、单峰值、有效值、平均值

只有在纯正弦波（如简谐振动）的情况下，单峰值等于峰峰值的 1/2，有效值等于单峰值的 0.707 倍，它们之间的换算关系是：峰峰值 =2× 单峰值 =$2\sqrt{2}$× 有效值。平均值等于单峰值的 0.637 倍，平均值在振动测量中很少使用。

振幅分别用振动位移、振动速度、振动加速度值加以描述、度量，三者相互之间可以通过微分或积分进行换算。

在振动测量中，除特别注明外，习惯上，振动位移的量值为峰峰值，单位是微米（μm）或米尔（mil）；振动速度的量值为有效值，单位是毫米每秒（mm/s）或英寸每秒（ips）；振动加速度的量值是单峰值，单位是重力加速度（g）或米每二次方秒（m/s²），$1g=9.81m/s^2$。

可以认为，在低频范围内，振动强度与位移成正比；在中频范围内，振动强度与速度成正比；在高频范围内，振动强度与加速度成正比。因为频率低意味着振动体在单位时间内振动的次数少、过程时间长，速度、加速度的数值相对较小，且变化量更小，因此振动位移能够更清晰地反映出振动强度的大小；而频率高意味着振动次数多、过程时间短，速度尤其是加速度的数值及变化量大，因此振动强度与振动加速度成正比。

也可以认为，振动位移具体地反映了间隙的大小，振动速度反映了能量的大小，振动加速度反映了冲击力的大小。在实际应用中，大型旋转机械的振动用振动位移的峰峰值（μm）表示，用装在轴承上的非接触式电涡流位移传感器来测量转子轴颈的振动；一般转动设备的振动用振动速度的有效值（mm/s）表示，用手持式或装在设备壳体上靠近轴承处的磁电式速度传感器或压电式加速度传感器（如今主要是加速度传感器）来测量；齿轮和滚动轴承的振动用振动加速度的单峰值（g）表示，用加速度传感器来测量。

振动烈度是振动标准中的通用术语，是描述一台机器振动状态的特征量。在我国及国际振动标准中，几乎都规定振动烈度的度量值为振动速度的有效值。因此，可以认为振动烈度就是振动速度的有效值。所以，在对一般转动设备进行振动监测时，应测量振动速度的有效值（并要求在靠近轴承位置处的水平、垂直、轴向三个方向上进行测量，取最大值），因为只有振动烈度才有振动标准可以参照（大机组不完全如此），评定机器运转状态的优劣时才能做到有据可依。

表 5.2.1 为中国石化 SHS 01003—2019《石油化工旋转机械振动标准》中关于机器振动烈度的评定等级表。我国及国际其他振动标准关于机器振动烈度的评定等级也大致如此。

表 5.2.1 振动烈度等级评定表

振动烈度的范围		振动烈度评定等级			
分级范围（mm/s）	在该范围极限上的速度均方根值（mm/s）	Ⅰ	Ⅱ	Ⅲ	Ⅳ
0.28		A	A	A	A
0.45	0.28	A	A	A	A
0.71	0.45	A	A	A	A
1.12	0.71	B	A	A	A
1.8	1.12	B	B	A	A
2.8	1.8	C	B	B	A
4.5	2.8	C	B	B	B
7.1	4.5	D	C	B	B
11.2	7.1	D	C	C	B
18	11.2	D	D	C	C
28	18	D	D	D	C
45	28	D	D	D	D
71	45	D	D	D	D

注：（1）Ⅰ、Ⅱ、Ⅲ、Ⅳ为机器分类。
（2）A 区：新交付使用的机器应达到的状态或优良状态；
B 区：机器可以长期运行或处于合格状态；
C 区：机器尚可短期运行，但必须采取相应补救措施，或者处于不合格状态；
D 区：机器处于不允许状态。

在表 5.2.1 中，等级Ⅰ指小型转机，如 15kW 以下的电动机；等级Ⅱ指安装在刚性基础上的中型转机，功率在 300kW 以下；等级Ⅲ指大型转机，机器的支承系统为刚性支承状态；等级Ⅳ指大型转机，机器的支承系统为挠性支承状态。当支座的固有频率大于转子轴承系统的固有频率时，为刚性支承状态；当支座的固有频率小于转子轴承系统的固有频率时，为挠性支承状态。

5.2.4 频率

频率 f 是物体每秒钟内振动循环的次数，单位是赫兹（Hz）。频率是振动特性的标志，是分析振动原因的重要依据。周期 T 是物体完成一个振动过程所需要的时间,单位是秒(s),频率与周期互为倒数,$f=1/T$。

对旋转机械来说,转子每旋转一次,振动循环变化了一次。因此转速 n、角速度 ω 都可以看作频率。频率、转速频率、圆频率(n、ω、f)都直接简称为频率,它们之间的换算关系为:$f=n/60$,$\omega=2\pi f=2\pi n/60\approx 0.1n$,其中转速 n 的单位为转每分钟(r/min),角速度 ω 的单位为弧度每秒(rad/s)。

振动频率也可以用转速频率的倍数来表示。倍频就是用转速频率的倍数来表示的振动频率,如果振动频率为机器实际运行转速频率的一倍、二倍、0.5 倍等时,则称为一倍频(习惯上又称为 1X 或 1×)、二倍频(2X 或 2×)、三倍频(3X 或 3×)、0.5 倍频(0.5X 或 0.5×)、0.43 倍频(0.43X 或 0.43×)等。

其中,一倍频即实际运行转速频率,又称为工频、基频、转频,0.5 倍频又称为半频。例如,某机器的实际运行转速 n 为 6000r/min,那么,转速频率 $=n/60=100$Hz,其工频为 100Hz、二倍频为 200Hz、频为 50Hz。

各种不同类型的故障所引起的振动都有各自的特征频率。例如,转子不平衡的振动频率是工频,齿式联轴器(带中间齿套)不对中的振动频率是二倍频,油膜涡动的振动频率是略低于 0.5X 等。由各频率成分的幅值大小和分布情况,从中查找出发生了异常变化的频率,再联系故障特征频率,探索构成振动激振力的来源,是判别振动故障类型通常采用的诊断方法。

反之,某种振动频率又和多种类型的故障有关联。例如,动不平衡的特征频率是工频,但不能说工频高就是发生了动不平衡,因为某些轴承及不对中等故障的振动频率也是工频。因此,频率和振动故障的对应关系并不是唯一的。为了得到正确的诊断结论,需要对各种振动信息进行综合分析。

5.2.5 相位

相位是在给定时刻的振动体被测点相对于固定参考点的位置,单位是度(°)。相位是振动在时间先后关系上或空间位置关系上相互差异的标志(例如不同位置处的振动或不同部件之间的振动),相位在判断振动故障的类型中有着非常重要的作用,在动平衡技术中更是必不可少。把转子旋转一圈的时间看成是 360°,两个振动之间的相位差就是转过此角度的时间差。角度不仅表示空间,而且表示时间,这便是相位的奥妙之处。

绝对相位指从键相器脉冲信号触发到各选频振动信号第一个正峰值之间的角度。如果没有指明,相位角度增加的方向总是与转子的旋转方向相反。相对相位是两个选频振动信号波形最近对应点(如正峰与正峰)之间的角度。相位差是两个振动的相位之差。

在实际应用中,往往并不讲相对相位,而只讲相位差,是因为实际上已经将相对相位所强调的"最近的对应点"融进了相位差中。例如,假设 H 点、V 点工频相位分别为 3°、358°,它们之间的相位差既可以讲为 355°,也可以讲为 5°,而讲相位差为 5°,可使问题更清晰。通过相位(差),可以很具体地想象到两个振动矢量在时间和空间上的相互关系:

(1)谁先谁后:相位小的在先(称超前),相位大的在后(称滞后),因为相位小的先到达第一个正峰,即最大振动点处;

(2)相差的时间 t:$t=$ 相位差 × 周期 /360= 相位差 /(工频 ×360),实际中很少计算相

差的时间,主要是由相位差(角度)的大小想象两者间隔时间的长短;

(3)空间位置:相位差就是空间方向差夹角的角度。

5.2.6 刚度与阻尼

5.2.6.1 刚度

使弹性体产生单位变形 y 所需的力 F 称为刚度 k,$k=F/y$。刚度反映了弹性体自身抵抗变形的能力。机械件、受压的液体(如油膜)和压力很高的气体都可以视为弹性体。旋转机械转子的刚度包括静刚度和动刚度两个部分,静刚度决定于转子的结构、材质、尺寸,而动刚度既与静刚度有关,也与支座(含轴承)刚度、联轴器连接刚度等有关。

如果将刚度定义式改写成为 $y=F/k$,则式中 y 表示测点的振幅值;F 表示作用在测点上的激振力;k 表示测点处的动刚度。此公式对故障诊断有很好的指导作用。该公式表明,在线性系统中,测点呈现的振幅值与作用在该点上的激振力成正比,与该点的动刚度成反比。也就是说,在机组振幅值增高时,既要从激发振动的扰动力方面去查找引起故障的原因,也要从机组自身的刚度上,如转子刚度、轴承刚度、支座刚度、基础刚度和联轴器刚度等方面去查找引起故障的原因。

因此,对于一台新的转动设备,投运后振动状态的优劣往往在很大程度上取决于机器自身的刚度,特别是转子的刚度,而刚度主要与设计有关。一台刚检修后的转动设备,投运后振动状态反而变差,除了少数为转子初始不平衡外,多数往往在轴承刚度、支承连接刚度等方面发生问题,而此与检修质量有关。

5.2.6.2 阻尼

阻尼指振动系统中所存在的各种阻碍运动的阻力,阻尼与阻力的不同之处在于:阻尼在阻碍振动的过程中还存在着能量转换(将机械能转换成另一种能量形式,一般是热能),这种能量转换吸收、消化了振动能量,对振动起到了衰减和抑制作用。转子振动系统中的阻尼相对于刚度来说并不算大,但阻尼所起的作用及其重要性是不容低估的。阻尼主要来自轴承阻尼,油膜吸收了振动能量,将其转化成热量,同时又被带走;此外还有介质阻尼、材料内部阻尼。临界阻尼指系统能回到平衡位置而不发生振荡所要求的最小阻尼。

5.2.7 共振

共振是振幅和相位的变化响应状态,由对某一特殊频率的作用力敏感的相应系统所引起。共振通常通过振幅的显著增加和相应的相位移动来识别。共振发生时,激振频率稍有变化(上升或下降)时,其振动响应就会明显地减小。

按激振频率的倍数是否等于或接近于系统的固有频率,共振又分为高次谐波共振、次谐波共振。高次谐波共振指因激振频率 f 的 n 倍($n=2,3,4,\cdots$,正整数)谐波等于或接近于系统的固有频率(如转子的临界转速、基础的固有频率、管线的固有频率等)而引起的共振。次谐波共振指因激振频率 f 的 $1/n$ 倍($n=2,3,4,\cdots$,正整数)次谐波等于或接近于系统的固有频率而引起的共振。

需要指出的是,谐波共振的谐波是激振频率的谐波,而不是转速频率的谐波;共振对应的频率是固有频率,而不是运行转速;谐波共振一般是异步振动,只有在激振频率的高次谐波或次谐波等于转速频率的特殊情况下,谐波共振才为同步振动。另外,亚异步振动的油膜涡动、密封流体激振和旋转失速都有可能转变为高次谐波共振。

5.2.8 重点与高点

重点指在某一断面处转子不平衡矢量的角位置。重点实际上就是转子质心的角位置。重点与转子的质量分布有关，当有异物附着在转子上（如结垢、催化剂黏结等），以及转子上有物件脱落或滑移（如断叶片、轴套移动等）时，重点会发生改变；但是，重点不随转速变化。

高点指转子产生最大振动位移时的角位置。具体为，当转子和探头之间距离最近时，转子上与振动探头所对应的那一点任一时刻的角位置；也就是当振动探头产生正的振动峰值信号时，转子与振动探头对应点的位置。高点会随转子动力特性的变化（如转速变化）而移动。

重点和高点之间的夹角称为机械滞后角。对应于不同的转速，会有不同的机械滞后角。

5.3 转子振动模型

5.3.1 模型构建

在转子模型构建之前，需要具备一系列铺垫，因此，本小节包含三方面内容：一是构建流体循环模型；二是油膜轴承力和刚度解析；三是构建转子模型。

5.3.1.1 流体循环模型

只要以不同角速度旋转的两个同心圆柱之间的环形区域中包含黏性流体，流体便会因受到拖动而发生相对运动，这种运动的行为极为复杂，故需要一种简单的方法来对这种行为进行量化。λ 是一种流体循环模型，可将这种复杂性为简化为单参数。尽管在讨论 λ 过程中以油膜轴承为主，但需要注意的是，这一概念可适用于其他类似的物理情况，如密封圈或泵轮。

想象两个存在间隔的无限平面，其中充满流体，上板以恒定的线速度 v 运动，下板的速度为零。由于摩擦力的作用，靠紧上板的流体线速度为 v，而靠紧下板的速度为零。由于速度从一个表面到另一个表面平滑变化，因此流体的速度将形成线性流速剖面图。流体的平均线速度必定介于 0 与 v 之间的某处，对于无限平板的情况，平均速度为 $0.5v$，无限平板间的流体流动如图 5.3.1 所示。

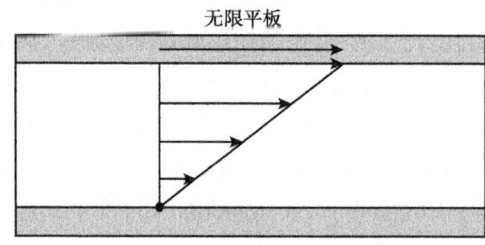

图 5.3.1 无限平板间的流体流动

设想两块平板卷曲为两个同心并且无限长的圆柱和圆管，无限圆柱/管间的流体流动如图 5.3.2 所示，这类似于油膜轴承及其内部旋转的转子，流体在两个圆柱之间的环形区域内流动，内圆柱以特定的角速度 Ω 旋转，外圆管保持静止，与平板一样，紧靠内圆柱表面的流体角速度为 Ω，紧靠外圆管表面的流体的角速度为零，对于无限长的圆柱和圆管，平均角速度约为 0.5Ω。

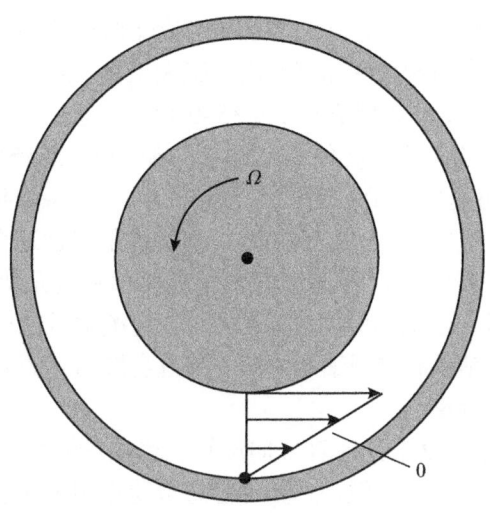

图 5.3.2　无限圆柱/管间的流体流动

实际的轴径和轴承并非无限长，在实际轴承中，由于轴承两端会造成流体损失，因此必须更换流体。通过一个或多个端口向轴承中径向注入补充流体，通常可以完成这种更换。如果端口呈径向，则流体第一时间进入轴承时，其角速度为零。新的流体将逐渐受到由轴承中已存在运动流体的剪切作用所导致的角加速度的影响，与此同时，由于注入点与轴承末端存在压差，因此流体开始做轴向运动，流体路径表现为一个螺旋，滑动轴承中的流体流动如图 5.3.3 所示。流体的这种路径导致了典型且完全充满的流体动力学轴承中的平均流体角速度通常小于 0.5Ω。

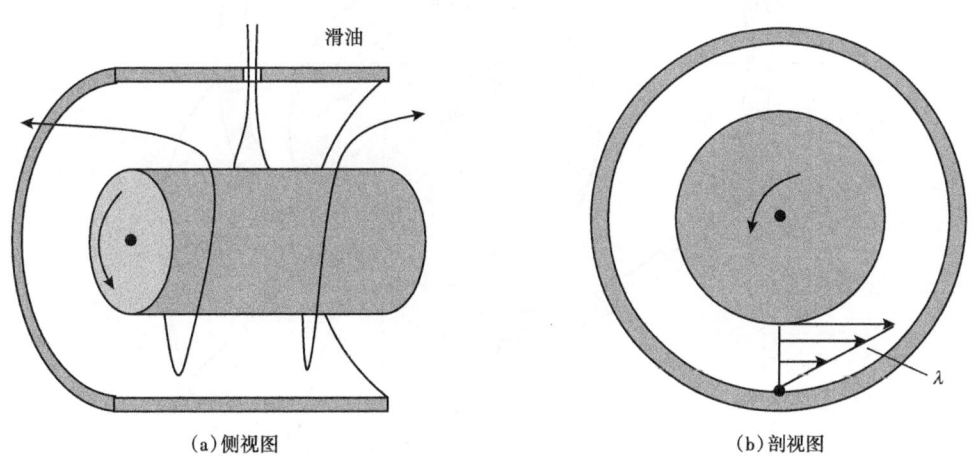

(a) 侧视图　　　　　　　　　　(b) 剖视图

图 5.3.3　滑动轴承中的流体流动

如果流体的平均角速度为 $v_{平均}$，则将 λ 定义为流体平均角速度与转子旋转角速度之比：

$$\lambda = \frac{v_{平均}}{\Omega} \text{ 或 } v_{平均} = \lambda\Omega \tag{5.3.1}$$

λ 称为流体轴向平均速度比。它是对转子周围流体循环的一种无量纲度量，并且是用于了解转子与油膜轴承和密封圈之间相互作用的强大工具。对于仅存在流体径向注入且完全充满流体的动力学轴承，λ 的典型值介于 0.35~0.49 之间。

如果注入的流体具有切向角速度分量，则将影响 λ 值。若流体进入轴承或密封圈时，在转子旋转方向上存在角速度分量，则 λ 将远大于 0.5。如果流体进入轴承或密封圈时，具有与转子旋转方向相反的角速度（抗涡注入），则 λ 的值将远远小于 0.5，甚至接近于零。

轴承的几何形状也会影响 λ。普通圆柱轴承的 λ 值往往最大：$0.43 < \lambda < 0.49$。许多轴承的设计都经过改进，已破坏圆周流并减小 λ，这类轴承包括可倾瓦轴承、柠檬瓦轴承、压力坝轴承、多油液轴承和椭圆轴承，偏心率也会影响 λ 的值。

5.3.1.2　油膜轴承的力和刚度

假设转子正在以角速度 Ω 沿逆时针方向旋转，当轴颈恰好处于轴承中心时，作用于轴的力只有与流体相关的切向力，但是，如果静态载荷作用于转子，转子会偏离中心，进而导致流动流体局部可用间隙减小，流体流经此区域时必定会减速，致使压力增大，如图 5.3.4 所示。

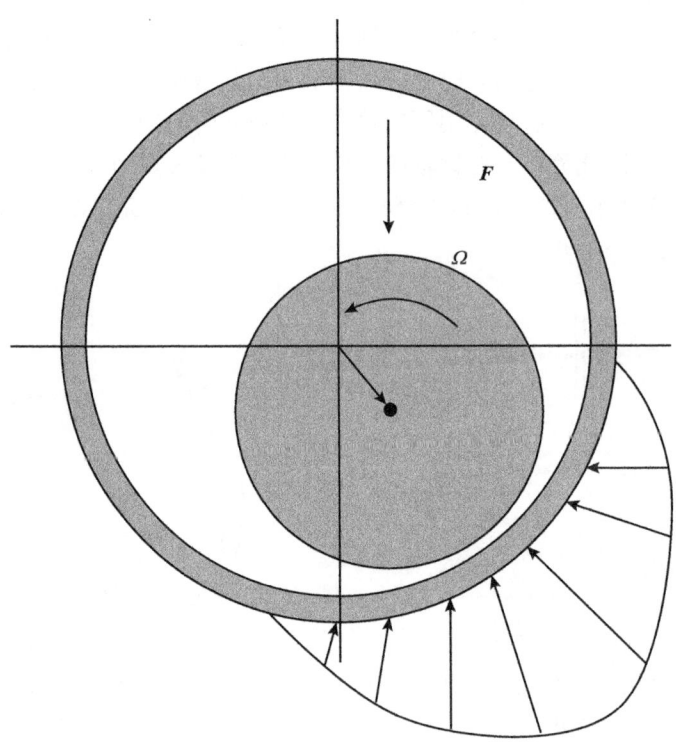

图 5.3.4　油膜轴承受力示意图

有些流体会沿轴向发生泄漏,但靠近轴承中心的流体则不会,流体将产生圆周油压楔,这种油压楔会推动转子,并使其向侧面移动。在油压楔产生的力与作用于转子的其他力抵消之前,转子会一直运动。位置矢量 r 可从轴承中心延长至转子中心,并且不会因这种静态载荷而发生进动。这种油压楔是流体动力轴颈轴承中实现转子支撑的主要方式。

油压楔产生的力可以分解成两个分量:一个是径向分量,沿 r 的反方向指向轴承中心;另一个是切向分量,沿旋转方向与 r 成 90°。这两个力的矢量和等于静态作用力矢量 F,但方向与之相反,如图 5.3.5 所示。

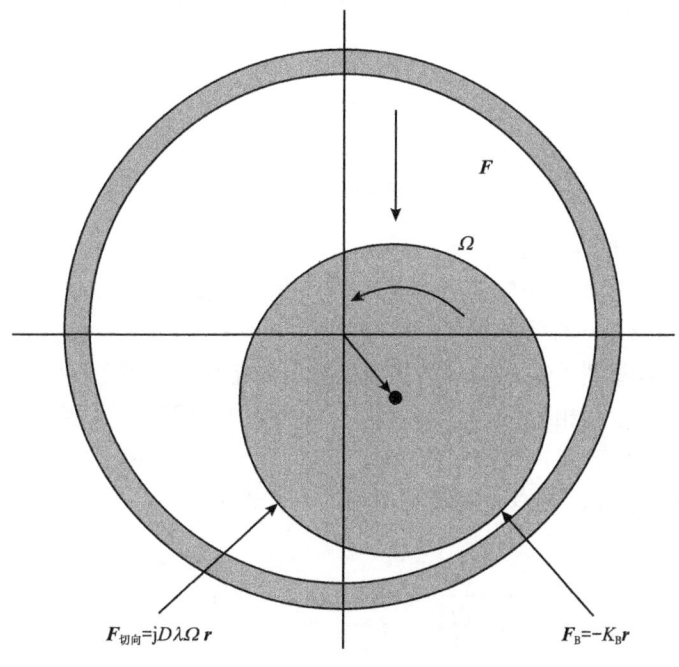

图 5.3.5　转子受力图

径向力的模型类似于弹簧产生的力。径向力分量 F_B 的模型为

$$F_B = -K_B r \tag{5.3.2}$$

式中的 K_B 是轴承弹簧刚度常数,单位是 N/m,F_B 与位移和刚度成比例,负号表示其指向 r 的反方向,因为其作用方向始终指向原始位置方向,并试图使系统恢复平衡,这种力也称为回复力。在转子系统中,一般包括油膜和其他结构提供的弹性支撑,因此,使用 K 表示整合后的弹簧刚度常数,转子收到的弹性产生的合力用式(5.3.3)表示:

$$F_{弹} = -Kr \tag{5.3.3}$$

切向力分量式的模型为

$$F_{切向} = jD\lambda\Omega r \tag{5.3.4}$$

式中 D——轴承的阻尼常数，N·s/m；
　　　j——$F_{切向}$相对于 r 沿旋转方向领先 90°；
　　　λ——前文所述流体轴向平均速度比；
　　　Ω——转子转动角速度，rad/s。

切向力与流体阻尼成正比，但在欠阻尼系统中，更为重要的是它与平均流体角速度 $\lambda\Omega$ 成正比，因此，切向力的强度同时取决于转子速度和 λ。随着转子速度的提高和 λ 的增大，切向力的强度将变大。

5.3.1.3 转子模型

对转子进行受力分析，构建自由体图。r 表示转子振动过程中的位置矢量，其可表示为

$$r = Ae^{j(\omega t + \alpha)} \tag{5.3.5}$$

$$\theta = \omega t + \alpha \tag{5.3.6}$$

式中 A——矢量 r 的长度单位；
　　　θ——矢量 r 的相对于 x 轴正方向偏转的角度，(°)；
　　　ω——r 围绕原点（轴承中心）旋转的速率，rad/s；
　　　t——发生键相事件（键相正对键相传感器）后流逝的时间，s；
　　　α——$t=0$（发生键相事件）时，r 相对于 x 轴正方向偏移的角度，(°)。

其中，ω 可以是与转速一致的同步速率，也可以是异步速率。

对 r 基于 t 进行求导，可以得到转子振动的速度矢量：

$$v = \frac{dr}{dt} = \dot{r} = j\omega A e^{j(\omega t + \alpha)} = j\omega r \tag{5.3.7}$$

式（5.3.7）中指数以外的 j 表示速度矢量相对于位置矢量领先 90°。对 v 基于 t 进行求导，可以得到转子振动的加速度矢量：

$$a = \frac{dv}{dt} = \ddot{r} = -\omega^2 A e^{j(\omega t + \alpha)} = -\omega^2 r \tag{5.3.8}$$

式（5.3.8）中的负号表示加速度矢量相对于速度矢量领先 90°，相对于位置矢量领先 180°。

转子的受力模型中，除前文所述 $F_{弹}=-Kr$ 以及 $F_{切向}=jD\lambda\Omega r$ 以外，包含了阻尼力和扰动力，如图 5.3.6 所示。

当转子在轴承中振动时，转子受到滑油的切向力及压差阻力的共同作用，在切向上产生阻尼力，可将其表示为

$$F_{阻尼} = -D\dot{r} = -jD\omega r \tag{5.3.9}$$

式（5.3.9）的负号表示阻尼力的方向与转子振动的速度方向相反；D 为阻尼常数，单位为 N·s/m；$\dot{r}$ 为转子振动的速度矢量。

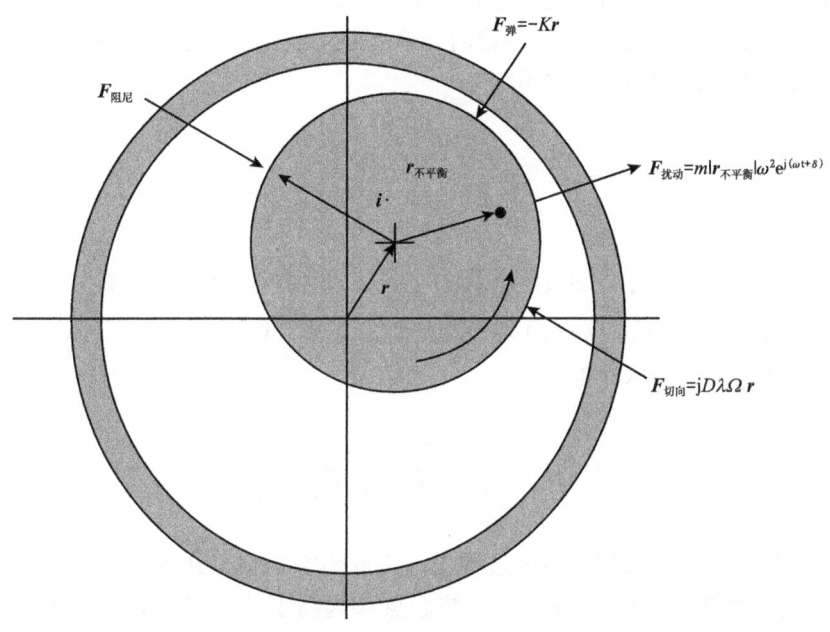

图 5.3.6　转子振动受力分析

转子旋转时的扰动力主要来自转子不平衡量产生的离心力，可将其表示为

$$F_{扰动} = m|r_{不平衡}|\omega^2 e^{j(\omega t+\delta)} \tag{5.3.10}$$

其中，m 为不平衡质量，单位为 kg；$r_{不平衡}$ 为不平衡质量的位置矢量，其大小为不平衡质量距离转子中心的距离，单位为米，其方向表示不平衡质量同键相位置的夹角，单位为度；ω 为 r 围绕原点旋转的速率，可将其视为扰动频率，其数值可与 Ω 相同，也可与 Ω 不同，单位为 rad/s；t 为发生键相事件（键槽正对键相测点）后流逝的时间，单位为 s；δ 为不平衡质量与键相的夹角，即 $r_{不平衡}$ 的角度，单位为度。

根据牛顿第二定律，作用于转子的合力等于转子的质量乘以加速度，即

$$F_{弹} + F_{切向} + F_{阻尼} + F_{扰动} = M\ddot{r} \tag{5.3.11}$$

将式（5.3.2）、式（5.3.3）、式（5.3.8）、式（5.3.9）、式（5.3.7）代入式（5.3.10）可得

$$-Kr + jD\lambda\Omega r - jD\omega r + m|r_{不平衡}|\omega^2 e^{j(\omega t+\delta)} = -M\omega^2 r \tag{5.3.12}$$

将式（5.3.4）代入式（5.3.11），并进行简化，可得

$$r = Ae^{j\omega t}e^{j\alpha} = \frac{m|r_{不平衡}|\omega^2 e^{j\omega t}e^{j\delta}}{K - M\omega^2 + jD\omega - jD\lambda\Omega} \tag{5.3.13}$$

5.3.2 转子行为分析

转子系统中振动的主要振源是不平衡，不平衡会在所有旋转机械中产生同步（1倍频）响应，在对转子进行同步振动响应讨论时，将式（5.3.13）中的扰动频率 ω 替换为同步扰动频率 Ω，并消去等式两边时间项可得

$$r = Ae^{j\alpha} = \frac{m|\boldsymbol{r}_{\text{不平衡}}|\Omega^2 e^{j\delta}}{K - M\Omega^2 + jD(1-\lambda)\Omega} \quad (5.3.14)$$

其中，发生键相事件时，旋转不平衡力（重点）的大小为 $m|\boldsymbol{r}_{\text{不平衡}}|\Omega^2$，且位于 δ 方向，该不平衡力的振动响应矢量（高点）具有单峰值 A，并且位于 α 方向，式（5.3.14）可通过角度符号代替指数符号，从而得到

$$r = A\angle\alpha = \frac{m|\boldsymbol{r}_{\text{不平衡}}|\Omega^2 \angle\delta}{K - M\Omega^2 + jD(1-\lambda)\Omega} \quad (5.3.15)$$

在对转子的同步行为进行分析的过程中，将同步转子响应分为三个通用且与转速相关的区域，分别是远低于共振点（低速）、共振点和远高于共振点（高速）。在每个区域中，同步动力学刚度分别由不同的成分起到主导作用。

5.3.2.1 低于共振点的同步行为

在低转速状态下，Ω 数值较小，弹簧刚度 K 控制动力学刚度，因此可忽略质量刚度项和切向刚度项，式（5.3.15）可变形为

$$r = A\angle\alpha = \frac{m|\boldsymbol{r}_{\text{不平衡}}|\Omega^2 \angle\delta}{K} \quad (5.3.16)$$

由式（5.3.16）可知，在低转速范围内，转子的振动响应在理想状态下应具备以下主要特征：

（1）由于忽略了质量刚度项和切向刚度项，因此相位没有变化，转子高点（振动响应矢量）的方向与重点的方向相同。此特征在低速范围内大致适用，并且在零转速时完全适用。这里重点和高点同相；

（2）振幅按照转子速度的平方值增加；

（3）同步切向动力学刚度接近于零；

（4）径向动力学刚度在零转速处等于 K。

5.3.2.2 共振点处的同步行为

当径向刚度为零时，转子接近共振转速，径向刚度可以变为零的唯一方法是使弹簧刚度和质量刚度相互抵消。设 $\Omega_{\text{共振}}$ 为径向刚度为零时的转速，于是可得出

$$K - M\Omega_{\text{共振}}^2 = 0 \quad (5.3.17)$$

对式（5.3.17）进行求解可得

$$\Omega_{共振} = \sqrt{\frac{K}{M}} \tag{5.3.18}$$

式（5.3.18）表示转子系统的不平衡共振转速、共振转速或者临界转速，利用"本特利转子"模型推导出了同"杰夫科特转子"模型一致的结果。由于在扰动频率等于转子固有频率时发生共振，因此该表达式也称为固有频率。因其忽略了阻尼的影响，更准确地说，它是无阻尼的固有频率。对于大多数转子系统而言，阻尼相对较小，并且有阻尼的固有频率接近于并且稍低于无阻尼的固有频率。

式（5.3.18）是旋转机械诊断中最强大的工具之一，说明了不平衡共振转速是由转子系统的弹簧刚度和质量决定的。许多转子系统的故障都会导致固有频率发生变化，共振转速通常是由弹簧刚度发生变化（质量一般不发生变化）引起的，例如：弹簧刚度会因为摩擦或严重的不对中而增大，也会因为地基变得薄弱或轴裂纹的出现而减小。

由于在共振转速下，径向动力学刚度为零，式（5.3.15）的转子响应可转化为

$$\boldsymbol{r} = A\angle\alpha = \frac{m|\boldsymbol{r}_{不平衡}|\Omega^2\angle\delta}{\mathrm{j}D(1-\lambda)\Omega} \tag{5.3.19}$$

由式（5.3.19）可知，在共振点处唯一可保留的刚度项是切向动力学刚度，并且主要的分量是有效阻尼 $D(1-\lambda)$。式（5.3.19）分母中含有 j，相当于等式右边减去 90°，因此在共振处的高点滞后重点约 90°。

综上所述，转速在共振区域具有以下几个方面的特点：
（1）转子振幅达到峰值；
（2）转子振动响应的相位比重点滞后 90°；
（3）径向动力学刚度变为 0；
（4）切向动力学刚度是唯一可用于抑制转子振动的刚度元素。

需要注意的是，设备在稳态（没有共振）运行时，机器中会存在非同步扰动力，也有可能会激发与共振相关联的固有频率，在这种情况下，非同步振动的规则适用于判定转子的稳定性。

5.3.2.3 高于共振点的同步行为

转子在高转速下，Ω^2 变得非常大，质量刚度控制了转子动力学刚度，使得转子的其他刚度项可被忽略。故式（5.3.15）的转子响应可转化为

$$\boldsymbol{r} = A\angle\alpha = \frac{m|\boldsymbol{r}_{不平衡}|\Omega^2\angle\delta}{-M\Omega^2} \tag{5.3.20}$$

速度项消去后，可进一步转化为

$$\boldsymbol{r} = A\angle\alpha = \frac{m|\boldsymbol{r}_{不平衡}|\angle\delta}{-M} \tag{5.3.21}$$

因此，转速远高于共振转速处，振幅为常数并且独立于转速，负号表示振动高点方向 α 与重点方向相反，即高点滞后于重点约 180°。

综上所述，高速处的转子行为具有以下两个重要特征：

（1）振幅达到非零值的常数；

（2）高点滞后重点 180°。

在实际生产过程中，由于静态载荷和切向刚度的作用，高点滞后重点的角度一般小于 180°，并且即使在较高转速下，振幅也时常随转速出现变化，下面将进一步讨论在转速发生变化时振动响应的变化机理。

5.4 常见振动异常及诊断方法

5.4.1 不平衡

转子不平衡按发生过程可分为初始不平衡、渐发性不平衡和突发性不平衡。其中，初始不平衡是由制造误差、装配误差、材质不均匀和动平衡不当等原因造成的，其表现为初次启动时振动就较大；渐发性不平衡是由介质对转子的不均匀性结垢、腐蚀、冲刷，以及转子的磨损等原因造成的，其表现为振动值随运行时间的延长而逐步缓慢参差增大；突发性不平衡是由转子上零部件损坏后脱落或异物进入后卡死附着等原因造成的，其表现为振动值突然显著增大后又有所降低，然后大致停留在一个比原振动值高的新水平上，在转速不变的情况下振动值或缓慢上升、或保持不变。

产生转子不平衡振动的根本原因是转子的重心线偏离轴线，即转子质量对轴心线成不均匀分布。也就是说，转子的质心与转子的几何轴心并不重合，存在着一个偏心距 e，转子转动时偏心距 e 将会产生离心力、离心力矩，或者两者兼而有之。转子每旋转一周，偏心距的方向随着变化一次，离心力的方向也就循环变化一次，产生了振动。而且，不平衡振动的频率与转子在此交变循环离心力的作用下便速相一致，振动值的大小与转速相关。

转子不平衡故障诊断可依据以下几个方法进行：

5.4.1.1 信号特征

（1）通频时域波形图为近似的等幅正弦波；

（2）频谱图以工频成分为主，其他频率成分相对较小；

（3）轴心轨迹图为一个稳定的、长短轴相差不大的椭圆；

（4）转速一定时，相位稳定；

（5）全息谱图上工频的椭圆较大、较圆，其他成分的椭圆均相对较小；

（6）在工频趋势图上，初始不平衡时初次开车后振动值就大，渐发性不平衡时振动值逐步参差缓慢增大（其间有时振动值可能有所降低），相位同时产生较小的相应变化，突发性不平衡时振幅突然显著增大，相位也同时突变；

（7）转子的涡动方向为同步正进动；

（8）旋转方向上（径向）各点的振动存在相位差；

（9）对于支承转子的两个轴承在同一方向上测点的振动相位，纯静失衡时为同相，纯偶失衡时为反相，动失衡时存在着 0°~180° 的相位差；

（10）转子外伸段，特别是悬臂转子不平衡时，会同时产生较大的轴向振动，支承转子的两轴承的轴向振动相位相同。

5.4.1.2 方向性

由于不平衡振动是由离心惯性力引起的横向振动，因此径向振动大。

5.4.1.3 敏感参数

（1）转速。不平衡振动的振幅值大小与转速范围的变化密切相关，当转速低于临界转速时，振幅随转速的增加而明显上升；当转速等于或接近临界转速时，将产生共振，振幅急剧上升并达到最大峰值；当转速越过并远离临界转速后，振幅随转速的增加反而减小，并趋向于一个较小的稳定值。

（2）相位。除了与转速存在上述类似关系（即低于临界转速时相位随转速而变；通过临界转速时相位发生大的翻转变化；远离临界转速后相位趋向于一个稳定值）外，不平衡振动的相位还存在一个非常重要的敏感信息，这就是只要发生了不平衡（无论是突发性，还是渐发性），原质量偏心距的方位（重点）必然发生变化，因此，在转速稳定的情况下，相位同时发生变化，基本上可以断定是发生了转子不平衡故障。

5.4.1.4 故障甄别

由于不平衡故障的特征频率是工频，而旋转机械主要振动频率成分是工频的各类故障有 10 类、26 种之多，因此单凭工频成分这一特征是无法得出转子不平衡结论的，这就需要综合考虑方向性、转速相位等因素，对故障进行区分、甄别。

（1）弯曲类。如轴弯曲、裂纹引起的弯曲，刚性联轴器的角度不对中也可归入此类。与不平衡的主要区别点是弯曲类振动还存在较大的轴向工频振动。此外，转速变化时，永久性弯曲相位不变，临时性弯曲相位变化不明显；角度不对中时，联轴器两侧径向振动相位相同。

（2）偏心类。如轴承偏心（间隙过大、合金磨损、轴颈与轴承偏心、轴承座刚度差异过大等）、转动部件（联轴器、齿轮、叶轮等）偏心、电动机气隙不均等。与不平衡的主要区别点是偏心类振动的振动值随负荷而变化，对转速变化不敏感，此外，在相位、轴心轨迹等方面也有所不同。

（3）变形类。如机壳、支座等的基础变形、松动、裂纹等。此类振动的工频幅值与负荷、转速的关系均不明显。变形类故障使机组的支撑刚度在某一方向上明显削弱，因此，相关各点的振动均在此方向上明显较大，且相位一致。而对于由不平衡引起的振动，同一轴承的不同测点和两端轴承的同方向测点都存在相位差。

（4）共振类。如基础共振、工作在临界转速区等。基础共振使机组各点都以同一频率、同一相位进行振动，而不平衡造成的振动各点都存在相位差。通过波德图、极联图确定转子的临界转速，看临界转速是否与实际运行转速相接近。

（5）假象类。如涡流传感器测量轴颈处的机械偏差（椭圆、不同心、损伤等）、电气偏差（剩磁）以及工作转速为 3000r/min 时的 50Hz 交流电干扰信号等。对于机械和电气偏差，可通过波德图、极坐标图或低转速下运转加以确认和排除，而 50Hz 交流电干扰信号则是随机的冲击信号。

转子不平衡的振动特征见表 5.4.1。

表 5.4.1　转子不平衡振动特征

序号	特征参量	故障特征		
		原始不平衡	渐变不平衡	突发不平衡
1	时域波形	正弦波	正弦波	正弦波
2	特征频率	1X	1X	1X
3	常伴频率	较小的高次谐波	较小的高次谐波	较小的高次谐波
4	振动稳定性	稳定	逐渐增大	突发性增大后稳定
5	振动方向	径向	径向	径向
6	相位特征	稳定	渐变	突发后稳定
7	轴心轨迹	椭圆	椭圆	椭圆
8	进动方向	正进动	正进动	正进动
9	矢量区域	不变	渐变	突发后稳定

5.4.2　转子弯曲

转子弯曲有两种情况：永久性弯曲和暂时性弯曲。

永久性弯曲指转子的轴呈永久性弓形。造成永久性弯曲的原因有转子结构不合理、材质不均匀、长期停放不当、长期运行逐渐增大的弯曲等。永久性弯曲的转子启动后，在慢转速下振动值就大，随着转速升高振动值急剧增大，一般难以通过临界转速升速到工作转速。

临时性弯曲指可恢复的弯曲。造成临时性弯曲的原因有开机时暖机不充分、停机后盘车不及时、升速或加载过快、转子受热不均匀以及动静局部摩擦等。临时性弯曲慢转速下的振动值并不大，而是在开车过程中（并非为转速变化时）的某个时间段振动值逐步变大，然后随转速升高急剧增大，多数情况下也是难以升速到工作转速。临时性弯曲严重时或处置不当均会使其转化成永久性弯曲。

不论转子发生哪种情况的弯曲变形，都不能采用动平衡方法加以校正，因为动平衡解决不了塑性变形。首先需要的是把转子调直，对于临时性弯曲，经过热跑调直可使弯曲基本消失，对于永久性弯曲，可采用热处理或精加工方法来消除弯曲。只有在弯曲变形较小的情况下，进行工作转速下的动平衡（如现场动平衡、高速动平衡）才能获得满意的效果。

弯曲振动的机理与转子质量偏心的振动机理相同。转子弯曲后，轴线以某一径向变形 l 呈弯曲弓状偏离两支点间的几何中心线，在旋转状态下，旋转矢量 l 会产生很大的激振力，这与转子不平衡中质量偏心距 e 所产生的离心激振力相类似。所以，弯曲故障的振动频率为工频。弯曲振动与不平衡质心偏离的不同之处在于弯曲还会使转子两端产生锥形振动，因此还会在轴向产生较大的工频振动。

由质量偏心距 e 所引起的挠度 y 为弹性变形，其相位随转速而变。而弯曲变形 l 为塑性变形，其相位不随转速而变。由于弯曲变形 l 往往大于 e、y，因此它们合成后的相位主要由弯曲变形 l 来确定。所以发生弯曲后，工频的振动值随转速变化而显著变化，但工频的相位随转速变化不明显。

转子弯曲故障诊断可依据以下几个方法进行：

（1）信号特征。

转子弯曲故障的振动信号与不平衡基本相同。

①通频时域波形图为近似的等幅正弦波；

②频谱图以工频成分为主，并伴有一定的谐波成分；

③轴心轨迹图为一个长、短轴相差不大的椭圆；

④由于轴弯曲常伴随某种程度的轴瓦摩擦，因此波形、频谱、轨迹有时还会有摩擦的特征；

⑤全息谱图上工频的椭圆较大、较圆，其他成分的椭圆均相对较小；

⑥在趋势图上，临时性弯曲的形成过程为渐变，并滞后于热负荷的变化过程；

⑦转子的涡动方向为同步正进动；

⑧转子（特别是悬臂式）外伸段弯曲时，可能有较大的2倍频振动分量；

⑨波德图上会出现水平线或垂直线，这是其他故障所没有的；

永久性弯曲时，不论转速如何变化，相位始终不变，所以相位为水平线；在临时性弯曲的形成过程中，振幅和相位自然要明显变化，此时转速往往是稳定的，所以振幅和相位曲线都会出现垂直线；临时性弯曲形成后，弯曲变形起主导作用，相位不易再变，所以相位曲线为水平线。

⑩奈奎斯特图始终为直线（永久性弯曲）或变为直线（临时性弯曲）。

（2）敏感参数。

弯曲振动对转速很敏感，其中又存在多种关系，具体如下：

①振幅对转速十分敏感，转速升高，振值显著增大，转速降低，振值变小；

②多数情况下，因升速过程中振动值急剧增大而难以启动到工作转速；

③有时在某一转速下振值会降低（由弯曲变形与质量偏心产生的振动正好反相），或者在较高转速下运行一段时间后振值有所减小（热变形均匀了）；

④临时性弯曲的发生与转速无关（升速快的实质是受热不匀）；

⑤相位对转速不太敏感，永久性弯曲振动时相位不随转速而变，不论转速如何变化，相位始终保持原来的角度。临时性弯曲振动发生过程中相位自然会变，即使转速不变，相位也要变，但是弯曲一旦形成后，即使转速或振动值有变化，相位变化也不明显，只是在转速大幅度降到很低后会出现不大的相位变化。

转子轴弯曲的振动特征见表 5.4.2。

表 5.4.2　转子轴弯曲的振动特征

序号	特征参量	故障特征	
		永久性弯曲	临时性弯曲
1	时域波形	正弦波	正弦波
2	特征频率	1X	1X
3	常伴频率	2X 和高次谐波	2X 和高次谐波

续表

序号	特征参量	故障特征	
		永久性弯曲	临时性弯曲
4	振动稳定性	稳定，启动时振动值就较高	稳定，升速过程中有一'凹谷'
5	振动方向	径向	径向
6	相位特征	稳定	正常运行时稳定，开机过程中有变化
7	轴心轨迹	椭圆	椭圆
8	进动方向	正进动	正进动
9	矢量区域	启动时矢量起始点大，随转速升高继续增大	升速时逐渐增大，稳定后有所减小

5.4.3 不对中

不对中包括轴承不对中和轴系不对中两种情况。

轴承不对中指轴颈在轴承中偏斜，轴颈与轴承孔轴线相互不平行。它主要会影响轴承的承载状况和油膜压力，严重时会出现局部摩擦，同时也会产生一定的轴向振动。引起轴承不对中的原因除了轴承安装误差以外，轴弯曲、轴系不对中、悬臂转子外伸段振动大等其他故障也都会引起轴承的不对中。

轴系不对中指转子联结后各转子的轴线不在同一条线上。冷态不对中指由轴承位置初始安装误差而产生的轴系不对中；热态不对中指转子在运转状态下的不对中，其既与冷态不对中有关，更与转子在实际运转下的相关状态，特别是支座的不均匀膨胀有关。

通常所讲的不对中多指轴系不对中，而且是热态不对中。轴系不对中又有以下三种情况：

（1）两转子的轴线相互平行位移，称为平行不对中；

（2）两转子的轴线交叉成一角度，称为角度不对中；

（3）两转子的轴线相互交叉和平行，称为平行交叉综合不对中。

不对中故障诊断可依据以下几个方法进行：

（1）信号特征。

①通频时域波形图为周期性的畸变正弦波，即在工频的正弦波上存在二倍频次峰，波峰翻倍，重复性好；

②频谱图上以工频、二倍频成分为主，不对中越严重，二倍频比例越大，甚至超过工频，较严重时还会出现1/2倍频、1/3倍频、3倍频等调制成分；

③轴心轨迹图呈月牙形、香蕉形，严重时呈"8"字形，但都稳定；

④转子的涡动方向为同步正进动；

⑤趋势图上，冷态不对中一开车，二倍频的幅值就高，热态不对中是在开车或运行的过程中逐步形成的，而不对中形成后的二倍频幅值和相位都较为稳定；

⑥全息谱图上，二倍频及4倍频的轴心轨迹为很扁的椭圆，且两者长轴近似垂直，这是因为不对中是固定的单方向受力，同一测量截面上相互垂直的两个测点的二倍频相位差

是工频的两倍，即180°，而4倍频为360°；

⑦联轴器两侧径向振动的相位差除了刚性联轴器的角度不对中为同相位工频振动外，基本上都是接近180°的反相二倍频振动；

⑧轴向振动的频谱主要是工频成分，且振动幅值和相位稳定；

⑨联轴器两侧轴向振动的相位差基本上是180°的反相工频振动。

（2）敏感参数。

①不对中振动对转子负荷的变化较为敏感，振动幅值随转子负荷增大而增高。

不对中振动的激振力主要是来自联轴器处的约束力，联轴器所传递的扭矩大小将直接影响此力的大小，而转子负荷的大小又决定了扭矩的大小。因此，不对中振动对转子负荷的变化较为敏感，振动幅值随转子负荷增大而增高，随转子负荷降低而变小。

②不对中的最大振动总是发生在紧靠联轴器两端的轴承上。

由于不对中，联轴器两侧转子的位置差异使轴承的支承负荷产生较大变化，从而改变了轴承中的油膜压力，位置较低的轴承因被架空而容易产生油膜失稳。因此，不对中的最大振动总是发生在紧靠联轴器两端的轴承上。

（3）故障甄别。

将不对中与转子横向裂纹、转动部件松动故障进行甄别。不对中振动的显著特点是振动本身较为稳定，具体甄别方式如下：

①看转速变化后的振动值。不对中对转速不太敏感，振动值，尤其是二倍频振动值基本不变；而横向裂纹、转动件松动则对转速十分敏感，增速时振动值会明显增高，减速时振动值也会明显降低，这是因为后者的振动均与离心力有关。

②看波形的重复性。不对中各周期的波形，尤其是二倍频的波形几乎不变；而后者，特别是转动件松动各周期的波形时有变化，重复性差。

③看频谱图上各频率成分及其幅值是否稳定。不对中很稳定；而后者，不仅各频率分量的幅值有波动，甚至有些频率成分都会或有或无（转动件松动时）。

④看趋势图上二倍频的幅值及相位是否稳定。不对中很稳定；后者不稳定，尤其是相位始终为无规则变化。

⑤看全息谱图上的二倍频轴心轨迹。不对中为很扁的椭圆，且稳定；横向裂纹为椭圆，转动件松动的轨迹则很不稳定。

⑥看负荷变化后的振动值。不对中对负荷变化较为敏感，负荷变化后振动值有明显变化，后者则对负荷变化不敏感。

⑦另外，不对中表现为紧靠联轴器两侧的轴承振动较大；而后者表现为同一根转子上的两个轴承振动较大。

将轴系不对中与轴承不对中进行甄别，具体甄别方式如下：

①频率成分。轴承不对中主要为工频，本身不会产生二倍频，因情况严重而发生局部摩擦时，会产生次谐波和高次谐波；轴系不对中则主要为二倍频、工频。

②轴心轨迹。轴承不对中的轴心轨迹为椭圆；轴系不对中的轴心轨迹则为月牙形、香蕉形，严重时为"8"字形。

③轴向振动。轴承不对中的轴向振动只发生在某一轴承上，且振值不太大；而轴系角度不对中时，则表现为紧靠联轴器两侧的轴承的同时，会产生较大的轴向振动。

转子不对中的振动特征见表 5.4.3。

表 5.4.3 不对中振动特征

序号	特征参量	故障特征		
		平行不对中	角不对中	综合不对中
1	时域波形	1X 与 2X 叠加波形	1X 与 2X 叠加波形	1X 与 2X 叠加波形
2	特征频率	2X 明显较高	1X 明显较高	2X 明显较高
3	常伴频率	1X 和高次谐波	2X 和高次谐波	1X 和高次谐波
4	振动稳定性	稳定	稳定	稳定
5	振动方向	轴向为主	径向、轴向均较大	径向、轴向均较大
6	相位特征	较稳定	较稳定	较稳定
7	轴心轨迹	双环椭圆	双环椭圆	双环椭圆
8	进动方向	正进动	正进动	正进动
9	矢量区域	不变	不变	不变

5.4.4 轴横向裂纹

转子发生轴横向裂纹的概率很低，发生因横向裂纹扩展而断轴的概率则更是极低。例如因设计、加工、材质、热处理欠妥所引起的应力集中以及疲劳、蠕变、腐蚀等，加之断轴故障的危害极大，因此应该对轴横向裂纹故障有所了解。

相对于其他方向上的裂纹来说，垂直于轴线方向上的横向裂纹对转子形成的实际威胁最大。由于裂纹所处部位应力状态的不同，横向裂纹会呈现三种不同的状态，并表现出有所不同的振动状况。三种不同的横向裂纹状态如下：

（1）闭裂纹。轴在旋转时，若裂纹区始终处于压应力状态下，则裂纹总是呈现为闭合状态。例如，转子重量不大、不平衡力较小或不平衡力正好处于裂纹对面。闭裂纹对轴振动影响不大，难以察觉。

（2）开裂纹。开裂纹的受力情况正好与闭裂纹相反，不平衡力与裂纹处于同一方向上，裂纹区始终处于拉应力状态下，裂纹总是呈现为张开状态。开裂纹造成轴刚度不对称，从而使振动加大并带有非线性性质，表现在振动频率成分中，除 1 倍频分量外，还有 2 倍频、3 倍频等高阶倍频分量。

转轴刚度不对称指旋转轴截面上两个相互垂直方向具有不同的刚度，例如轴上局部铣成的平面或键槽过深、局部同轴度偏差过大、电动机转子绕组不均匀、刚性联轴器联结螺栓拧紧度不均匀等。理论推算表明，对于水平安装的转子，刚度不对称会产生二倍频振动以及副临界转速振动，后者会在 1/2 临界转速处出现一个振动峰值，若转子—轴承系统阻尼不足，在 1/2 临界转速与临界转速之间运行时就会发生不稳定振动。

非线性振动指振动的力学模型参数（质量 m、刚度 k、阻尼 c）并非都是常数。而在线性振动系统中，如不平衡、不对中，模型参数都被认为是相互独立的与振动无关的常数(严格地说,实际振动在本质上都是非线性的)。造成系统非线性的因素是刚度或阻尼出现非线性,或者两者兼而有之,如油膜涡动、摩擦、内摩擦、配合松动、裂纹等。非线性振动的特征是振动本身的不确定性,波形杂乱,频率为次谐波、高次谐波和差频,振幅为多值,且呈跳动状。通俗地说,非线性振动时大时小,振幅时高时低,频率时有时无。

(3)开闭裂纹。当裂纹区起作用的应力是由重力或其他径向载荷所引起时,轴每旋转一周,裂纹就会相应张开、闭合各一次,裂纹总是呈开、闭交替状态。裂纹张开时,对面180°处材料纤维受到的是压应力;裂纹闭合时,对面受到的则是拉应力。转子旋转一周,受力交变两次,因此振动频率为2倍频,裂纹非线性振动引起1倍频、3倍频、5倍频等分量。

在实际的裂纹故障中,轴每旋转一周,裂纹总是有张有合的,由刚度不对称所引发的非线性振动也总是存在的。但由于高阶倍频振幅衰减极快,往往能识别到的振动值主要是1倍频、2倍频、3倍频分量,其中2倍频更为明显。

需要指出的是,裂纹对振动的响应并不十分敏感,即使裂纹已经很深,有时也很难发现振动有明显的变化。计算表明,轴中部有深度达1/4直径的裂纹时,轴的刚度变化仅为10%左右,临界转速的变化只有5%。因此,想要在正常运行中的早期发现裂纹往往是很困难的,比较有效的方法是监测开停车,尤其是停车过程中的相关振动信息。

轴横向裂纹故障诊断可依据以下几个方法进行:

5.4.4.1 振动特征

(1)频谱图上,除工频外,还出现2倍频、3倍频、5倍频等高阶倍频分量;

(2)转速稳定时,工频及2倍频、3倍频、5倍频等高阶倍频分量的幅值及相位并不稳定,其中2倍频分量更显突出;

(3)裂纹的扩展随深度的增大而加速时,工频、2倍频的幅值相应快速上升,同时相位出现不规则波动,尤其是趋势图上2倍频幅值的快速上升可作为裂纹故障诊断的依据(有资料介绍,峰值增长速度达$25\mu m/h$时,裂纹深度达$60\%D$);

(4)开停车过程中,转子在通过1/2、1/3、1/5等临界转速时,由于此时相应的高阶倍频(2倍频、3倍频、5倍频等)正好与临界转速相重合,会出现谐波共振现象,振动响应会出现峰值,波德图会清晰地显现这一现象;

(5)裂纹削弱了转子的刚度,使临界转速变小,尤其是当裂纹趋于严重时;

(6)全息谱图上,2倍频的轴心轨迹为椭圆。

5.4.4.2 敏感参数

裂纹引起的振动对转速的变化较为敏感,振动值随转速上升而增大,随转速降低而变小。

5.4.5 支承系统连接松动

支承系统连接松动指由于配合间隙误差过大或结合面螺栓松动,使支承系统连接刚度降低,从而引起振动异常的一种故障类型。例如,配合面间隙过大、紧力不足、连接螺栓断裂或松动、基础松动、支座变形或出现裂纹等。由于松动,极小的不平衡或不对中等都会导致支承系统产生很大的振动。

振动幅值的大小是由激振力和机械阻抗（由系统刚度及阻尼组成的抵抗振动的能力）两个方面共同决定的。松动使连接刚度下降，这是松动导致振动异常的基本原因。由于松动部位的不同，松动故障的振动机理可从不同侧面加以说明。

（1）基础松动。基础松动指机器的底座、台板和基础存在结构松动，或者水泥灌浆不实以及结构或基础的变形。发生此类振动时，是机器的整体都在振动，因此，相对于轴承振动的涡流传感器，测量转子对此类振动的反应不够敏感，往往还需要使用绝对式传感器来进行测量。一般在垂直方向上的振动值会相对更大一些。

（2）结合面紧固螺栓松动。结合面紧固螺栓松动指轴承座、支座、底座、台板、基础之间结合面上的紧固螺栓强度不足、断裂或松动，以及支座变形或出现裂纹等。此类振动是由于结合面上存在间隙，导致支承系统产生不连续位移。

（3）轴承套松动。轴承套松动指轴承套或可倾瓦的衬套与轴承座的配合间隙误差过大，形成间隙过大或轴承紧力不足。轴承套松动时，在转子离心力的作用下，轴承套沿圆周方向产生周期性变形，剖分形式的衬套则是沿剖分面垂直方向产生松动位移，从而改变了轴承的几何参数，进而影响到油膜的稳定性。

上述三种松动，都使支承系统的刚度发生了改变，变化的程度与激振力相关。由于松动的方向性，还造成了支承系统刚度的不对称，因而使松动引起的振动显示出非线性特征。

支承系统松动的频谱特征除了包含有 1 倍频外，还有 2 倍频、3 倍频等高次谐波及 1/2、1/3 等分数谐波。另外，理论分析表明，在轴承偏心率及转速偏低时，即 $\omega/\omega_k < 0.75$ 时（ω 为实际运行转速，ω_k 为临界转速），转子振动响应小于静变形，此时松动对转子运行的影响较小。当 ω/ω_k=0.75~2 时，转子支承系统为非线性系统，振动响应除 1 倍频外，还有 2 倍频、3 倍频等高次谐波及 1/2、1/3 等分数谐波，且 1 倍频幅值随速比 ω/ω_k 而变化；其中，过临界转速前，松动引起的振动较大，系统稳定性较差，过临界转速后，松动所引起振幅反而相对减小。

支承系统连接松动故障诊断可依据以下几个方法进行：

5.4.5.1 振动特征

（1）频率成分除工频外，还有 2 倍频、3 倍频等高次谐波及 1/2、1/3 等分数谐波。其中，基础松动时主要为工频，同时还会出现某些极低的频率成分，而轴承套松动时，1/2、1/3 等分数谐波分量相对更为活跃；

（2）波形的重复性差，振动本身具有跳动性，各频率分量时大时小；

（3）轴心轨迹混乱，重心漂移；

（4）高次谐波的振幅值大于工频的一半时，应怀疑是否有松动现象。

5.4.5.2 敏感参数

松动振动对转速的变化很敏感，在增速或减速的过程中，振动值会突然变大或变小；此外，松动振动对负荷的变化也有一定的敏感性。

5.4.6 摩擦

摩擦是旋转部件和静止部件之间的非正常接触，摩擦可以在径向、轴向或同时在两个方向上发生，如图 5.4.1 所示。其中，径向摩擦故障的发生是由于转子的平均轴心位置和轴心轨迹相叠加后超出了转子和定子之间的可用间隙。由翘曲的机壳、管道应力作用、地基问题、温升不均、过度不平衡、转子弯曲和流体失稳等原因导致的大幅振动，都会导致出现极限轴心动态位置，只要转子的瞬时位置越过可用间隙，径向摩擦就会发生。

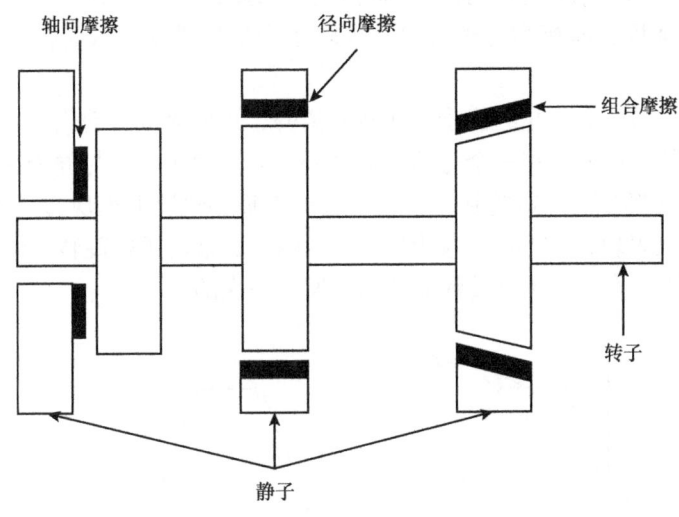

图 5.4.1　摩擦的形式

5.4.6.1　局部径向摩擦

转子旋转一周所用的时间称为旋转周期，转子在运转过程中完成一次振动所用的时间称为振动周期。当实际摩擦发生在振动周期的一部分时，称为局部摩擦，局部摩擦的机制通常涉及转子与静止部件发生的临时滑动接触，在振动周期中的某一时段，旋转的转子会接近，直至接触静止部件，此时转子的速度不为零，但静止部件的速度为零，因而发生摩擦。旋转的转子会接触静止部件并保持一段时间，这段时间称为停留时间，如图 5.4.2 所示。

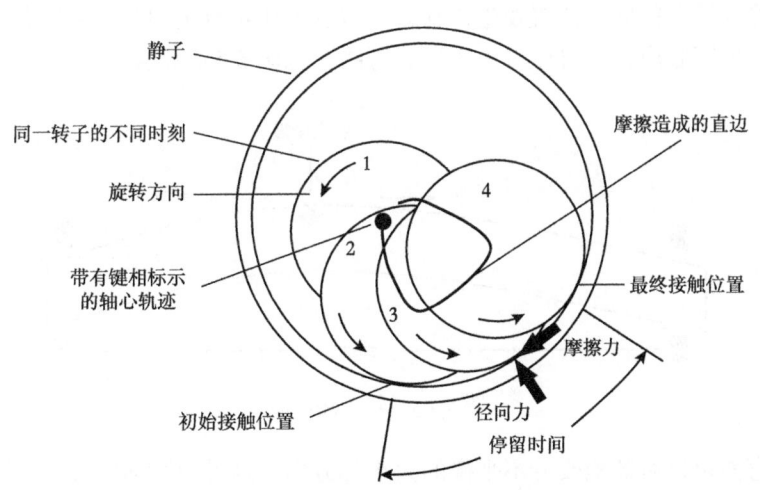

图 5.4.2　局部径向摩擦机制

在停留时间范围内，由于转子与静子相互挤压，因此会产生一个垂直于转子表面指向轴心的径向力，与此同时，由于转子相对静止部件旋转，因此接触面上将形成切向的摩擦力，摩擦力的大小同径向力及摩擦因数成正比。一般情况下，摩擦力的作用方向与转子的旋转方向以及轴心轨迹的前进方向相反，因此，摩擦力的作用将使转子产生与旋转方向相反的加速度，摩擦力足够大时会令转子产生反进动，从而在全频谱图中出现反进动分量。

在某一时刻，转子会停止与静子的接触并离开，进而完成振动周期，在下一个振动周期内，转子将重复此过程。在一个完整的振动周期内，由于转子与静子在停留时间内相互接触，转子的振动将受到一定的制约，这种制约在轴心轨迹上表现为"直边"，如图5.4.2所示，在波形图上表现为"削波"，如图5.4.3所示。通常转子每旋转一周，局部摩擦就发生一次，但也有可能发生转子旋转数周摩擦只发生一次的情况。

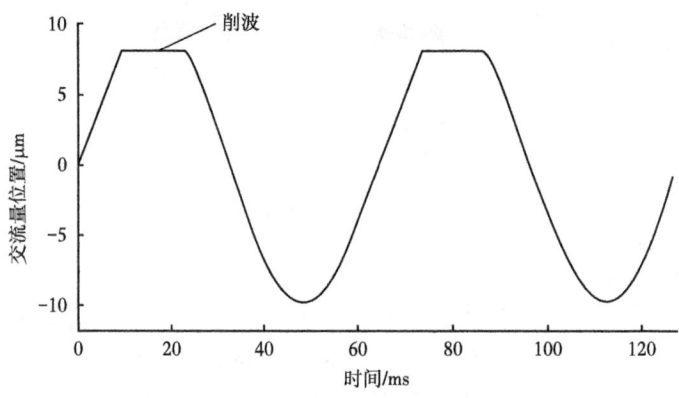

图 5.4.3　削波时的波形图

5.4.6.2　局部径向摩擦热弯曲

当转子以稳定的转速运行，并且旋转周期同振动周期一致，即转子的振动为1倍频时，径向摩擦在转子的同一位置发生，在该位置会产生额外的热量，若散热不及时，会导致转子表面产生膨胀应力，将使转子产生热弯曲，如图5.4.4所示。

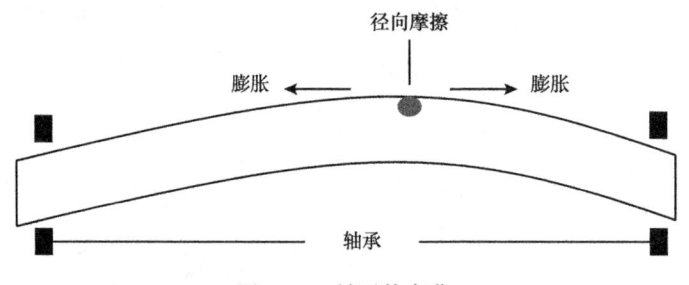

图 5.4.4　转子热弯曲

这种热弯曲可以有效地改变不平衡的大小和方向，这种改变通常按照以下顺序出现：

（1）转子振动时，与振动中心的距离最大时，转子表面在振动方向上形成振动高点，转子中心形成轴心轨迹，如图5.4.5（a）所示。

（2）当转子高于其1阶固有频率振动时，转子振动的高点滞后于转子的不平衡重点，假设滞后量为α，则转子将在重点之后α角度的位置同静子发生径向摩擦，如图5.4.5（a）所示。

（3）在转子与静子径向摩擦的位置将形成热点，使转子产生摩擦方向的弯曲。

（4）弯曲的转子在径向摩擦的方向上，即高点的方向上产生新的不平衡量，如图5.4.5（b）所示。

（5）转子原有的不平衡与新产生的不平衡以矢量的方式相加，产生新的有效重点，如图5.4.5（c）所示。

（6）在转速不变的情况下，转子高点滞后于新形成的有效重点，令滞后量仍为α，此时，转子高点转移到滞后有效重点α的位置，并在此处形成新的径向摩擦，进而改变振动的大小和方向，如图5.4.5（d）所示。

（7）随着转子在新的高点位置发生径向摩擦，循环将往复进行，进而在此方向上产生新的弯曲和不平衡。

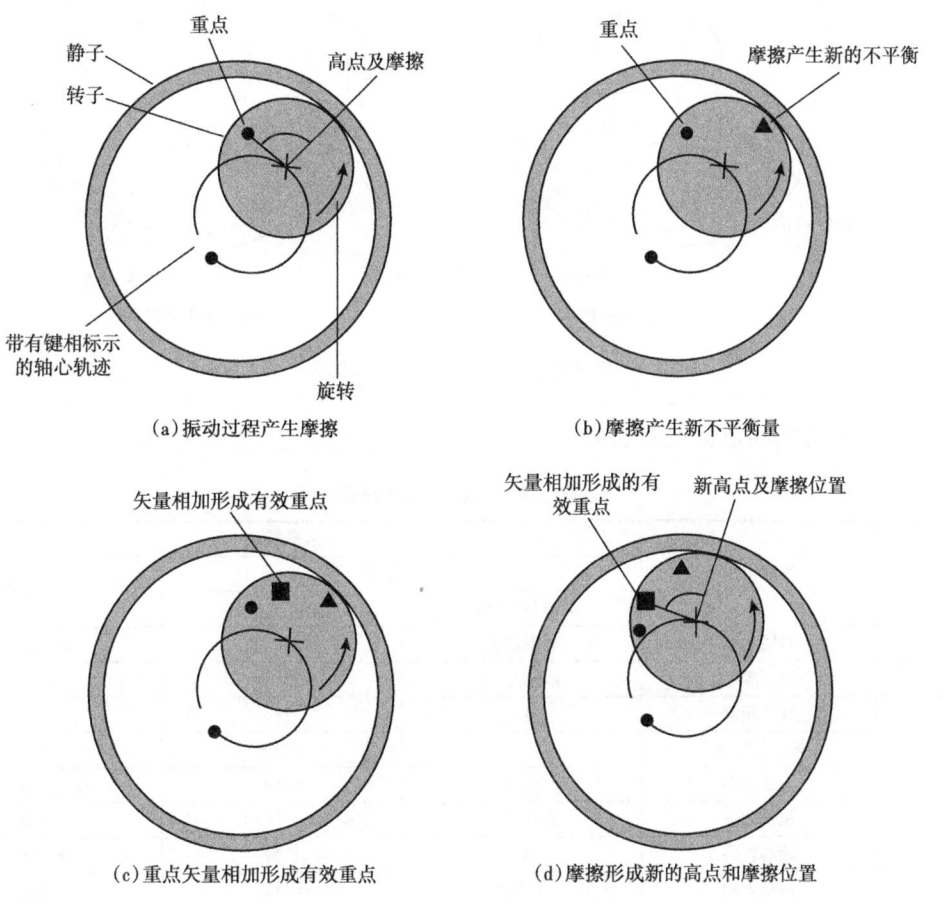

图5.4.5 热弯曲对振动响应的影响

随着该循环的不断往复，振动高点及有效重点将在旋转方向相反的方向上移动，若高点滞后重点180°左右，则热弯曲将减小总体不平衡和振动响应，径向摩擦及热弯曲有可能周期性地消失或出现。

5.4.6.3 径向全周摩擦

当停留时间为一个振动周期时,转子与静子将产生径向全周摩擦,此时转子的轴心轨迹近似于静子的内轮廓,一般接近于圆形。径向全周摩擦可以是正进动,也可以是反进动。如果转子与静子接触表面经过润滑且径向力很小,致使摩擦力也很小,转子振动的方向将与转子旋转的方向一致,发生正进动(振动方向与转子旋转方向相同)径向全周摩擦,如图5.4.6(a)所示;如果表面润滑不良或者径向力很大,则摩擦力将反向推动转子,转子振动的方向将与转子旋转的方向相反,产生反进动径向全周摩擦,如图5.4.6(b)所示。对于反进动径向全周摩擦,转子与静子间存在较大的径向力和摩擦力,有可能产生较高的振动,并迅速损坏设备。

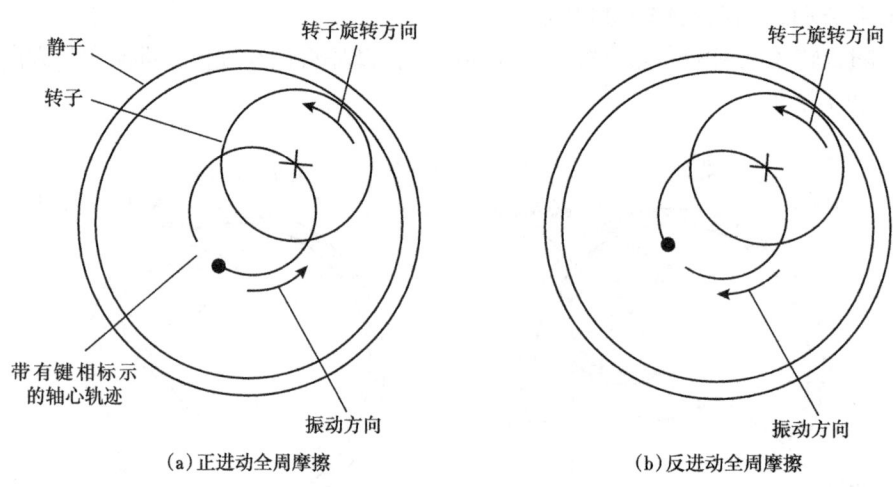

图 5.4.6 全周摩擦的两种形式

摩擦故障诊断的依据见表5.4.4。

表 5.4.4 摩擦振动特征

序号	特征参量	故障特征		
		径向摩擦		轴向摩擦
		局部径向摩擦	全周径向摩擦	
1	时域波形	轻微削波	严重削波	正弦波
2	特征频率	$1/n\times$ 及 $n\times$	$1/2\times$;$n\times$	
3	帚伴频率	$1\times$	$1\times$	$1\times$
4	振动稳定性	不稳定	不稳定	不稳定
5	振动方向	径向	径向	径向;轴向
6	相位特征	反向位移	反向位移;跳动;突发	不稳定
7	轴心轨迹	紊乱	扩散	不稳定
8	振动方向	正进动	反进动	反进动
9	矢量区域	突变	突变	变化

5.5 关键设备智能监测平台

按照管网集团智慧互联大管网建设目标要求,急需开展提高设备完整性管理水平的工作,管网集团关键设备作用突出,平稳运行要求高,建立"监测全面、综合预判、保障有力"的关键设备智能监测平台,培养一批技术全面的设备管理人员,实现关键设备运行监测业务统一管理,深入开展集中监测、故障预测等工作,可实现关键设备完整性全生命周期管理,为关键设备提供运维保障技术支撑,提升管网公司关键设备运维管理智能化水平。

5.5.1 关键设备智能监测平台传输架构

现场安装的监测诊断系统接入管网集团光通信网络,经过地区公司总部网络通信设备,将机组运行监测数据上传至廊坊监测诊断中心,实现数据的保存及集中监测。地区公司总部至廊坊监测诊断中心开通10MB带宽的光通信道;各压气站至地区公司总部的光通信道开通4MB带宽。图5.5.1为监测诊断系统数据传输架构。

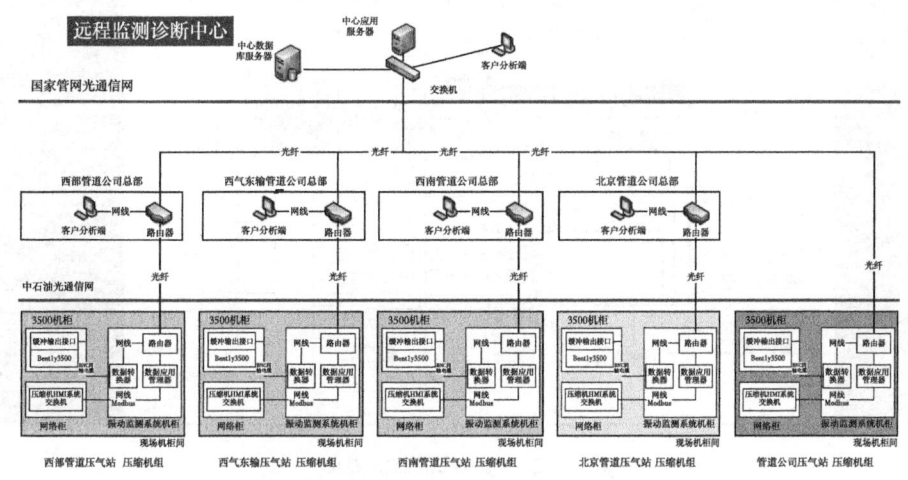

图 5.5.1 监测诊断系统数据传输架构

5.5.2 关键设备智能监测平台基础架构

监测系统平台基础架构为组件化和微服务架构,便于将来系统平台的扩展、不同应用软件的安装使用、不同系统的兼容;模块化组件独立运行、扩展方便,微服务可实现数据的调用、共享和融合。系统基础架构如下:

(1)感知层:通过工业控制系统+协议接入现场机组已有的电流、温度等工艺量参数;现场机组安装振动传感器,通过数采器或智能网关实现对机组振动信号的采集及预处理。

(2)数据层(微服务):把清洗后的数据接入数据层,实现系统的模型库、算法库、故障案例库、智能预警、智能诊断、智能存储。采用微服务组件(API)实现数据的调用、共享和融合。

(3)应用层(模块化):中心系统功能模块包括数据统计、工作台、监测诊断、历史查询、故障案例库、搜索、系统管理。模块化可任意组合、独立运行、扩展方便。

5.5.3 关键设备智能监测平台功能

监测诊断系统平台具备可视化管理、振动分析、多参数综合分析、性能分析、关联规则预警、仪表信号识别、健康评估、案例库管理和档案管理等功能。

2021年建成了长输管道关键设备智能监测平台，2023年完成全部关键设备数据的接入和监测全覆盖，达到约2030台，成为国内监测机型种类最多、装机规模最大的监测中心。

监测机组类型包括燃驱压缩机组（图5.5.2）、电驱压缩机组（图5.5.3）、往复压缩机组（图5.5.4）等。主要通过振动分析、性能分析、关联规则预警、仪表信号识别等监测技术，及时发现机组异常状态和早期故障，准确判断故障原因。

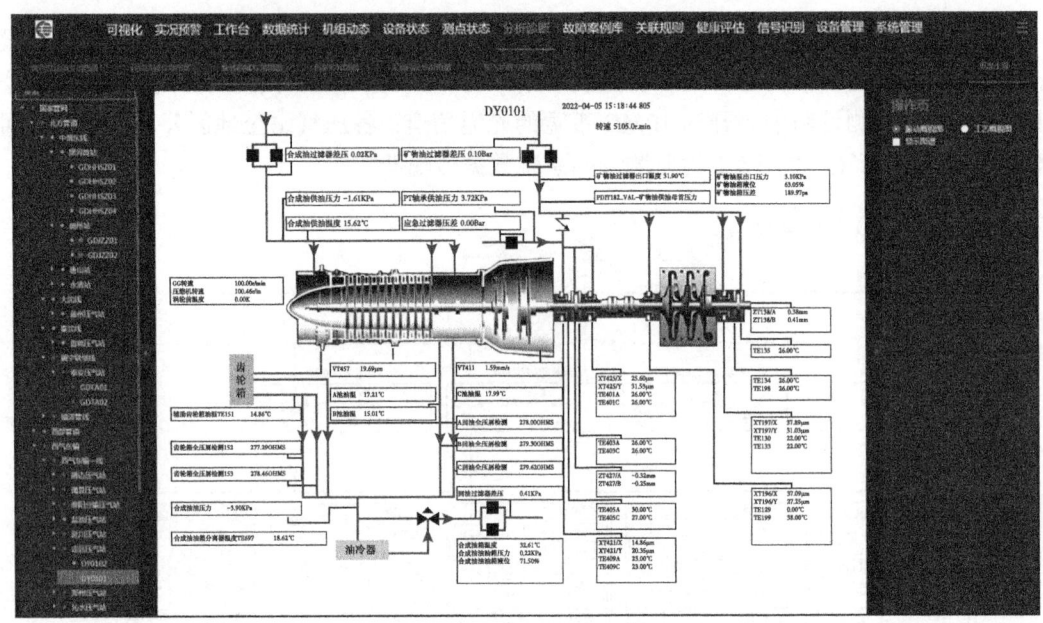

图 5.5.2　燃驱机组监测界面

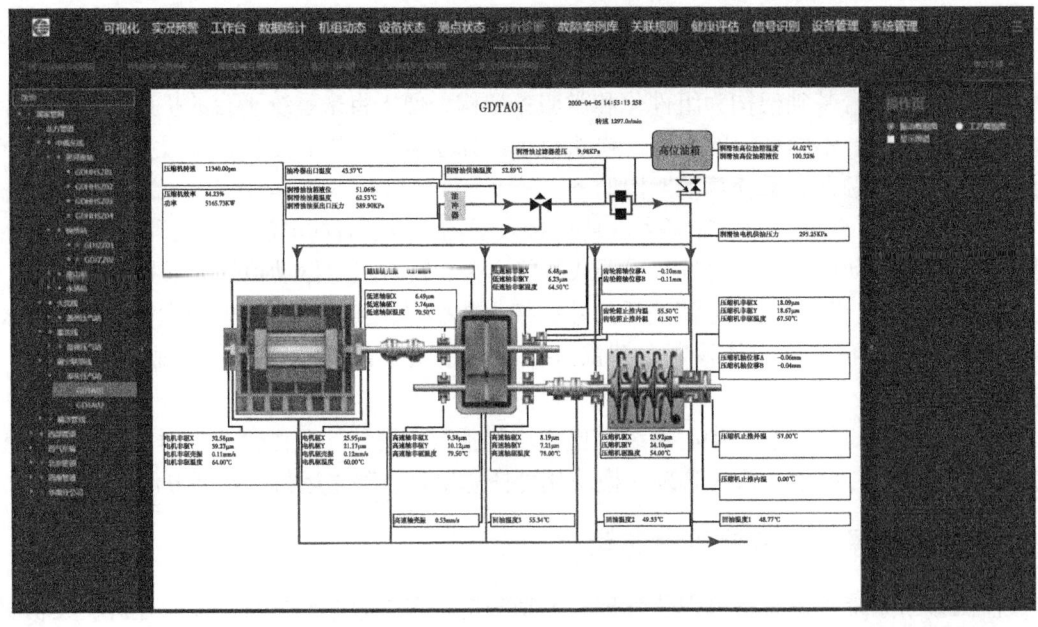

图 5.5.3　电驱机组监测界面

5 压缩机组远程监测与故障诊断技术

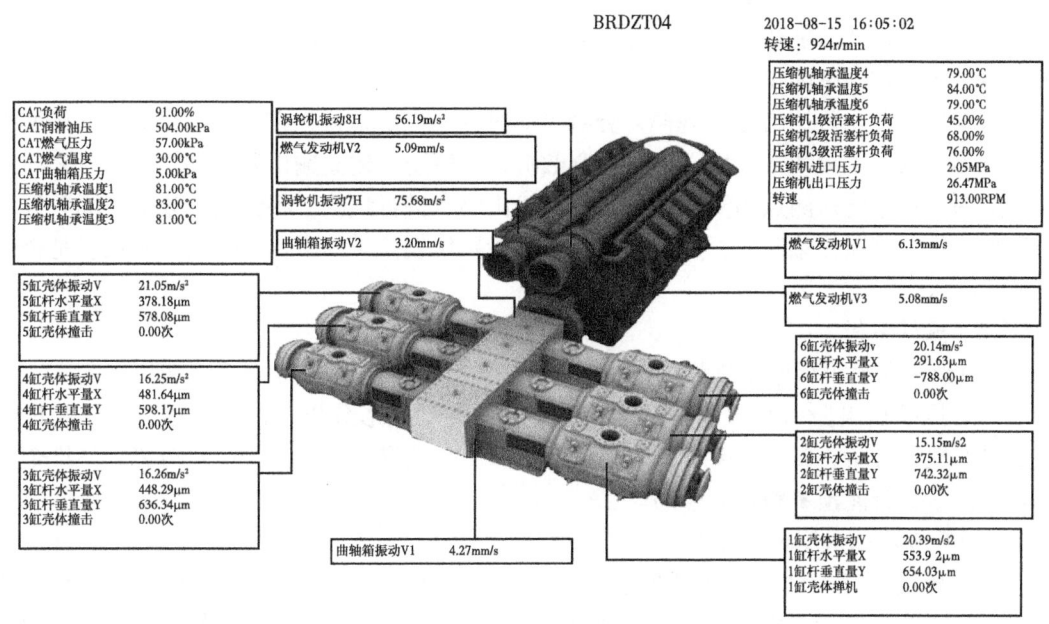

图 5.5.4 往复压缩机组监测界面

5.5.3.1 关联规则智能预警功能

基于振动量和工艺量相结合实现预警功能，针对缓变类故障，工艺量、振动参数偏离正常运行区间或一段时间趋势变化异常时，系统根据趋势变化情况提供预警信息；针对快变类故障，在一定时间内，某一参数（如振动等）突然出现一定幅度变化，及时报警，系统自动加密采集数据和保存数据；多参数关联规则预警，通过建立数据训练模型，实现机组运行参数偏离正常运行区间时"触发"相应关联规则，及时给出预警。采用常规报警、动态阈值报警、快变报警多种预警方式相结合的智能预警功能，构成综合预警策略，从而提高预警的准确性和可靠性。

（1）动态阈值报警。

针对离心式压缩机组和往复式压缩组设备结构复杂、运行环境恶劣、故障预警难度大等问题，采用基于多维参数的设备变工况故障预警技术，解决因单一判据造成的漏警、虚警及误诊等问题，实现设备故障精准预警，为设备稳定运行提供有力保障。

系统根据在线监测对缺陷的连续追踪，根据设备状态量实时监测结果及其发展趋势、经历的不良工况以及缺陷等信息，对状态进行量化分级，及时预测设备可能存在的故障风险，发出预警，避免突发性事故的发生。具备变工况预警技术，可将状态监测系统与运行工况有机融合，实现在不同工况下进行预警，根据采集的历史数据，系统自学习动态阈值实现智能预警。

（2）快变报警。

在一定时间内，某一参数（如振动等）出现一定幅度变化，及时报警。当出现报警情况，一旦被判定为关键数据，系统自动加密数据保存间隔，最高可支持最密达到 1~3ms 的保存间隔。

（3）具备筛选或减少反复穿越引起的误报功能。

具备报警事件识别功能，防止针对同一报警事件进行重复报警。

5.5.3.2 仪表信号智能识别

根据历史测点数据的运行规律，分辨当前时刻下机组是否存在仪表信号故障。压缩机各部件测点数据采集和接入后，通过建立数据训练模型，建立输出测点和输入测点之间的关联关系，根据输入测点的实时监测数据对输出测点进行预测，将预测结果与实际数据进行对比，从而判断传感器是否发生故障，能够识别仪表信号的真伪，全面判别仪表是否存在故障。

5.5.3.3 振动分析

（1）离心压缩机组振动监测。

离心压缩机组振动监测包括振动趋势分析、振动波形分析、振动频谱分析、相位分析、轴心轨迹分析、轴心位置分析、启停车分析、全频谱分析、二维全息分析、三维全息分析、多参数智能预警和智能诊断。

（2）往复压缩机组振动监测。

往复压缩机组振动监测包括振动趋势分析、振动波形分析、振动频谱分析、相位分析、十字头冲击诊断分析、曲轴箱振动分析、活塞杆沉降分析、活塞杆轨迹分析、示功图分析和智能预警。

5.5.3.4 气路性能分析功能

燃机的核心部件是气路系统部件，包括压气机、燃烧室、涡轮。气路部件的一些热力参数可反映燃机性能状态变化和健康状况，燃机关键部件能效模型实时计算压气机、高压涡轮、动力涡轮、燃机本体的效率，通过对比历史和当前的性能参数变化，判断燃机的健康状态。基于气路性能计算模型的燃机性能监测模块旨在根据实际的测点数据，准确计算燃机内部的气路状况，计算燃气轮机各个部件的效率等，从而推断各个部件性能衰退情况，通过即时计算结果推断出燃机目前运行的健康状况。

离心压缩机性能监测功能可根据实际的测点数据，精确修正压缩机特性参数，从而准确计算压缩机实际运行的性能参数，如效率、流量、功率等，推断压缩机内部是否发生降级甚至故障，从而指导运维。

5.5.3.5 健康评估

健康评估主要指完成健康特征参数超限的确定、健康状态等级划分、健康状态等级评定、当前健康状态管理、健康状态报警、历史健康状态查询等功能。当系统发生故障时，诊断记录产生故障的时间，并确定故障发生的原因，根据健康状态等级划分的准则评定系统的健康状态等级，给出健康状态评估结果。

实时显示健康度曲线，偏离历史状态安全运行工况时触发早期预警，自动关联测点分析。当故障预警发生时，系统通过关联计算，自动识别导致预警的主要关联因素，并通过趋势对比图、事件框架等方式分析状态变化。

5.5.3.6 系统自检

当系统自身出现异常状况时，系统能够自检通信异常、数据存储异常等，能给出信息提示和自检信息。当监测系统出现异常状况时，系统能够进行自检：（1）可对通信异常、每一通道的线路异常等简单故障进行自检，覆盖所有的接口；（2）自检能深入到各个支路，能给出系统故障信息提示和显示系统故障部位;(3)各层级系统之间采用"呼吸模式"进行通信自检,即下层服务器(或数据采集器)定期给上级服务器发出信号,上级服务器能够正常接收到信号,认为二者间通信正常。

5.5.3.7 机组信息管理功能

监测平台具备设备档案信息管理功能,建立全生命周期的设备管理档案信息,初步建立了每台设备的档案履历,包括设计制造信息、安装调试信息、运行维护信息和维修信息等。

5.5.4 系统平台实施效果

目前,关键设备智能监测平台已在国家管网集团公司所属企业关键设备上全部推广应用,切实保障管网关键设备本质安全。监测诊断人员实时监测机组运行状态,及时捕捉机组运行过程中参数趋势的异常变化,对异常数据进行筛查分析,为机组提供故障早期预警,快速分析机组故障原因,准确锁定故障部位,避免造成机组更大的损伤,减少机组故障停机时间和损失,提供专业诊断意见和解决措施,协助现场进行故障排查与处理,优化机组维修范围,节约维修费用。监测平台的故障预警及诊断准确率达到90%以上,监测技术达到了国内领先水平,充分发挥了管网集团设备健康监测和运维保障的支撑作用。

案例1:某ABB电动机及励磁机封严与转子磨损故障

某站1#机组2022年4月8日20时9分稳定运行期间,电动机非驱动端X、Y,驱动端X、Y振动测点振幅由15μm左右出现不同程度的上升,其中非驱动端X、Y测点振幅上升较为明显,并于20时12分触发报警(75μm),20时13分触发停机(101μm),触发停机振幅继续上升,最高升至122μm,振动上升以1倍频为主,如图5.5.5所示。判断电动机非驱动端附近发生局部摩擦或转子零部件松动。

现场拆解电动机非驱动段轴承外壳及励磁机端封严,经检查,电动机非驱动端内侧油封、外侧油封以及气封的上半部分密封圈均出现磨损,并且气封的上半部分密封圈磨损最为严重,转子与内侧油封、外侧油封以及气封的接触位置由于磨损出现凹陷,触摸检查时具有轻微的凹凸感;励磁机端封严经拆卸检查后,发现上半部分密封圈发生磨损,密封间隙处夹杂大量有磨损产生的碎屑,如图5.5.6所示,转子与励磁机气封的接触位置由于磨损出现凹陷,触摸检查时具有轻微的凹凸感。

现场清洁封严后将其进行回装,通过调节封严的固定框架,将各处封严的安装位置调高约0.1mm,从而避免出现转子与封严出现摩擦。2022年7月6日进行启机测试,并运行7h34min,在此期间电动机非驱动端振动保持在10μm以下,振幅未出现波动和上升的情况。

案例2:某国产电动机平衡盘配重块脱落故障

某站4#机组2023年3月13日以4270r/min运行过程中,自5时14分起电动机驱动端X、Y测点开始出现上升现象,5时16分24秒两振动测点分别达93.5μm、120μm,触发停机命令,振动上升期间频谱变化以一倍频为主,如图5.5.7所示。5时16分39秒,机组停机经过临界转速时两测点振动分别达150μm、195μm,振动成分以1倍频为主。远程监测诊断中心技术人员判断电动机驱动端本体平衡出现劣化趋势,导致振动升高,随即建议对电动机进行检查。

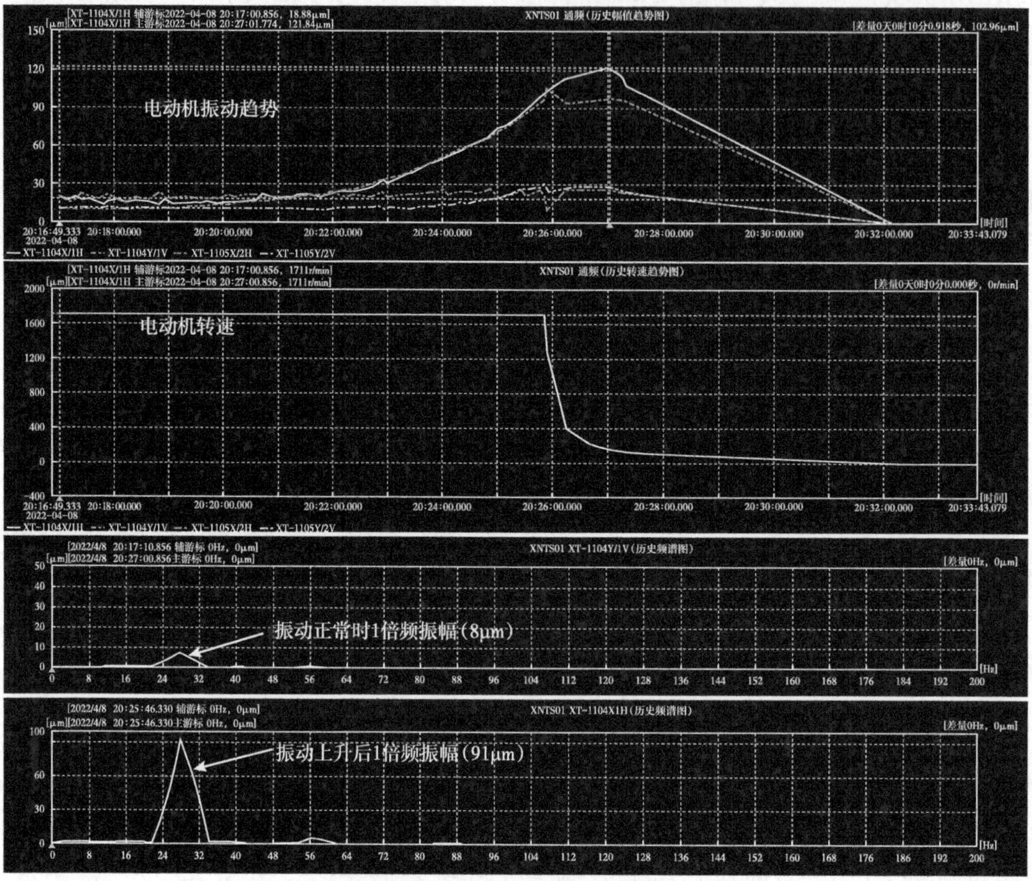

图 5.5.5 振动及频谱成分变化

图 5.5.6 励磁机气封磨损情况

5 压缩机组远程监测与故障诊断技术

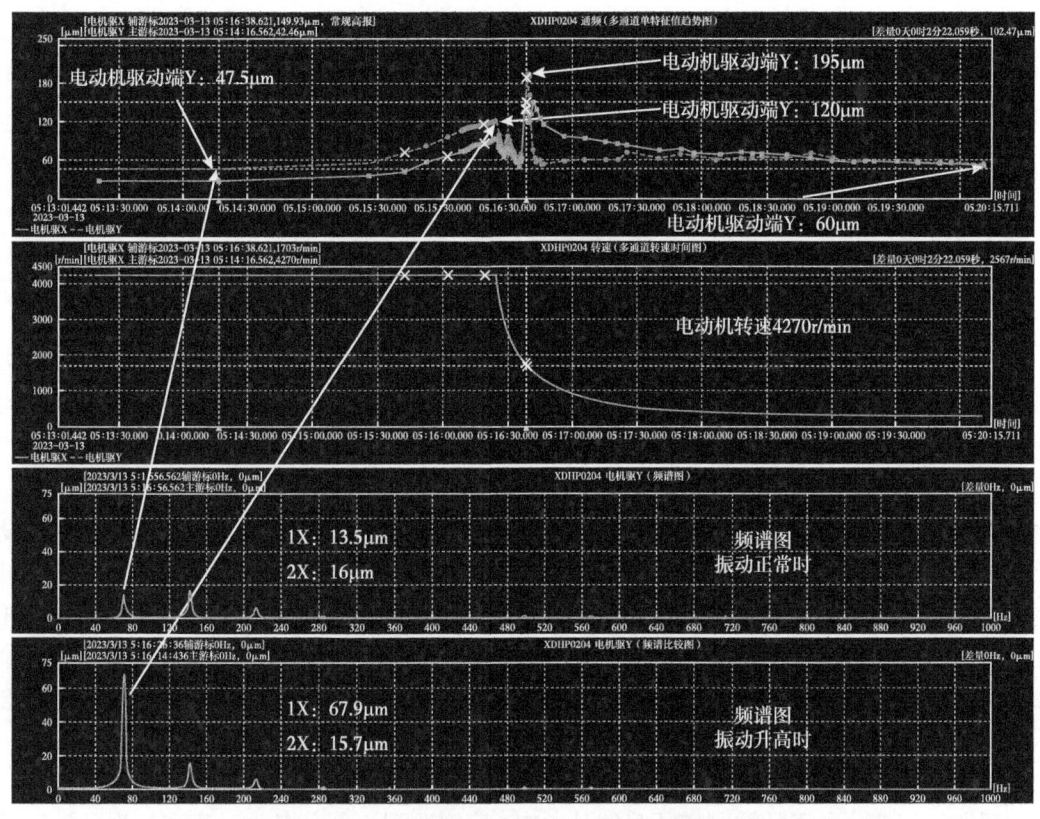

图 5.5.7　电动机驱动端测点趋势图及频谱比较图

现场对电动机进行拆卸，检查发现电动机平衡盘配重块出现脱落的情况，如图 5.5.8 所示，用手触摸平衡盘背后配重块，能够感觉有轻微的晃动。

图 5.5.8　电动机平衡盘脱落的配重块

结合远程监测和现场检查情况，确定此次机组停机的原因为电动机平衡块脱落。分析发现导致平衡块脱落的原因主要为以下两个方面：在电动机投产调试期间，电动机的平衡块应力未完全释放，导致在运行过程出现应力缓慢释放，平衡块出现松动；电动机平衡块的固定措施存在缺陷，平衡块螺纹顶丝无防松措施。

6 燃驱压缩机组控制系统升级改造技术

目前燃驱压缩机组控制系统核心技术、产品定价权以及后续技术服务等均被少数发达国家所掌握，底层技术核心控制算法不开放，存在着运行单位对压缩机组控制系统维护和故障处理困难等实际问题，运行单位现场处理控制系统故障常常举步维艰。

燃驱机组子系统多，各个子系统相互独立、构架复杂，与其他设备系统之间通信归一化较差，存在故障点多、维修量大、数据通信频繁等问题，由于控制系统元器件老化及设计存在缺陷，导致故障及误报警停机的占比常年高居不下，且经过多年的使用，燃驱机组控制系统的电子元器件逐渐老化，并进入故障高发期。燃驱机组控制系统设计时采用非开放性专用控制系统设备，结构上采用大量半导体分离元件，设计复杂、技术封闭、维护检修难度大，这些因素使得燃驱机组控制系统故障处理工作开展较为困难，由此导致的机组不备用也增加了天然气调控难度。

此外，受压缩机组控制系统技术贸易保护性规定的影响，控制系统备件采购成本高、采购周期长，部分专用的控制模块只能从 OEM 厂家购买；部分备件已停产，为日常运行及维护造成较大困难，严重影响机组的安全、平稳运行；控制程序核心算法封闭，限制了压缩机组关键故障处理、逻辑程序优化、控制系统更新改造等工作的开展和实行；压缩机组操作员工作站 HMI 服务器也因设备陈旧老化等问题，出现过通信中断、上位机黑屏等软硬件故障，近年来微软公司停止了对 WIN XP 操作系统的升级维护，导致操作系统的安全性和可靠性大幅降低，因此需要升级操作员工作站，以此满足机组控制系统的整体兼容性。

伊朗核电站震网病毒事件、乌克兰电网大停电事件等事件暴露了工业控制系统安全隐患对社会的危害，近年来，由于工业控制系统安全事件发生次数持续增加，我国越来越重视工业控制系统的信息安全，燃驱机组控制系统如继续采用国外厂家、国外技术，将存在较大安全风险。受中美两国之间的贸易摩擦及控制系统的保护性规定的影响，使得进口控制系统硬件面临备品备件采购成本高、采购周期长等不利因素，一旦国际形势出现非常情况，将会影响控制系统技术服务和备件供应，风险等级进一步提高，重则导致管道停输、停产。因此推进压缩机组控制系统升级改造不仅能提高运行单位处理压缩机组故障的能力，确保管道高效平稳运行，还具有保障国家能源安全的战略意义。

针对上述问题，管道企业加快了对燃驱压缩机组控制系统核心技术的深入研究，逐步开展压缩机组控制系统升级改造项目，一是解决机组控制系统关键技术"卡脖子"问题，掌握压缩机组核心控制技术，完全摆脱国外厂商对压缩机组控制系统硬件的限制和封锁，实现压缩机控制系统自主可控，打破国外技术垄断，深入开展故障处理和程序优化工作，有效提升压缩机组自动化控制水平和管理水平；二是将升级后的控制器型号以及 I/O 卡件模块型号整体统一减少备件储备，节约维修成本；三是提高压缩机组控制系统的安全可靠性和稳定性。

6.1 燃驱压缩机组控制系统升级改造技术

6.1.1 燃驱压缩机组控制系统的单台机组的一体化控制

原有控制系统是由四套子系统，通过信号通信组合而成的，压缩机组控制系统升级改造工程将其改造为由一套控制系统实现全部控制的"一体化控制"系统，由此提高系统可靠性，降低维护难度。减少系统数量，将火气系统、单元控制盘、单元保护盘和发动机控制系统用一套控制器实现控制，一套程序可使逻辑规范化、整体化，不再使用大量控制器间的变量通信，增加系统运行的可靠性。

一套处理器可同时完成如下功能：
（1）安全保护系统；
（2）火气保护系统；
（3）燃机顺序设备控制；
（4）燃机主控逻辑控制；
（5）压缩机控制系统。

站控负责采集和汇总各台机组、机组辅助系统及站场工艺设备运行数据，调控中心 SCADA 系统（中心 HMI）只与站控通信，实现调控中心对压气站全站的数据采集和监视控制；调度人员从中心 SCADA 系统下发机组启停与调整等命令，由站控 PLC 执行逻辑控制，涉及单机组调节指令由站控 PLC 转发至单机组控制系统（UCS），控制结果由 UCS 传至站控 PLC，由站控 PLC 汇总后上传中心 SCADA 系统。

压缩机控制单元（UCS）作为站控制系统的一个子系统，采用网络的形式与站控制系统相连，进行数据交换，并接受 SCADA 系统的监控和管理。同时，站控制系统还通过硬线向 UCS 发出启停机命令和出站压力设定值等数据。

UCS 设有独立的安全仪表系统，该系统通过硬线与站控制系统连接，并与站控制系统的安全仪表系统具有联锁关系。站控制系统的 ESD 控制命令可通过机组安全仪表系统到达被控机组，并使其按预定的顺序动作。

UCS 控制功能主要包括：机组的启动 / 停车顺序控制、机组的转速 / 负荷控制、压缩机防喘振控制、机组的报警和联锁保护、燃料气控制、工艺空气冷却器的控制、机组的振动监测、火气保护、机组的数据采集和存储、机组的负荷分配控制等，并通过局域网（LAN）与站控制系统（SCS）进行数据交换，通过 SCS 将压缩机组运行情况传送到管道调度控制中心，并满足机组远程诊断的要求。

压缩机组 UCS 将启、停机进程画面的相关数据上传到站控制系统，可以实现在调控中心的远控界面中显示压缩机启、停机的顺序进程，以及启、停机完成后的成功信号等。压缩机组 UCS 可以将压缩机特性曲线和实时工作点的相关数据上传到站控制系统，可以实现在调控中心的远控界面中显示压缩机组特性曲线和实时工作效率—流量，曲线显示包括等速线、等效率线、防喘线、喘振报警线、喘振控制线和滞止线等。

在升级改造工程中，燃驱压缩机组控制系统和安全系统在硬件设计、软件设计以及FAT/SAT测试时，严格按照此技术规格书执行，并进行测试。按照自动控制系统对压缩机组监控系统的要求，机组控制系统应可实现多种操作方式的选择，各种操作控制方式之间的切换应是无扰动的，且不会导致不安全因素的发生。机组控制系统可实现以下操作方式：

（1）人工或自动就地控制；
（2）远方自动控制（调度控制中心操作模式）；
（3）停车。

6.1.2 燃驱压缩机组控制系统升级改造的硬件结构

在输气管线中，在保证安全的前提下，系统的可利用率和可靠性已经成为更为重要的衡量标准，不但要保安全，也要保运行，提高系统的可持续运行时间。这就需要一套更可靠的控制器来实现整套控制系统的一体化控制。

可编程序逻辑控制器（PLC）主要由处理器、I/O系统、网络通信系统、电源和安装附件等构成。处理器应采用热备冗余配置，支持冗余自动切换，并带有满足本系统性能和数量的通信接口、网络接口和编程接口。为保证系统的可靠性，除PLC的处理器外，电源、通信模板和控制网络等也按热备冗余设计。对于一体化的燃机和压缩机控制系统，机组紧急停车系统可以作为联锁保护功能纳入该系统中，但是控制器和紧急停车的输出回路应达到SIL（安全完整性等级）2级，而对于相互独立的燃气轮机控制系统和压缩机控制系统，应该采用独立的ESD系统，并应该达到SIL2等级；PLC所选用的的模板应是带电可插拔型模板，且每块模板都应有自诊断功能。对硬件的地址分配设置、I/O的量化等应采用组态的方式完成。

PLC处理器应以32bit CPU为基础。当电源掉电恢复后，处理器应不需人工干预而自动重新启动。处理器应采用热备冗余配置，支持冗余自动切换，并带有满足本系统性能和数量的通信接口、网络接口和编程接口。存储器应是锂电池支持的CMOS（存储时间不少于六个月）或不易失效的其他类型的存储器。存储器应将可用软件分区，分别用于存储控制程序和数据表。存储器应备有相当余量，其扩展应是模块化的，不用更换原设备和变动程序。PLC处理器的处理能力应有40%以上的余量，版本升级应采用FLASH方式，而不用更换处理器，具有SIL2认证等级。

ESD系统硬、软件的安全完整性等级应不低于SIL2级，并应有权威机构颁发的SIL等级证书。ESD控制器的I/O模块要求不低于过程PLC，并应具有回路诊断功能，回路诊断电阻应安装在现场端。ESD系统向现场仪表和系统模件供电的24VDC电源应各自分别设置，并采用冗余电源。所有ESD控制应是故障安全型。ESD控制回路应具有故障诊断功能，实现断路和短路自动判断及报警功能。ESD控制命令优先于任何操作方式。无论ESD命令从何处下达，及UCS处于何种操作方式，ESD控制命令均应被立即按预定的顺序执行。所有ESD系统的动作将发出闭锁信号，使压气站压缩机组在未接到人工复位的命令前不能再次启动。

触发系统动作的主要有：控制中心或者站控制系统ESD命令、燃气轮机（燃驱压缩机组）或者压缩机轴承振动超高、燃气轮机（燃驱压缩机组）或者压缩机轴承位移超高、机组运行超速、压缩机组密封泄漏、润滑系统故障、机罩或压缩机厂房可燃气体浓度过高、机罩或压缩机厂房火焰探测气报警等。

PLC 的输入模件和输出模件应有故障自诊断功能，且应具有抗电浪涌保护功能。I/O 模件应是多通道的，PLC 的输入模件和输出模件应有故障自诊断功能，且应具有光电隔离（具有通道隔离和通道对地隔离功能）抗电浪涌保护功能。I/O 模件不使用混合型卡件，其通道数量不大于下列要求：

（1）模拟输入模件 16 通道；
（2）模拟输出模件 8 通道；
（3）数字量输入模件 32 通道；
（4）数字量输出模件 32 通道；
（5）热电阻输入模件 6 通道；
（6）热电偶模件；
（7）频率模件 0~10kHz；
（8）通信模件（最大 4 个通信接口）。

PLC 的编程组态软件应具有多种编程语言，如梯形图、功能块等，并符合 IEC 61131 的要求。编程组态软件应具有多个 PID 运算模块和其他常用的功能块，它是一个功能强、使用灵活方便、界面友好的软件，并能在标准中文 Windows 平台上运行。

控制系统机柜设计遵循国际电气设备绘制标准，使用 CAD 及 EPLAN 电子图纸软件设计，设计尽可能地分出系统机柜、辅助机柜。同时机柜的布置风格在同一个项目内应保持一致。在布置电器设备时，尽可能地减少机柜之间的跨线连接。除电源线外，信号线尽可能在本柜内接至现场。所有可视性和可操作性的设备，尽可能地放在机柜的正面明显位置，例如：系统机架、I/O 机架、通信设备和显示器等。

在布置线槽时，考虑各个信号线的走向，不同的信号类型必须分开布线，例如：直流信号与交流信号、本安信号与非本安信号。同时要尽量保证现场线缆与机柜内线缆分开布置。同时在安装背板的最下面预留 100mm 的空间，以方便现场接线。

与外部电缆/电线的电气连接应采用接线端子排。接线端子应留有 20% 以上的余量。接线端子的绝缘耐压等级不应小于 500V。防浪涌保护器不应作为与 UCP 外部的电缆/电线连接的接线端子使用。电缆/电线由机柜底部进出，盘/柜内配线应通过汇线槽。机柜的喷漆应光洁、美观、耐用。机柜应配备散热通风、照明等设施，进风口应设便于拆卸、更换的过滤网。

不同类型的机柜用于安装不同的系统设备。其中，系统机柜主要安装系统机架、I/O 机架、直流电源和空开等；辅助机柜主要安装安全栅、变送器、继电器、电涌保护器以及端子等设备。

考虑到机柜需具备良好的散热性，每面机柜至少配置一套散热风扇组，风扇的噪声不应大于 40dBA。于机柜顶部开孔处、机柜前门的下方处开洞放置空气过滤器，机柜风扇的控制方式为供电端子驱动温控开关控制。

同时为了便于工程人员的操作及维护，每面机柜前门、后门顶部框架处装有照明装置。照明装置由机柜框架右上角的行程开关自动控制，开门灯亮，关门灯灭。

6.1.3 燃驱压缩机组控制系统的操作员工作站 HMI 整体升级

站控操作室设置两台操作员工作站兼工程师站，每套 UCP 机柜上设置一台一体化机平面触摸屏。机组控制系统通过 Modbus TCP/IP 通信方式与站控系统通信，并将本机组操作界面变量上传至站控 SCADA 系统，在站控操作员工作站上实现对单台机组的完全操控功能。并将机组控制系统与原有的机组负荷分配系统进行融合，实现机组的负荷分配控制和一键启站功能。

操作员工作站采用工业级微型计算机，具有数据采集及处理、实时数据及历史数据的管理、动态工艺流程及其他图形的显示、报警/事件管理、报表生成及打印等功能。处于远程控制模式时，关闭操作员工作站不对 UCS 的信号传输、运行有任何影响。台式操作员工作站的 HMI 上应能显示现场每台机组的操作画面及多机组的负荷分配画面。HMI 组态软件的容量能满足站场所有压缩机组的 I/O 数据量总和的要求。

工程师站具有 HMI 盘装操作站所有功能，同时具有如下功能：程序在线监视、在线修改下装、SOE 记录功能、HMI 开发修改功能和控制器硬件诊断功能。

同时升级 HMI 相应的软件，包括：I/O 接口软件、DDE 通信软件、办公软件 Microsoft Office、组态编程软件等，以适用于站内压缩机监控系统的操作系统。每台新的 HMI 都需要安装新版的上位机软件，并对所有的画面进行重新组态、编辑，重新生成点表。HMI 支持数据显示、状态显示、动画显示、按钮操作、参数设置、远程通信、实时报警、历史报警日志显示、实时趋势显示、历史趋势显示、报表打印、趋势打印和画面打印等功能。HMI 的报警记录分级显示，报警记录、停机记录和操作记录均为不同的报警等级，可以根据报警等级分开显示。

HMI 通信采用双网结构，计算机配置双网卡，配置两个交换机。数据网络互为冗余，任何一个数据链路损坏都不影响操作站和工程师站的全部功能。升级后的 HMI 能够减少宕机故障，延长设备使用寿命，提高安全性并降低运营成本的优点：

（1）提升了对设备状态的评估能力；
（2）更好地分析设备性能；
（3）升级后的诊断功能可以减少计划外停机时间；
（4）有效的诊断和维护功能。

6.1.4 控制优化

升级后的燃驱压缩机组控制系统具备原有的控制盘所有的主控逻辑功能。同时对原有系统的不足之处进行新的方案升级，解决运行中一直存在的问题和系统长期运行中发现的一些不足。

6.1.5 测量信号的变化

对于开关量引发跳级的信号，增加瞬间跳变滤波，在不影响机组安全性的情况下，尽可能减少干扰造成的停机。所有的 DI 都安装继电器，实现信号隔离和信号的延迟滤波。对于模拟量信号输入，多测量点时进行信号故障判断，关键变量增加滤波。

6.1.6 程序的优化

程序采用模块化结构，使得整体程序结构更清晰、更有条理，便于阅读，便于后续应用及维护。程序中不再采用结构文本，而是全部使用图形化的逻辑图，使得阅读方便，在线监视调试更一目了然。

6.1.7 安全继电器

原系统中的安全链采用继电器搭建，系统接线多，任何线头松动、继电器插接松动都会造成系统停机，而且停机故障不容易被捕获。此外，继电器都是单触点工作方式，触点的粘连、虚接都会带来系统问题。

为了解决上述问题，新系统采用模块化的安全链。继电器均焊接在 PCB 板子上，使用覆铜替换大量接线。同时，继电器采用双串双并结构，既保证了触点粘连时可以断开，又可以保证触点虚接时另一个触点可以导通。

6.1.8 控制系统供电

原有压缩机组控制系统的供电采用 UPS 电源，原机组控制系统的 UPS 电源能够提供控制系统升级改造后所需的电源功耗。

6.2 燃驱压缩机组控制系统升级改造流程

现场技术服务工程师需要在业主技术人员的支持下完成燃驱压缩机组控制系统的升级改造工作，工作的实施分为六个阶段：

6.2.1 设计组态

设计组态阶段工作分为三部分同时进行：软件逻辑组态、硬件图纸设计和人机界面组态。

（1）软件逻辑组态：编制燃驱机组控制逻辑算法。结合现场机组顺控、主控、报警、停机逻辑、硬件图纸，采用符合 IEC1131-3 的标准编程语言，不引入任何结构文本和指令表程序，程序变量和备注详尽，简化程序的结构，理清设备和逻辑关系，实现机组后期运维工作可自主开展的目的。

（2）硬件图纸设计：进行改造系统的硬件设计研究工作，并生成系统设计图纸，内容包括：控制器卡件选型设计、系统供电回路设计、系统信号回路设计和系统机柜布置设计等。

（3）人机界面组态：对燃驱机组控制系统全部信号进行组态设计，在控制器中实现报警首出功能，然后显示在 HMI 上的跳机灯屏界面上。设计系统 HMI 主要操作画面如下：

①机组控制画面：燃机主控画面、压缩机主控画面、气体燃料画面等；
②机组监视画面：温度监视画面、振动监视画面、实时数据等；
③辅助系统画面：火焰系统画面、启动画面、跳机检查画面等；
④P&ID 系统画面：火灾系统画面、滑油系统画面等；

⑤事件趋势画面：事件画面、灯屏画面、趋势画面等；
⑥管理系统画面：诊断、阀门校验、登录管理等。

6.2.2 系统集成

根据设计工作过程中所形成的采购文件进行设备采购，同时组织内部进行系统集成前的复审工作，向集成组下发系统集成通知单，并进行相关检验工作。

进行计算机静态软件、画面测试工作。通过仿真软件验证控制逻辑中顺控、主控、联锁保护等功能。通过静态脱机状态测试上位人机画面操作功能、画面切换、数据库搭建、复审等工作。

系统集成工作的申请、批准、质量检验等工作参考如图 6.2.1 所示的流程。

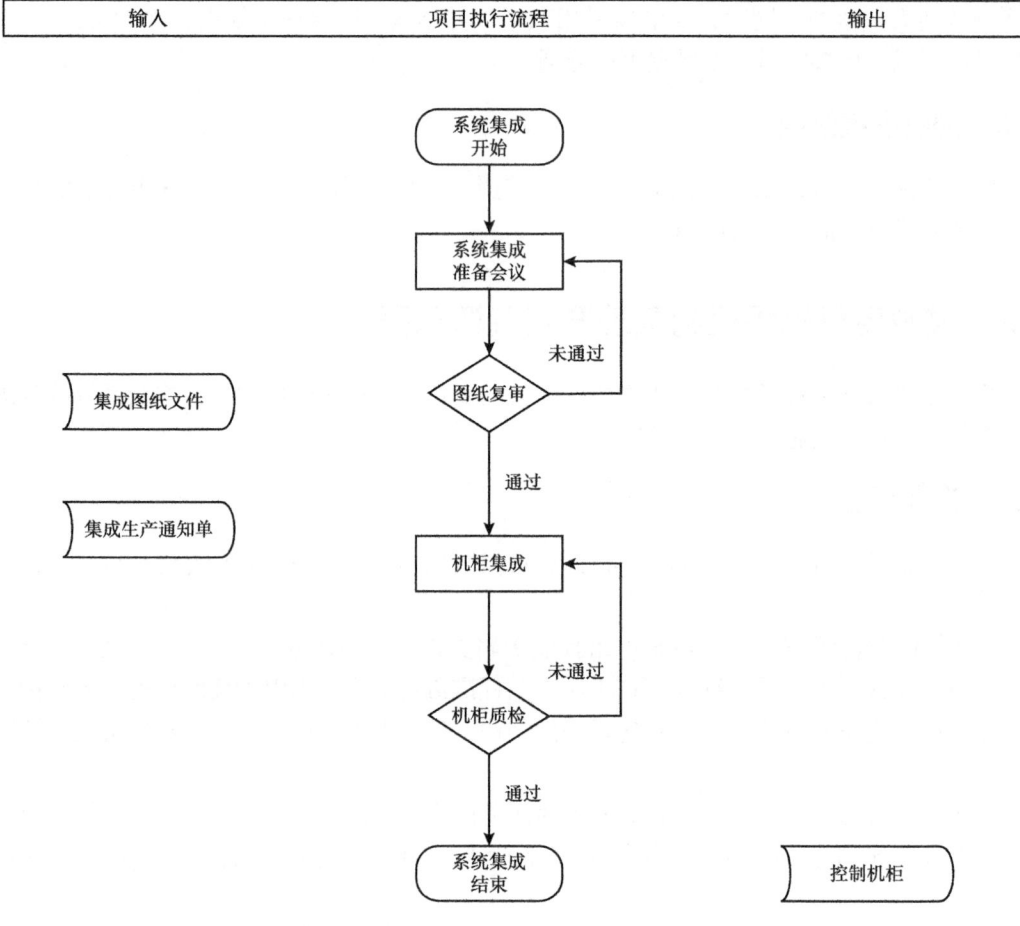

图 6.2.1 系统集成流程图

6.2.3 FAT 测试

在 FAT 过程中，针对逻辑、人机界面、系统硬件回路进行有针对性的测试工作。在内部测试完成整改工作后，向燃驱机组控制系统用户发出 FAT 邀请。FAT 测试内容包含且不限于以下大纲内容：

(1) 系统机柜外观检查；

(2) 系统机柜上电检查；

(3) 控制器功能检查（冗余切换运行、在线更换 I/O 等）；

(4) 控制系统信号回路检查；

(5) 控制逻辑功能检查、测试；

(6) 人机界面功能检查、测试；

(7) 生成 FAT 报告；

(8) 相关整改工作。

工厂测试（FAT）中相关工作参考如图 6.2.2 所示的流程。

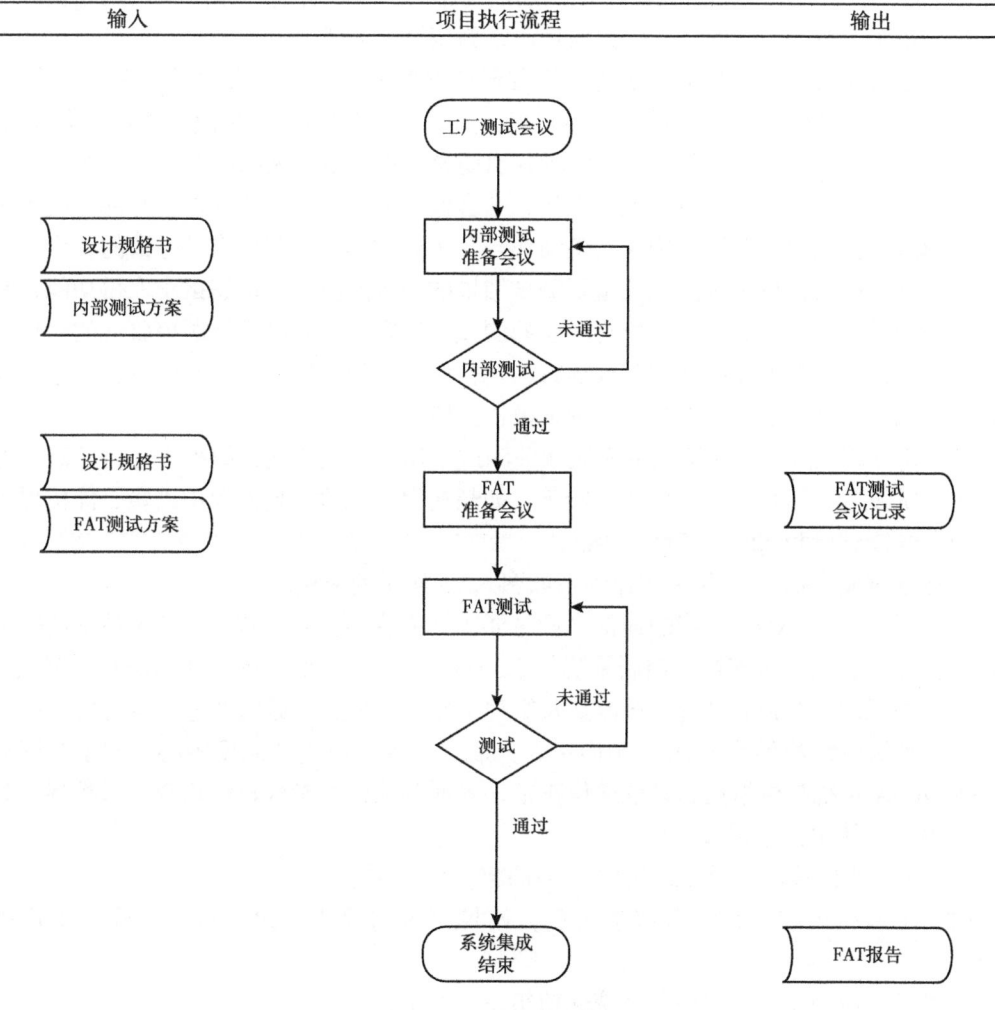

图 6.2.2　FAT 测试流程图

6.2.4　现场安装

(1) 做好设备隔离工作。检查确认设备处于安全停运状态、执行挂牌上锁等安全措施。

（2）标记电缆线和盘柜之间的连接线，确保所有接线回路已完全电气隔离，拆除接线，做好线头的绝缘保护。

（3）拆除旧盘柜，安装新盘柜，并对旧设备分类保存，作为其他在运机组的备件。

（4）在站控制室安装操作员工作站和机柜间的操作员工作站，并进行内部接线。

6.2.5 SAT测试

针对燃驱机组控制系统升级改造项目，设置完善可靠的现场测试工作（工业性试验），以下简称 SAT（现场验收试验：Site Acceptance Test）。SAT 现场测试中包含：信号回路测试阶段、静态调试阶段、动态调试阶段和开车调试阶段。

（1）信号回路测试阶段：对系统改造后所有信号系统回路进行未上电回路校验，用于保证信号系统改造的准确性。并生成信号回路测试报告文档。

（2）静态调试阶段：对系统改造后所有现场设备进行不运行状态下的调试试验工作，包含以下工作：接地检查、上电检查、I/O 回路带电信号测试等，并生成静态调试报告文档。

（3）动态调试阶段：对系统改造后所有现场设备进行不点火的冷态状态下的调试试验工作。为系统第一次运行做所有准备工作，结合设备的实际运转或动作，对部分设备进行控制逻辑或保护逻辑的测试，确保设备动作与开车后的实际工艺要求是一致的，作为开车的调试依据。同时该调试阶段也是主要测试结果的记录阶段，是动态试车取得功能正常安全状态遵循的流程和方法，它是所有必要的测试、设定、校验和逻辑顺控验证的保证，这个报告必须依据相关的图纸和规范被执行，包含以下工作：风机、水泵的运行，电磁阀动作，伺服阀校验动作等，并生成动态调试报告文档。

（4）开车调试阶段：系统改造完成相关测试工作后，正式使机组投入运行状态，并完成相关保护试验、运行试验和性能试验等，如超速保护试验、超温保护试验、停机保护试验、负荷性能试验和 72h 考核运行等。

工业性试验（SAT）中相关工作参考如图 6.2.3 所示的流程。

控制系统与 SCADA 系统的通信联调主要工作内容包括：完成 SCADA 系统所需的画面和参数显示，完成压缩机组控制系统与 SCADA 系统的通信联调及硬线信号的调试。在完成压气站压缩机组控制系统升级改造及编程工作后，需要对通信做进一步的测试：

（1）确认机组控制系统 HMI 画面更新完成，确保上海生产调度中心、国家管网调控中心 SCADA 系统与机组控制系统通信正常，界面各项机组参数显示正常，远控界面各项功能能够正常使用，达到远控要求。

（2）确认机组控制权限和站场控制权限能够正常切换。

（3）压缩机组控制系统升级改造后，站控系统需要进行组态调试工作，工作内容如下：

①站控系统与压缩机组控制系统通信组态及调试；

②站控系统与压缩机组控制系统逻辑组态及调试；

③压缩机组相关 HMI 画面整合、优化；

④RCI 等服务器组态及调试；

⑤站控系统数据库组态及调试（压缩机组控制系统部分）。

6.2.6 人员培训

为使站场正常、平稳、安全地运转,站场人员需要充分了解压缩机组的工作原理,控制系统调试完成后,要对站场人员进行相关内容的培训,并对站场运行人员进行正常状态下的系统操作、异常状况下的应急操作、显示信息和报警等基本操作培训。

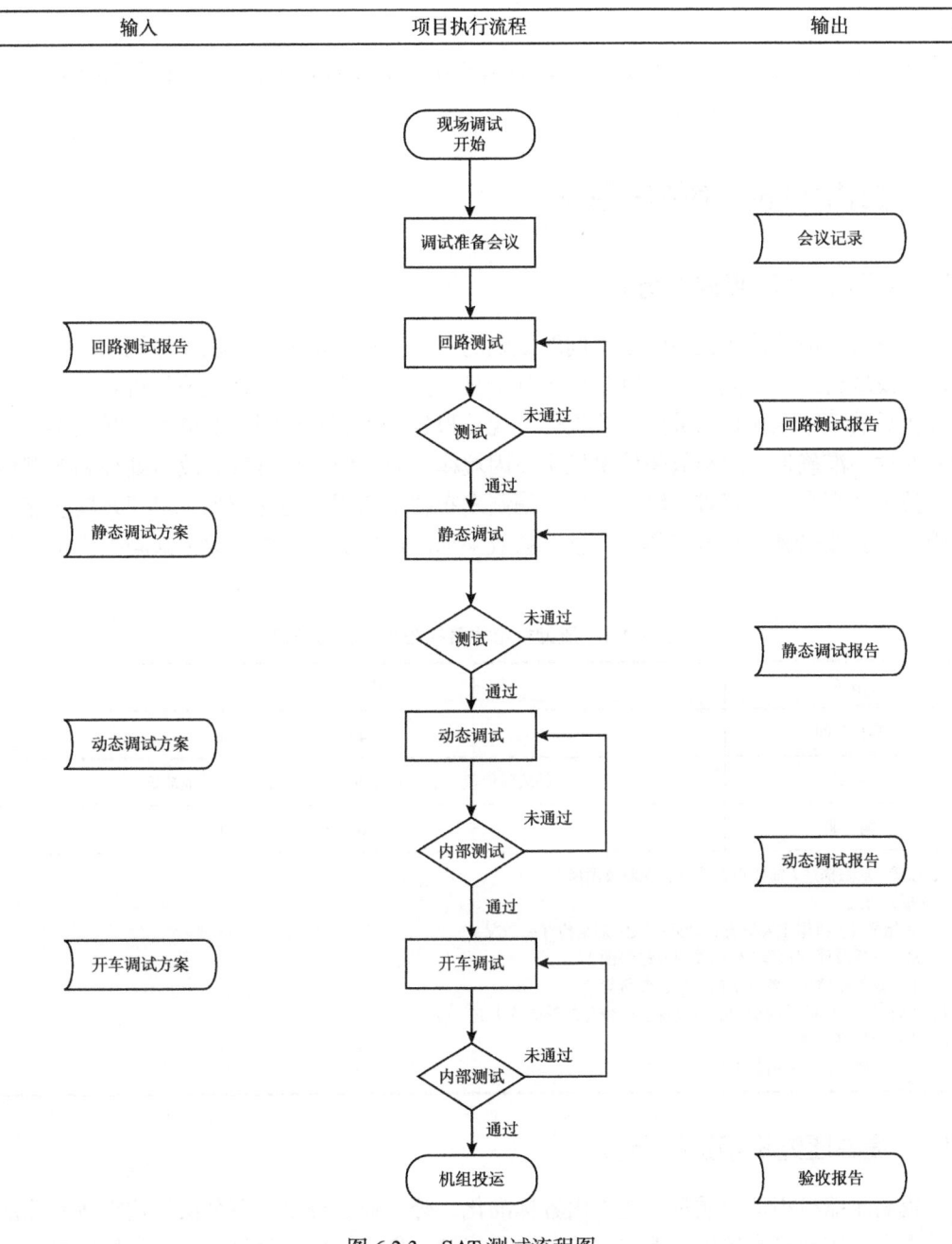

图 6.2.3 SAT 测试流程图

7 压缩机组运维提升措施

压缩机组可靠性提升主要体现在设备的全生命周期管理上,提升措施包括两个方面:一是技术提升;二是管理改进。

7.1 强化压缩机组故障管理

7.1.1 压缩机组故障停机分析

压缩机组故障停机是机组各类问题缺陷的集中体现,深入分析机组停机原因能够最大限度地发现机组的缺陷不足,其效果远胜于日常排查分析。应重视故障停机管理,每次停机发生后需填写压缩机组故障缺陷报告,规范报告的内容和汇报审查流程,强化事件分析的及时性、准确性。总结故障停机发生原因规律,对机组专项排查、故障处理和典型做法进行技术共享交流,疑难故障解决后,编制发布技术通报以固化成果,定期开展压缩机组故障停机整改措施回头看工作,对整改的效果加以评价。压缩机组故障缺陷报告采集信息见表7.1.1。

表 7.1.1 压缩机组故障缺陷报告采集信息

站名		机组编号	
起止时间		不备用时间	
类型	□故障停机 □无法启动 □重大缺陷 □其他缺陷		
编制		审核	
一、故障/缺陷描述(简要报警信息、现象及图像) (一)报警信息 (二)机组简介(机组主要信息,最近一次定期维检开展情况) 二、原因分析及处理过程(包括简图或趋势图) 三、消耗及使用情况(备件规格型号、数量等信息) 四、处理结果(原因是否确定、可复现、已恢复或需要技术支持或待观察) 五、改进及提高措施 六、参与故障/缺陷分析的人员			

7.1.2 提高压缩机组巡检质量

提高压缩机组巡检质量,巡查内容标准化,分专业、分批次及分层级建立各专业的标准巡查表,实现日常巡检、重点巡检、专业巡检、集中巡检、每日巡检、每周巡检、每月巡检、季度巡检、春秋巡检等不同频次的标准检查,明确检查内容、正常标准、检查责任人、异常处理措施、潜在风险因素等，做到不漏项、无死角。

加强工艺参数检查和分析，坚持专业班组每日早晚 2 次的 HMI 翻屏和 24h 历史趋势检查分析，以及每日 1 次的压缩机专业巡检，发现问题第一时间、第一现场进行处置。

7.1.3　固化预防性运维流程

定期组织开展水洗孔探、回油碎屑检测、进气可转导叶维护、干气密封泄放监控、进气过滤系统维护、跑冒滴漏专项治理等关键环节预防性运维工作，探索建立控制系统、变频器内部元器件预防性更换周期表，总结工作经验并将其固化至管理文件中，确保机组本体及辅助系统平稳运行，防患于未然，从源头避免机组停机。

7.1.4　开展压缩机组隐患治理

定期组织开展压缩机组隐患排查，针对关键设备、关键回路、关键因素一一摸排，对于排查出的风险、隐患及低老坏问题，采用科学有效的风险辨识的方法，抓住关键设备的关键风险源，制定科学合理的风险消减措施和管控手段，形成标准化技术文件，实现压缩机组关键风险点可控，确保安全生产和高效运行。

7.2　加强压缩机组自主运维工作

7.2.1　压缩机组自主运维能力建设

探索压缩机组集中检修和一体化检修模式，打造维检修中心、技术支持中心、应急抢修中心，联合输油气单位机械、电气、自动化专业人员，加强专业协同，开展高质量集中检修工作，保障站场协同发展。坚持循序渐进原则，在承担 4K、8K 维保，机组大中修，异常停机分析处理，投产方案制定审查，现场升级改造等工作中以干促学，在实际的检修中捶打能力强的运维队伍。

加强自主运维组织管理，抓好维检的计划制订、方案编制、技术交底、过程组织和监督、维检效能评估。对各种典型故障反映出的维检质量、深度、广度方面的问题展开深入分析，在后续维检方案中逐一落实问题整改方案，制定运维能力的改进提升措施。

7.2.2　推行压缩机组维检修标准化

编制压缩机维检修标准化手册，持续加强压缩机组维检修过程质量管控，通过标准化检修，推动管理体系落地，检修机组质量安全进度受控，避免返工，消除机组本体故障，降低维修费。系统总结零部件定标、健康体检、维检修、优化改进、升级改造、备品备件和人员技能等运维成果，推进压缩机组运检维储备定额落地，实现压缩机基础数据规范化、运检维标准化、备品备件动态化和人员技能水平统一化。

7.2.3　细化压缩机组健康体检工作

常态化开展机组健康体检工作，对机组定期展开全面交叉互检，并出具"诊断报告"，对排查出影响机组安全运行的隐患缺陷进行处理，防止机组带病运行。持续深化、细化、标准化压缩机组的健康体检工作，分类别、按机型侧重故障缺陷问题，按照"一机一体检"的工作思路，持续补充完善机组定期维检修作业内容。

在体检过程中，全面处理控制系统接地接线问题，对于线鼻子插入深度不符要求、接线端子压片腐蚀、信号线与接线箱或套管搭接，以及网线水晶头氧化等现场问题，重点检查振动探头前置放大器及现场接线箱内端子的接线情况；全面治理跑冒滴漏问题，仔细分析滑油泄漏发生原因，针对具体原因采取针对性措施，如受振动影响较大的管线，需机组停机备用后及时对滑油系统各连接法兰进行检查紧固，并将受振动影响明显、经常出现松动情况的螺栓更换为防松螺栓。

7.3 推进全生命周期管理

7.3.1 设备制造阶段

制造出质量优良的压缩机组是提高其运行可靠性的源头。运行管理方应积极主动地参与到设备制造工作中，将运行维护过程中发现的问题与设备制造商沟通交流，改进设备结构、材料设计，参与并加强设备制造过程监制，制造出质量优良、性能优异的压缩机组产品，是提升机组可靠性水平的根本环节所在，将为机组可靠运行打下坚实的基础。

7.3.2 设计阶段

规划设计应从管网全局出发，合理考虑压缩机冗余配置；根据运行阶段各不同厂家、设备型号机组的可靠性表现进行设备选型。运行方应与设计单位充分沟通交流，将运行管理中发现的设计问题反馈于设计方，改进机组设计，保证设计质量。具体包括以下方面：

（1）一条输气管线在设计之初就需要考虑压气站的选址，为避免机组失效导致上游憋压，应将第一座压气站选址在离气体处理厂下游至少 30km 处；

（2）天然气站场放空应设计自动点火功能；

（3）当站场有危险执行 ESD 功能关闭进出站阀时，应设计电动阀门进行连锁执行自动放空，确保站场内的天然气全部放空；

（4）压气站应考虑将站场内的高压和低压放空管线分开敷设，同时将压缩机的干气密封一次放空管线和燃气轮机气启动放空管线单独敷设，以免其他系统放空时对这两个系统形成背压而损坏设备；

（5）由于高海拔处稀薄的氧气对燃气轮机的出力造成较大的折减，故需将燃气轮机机罩通风系统和燃气轮机空气进气系统设计在压缩机厂房的不同方位；

（6）应考虑压气站的常年风向，避免将燃气轮机空气进气系统设计在下风方向，以免燃气轮机排出的气体影响燃气轮机的空气进气质量；

（7）根据《输气管道工程设计规范》（GB 50251—2015）中 10.2.3 条规定：输气站内的工艺管道应使用水作试验介质，考虑压缩机对天然气气质要求较高，故在设计上应考虑在站内管线的低点设计排水阀门，确保管线内的水能放干净；

（8）为确保为机组及其配套系统提供的仪表风干燥和干净，仪表风的管线应选用不锈钢管线，安装提供仪表风设备的房间里的电动机散热风道应设计为活动的，在夏天将热空

气排放到室外,而冬天将热空气排放到室内,确保干燥处理装置的排污管线不发生冰堵,同时避免相关仪表在温度太低时失效;

(9)为确保燃气轮机燃料气干净和干燥,除在调压橇前加装合适的过滤器和加热装置外,在最后过滤器下游的管线必须用不锈钢管线,以免将来管线内的锈渣导致机组自身的调压系统失效;

(10)由于不同供货商的压缩机防喘振的流量测量位置设计不同,为保证流量测量的稳定性,流量差压表安装点的前面直管段应至少大于五倍的管径,以免因流量波动太大使控制系统认为压缩机已进入喘振;

(11)为避免压缩机在小流量运行时一直处于喘振线边缘,防喘振阀的频繁动作将导致其失效,建议在工艺流程上增加一套回流装置,在小流量时适当开启此阀门补充压缩机的进口流量;

(12)不同的燃气轮机供货商为机组本身设计的排污管线不同,设计阶段一定要与供货商进行充分的交流,确定每一接口排放的介质、流量和压力,以便确定管线是否合并或分开;

(13)对于没有外供电条件的压气站站场,发电机应选用两用一备的方式运行,确保一台发电机失效时仍有一台发电机能正常供电。对于外供电品质较差的地区,变压器的设计应增加有载调压功能;

(14)对于发电机房,机组的散热风道应设计为活动的,夏天将热空气排放到室外,冬天将热空气排放到室内,确保发电机房的备用机组在需要时能及时启动;

(15)为避免误信号导致机组停机,对于压缩机组的仪表和电气的接地,应尊重供货商的建议采用分开接地,控制信号的每一个回路最好有单独的屏蔽线;

(16)为避免低温时变送器失效,与机组控制相关的各种变送器必须选用适用于低温的产品,对于安装在室外的变送器,必须给变送器本体和导压管增加保温装置。

7.3.3 施工阶段

(1)施工时要将每一段管线清理干净,试压前要对管线进行彻底的吹扫,包括爆破吹扫。试压完成后,应尽快打开低点排污口,将水排出并进行干燥,以免管道生锈;

(2)对于压缩机进口管线过滤器后的进口管段,必须将锈渣和焊渣彻底清除干净,通常的做法是人进入管线里用面团进行清除;

(3)为减小压缩机进出口管线热胀冷缩对压缩机造成的应力,压缩机的进出口法兰应在最后安装,短节的焊接应在环境温度最高时进行,建议压缩机进出口短节同时焊接,且每道焊口由两名焊工对称同时进行;

(4)压缩机进口锥形粗过滤器安装时应保证尖口迎着气流方向,这样保证了过滤器节流最小和遇到杂质时不易损坏。

(5)机组对润滑油的清洁度要求很高,在润滑油管线安装前,应留够充足的时间进行润滑油管线的跑油清洁,在当地风沙大的条件下,至少应留有1个月的跑油时间。跑油不充分,润滑油管线存有杂质,将对调试、投产造成极大影响。

(6)高度重视承包商管理,严格按照作业方案进行施工,并做好安全防控措施。加强对周边环境的识别判断,风险等级较高的环境应加密警示标识,及时调整巡护方案。重点管控现场安全巡检、作业风险安全分析、安全设备的完整性等行为。建立服务商能力和质量评估体系，严格承包商考核，建立承包商管理"负面清单"，筑牢承包商安全管理基础。

7.3.4 投产运行阶段

（1）由于天然气后冷却器是由许多较细的管道组成，试压的水很难彻底干燥，为避免压缩机在试运初期干气密封失效，建议试运前 5h 期间用外加氮气作为干气密封气源，在这期间加强对站场所有排污系统的排污，包括压缩机本体的排污，但要注意压缩机进出口要分别进行排污；

（2）给压缩机充气前，必须首先将润滑油系统运转和保证密封气（压缩机出口的天然气）管路畅通，而在投用润滑油系统前，必须先投用隔离气（空气）。对于停运的压缩机，必须确认压缩机腔内的天然气放空和轴承温度完全冷却后，才能停运干气密封系统；

（3）由于某些燃气轮机供应商在程序上设置每天定时对后备润滑油泵进行自检，故在机组停运期间，必须确认机组的所有电源（包括机组本身自带的 UPS 电源）断电后才能停运仪表风系统，在恢复机组供电前，必须先启动仪表风系统，待仪表风压力正常后才能恢复供电。

（4）冬季运行时，由于气温较低，空压机的排气温度在正常情况下不会太高，因此，可将空压机机箱的散热排气直接排到室内，这样做一方面有利于空压机室内温度的保持；另一方面可降低空压机吸入空气的湿度，减少气体压缩后仪表气的含水量，利于燃压机组仪表、管路和电磁阀等的安全运行。通过此种运行方式，站内空压机储压罐及干燥器排出的水量明显减少，排污次数也明显降低了。目前，基本西气东输、涩宁兰所有的压气站都采用了这一方法和措施。

（5）空气—氮气天然气置换注意事项。

①置换气体的压力应逐级升高。在置换过程中不断检测各处连接（包括法兰连接、引压管、仪表头连接等）是否有气体泄漏，特别是在天然气置换时，发现泄漏应及时停止置换，处理完泄漏后再进行置换。

②置换前操作顺序：先打开隔离气（空气），调节隔离气压力，再打开润滑油泵，最后通入密封气（氮气），以上全部投用后，才能为工艺管线引入氮气/天然气进行置换。

③置换后操作顺序：置换后工艺管线内存留有高压天然气，应先放空，关闭密封气（氮气），接着关闭润滑油泵，当润滑油压力降为 0 后，再关闭隔离气。这样做的目的是：防止润滑油、压缩机内的杂质、含有杂质的天然气进入密封系统，造成密封系统损坏。

7.3.5 运行维护阶段

转动设备故障一般会依次经历初期运行的磨合期、运行一段时间之后的稳定期和受机组组件使用寿命影响的故障高发期等阶段。机组故障的变化趋势与机组处在初期运行的磨合期是分不开的，同时季节性的环境因素是冬季机组故障高发的又一主要因素，下面分别从专业技术、备品备件、故障分享、定期维护保养和冬季运维特殊性等方面提出针对性的改进措施和应对对策。

7.3.5.1 关注重点系统

目前，机组两类故障主要来自控制及仪表系统，基于此突出问题，可按如下措施操作：

由探头本身故障及各种原因引起的误报警这一突出问题，必须从施工质量监护抓起，并结合机组 4000h、8000h 定期保养，对机组各系统所有传感器及信号传输线路进行仔细检查和稳定性测试，增加中间电缆固定支架，消除信号波动，排除虚接、信号丢失及不正常接地等问题，必要时可与 GE 协调探头的选型，改进航空插头连接为接线盒端子排连接等，逐步提高机组整体稳定性。

控制系统故障主要包括控制系统电源不能稳定工作、控制柜温度高、控制模块或通道故障、批量数据瞬间丢失引起的停机、控制逻辑缺陷、端子板异常和数据输入输出模块损坏等。针对这类问题，首先要保证控制系统备件，然后结合双冗余系统加强监控和巡检，一旦发现有某一路信号传输有误，应及时恢复双冗余网络。同时，进行控制系统改造，针对目前的 UCP1 系统加装旋风制冷改造，保证模块的运行环境符合标准规定，并建议在后续设计中取消远程控制柜 UCP1。适时对机组增压橇硬件及控制逻辑、干气密封过滤系统进行改造，逐步完善各辅助系统的运行。

RB211-24G 型燃气发生器由于投产时间不同、采购批次不同等原因，包括可调进口导向叶片在内的相关部件在构型上存在较大差别，造成不同构型燃气发生器现场替换时的不匹配。因此，为满足不同构型燃气发生器现场替换后的运行要求，需对压气站现场压缩机组相关部件进行改造。可调进口导向叶片作为燃气发生器上的核心部分，在燃气发生器启停机和正常运转过程中起到了关键的作用，通过研究可调进气导向叶片控制系统基本原理，找出不同构型可调进口导向叶片结构和控制系统硬件差异，针对差异进行更改控制系统软硬件，实现对可调进口导向叶片系统的控制。

（1）传统型替换新型。

在西一线红柳压气站 $3^{\#}$ 机组和陕京三线榆林压气站 $1^{\#}$ 机组的燃气发生器现场替换中，都是用传统型燃气发生器替换原有的新型燃气发生器。以红柳站 $3^{\#}$ 机组燃气发生器现场替换为例，对控制系统改造需要执行以下步骤：

①检查 ECS 程序。对于红柳站的程序，需要将参数值 dxlcvigv 由 1 改为 0。

②检查硬件模块。新型和传统型燃气发生器 RVDT 角位置传感器型号相同，且 RVDT 反馈信号均为 4~20mA 标准信号，因此 RVDT 位置反馈信号的回路接线保持不变。由于新型控制系统硬件模块配置比传统型多了一个 MOOG 阀控制模块，因此可以省掉 MOOG 控制模块，直接由可调进口导向叶片控制模块输出电流，更改接线。

③可调进口导向叶片的调试与测试。可调进口导向叶片是燃气发生器控制中极其重要的一部分，因此必须保证可调进口导向叶片的稳定准确，如果需要，在程序中重新调准 RVDT 的零点和量程。RVDT 的零点和量程没有问题后，进行可调进口导向叶片行程测试。首先手动启动合成油泵，给可调进口导向叶片提供液压油。强制伺服阀动作 0%、25%、50%、75%、100%，检查反馈信号是否在 ±2.5% 误差内，否则进行可调进口导向叶片行程调试。

④启机测试。首先，必须保证燃气发生器各系统的安全保障措施可靠，各系统能够在任何工作状态下立即减速至紧急慢车及紧急停车。其次，检查确认燃气发生器转速，直至无量纲转速达到 335，进一步验证可调进口导向叶片与转速相匹配。在无量纲转速值超过 335 之后，检查确认可调进口导向叶片角度变化情况。如无异常，则系统调试结束。

⑤启机成功，可调进口导向叶片运转在规定的范围内，说明改造后的控制系统能够实现对燃气发生器可调进口导向叶片的相应控制。

陕京三线榆林压气站 1# 机组进行新型和传统型燃气发生器的现场替换，经过上述改造，同样实现了对燃气发生器可调进口导向叶片的相应控制。

（2）新型替换传统型。

西一线哈密压气站 1# 机组的燃气发生器在现场替换中，用新型燃气发生器替换原已安装的传统型燃气发生器，需要执行以下步骤：

①检查 ECS 程序。由于哈密站程序不能适应新型燃气发生器，需要重新下载修改后的 ECS 程序，并更改参数。

②安装并调试 MOOG 伺服放大器模块。新型燃气发生器比传统型多一个 MOOG 伺服放大器模块，需要在机柜中安装一个 MOOG PI 控制器模块。该控制模块的相关旋钮和拨码开关根据说明书进行调节，最终该模块输入为 4~20mA，输出为 -10~6mA。

③可调进口导向叶片的调试与测试。

④启机测试与运行。燃气发生器启机成功，可调进口导向叶片运转在规定的范围内，各参数正常，机组运行稳定，说明改造后的控制系统能够实现对燃气发生器可调进口导向叶片的相应控制。

对于燃驱机组来说，部分问题比较集中，且反复出现，必须结合运行管理增加相应部分的巡检和监控，提前消除问题，提高机组的备用率。比如矿物油油雾分离器软连接、航空插头、干气密封系统启动升速阀膜片、各种密封等，发现异常立即更换备件，同时根据实际情况将部分故障处理提升为 8000h 或其他固定周期强制更换保养等，提前消除隐患，同时针对各外界原因引起的机组突发情况，制订专项预案，保证机组在应急情况下能快速有序处理突发情况，使机组迅速恢复备用。

7.3.5.2 关注冬季机组运行管理的特殊性

包括极冷季节和寒冷季节在内的冬季是机组各类故障的高发时段，主要体现在站场燃料气橇、空气压缩系统、引压管、机组燃料气等系统和关键点容易发生冰堵、冻堵或失效情况，这些情况均是冬季机组平稳运行的重要风险因素，必须有针对性的专项措施予以应对。

（1）加强冬季运行管理，从气质监测、空压机及机组排污、空压机水露点监测、燃料气橇维护、机组辅助系统各电加热器运行检修、电伴热投用效果和油冷器百叶窗清理等方面全面准备有关机组的冬防工作，并在整个冬季按规程持续执行。

（2）加强与天然气气源处理站的沟通，了解天然气处理站的天然气质量动态，保持与天然气处理站的沟通和联系，及时获得天然气处理情况的信息。做好天然气质量变化时的应对措施，防止不合格天然气影响机组的平稳运行，避免不必要的停机和压缩机干气密封受到损坏等设备安全事故。

（3）梳理机组在冬季需特殊关注的关键点，制定专项预防维护方案，每年在入冬前应组织专业人员开展富有针对性的机组入冬保养维护，保证其完好程度，大大减少运行风险。

（4）加强入冬备件的准备，每年应根据冬季机组高风险点和各类备件的供货周期提前准备备件计划，使备件在入冬前到货，为机组故障处理提供物资保障。

7.3.5.3 加强机组运行磨合期和故障高发期的故障分析与备件管理

不同的压缩机组在运行和维护的过程中会出现各种故障，应不断丰富压缩机组的维护和故障的管理台账，重点关注故障的现象、本质原因、处理情况及应当引起注意的事项等。减少同类型故障的出现频率，保证再次出现同样的故障时能快速解决。同时，不仅要加强西二线西段整体机组的横向分析，还要加强每台机组累计运行周期内的纵向分析，了解每台机组的"脾气"和"秉性"，建立"身份档案"，不断总结积累每台机组发生故障的趋势和规律，并进一步完善定期保养方案，逐步提高机组的运维管理水平。以气质原因导致的停机故障为例，均是 PIT-780 高达 100kPa 而导致停机，应第一次发生停机故障时及时总结经验教训，可在气质不佳的时段加强全线各站场设备运行监控，从压差监控、卧式过滤器排污等方面入手，避免由同样的原因引起故障停机。

另外，每年应结合当年机组备件消耗情况对备件储备定额和标准进行修订，降低库存的优化备件的储备，寻求最佳存储额，即同时考虑经济性和安全性，以完善优化的备件储备体系保证机组故障的快速处理。

7.3.5.4 加快投产早的管线机组系统的升级改造

以西一线燃驱机组为例，一期机组运行时间超过 10 年，且部分机组都已开展了 25K 中修和 50K 大修作业，机组经历了投产之初的磨合期和正常运行的稳定期，机组的故障率也由逐步升高到稳定降低，再趋于低位稳定态势。但是随着机组的持续运行，机组的故障率呈抬头上升趋势，这与机组的部分组件老化、系统整体功能退化等有不可分割的关系，因此需要及时地对投产早的管线机组如西一线燃驱站场机组、陕京线电驱机组等进行整体评估，研究整体升级改造的方案和最佳改造时机，以确保沿线机组的整体安全平稳运行。

7.3.5.5 加强对机组故障的总结分析

各压气站所处的环境条件、地理位置不同，运行管理人员各异，在设备运行、维护和管理过程中，必然会遇到许多新问题。针对不同的问题，不同的管理人员有不同的处理方法和经验，针对沿线各压气站的实际维护情况，定期进行压缩机组运行维护管理的经验交流。通过对压缩机组历年故障进行汇总，收集每台压缩机组隐患、缺陷和故障信息，统计机组运行指标、维检修情况和故障失效情况等，并进行分析评估，建立压缩机组故障台账。通过对机组现场数据和机组信息的汇总，总结故障类型，分析机组共性或典型问题。利用监测平台强大数据积累、数据挖掘和统计分析功能，对设备故障和停机原因进行深入分析，总结相关设备性能恶化和故障的发生、发展规律，挖掘现场设备管理的薄弱环节或隐患风险，提出提升设备可靠性的建议措施，使压缩机组维护管理机制越来越完善、管理水平越来越高，大大有利于压缩机组的维护和管理。总结行业内先进技术和管理经验，研究更加切实有效的责任落实机制，在疑难问题处理方面发挥引领作用，形成最佳实践推广。学习优秀作业区人员管理经验、典型故障报告，梳理机组存在的问题，讨论疑难问题处理思路，全面广泛地发挥群体力量，采用各种培训形式，建立知识技术分享平台，以干代练，加快员工技能水平提升。

7.4 先进技术推广应用

随着技术的进步，将一些先进技术引进并应用到压缩机组管理过程中，可以显著提升压缩机组的可靠性，目前来看，这些技术包括人工智能技术、大数据技术、物联网技术及可靠性技术等。

7.4.1 人工智能技术应用

人工智能目前已经在各行各业展示了其强大的生命力，在压缩机组管理中应用人工智能，收集积累相关数据，建立算法模型，通过智能算法分析机组状态，为机组的状态诊断及维修维护提供支撑。具体来说，人工智能技术可以有如下应用方式：

（1）压缩机组故障智能诊断。

通过对压缩机组运行状态进行监测与评估，采用专家知识库与机器学习算法相结合的方式，对压缩机组故障问题进行智能诊断，针对监测系统预判提示的报警信息，诊断人员根据振动图谱形状特征，进行数据分析诊断，自主识别机械故障、假信号、误报警、干扰信号、数据传输异常、传感器异常等，并进行故障原因分析和诊断。通过积累形成包含故障样本信息、专家经验和机组运行数据信息的压缩机组故障模式库，持续完善诊断系统功能，实现振动、喘振以及劣化过程等复杂故障的问题分析，大幅降低核心压缩机组的故障发生率，实现关键设备、零件的动态健康监测、风险评价、故障诊断和安全评价。

（2）压缩机组故障综合智能预警。

基于压缩机组润滑、干气密封等辅助系统的监测数据，研究压缩机辅助系统故障与数据间的关联规则，挖掘故障与数据之间的内部潜在关系。通过深度学习、建模与参数优化等人工智能方法，建立压缩机组辅助系统异常的智能预警模型，并结合现有的基于振动的压缩机组故障诊断模型，形成基于多源数据的压缩机组综合智能预警模型，能够对管道压缩机组故障进行综合预警，为机组稳定运行提供保障。

（3）压缩机组运行状态智能评估。

基于压缩机组工作原理和故障机理，建立能够全面反映机组运行状态的评估指标。综合利用压缩机组长期监测数据，通过时序数据分析方法，构建压缩机组运行状态评价模型，实现对机组运行状态实时评估，并对机组异常及时预警，减少非计划停机次数。

（4）设备智能点检。

借助物联网、智能感知（集振动、温度、转速等于一体的感知传感器）、巡检模块化等技术，实现设备状态的自动上传、设备状态数据电子化等，为大数据挖掘、设备管理提供数据支撑。

（5）压缩机组预测性维护。

基于压缩机大数据库，引入机器学习的方法，可以建立多种分析模型，实现压缩机组的预测性维护及动态备件库存，有效降低设备的故障率，降低设备运维投入。

（6）压缩机组人工智能监控。

通过人工智能算法对压缩机组关键部件进行视频实时监控，分析关键部件是否有损坏或者部件脱落等。通过对压缩机组运行声音进行音频智能分析，预测压缩机组运行状态。

7.4.2 大数据技术应用

在压缩机组管理中，充分开展大数据技术研究，开展大数据分析，利用深度学习神经网络、支持向量机等先进人工智能模型开展压缩机组大数据诊断与早期预警技术研究，建立管道压缩机组的故障模式库，实现管道压缩机组的早期预警和诊断。

(1)压缩机组全生命周期数据管理。

通过对采集的数据进行数据清洗和整理,采用大数据架构建立压缩机组数据库和数据分析中心。记录压缩机组每个时刻的运行数据、维修数据和失效数据等信息。

(2)压缩机组数字孪生。

通过整合压缩机组全生命周期数据,包括压缩机组各部件制造相关数据,通过仿真模拟、数物融合,在全产品生命周期进行更新和维护,及时反馈生产运行数据,形成数字孪生体,时刻掌握压缩机组运行情况。

(3)压缩机组虚拟现实培训。

通过VR、AR技术,可以让操作人员真实地感受压缩机组的维修过程,了解压缩机组的整体构成和各部件特点。

(4)压缩机组能耗优化。

通过压缩机组用能监测数据采集、耗能数据分析,优化压缩机组用能,节省能耗支出。

(5)压缩机组健康状态评估。

采集压缩机组所有检测数据,通过降维算法将所有监控数据整合为"健康度曲线"。建立压缩机组健康度模型;对每个维度数据进行实时分析;从维度状态出发进行分级状态分析及异常预警。通过机器学习算法实现压缩机组健康状态评估。

7.4.3 物联网技术应用

物联网技术是近年来兴起的新兴技术。物联网(IoT,Internet of Things),是把现实中的东西通过传感器和互联网相互衔接的一种技术。将物联网技术引入压缩机组管理中,研发适用压缩机组的多功能传感器,利用高可靠性无线传输网络,实现压缩机组"实时感知、动态预测、精准控制",提升压缩机组可靠性水平。应用物联网技术可实现的功能如下:

(1)利用物联网技术实现压缩机组实时监测。物联网实现了对设备的远距离监控,相当于安上了"千里眼",将压缩机组的数据传输到云端,实现实时监测。通过具有自学习、自管理、自修复能力的"云脑"(机器智能),及时发现问题并进行处理,避免不必要的停机时间和停机损失。还可以由算法驱动,通过数据分析,了解压缩机组的使用情况,制定更加科学的维护计划,延长设备寿命。

(2)利用物联网技术实现压缩机组远程控制。随着IoT技术的不断发展,可实现压缩机组的远程控制,技术人员可在调控中心或作业区控制室发出调整参数、开启或关闭设备指令,提高操作效率和安全性,对于减少现场人员活动、降低误操作风险、提升员工综合技能和保障站场本质安全等具有重要作用。

(3)利用物联网技术实现压缩机组预防性维护。通过物联网技术,可以实现对压缩机组的数据采集和分析。根据历史数据和模型预测,算出未来可能出现的故障,评估机组当前状态,并提前进行维护和修理。利用物联网技术,可避免意外停机和损失,支持维护计划、优化改进计划的科学制订,延长压缩机组使用寿命,提高工作效率和质量。

7.4.4 可靠性技术应用

可靠性是指研究对象在规定条件下和规定时间内,完成规定功能的能力。可靠性主要包括 4 个方面的内容：一是可靠性指标，即用什么标尺来度量其完成功能的能力；二是可靠性计算，即通过建立计算方法来计算单元及系统的可靠度；三是目标可靠度确定及分配，即确定系统及单元可靠度需要达到什么程度，其薄弱环节在哪里；四是可靠性增强，即针对系统薄弱环节，如何采取措施修补。

我国于 20 世纪 60 年代开始在通信、电子等行业启动了系统可靠性工程。以电力可靠性发展为例，20 世纪 70 年代末，电力行业开始开展系统可靠性研究，当时系统可靠性低，且可靠性无法量化。电力系统可靠性工程经过如下三个阶段的发展：一是提升设备单元可靠性，使系统可靠性达到 0.9~0.99；二是改善系统可靠性逻辑结构，使系统可靠性达到 0.99~0.999；三是形成基于可靠性的管理体系，使系统可靠性的高于 0.999（国家电网）。1992 年至 2012 年期间，10kV 用户平均停电时间从 72.29h/a 降至 4.53h/a，100MW 火电机组非计划停运从 7.85 次 /（台·a）降至 0.6 次 /（台·a）。电力公司运用可靠性方法推动了电力规划、设计、研究和制造部门在系统规划和工程设计中开始进行可靠性评估。

在压缩机组管理中，运用可靠性技术，在设计阶段对压缩机组提出可靠性要求，实行等可靠性设计，使压缩机组功能最大化利用，既满足要求，又不浪费。在运营阶段，识别压缩机组管理薄弱环节或冗余环节，提出增强措施，提出设备设施维修维护要求，满足功能需求。通过可靠性技术应用，清晰地知道机组可靠性情况，既满足系统功能需求，又最大限度节约资源配置。

参 考 文 献

[1] 姬忠礼，邓志安，赵会军．泵和压缩机 [M]．北京：石油工业出版社，2008．
[2] Yang Guoan, Shi Bin. Atime-frequency distribution based on a moving and combined kernel and its application in the fault diagnosis of rotating machinery[J]. Key Engineering Materials, 2003, 245（2）: 183-189.
[3] 沈庆根，郑水英．设备故障诊断 [M]．北京：化学工业出版社，2006．
[4] 张正松，傅尚新．旋转机械振动监测及故障诊断 [M]．北京：机械工业出版社，1991．
[5] 钱锡俊，陈弘．泵和压缩机 [M]．北京：中国石油大学出版社，2007．
[6] 陈渝申，刘洵，应家骊，等．西气东输压缩机站培训教材 [M]．西安：西安航空发动机（集团）有限公司，2004．
[7] 金绥曾．电动机选型及应用 [M]．北京：中国电力出版社，2003．
[8] 姚秀平．燃气轮机及其联合循环发电 [M]．北京：中国电力出版社，2004．
[9] 王福利．压缩机组 [M]．北京：中国石化出版社，2007．
[10] 杨国安．机械设备故障诊断实用技术 [M]．北京：中国石化出版社，2007．
[11] [加拿大]Bin Wu．大功率变频器及交流传动 [M]．北京：机械工业出版社，2008．
[12] [美]PaulC. Hanlon．压缩机手册 [M]．郝点，译．北京：中国石化出版社，2003．
[13] 张世康．热工与热机 [M]．北京：石油工业出版社，1981．
[14] 王新月，扬清真．热力学与气体动力学基础 [M]．西安：西北工业大学出版社，2004．
[15] 乐志成，吕文灿．轴流式压缩机 [M]．北京：机械工业出版社，1982．
[16] 朱胜东，邓建，吴家声．无油润滑压缩机 [M]．北京：机械工业出版社，2001．
[17] 王世厚．泵和压缩机 [M]．北京：中国石化出版社，1992．
[18] 李超俊，余文龙．轴流压缩机原理与气动设计 [M]．北京：机械工业出版社，1987．
[19] 王松汉．石油化工设计手册（第三卷）[M]．北京：化学工业出版社，2002．
[20] 陈大禧，李志强．机械设备故障诊断基础知识 [M]．长沙：湖南大学出版社，1989．
[21] 审炳正．燃气轮机装置 [M]．北京：机械工业出版社，1982．
[22] 朱行健，王雪瑜．燃气轮机工作原理及性能 [M]．北京：科学出版社，1992．
[23] 陈大禧，朱铁光．大型回转机械诊断现场实用技术 [M]．北京：机械工业出版社，2003．
[24] 丁康，李巍华，朱小勇．齿轮及齿轮箱故障诊断实用技术 [M]．北京：机械工业出版社，2005．
[25] 种亚奇，程向荣．离心式压缩机旋转失速故障机理研究及诊断 [J]．化工设备与管道，2005，42（1）：37-39．
[26] 卢自州．牵引电动机主动齿轮热套的改进建议 [J]．内燃机车，2000（7）：34-35．
[27] 王江萍，机械设备故障诊断技术及应用 [M]．西安：西北工业大学出版社，2001．
[28] 张来斌，王朝晖．机械设备故障诊断技术及方法 [M]．北京：石油工业出版社，2000．
[29] 丁康．齿轮箱典型故障振动特征与诊断策略 [J]．振动与冲击，2001，30（3）：7-12．
[30] 车又向．滚动轴承的故障诊断实例 [J]．中国设备管理，2001（2）：44-45．
[31] 徐涛，张现清．旋转设备滚动轴承故障诊断实例 [J]．中国电力，2003，36（11）：85-86．
[32] 成大先．机械设计手册 [M]．北京：化学工业出版社，2001．
[33] 张安华．机械设备状态监测及故障诊断技术 [M]．北京：机械工业出版社，1998．
[34] 翁史烈．燃气轮机 [M]．北京：机械工业出版社，1989．
[35] 翁史烈．燃气轮机与蒸汽轮机 [M]．上海：上海交通大学出版社，1996．
[36] 朱梅林．燃气轮机 [M]．武汉：华中科技大学出版社，1982．

[37] 钟芳源. 燃气轮机设计基础 [M]. 北京：机械工业出版社，1987.
[38] 王仲奇，秦仁. 透平机械原理 [M]. 北京：机械工业出版社，1981.
[39] 黄种岳，王晓放. 透平式压缩机 [M]. 北京：化学工业出版社，2004.
[40] 崔天生. 微小型压缩机的使用维护及故障分析 [M]. 西安：西安交通大学出版社，2001.
[41] 王全先. 机械设备故障诊断技术 [M]. 武汉：华中科技大学出版社，2013.
[42] 张梅军. 机械状态监测与故障诊断 [M]. 北京：国防工业出版社，2008.

缩 略 语

4B 轴承：燃气发生器中间球轴承
abs：绝对温度
AC：交流电
AGB：附件齿轮箱
ALF：在后面向前看
CC：离心压缩机
CDP：压气机出口压力
CRF：压气机后机匣
CRFV：压气机后机匣法兰加速器
CFF：压气机前机匣
DC：直流电
ESD：紧急停机
ECS：机组控制系统
EMI：电磁干扰
F&G：火灾和可燃气体（系统）
FMECA：失效模式、影响和危害性分析
FMP：燃油歧管压力
FWD：向前
GCU：干气密封处理装置
GG：燃气发生器
GT：燃气轮机
HMI：机组人机界面
HPC：高压压气机
HPCR：高压压气机转子
HPCS：高压压气机静子
HP recoup：高压补偿气
HPT：高压涡轮
HPTR：高压涡轮转子
HSE：健康、安全和环境
IEGT：电子注入增强栅晶体管
IGBT：绝缘栅双极型晶体管

IGB：入口齿轮箱
IGV：入口导流叶片
LCP：就地控制盘
LVDT：线性可调差动传感器
MCC：电动机控制中心
NGG：燃气发生器速度
NO_x：氮氧化物
NPT：动力涡轮速度
NS：正常停机程序
OEM：原始设备制造商
OGV：出口导向叶片
p_2：压气机入口总压
PID：比例积分微分
PLC：可编程序逻辑控制器
PM：预防性维修
PS3：高压压气机出口静压
PT：动力涡轮
PT5.4：动力涡轮入口总压
QRA：定量风险评估
RCM：以可靠性为中心的维修
RBI：基于风险的检验
r/min：每分钟的旋转次数
RTD：电阻式温度探测器
RVDT：旋转可变差动传感器
SAC：单环形燃烧室
SCADA：监控与数据采集系统
SCS：Station Control System 站控系统
SIL：安全完整性等级
SIS：安全仪表系统
T_2：压气机入口总温度
T_3：压气机出口温度
$T_{5.4}$：动力涡轮入口温度
Temp：温度
TGB：传动齿轮箱
TMF：涡轮中机匣
TRF：涡轮后机匣
UCP：机组控制盘
UCS：机组控制系统
UPS：不间断电源

UMD：驱动电机用不间断电源

VSD：变频器

VIGV：可变进口导流叶片

VSV：可变静子叶片

离心式压缩机组维检级别规定：

（1）Ⅰ级维护检修分为4K级维护检修和8K级维护检修；

①4K级维护检修指机组每运行4000h进行的维护检修；

②8K级维护检修指机组每运行8000h进行的维护检修；

（2）Ⅱ级维检指机组每运行24000h进行的维护检修；

（3）Ⅲ级维检指机组每运行48000h进行的维护检修。

CGT25D/PCL800燃驱机组的维检级别规定：

（1）3K维护检修指机组每运行3000h进行的维护检修；

（2）6K维护检修指机组每运行6000h进行的维护检修；

（3）Ⅱ级维检指燃驱离心压缩机组大修（运行24000h进行的维护检修，运行48000h进行的维护检修）。